Teubner Studienbücher Chemie

U. Müller
Anorganische Strukturchemie

Teubner Studienbücher Chemie

Herausgegeben von
Prof. Dr. rer. nat. Christoph Elschenbroich, Marburg
Prof. Dr. rer. nat. Friedrich Hensel, Marburg
Prof. Dr. phil. Henning Hopf, Braunschweig

Die Studienbücher der Reihe Chemie sollen in Form einzelner Bausteine grundlegende und weiterführende Themen aus allen Gebieten der Chemie umfassen. Sie streben nicht die Breite eines Lehrbuchs oder einer umfangreichen Monographie an, sondern sollen den Studenten der Chemie – aber auch den bereits im Berufsleben stehenden Chemiker – kompetent in aktuelle und sich in rascher Entwicklung befindende Gebiete der Chemie einführen. Die Bücher sind zum Gebrauch neben der Vorlesung, aber auch – da sie häufig auf Vorlesungsmanuskripten beruhen – anstelle von Vorlesungen geeignet. Es wird angestrebt, im Laufe der Zeit alle Bereiche der Chemie in derartigen Lehrbüchern vorzustellen. Die Reihe richtet sich auch an Studenten anderer Naturwissenschaften, die an einer exemplarischen Darstellung der Chemie interessiert sind.

Anorganische Strukturchemie

Von Prof. Dr. rer. nat. Ulrich Müller
Universität Gesamthochschule Kassel

3., überarbeitete und erweiterte Auflage
Mit zahlreichen Abbildungen

B. G. Teubner Stuttgart 1996

Prof. Dr. rer. nat. Ulrich Müller

Geboren 1940 in Bogotá, Chemiestudium an der Technischen Hochschule Stuttgart und der Purdue University in West Lafayette (Indiana, USA), Promotion 1966 in Stuttgart bei K. Dehnicke, danach wissenschaftlicher Assistent an der Universität Karlsruhe bei H. Bärnighausen. 1972 Habilitation. Von 1972 bis 1992 Professor für Anorganische Chemie an der Universität Marburg, seit 1992 an der Universität Gh Kassel. 1975–77 Gastprofessor an der Universität von Costa Rica, mehrere Kurzzeitdozenturen an verschiedenen Universitäten in Mittel- und Südamerika.

Englische Übersetzung:
Inorganic Structural Chemistry. J. Wiley & Sons, Chichester–New York–Brisbane–Toronto–Singapore, 1993.

Satz mit Hilfe der Programme TeX von D. E. Knuth und LaTeX von L. Lamport in der deutschen Fassung von H. Pratl, E. Schlegl und I. Hyna. Zahlreiche Abbildungen wurden mit dem Programm Atoms von E. Dowty erstellt.

Die Deutsche Bibliothek – CIP-Einheitsaufnahme

Müller, Ulrich:
Anorganische Strukturchemie / von Ulrich Müller. – 3., überarb. und erw. Aufl. – Stuttgart : Teubner, 1996
(Teubner-Studienbücher : Chemie)
ISBN 3-519-23512-9

Printed in Germany
Druck und Binden: Druckhaus Beltz, Hemsbach/Bergstraße

Vorwort

Angesichts des immer mehr anwachsenden Kenntnisstands auf allen naturwissenschaftlichen Gebieten erscheint es unumgänglich, die Wissensvermittlung auf generelle Prinzipien und Gesetzmäßigkeiten zu konzentrieren und Einzeldaten auf wichtige Beispiele zu beschränken. Ein Lehrbuch soll einen angemessenen, dem Studierenden zumutbaren Umfang haben, ohne wesentliche Aspekte eines Fachgebiets zu vernachlässigen, es soll traditionelles Grundwissen ebenso wie moderne Entwicklungen berücksichtigen. Diese Einführung macht den Versuch, die Anorganische Strukturchemie in diesem Sinne darzubieten. Dabei sind Kompromisse unvermeidbar, manche Teilgebiete werden kürzer, andere vielleicht auch länger geraten sein, als es dem einen oder anderen Fachkollegen angemessen erscheinen mag.

Chemiker denken überwiegend in anschaulichen Modellen, sie wollen Strukturen und Bindungen „sehen". Die moderne Bindungstheorie hat sich ihren Platz in der Chemie erobert, sie wird in Kapitel 9 gewürdigt; mit ihren aufwendigen Rechnungen entspricht sie aber mehr der Denkweise des Physikers, außerdem ist sie oft noch unbefriedigend, wenn es darum geht, strukturelle Details zu verstehen oder gar vorauszusagen. Für den Alltagsgebrauch des Chemikers sind einfache Modelle, so wie sie in den Kapiteln 7, 8 und 12 behandelt werden, nützlicher: „Der Bauer, der zu Lebzeiten ernten will, kann nicht auf die ab-initio-Theorie des Wetters warten. Chemiker, wie Bauern, glauben an Regeln, verstehen aber diese listig nach Bedarf zu deuten" (H.G. von Schnering [113]).

Das Buch richtet sich in erster Linie an fortgeschrittene Studenten der Chemie. Chemische Grundkenntnisse zum Atombau, zur chemischen Bindung und zu strukturellen Aspekten werden vorausgesetzt. Teile des Textes gehen auf eine Vorlesung über Anorganische Kristallchemie von Prof. Dr. H. Bärnighausen an der Universität Karlsruhe zurück. Ihm danke ich für die Genehmigung, seine Vorlesung zu verwerten sowie für viele Anregungen. Für Diskussionen und Anregungen danke ich auch den Herren Prof. Dr. D. Babel, Prof. Dr. K. Dehnicke, Prof. Dr. C. Elschenbroich, Prof. Dr. D. Reinen und Prof. Dr. G. Weiser. Frau Irina Sens und meinem Sohn Jan Müller danke ich für kritisches Korrekturlesen.

In der vorliegenden 3. Auflage wurde der Text an einigen Stellen ergänzt und nach den einzelnen Kapiteln wurden Übungsaufgaben angefügt. Lösungen dazu finden sich im Anhang.

Ulrich Müller — Kassel, Januar 1996

Inhaltsverzeichnis

1 Einleitung **8**

2 Beschreibung chemischer Strukturen **9**

2.1 Koordinationszahl und Koordinationspolyeder 11
2.2 Die Beschreibung von Kristallstrukturen 16
2.3 Atomkoordinaten 20
2.4 Isotypie 21
2.5 Übungsaufgaben 22

3 Polymorphie, Phasendiagramme **24**

3.1 Polymorphie 24
3.2 Phasendiagramme 25
3.3 Übungsaufgaben 31

4 Struktur, Energie und chemische Bindung **33**

4.1 Thermodynamische Stabilität 33
4.2 Kinetische Stabilität 34
4.3 Chemische Bindung und Struktur 34
4.4 Die Gitterenergie 36
4.5 Übungsaufgaben 43

5 Die effektive Grösse von Atomen **44**

5.1 Van der-Waals-Radien 45
5.2 Atomradien in Metallen 46
5.3 Kovalenzradien 46
5.4 Ionenradien 48
5.5 Übungsaufgaben 50

6 Ionenverbindungen **52**

6.1 Radienquotienten 52
6.2 Ternäre Ionenverbindungen 57
6.3 Verbindungen mit komplexen Ionen 58
6.4 Die Regeln von Pauling und Baur 59
6.5 Übungsaufgaben 65

7 Molekülstrukturen I: Verbindungen der Hauptgruppenelemente **66**
7.1 Valenzelektronenpaar-Abstoßung 67
7.2 Strukturen bei fünf Valenzelektronenpaaren 78
7.3 Übungsaufgaben 79

8 Molekülstrukturen II: Verbindungen der Nebengruppenelemente **81**
8.1 Ligandenfeldtheorie 81
8.2 Koordinationspolyeder bei Nebengruppenelementen 91
8.3 Isomerie 93
8.4 Übungsaufgaben 96

9 Molekülorbital-Theorie und chemische Bindung in Festkörpern **98**
9.1 Molekülorbitale 98
9.2 Hybridisierung 101
9.3 Bändertheorie. Die lineare Kette aus Wasserstoffatomen . . . 103
9.4 Die Peierls-Verzerrung 107
9.5 Kristall-Orbital-Überlappungspopulation (COOP) 112
9.6 Bindungen in zwei und drei Dimensionen 116
9.7 Bindung in Metallen 119
9.8 Übungsaufgaben 120

10 Die Elementstrukturen der Nichtmetalle **121**
10.1 Halogene 121
10.2 Chalkogene 123
10.3 Elemente der fünften Hauptgruppe 127
10.4 Graphit und Fullerene 131
10.5 Bor 134

11 Diamantartige Strukturen **138**
11.1 Kubischer und hexagonaler Diamant 138
11.2 Binäre diamantartige Verbindungen 140
11.3 Diamantartige Verbindungen unter Druck 142
11.4 Polynäre diamantartige Verbindungen 143
11.5 Aufgeweitete Diamantgitter. SiO_2-Strukturen 144
11.6 Übungsaufgaben 148

12 Polyanionische und polykationische Verbindungen. Zintl-Phasen 150

12.1 Die verallgemeinerte $(8 - N)$-Regel 150
12.2 Polyanionische Verbindungen, Zintl-Phasen 153
12.3 Polykationische Verbindungen 162
12.4 Clusterverbindungen 163
12.5 Übungsaufgaben 178

13 Kugelpackungen. Metallstrukturen 179

13.1 Dichteste Kugelpackungen 180
13.2 Die kubisch-innenzentrierte Kugelpackung 184
13.3 Andere Metallstrukturen 185
13.4 Übungsaufgaben 186

14 Das Prinzip der Kugelpackungen bei Verbindungen 187

14.1 Geordnete und ungeordnete Legierungen 187
14.2 Dichteste Kugelpackungen bei Verbindungen 189
14.3 Das Prinzip der kubisch-innenzentreirten Kugelpackung bei Verbindungen (CsCl-Typ) 191
14.4 Hume-Rothery-Phasen 193
14.5 Laves-Phasen 195
14.6 Übungsaufgaben 198

15 Verknüpfte Polyeder 199

15.1 Eckenverknüpfte Oktaeder 202
15.2 Kantenverknüpfte Oktaeder 208
15.3 Flächenverknüpfte Oktaeder 212
15.4 Oktaeder mit gemeinsamen Ecken und Kanten 213
15.5 Oktaeder mit gemeinsamen Kanten und Flächen 217
15.6 Verknüpfte trigonale Prismen 219
15.7 Eckenverknüpfte Tetraeder. Silicate 219
15.8 Kantenverknüpfte Tetraeder 231
15.9 Übungsaufgaben 232

16 Kugelpackungen mit besetzten Lücken 233
16.1 Die Lücken in dichtesten Kugelpackungen 233
16.2 Einlagerungsverbindungen 238
16.3 Wichtige Strukturtypen mit besetzten Oktaederlücken in dichtesten Kugelpackungen 241
16.4 Perowskite 250
16.5 Besetzung von Tetraederlücken in dichtesten Kugelpackungen 255
16.6 Spinelle 258
16.7 Übungsaufgaben 263

17 Physikalische Eigenschaften von Festkörpern 264
17.1 Mechanische Eigenschaften 264
17.2 Piezo- und ferroelektrische Eigenschaften 266
17.3 Magnetische Eigenschaften 270

18 Symmetrie 280
18.1 Symmetrieelemente und Symmetrieoperationen 280
18.2 Die Punktgruppen 285
18.3 Raumgruppen und Raumgruppentypen 290
18.4 Kristallklassen und Kristallsysteme 293
18.5 Übungsaufgaben 295

19 Symmetrie als Ordnungsprinzip für Kristallstrukturen 296
19.1 Kristallographische Gruppe-Untergruppe-Beziehungen 296
19.2 Das Symmetrieprinzip in der Kristallchemie 299
19.3 Strukturverwandtschaften durch Gruppe-Untergruppe-Beziehungen 300
19.4 Zwillingskristalle 306
19.5 Übungsaufgaben 309

Literatur 311

Lösungen zu den Übungsaufgaben 322

Sachverzeichnis 326

1 Einleitung

Die Lehre vom räumlichen Aufbau chemischer Verbindungen nennen wir *Strukturchemie* oder *Stereochemie*, wobei der letztere Terminus mehr im Zusammenhang mit dem Aufbau von Molekülen verwendet wird. Die Strukturchemie befaßt sich mit der Ermittlung und Beschreibung der Anordnung, welche die Atome einer Verbindung relativ zueinander im Raum einnehmen, mit der Erklärung der Ursachen, die zu dieser Anordnung führen, und mit den Eigenschaften, die sich daraus ergeben. Dazu gehört auch die systematische Ordnung der aufgefundenen Strukturtypen und das Aufzeigen von Verwandtschaften unter ihnen.

Sowohl in theoretischer wie in praktischer Hinsicht ist die Strukturchemie ein essentieller Bestandteil der modernen Chemie. Erst die Kenntnis über den Aufbau der beteiligten Stoffe ermöglicht ein Verständnis für die Vorgänge während einer chemischen Reaktion und gestattet es, gezielte Versuche zur Synthese neuer Verbindungen zu machen. Nur mit Kenntnis ihrer Struktur lassen sich die chemischen und physikalischen Eigenschaften einer Substanz deuten. Wie groß der Einfluß der Struktur auf die Eigenschaften eines Stoffes sein kann, illustriert der Vergleich von Graphit und Diamant, die beide nur aus Kohlenstoff bestehen und sich trotzdem physikalisch und chemisch wesentlich voneinander unterscheiden.

Die wichtigste experimentelle Aufgabe der Strukturchemie ist die *Strukturaufklärung*. Die Strukturaufklärung ist der analytische Aspekt der Strukturchemie; sie führt in erster Linie zu statischen Modellen. Die Ermittlung der räumlichen Lageveränderung von Atomen während einer chemischen Reaktion ist experimentell viel schlechter zugänglich. Dieser strukturchemische Aspekt wird in der Molekülchemie unter der Bezeichnung *Reaktionsmechanismen* diskutiert. Die *Topotaxie* befaßt sich mit chemischen Reaktionsabläufen in Festkörpern, bei denen zwischen der Orientierung von Edukten und Produkten ein struktureller Zusammenhang besteht. Solche strukturdynamischen Aspekte sind nicht Gegenstand dieses Buches, ebensowenig wie die experimentellllen Methoden, um Festkörper herzustellen oder um Kristalle zu züchten.

Kristalle zeichnen sich durch die regelmäßige, periodische Ordnung ihrer Bestandteile aus. Wenn wir im folgenden dieser Ordnung viel Aufmerksamkeit widmen, so mag der falsche Eindruck entstehen, die Ordnung sei perfekt. Tatsächlich weist ein realer Kristall viele Baufehler auf, und zwar um so mehr, je höher die Temperatur ist. Atome können fehlen oder falsch plaziert sein, es können Versetzungen und anderes mehr auftreten.

2 Beschreibung chemischer Strukturen

Wenn wir Angaben zur Struktur einer chemischen Verbindung machen wollen, so müssen wir die räumliche Verteilung der Atome in geeigneter Weise beschreiben. Dies kann zunächst einmal mit Hilfe der chemischen Nomenklatur geschehen, welche zumindest für Moleküle einigermaßen ausgefeilt ist. Für Festkörperstrukturen gibt es keine systematische Nomenklatur, mit der sich strukturelle Gegebenheiten erfassen lassen. Man behilft sich mit der Angabe von *Strukturtypen*, etwa in folgender Art: „Magnesiumfluorid kristallisiert im Rutil-Typ", womit für MgF_2 eine Verteilung von Mg- und F-Atomen zum Ausdruck gebracht wird, die derjenigen von Ti- und O-Atomen im Rutil entspricht. Jeder Strukturtyp wird durch einen willkürlich gewählten Vertreter bezeichnet. Wie man strukturelle Gegebenheiten in Formeln zum Ausdruck bringen kann, wird in Abschnitt 2.1 erläutert.

Hilfreich sind bildliche Darstellungen. Zu diesen gehört auch die vielbenutzte Valenzstrichformel, mit der sich in prägnanter Weise wesentliche Strukturmerkmale eines Moleküls wiedergeben lassen. Genauer und noch anschaulicher ist eine maßstabsgetreue, perspektivische Abbildung, in welcher die Atome als Kugeln oder — falls man auch die vorhandene thermische Schwingung zum Ausdruck bringen will als Ellipsoide gezeichnet werden. Die Kugeln oder Ellipsoide werden zur besseren Übersichtlichkeit kleiner gezeichnet, als es der effektiven Größe der Atome entspricht, kovalente Bindungen werden als Stäbe dargestellt. Die Größe von Schwingungsellipsoiden wird so gewählt, daß sie die zeitlich gemittelte Aufenthaltswahrscheinlichkeit des Atoms anzeigen (meist 50 % Wahrscheinlichkeit, den Atommittelpunkt innerhalb des Ellipsoids anzutreffen; vgl. Abb. 1**b**). Bei komplizierteren Strukturen kann das perspektivische Bild mit Hilfe eines stereoskopischen Bildpaares übersichtlicher gestaltet werden (siehe z.B. Abb. 18, S. 57). Durch unterschiedliche Arten der Zeichnung können unterschiedliche Aspekte einer Struktur hervorgehoben werden (Abb. 1).

Quantitative Angaben werden mit Zahlenwerten für interatomare Abstände und Winkel gemacht. Unter dem interatomaren Abstand versteht man den Abstand zwischen den Kernen von zwei Atomen in ihren mittleren Lagen (Gleichgewichtslage der thermischen Schwingung). Experimentell werden interatomare Abstände hauptsächlich durch Röntgenbeugung an Einkristallen ermittelt. Daneben ist die Neutronenbeugung an Kristallen und, bei kleineren Molekülen, die Elektronenbeugung und die Mikrowellenspektroskopie an Gasen von Bedeutung. Da Röntgenstrahlen an den

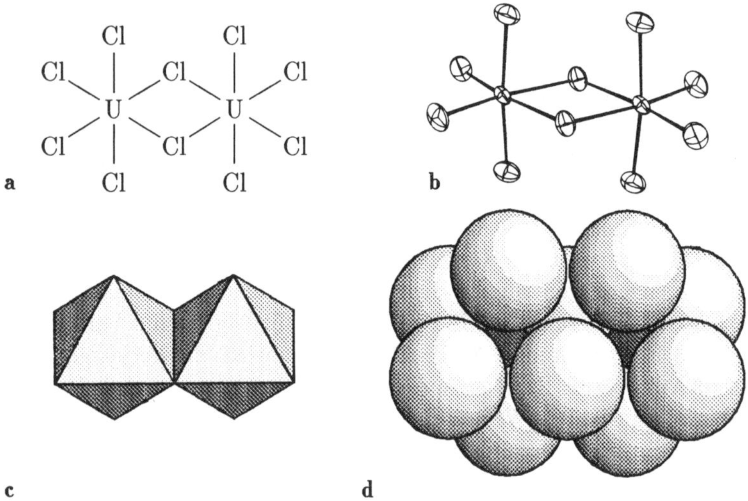

Abb. 1: Bildliche Darstellungsformen für ein Molekül $(UCl_5)_2$. **a** Valenzstrichformel. **b** Perspektivisches Bild mit Ellipsoiden der thermischen Schwingung. **c** Koordinationspolyeder. **d** Hervorhebung des Platzbedarfs der Chloratome

Elektronen der Atome gebeugt werden, wird bei der Röntgenbeugung nicht die Lage der Atomkerne, sondern die Lage der Schwerpunkte der negativen Ladung der atomaren Elektronenhüllen ermittelt. Diese stimmen jedoch fast exakt mit den Lagen der Atomkerne überein, ausgenommen bei kovalent gebundenen Wasserstoffatomen. Zur Bestimmung der genauen Lage von Wasserstoffatomen ist die Neutronenbeugung auch noch aus einem weiteren Grund die zuverlässigere Methode: Röntgenstrahlen werden an den zahlreichen Elektronen schwerer Atome in wesentlich stärkerem Maße gebeugt, so daß sich H-Atome neben schweren Atomen nur ungenau lokalisieren lassen; für Neutronen, die mit den Atomkernen in Wechselwirkung treten, gilt dies nicht (weil Neutronen an H-Atomkernen in stärkerem Maße als an D-Atomkernen inkohärent gestreut werden, wird die Neutronenbeugung mit deuterierten Verbindungen durchgeführt).

2.1 Koordinationszahl und Koordinationspolyeder

Die Koordinationszahl (K.Z.) und das Koordinationspolyeder dienen zur Charakterisierung der unmittelbaren Umgebung eines Atoms. Mit der *Koordinationszahl* bezeichnen wir die Anzahl der „koordinierten Atome“; darunter verstehen wir die nächsten Nachbaratome. Bei vielen Verbindungen hat man keine Schwierigkeiten, für jedes Atom seine Koordinationszahl anzugeben. Es ist aber keineswegs immer eindeutig, bis zu welcher Grenze ein Nachbaratom als „nächster Nachbar“ gelten soll. Im metallischen Antimon hat zum Beispiel jedes Sb-Atom drei Nachbaratome in einer Entfernung von 291 pm und drei weitere, deren Abstand von 336 pm nur 15 % größer ist. In diesem Fall kann man sich mit der Zahlenangabe 3+3 für die Koordinationszahl behelfen, wobei die erste Zahl die Anzahl der Nachbaratome in der kürzeren Entfernung angibt.

In komplizierteren Fällen ist es wenig informativ, die nächste Umgebung um ein Atom mit einer einfachen Zahlenangabe zu bezeichnen. Man kann jedoch Angaben folgender Art machen: im weißen Zinn hat ein Atom vier Nachbaratome im Abstand von 302 pm, zwei in 318 pm und vier in 377 pm. Es hat mehrere Vorschläge gegeben, eine gemittelte oder „effektive“ Koordinationszahl („e.c.n.“ oder „ECoN“ = effective coordination number) anzugeben, indem über die Anzahl aller umgebenden Atome summiert wird, die Atome jedoch nicht als ganze Atome gewertet werden, sondern „gewichtet“ werden, indem sie jeweils mit einer Zahl zwischen 0 und 1 eingehen; diese Zahl liegt umso näher bei Null, je weiter das betreffende Atom entfernt ist. Sehr häufig findet man eine „Lücke“ bei der Verteilung der Abstände; setzen wir den kürzesten Abstand zu einem Nachbaratom gleich 1, dann sind weitere Nachbaratome oft im Abstandsbereich zwischen 1 und 1,3 anzutreffen, dann folgt als Lücke ein Abstandsbereich, innerhalb dessen sich keine Atome finden. Nach einem Vorschlag von G. BRUNNER und D. SCHWARZENBACH erhält ein Atom im Abstand 1 das Gewicht 1, das erste Atom jenseits der Lücke das Gewicht 0 und alle dazwischenliegenden Atome gehen mit einem Gewicht ein, das durch lineare Interpolation aus dem Abstand errechnet wird [80]: e.c.n. = $\sum_i (d_g - d_i)/(d_g - d_1)$; d_1 = Abstand zum nächstgelegenen Atom, d_g = Abstand zum Atom nach der Lücke, d_i = Abstand zum i-ten Atom im Bereich von d_1 bis d_g. Beispiel Antimon: mit $3\times\ d_1 = 291$, $3\times\ d_i = 336$ und $d_g = 391$ pm ergibt sich e.c.n. = 4,65. Das Verfahren hilft nicht weiter, wenn keine klare Lücke erkennbar ist. Mathematisch eindeutig ist das Verfahren der „Wirkungsbereiche“ (VORONOI-Polyeder, WIGNER-SEITZ-Zelle); unter dem Wirkungsbereich versteht man das Polyeder, das aus den mittelsenkrechten Ebenen auf alle Verbindungslinien vom Zentralatom zu den umgebenden Atomen gebildet wird. Jedem umgebenden Atom ist so eine Ebene zugeordnet, deren Fläche als Maß für die Gewichtung dient; der größten Fläche wird ein Beitrag von 1 zur Koordinationszahl zugeordnet [81, 82, 83]. Es sind auch kompliziertere Formeln entwickelt worden, etwa in der Art ECoN $= \sum_i \exp[1 - (d_i/d_1)^n]$, mit $n = 5$ oder 6, d_i = Abstand zum i-ten Atom und d_1 = kürzester Abstand oder d_1 = fiktiver Bezugsabstand [79, 84]. Zum Beispiel errechnet sich nach dem letztgenannten Verfahren nach der Formel von R. HOPPE für weißes Zinn ECoN = 6,5, für Antimon ECoN = 4,7.

Auch die Bindungsbeziehung zwischen den benachbarten Atomen ist zu bedenken. So beträgt zum Beispiel die Koordinationszahl eines Chloratoms im CCl_4-Molekül 1, wenn man als „nächstes Nachbaratom" nur das kovalent gebundene C-Atom gelten läßt, jedoch 4 (1 C + 3 Cl), wenn alle Atome „in Berührung" gezählt werden. Bei Molekülverbindungen wird man geneigt sein, nur kovalent gebundene Atome als koordinierte Atome zu zählen. Bei Ionenkristallen aus einatomigen Ionen werden üblicherweise nur die nächsten Anionen um ein Kation bzw. die nächsten Kationen um ein Anion gezählt, auch wenn Anionen mit Anionen oder Kationen mit Kationen in Kontakt sind. Nach dieser Zählweise hat ein I^--Ion im LiI (NaCl-Typ) die Koordinationszahl 6, sie beträgt dagegen 18, wenn man die 12 I^--Ionen mitzählt, mit denen es ebenfalls in Kontakt ist. In Zweifelsfällen sollte man genau angeben, wie die Koordinationsangabe gemeint ist.

Denkt man sich die Mittelpunkte der koordinierten Atome durch Linien verbunden, so kommt man zum *Koordinationspolyeder*. Für jede Koordinationszahl gibt es typische Koordinationspolyeder (Abb. 2). Manche der verschiedenen Koordinationspolyeder für eine bestimmte Koordinationszahl unterscheiden sich nur wenig voneinander, auch wenn dies auf den ersten Blick nicht immer ersichtlich ist; durch geringe Verrückungen der Atome kann eines in das andere überführt werden. Durch relativ kleine Bewegungen von vier koordinierten Atomen kann zum Beispiel eine trigonale Bipyramide in eine tetragonale Pyramide verwandelt werden (Abb. 22, S. 79).

Größere Struktureinheiten können durch aneinandergeknüpfte Polyeder beschrieben werden. Zwei Polyeder können über eine gemeinsame Ecke, eine gemeinsame Kante oder eine gemeinsame Fläche miteinander verknüpft sein (Abb. 3). Die gemeinsamen Atome zweier verknüpfter Polyeder werden Brückenatome genannt. Die Zentralatome von zwei verknüpf-

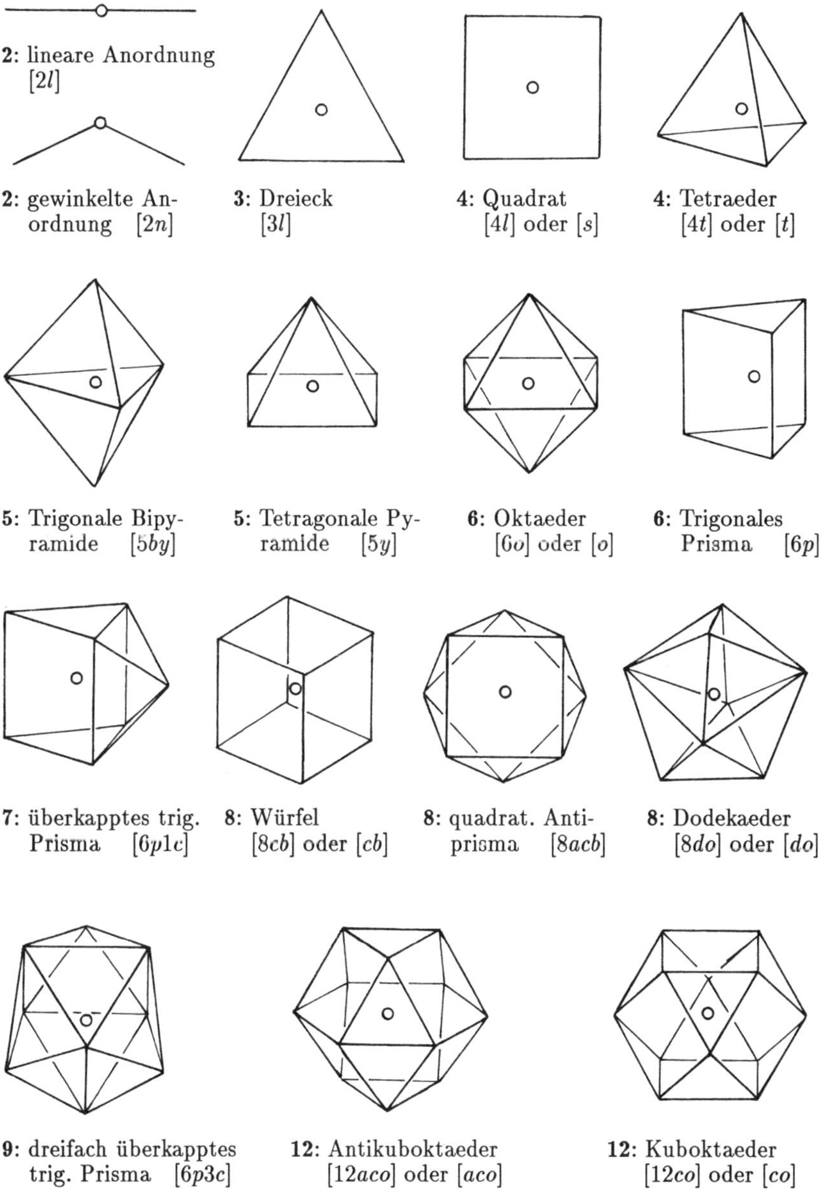

Abb. 2: Die wichtigsten Koordinationspolyeder und ihre Symbole; zur Bedeutung der Symbole s. S. 15

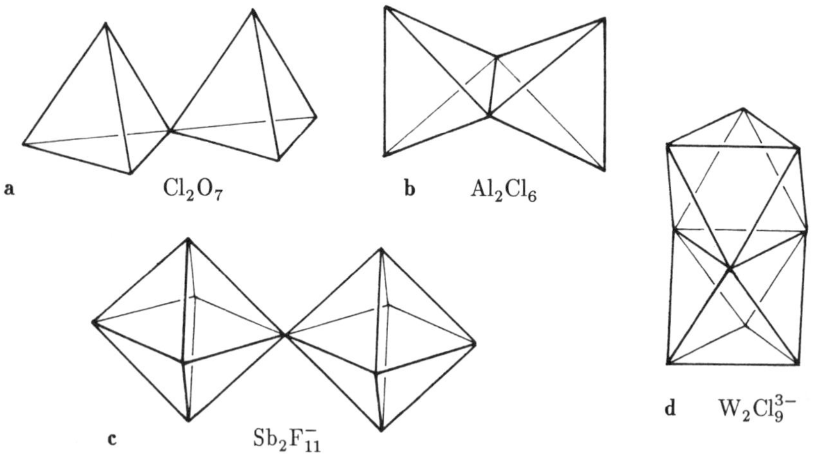

Abb. 3: Beispiele für die Verknüpfung von Polyedern. **a** Zwei eckenverknüpfte Tetraeder. **b** Zwei kantenverknüpfte Tetraeder. **c** Zwei eckenverknüpfte Oktaeder. **d** Zwei flächenverknüpfte Oktaeder. Bezüglich zweier kantenverknüpfter Oktaeder siehe Abb. 1

ten Polyedern kommen sich bei Flächenverknüpfung am nächsten, bei Eckenverknüpfung sind sie am weitesten voneinander entfernt. Weitere Einzelheiten zur Verknüpfung von Polyedern werden in Kapitel 15 behandelt.

Die Koordinationsverhältnisse können in einer chemischen Formel mit Hilfe einer Schreibweise zum Ausdruck gebracht werden, die auf F. MACHATSCHKI zurückgeht (später von verschiedenen Autoren erweitert; Empfehlungen dazu s. [85]). Koordinationszahl und -polyeder eines Atoms werden in eckigen Klammern rechts oben neben dem Elementsymbol angegeben. Das Polyeder wird mit einem Symbol bezeichnet, wie es in Abb. 2 angegeben ist. Es können auch Kurzformen für die Symbole verwendet werden, nämlich die Koordinationszahl alleine oder, bei einfachen Polyedern, der Buchstabe alleine, z.B. *t* für Tetraeder, wobei auch die eckigen Klammern weggelassen werden können. Beispiele:

$Na^{[6o]}Cl^{[6o]}$ oder $Na^{[6]}Cl^{[6]}$ oder $Na^{o}Cl^{o}$

$Ca^{[8cb]}F_2^{[4t]}$ oder $Ca^{[8]}F_2^{[4]}$ oder $Ca^{cb}F_2^{t}$

Für kompliziertere Fälle gibt es eine erweiterte Schreibweise, bei der die Koordination eines Atoms in der Art $A^{[m,n;p]}$ angegeben wird. Für m, n und p sind die Polyedersymbole zu setzen, und zwar für die Polyeder, die von den Atomen B, C… aufgespannt werden, in der Reihenfolge wie in der chemischen Formel $A_aB_bC_c$. Das Symbol nach dem Semikolon bezieht sich auf die Koordination des Atoms A mit A-Atomen. Beispiel Perowskit:

$Ca^{[,12co]}Ti^{[,6o]}O_3^{[4l,2l;8p]}$ (vgl. Abb. 124, S. 250)

Ca ist nicht direkt von Ti umgeben, aber von 12 O-Atomen in einem Kuboktaeder; Ti ist nicht direkt von Ca umgeben, aber von 6 O-Atomen in einem Oktaeder; O ist planar (quadratisch) von vier Ca-, linear von 2 Ti- und prismatisch von 8 O-Atomen umgeben.

Außer den in Abb. 2 aufgeführten Polyedersymbolen können nach Bedarf weitere Symbole konstruiert werden. Die Buchstaben haben folgende Bedeutung:

l	collinear oder coplanar	*t*	tetraedrisch	*do*	dodekaedrisch
		s	quadratisch	*co*	kuboktaedrisch
n	nicht collinear oder coplanar	*o*	oktaedrisch	*i*	ikosaedrisch
		p	prismatisch	*c*	überkappt
y	pyramidal	*cb*	kubisch	*a*	anti-
by	bipyramidal	*FK*	Frank-Kasper-Polyeder (Abb. 86)		

Beispiele: $[3n]$ = drei nicht mit dem Zentralatom koplanare Atome wie im NH_3; $[12p]$ = hexagonales Prisma. Werden einsame Elektronenpaare als Polyederecken mitgezählt, kann eine Bezeichnung folgender Art verwendet werden: $[\psi - 4t]$ (gleichbedeutend mit $[3n]$), $[\psi - 6o]$ (gleichbedeutend mit $[5y]$), $[2\psi - 6o]$ (gleichbedeutend mit $[4l]$).

Sind die Koordinationspolyeder zu Ketten, Schichten oder einem Raumnetz verknüpft, so kann dies durch das vorgestellte Symbol $^1_\infty$, $^2_\infty$ bzw. $^3_\infty$ zum Ausdruck gebracht werden. Beispiele:

$^3_\infty Na^{[6]}Cl^{[6]}$ $^3_\infty Ti^{[o]}O_2^{[3l]}$ $^2_\infty C^{[3l]}$ (Graphit)

Um die Existenz individueller, endlicher Baugruppen hervorzuheben, kann analog ein $^0_\infty$ vorangestellt werden. Ihre Struktur läßt sich mit folgenden vorangestellte Symbolen noch weiter spezifizieren:

Kettenfragment	$\{f\}$ oder $\wedge$
Ring	$\{r\}$ oder $\bigcirc$
Käfig	$\{k\}$ oder ⓥ

Beispiele: $Na_2{\wedge}S_3$; $\{k\}P_4$; $Na_3{\bigcirc}[P_3O_9]$.

Soll auch die Packung der Atome in der Formel bezeichnet werden, so kann man den betreffenden Formelteil in eckige Klammern setzen und danach in spitzen Klammern $<>$ eine Angabe dazu machen, zum Beispiel $Ti^o[CaO_3]< c >$. Das *c* sagt aus, daß die Ca- und die O-Atome gemeinsam eine kubisch-dichteste Kugelpackung bilden (Kugelpackungen werden in den Kapiteln 13 und 16 eingehend behandelt). Einige Symbole dieser Art sind (Symbole für weitere Packungen siehe bei [52, 88]):

Tc oder c	kubisch-dichteste Kugelpackung
Th oder h	hexagonal-dichteste Kugelpackung
Ts	Stapelfolge AA... von hexagonalen Schichten
Qs	Stapelfolge AA... von quadratischen Schichten
Qf	Stapelfolge AB... von quadratischen Schichten

T (triangular) steht für hexagonale Schichten, Q für Schichten mit quadratisch-periodischem Muster. Die Packung Qs ergibt ein kubisch-primitives Gitter (Abb. 4), Qf ein kubisch-innenzentriertes Gitter (vgl. Abb. 81, S. 184). Die Symbole werden zuweilen auch ohne die Spitzen Klammern hochgesetzt hinter die eckigen Klammern gesetzt, z.B. $Ti[CaO_3]^c$.

Eine andere Schreibweise ist die nach P. NIGGLI, bei welcher in der chemischen Formel die Indexzahlen der koordinierten Atome als Brüche angegeben werden. Die Formel $TiO_{6/3}$ bedeutet zum Beispiel, daß jedes Titanatom von 6 O-Atomen umgeben ist, die ihrerseits je an 3 Ti-Atome koordiniert sind. Weiteres Beispiel: $NbOCl_3 = NbO_{2/2}Cl_{2/2}Cl_{2/1}$ mit Koordinationszahl 6 für das Niobatom ($= 2 + 2 + 2 =$ Summe der Zähler), Koordinationszahl 2 für das O-Atom und Koordinationszahl 2 bzw. 1 für die zwei verschiedenen Sorten von Cl-Atomen.

2.2 Die Beschreibung von Kristallstrukturen

In einem Kristall sind Atome in periodisch geordneter Weise zu einem größeren Verband zusammengepackt. Die räumliche Anordnung der Atome nennen wir die *Kristallstruktur.* Denken wir uns die sich periodisch wiederholenden Atome einer Sorte in drei Raumrichtungen zu einem dreidimensionalen Gitter verbunden, so kommen wir zum *Kristallgitter.* Das Kristallgitter repräsentiert eine dreidimensionale Anordnung von Punkten; alle Punkte des Gitters sind völlig gleichartig und haben die gleiche Umgebung. Man kann sich das Kristallgitter aufgebaut denken, indem ein kleines Parallelepiped* dreidimensional beliebig oft lückenlos aneinandergereiht wird (Abb. 4). Das Parallelepiped nennen wir *Elementarzelle.*

Die Elementarzelle können wir uns durch drei *Basisvektoren* aufgespannt denken, die wir mit **a**, **b** und **c** bezeichnen. Das Kristallgitter ist die Gesamtheit der Linearkombinationen $\mathbf{r} = u\mathbf{a}+v\mathbf{b}+w\mathbf{c}$ mit u, v, w ganzzahlig.

*Parallelepiped = Raumkörper, der von sechs Flächen begrenzt wird, die paarweise parallel zueinander sind.

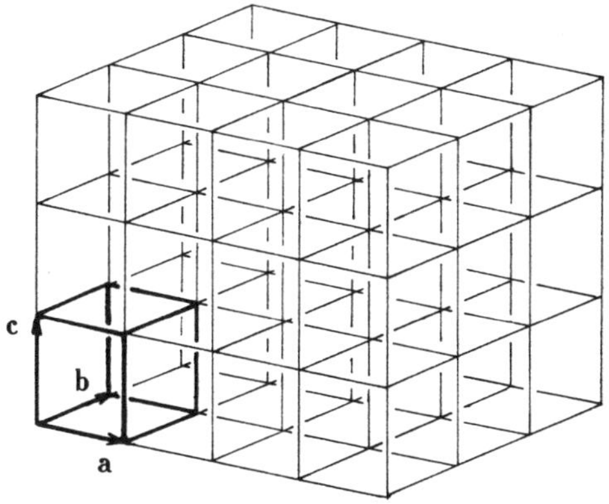

Abb. 4: Kubisch-primitives Kristallgitter.
Eine Elementarzelle ist hervorgehoben

Die Längen a, b und c der Basisvektoren sowie die Winkel α, β und γ zwischen ihnen sind die *Gitterparameter* (oder Gitterkonstanten). Es ist nicht von vornherein eindeutig, wie die Elementarzelle für eine gegebene Kristallstruktur zu wählen ist. Dies wird in Abb. 5 an einem zweidimensionalen Beispiel illustriert. Um Einheitlichkeit bei der Beschreibung von Kristallstrukturen zu erzielen, hat man sich in der Kristallographie auf bestimmte Konventionen zur Wahl der Elementarzelle geeinigt:

1. Die Elementarzelle soll die Symmetrie des Kristalls erkennen lassen, d.h. die Basisvektoren sollen parallel oder senkrecht zu vorhandenen Symmetrieelementen verlaufen.

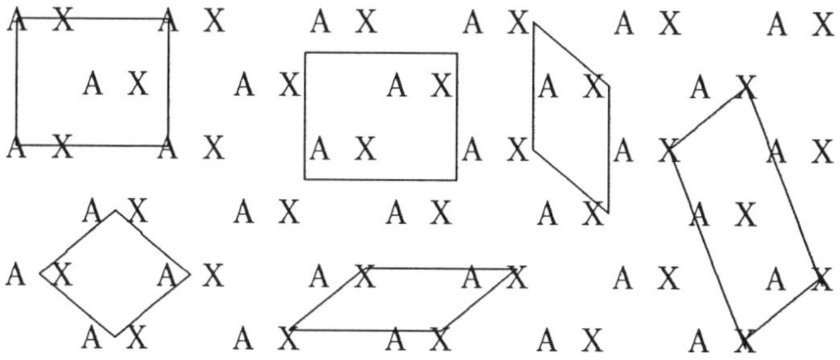

Abb. 5: Periodische, zweidimensionale Anordnung von A- und X-Atomen. Durch wiederholtes Aneinanderreihen von irgendeiner der eingezeichneten Elementarzellen kann das gesamte Muster erzeugt werden.

2. Der Ursprung der Zelle ist in einen geometrisch ausgezeichneten Punkt zu legen, vorrangig in ein Symmetriezentrum.

3. Die Basisvektoren sollen möglichst kurz sein. Das bedeutet zugleich: das Zellvolumen soll möglichst klein sein, und die Winkel zwischen den Basisvektoren sollen möglichst nahe bei 90° liegen.

4. Soweit die Winkel zwischen den Basisvektoren von 90° abweichen, sollen sie entweder alle größer oder alle kleiner als 90° sein (vorzugsweise > 90°).

Eine Elementarzelle mit dem kleinstmöglichen Volumen nennt man eine *primitive* Zelle. Aus Gründen der Symmetrie gemäß Regel 1 wählt man im Widerspruch zu Regel 3 nicht immer eine primitive Zelle, sondern eine *zentrierte* Zelle, die *zweifach, dreifach* oder *vierfach primitiv* ist, deren Volumen also um den genannten Faktor größer ist. Die in Betracht kommenden zentrierten Zellen sind in Abb. 6 gezeigt.

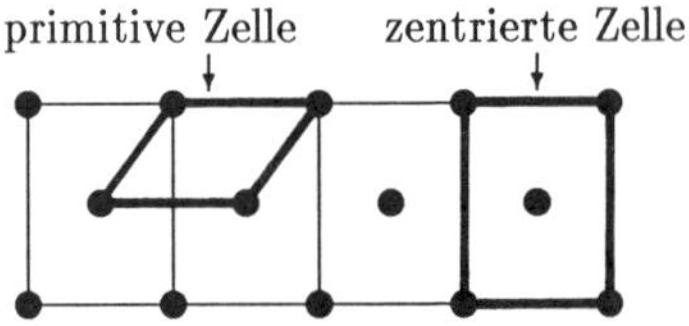

Außer den genannten Konventionen zur Zellenwahl gibt es noch weitere Richtlinien, nach denen eine genormte Beschreibung von Kristallstrukturen erfolgen soll [86]. Deren Einhaltung soll die Erfassung des Datenmaterials übersichtlicher und für Datenbanken geeignet machen. Allerdings gibt es

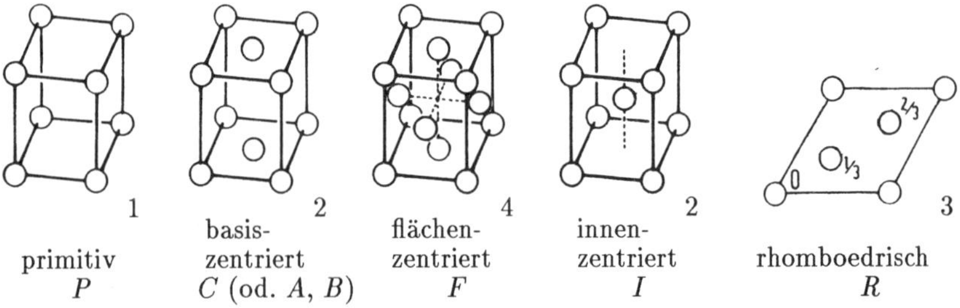

Abb. 6: Zentrierte Elementarzellen und ihre Symbole. Die Zahlen geben an, wievielfach primitiv die jeweilige Zelle ist. Die Zahlen in der R-Zelle zeigen die Höhe in der Zelle an

zuweilen sachliche Gründe, um von den Normen abzuweichen, zum Beispiel wenn Verwandtschaften verschiedener Strukturen verdeutlicht werden sollen.

Die Angabe der Gitterparameter und der Lage aller in der Elementarzelle enthaltenen Atome reicht dazu aus, alle wesentlichen Merkmale einer Kristallstruktur zu charakterisieren. In einer Elementarzelle kann nur eine ganzzahlige Menge von Atomen enthalten sein. Bei der Angabe des Zellinhalts bezieht man sich auf die chemische Formel, d.h. man gibt an, wie viele „Formeleinheiten" in der Elementarzelle enthalten sind; diese Zahl wird meist mit Z bezeichnet. Wie die Atome abzuzählen sind, zeigt Abb. 7. Gelegentlich findet man allerdings die Angabe einer gebrochenen Zahl von Atomen in der Elementarzelle, und zwar bei den „nichtstöchiometrischen" Verbindungen. Bei diesen Verbindungen sind bestimmte Atome statistisch in verschiedenen Zellen mal vorhanden, mal nicht, und rechnerisch ergibt sich im Mittel eine gebrochene Anzahl von Atomen pro Zelle.

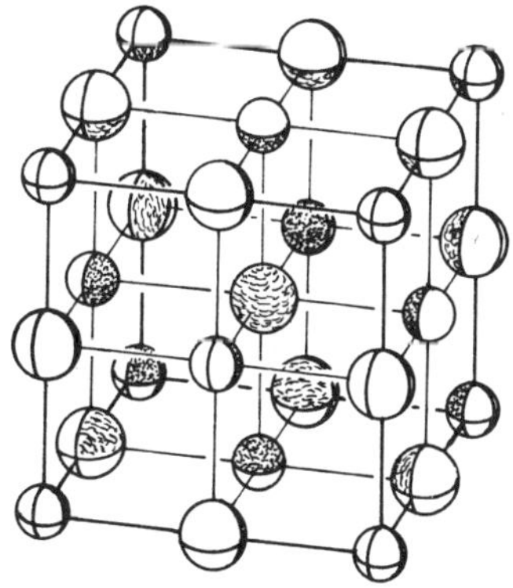

Abb. 7: Abzählung des Inhalts einer Elementarzelle am Beispiel der flächenzentrierten Elementarzelle von NaCl: 8 Na^+-Ionen in 8 Ecken, von denen jedes jeweils zu 8 angrenzenden Zellen gehört, ergibt $8/8 = 1$; 6 Na^+-Ionen auf 6 Flächenmitten, die je zu zwei angrenzenden Zellen gehören, ergibt $6/2 = 3$. 12 Cl^--Ionen auf den Kantenmitten, die je zu 4 Zellen gehören, ergibt $12/4 = 3$; 1 Cl^--Ion in der Würfelmitte, das der Zelle alleine angehört. Gesamtzählung: 4 Na^+- und 4 Cl^--Ionen oder vier Formeleinheiten NaCl ($Z = 4$).

2.3 Atomkoordinaten

Die Lage von jedem Atom in der Elementarzelle wird durch einen Satz von *Atomkoordinaten* bezeichnet, d.h. durch drei Koordinaten x, y und z. Diese beziehen sich auf ein Koordinatensystem, das von den drei Basisvektoren der Elementarzelle festgelegt wird. Als Einheit auf jeder der Koordinatenachsen dient die jeweilige Länge des zugehörigen Basisvektors. Die Werte x, y und z für jedes in der Elementarzelle befindliche Atom liegen dadurch zwischen 0,0 und 1,0. Es handelt sich *nicht* um ein kartesisches Koordinatensystem; die Koordinatenachsen können zueinander schiefwinklig und die Einheiten auf den Achsen können unterschiedlich lang sein. Die Addition oder Subtraktion einer *ganzen* Zahl zu einem Koordinatenwert führt zu einer gleichwertigen Atomlage in einer anderen Elementarzelle. Das Koordinatentripel $x = 1,27$, $y = 0,52$ und $z = -0,10$ bezeichnet zum Beispiel ein Atom in einer Zelle, die der Ursprungszelle benachbart ist, und zwar in Richtung $+\mathbf{a}$ und $-\mathbf{c}$; dieses Atom ist äquivalent zum Atom in $x = 0,27$, $y = 0,52$ und $z = 0,90$ in der Ursprungszelle.

Es ist üblich, immer nur die Atomkoordinaten für Atome in einer „asymmetrischen Einheit“ anzugeben. Atome, die sich daraus durch vorhandene Symmetrieelemente „erzeugen“ lassen, werden nicht aufgeführt. Welche Symmetrieelemente vorhanden sind, folgt aus der Angabe der Raumgruppe (siehe Abschnitt 18.3). Sind Gitterparameter, Raumgruppe und Atomkoordinaten bekannt, so lassen sich daraus alle Strukturdetails entnehmen. Insbesondere können alle interatomaren Abstände und Winkel berechnet werden.

Formel zur Berechnung des Abstandes d zwischen zwei Atomen aus den Gitterparametern und den Atomkoordinaten:

$$d = \sqrt{(a\Delta x)^2 + (b\Delta y)^2 + (c\Delta z)^2 + 2bc\Delta y\Delta z\cos\alpha + 2ac\Delta x\Delta z\cos\beta + 2ab\Delta x\Delta y\cos\gamma}$$

Dabei sind $\Delta x = x_2 - x_1$, $\Delta y = y_2 - y_1$ und $\Delta z = z_2 - z_1$ die Differenzen der Koordinaten der beiden Atome. Der Bindungswinkel ω am Atom 2 in einer Gruppe von drei Atomen 1, 2 und 3 läßt sich aus den drei Abständen d_{12}, d_{23} und d_{13} zwischen ihnen nach dem Kosinussatz berechnen:

$$\cos\omega = -\sqrt{\frac{d_{13}^2 - d_{12}^2 - d_{23}^2}{2d_{12}d_{23}}}$$

Zur Angabe von Atomkoordinaten, interatomaren Abständen usw. gehört auch die Angabe der zugehörigen Standardabweichungen, mit denen die Zuverlässigkeit ihrer experimentellen Bestimmung zum Ausdruck gebracht wird. Die häufig benutzte Schreibweise in der Art „$d = 235,1(4)$ pm“ besagt für die letzte Stelle des Zahlenwertes eine Standardabweichung von 4 Einheiten, d.h. in unserem Beispiel beträgt die Standardabweichung 0,4 pm. Die Standardabweichung ist ein Begriff aus der Statistik. Wenn zu einem Zahlenwert eine Standardabweichung von σ angegeben wird, so beträgt die Wahrscheinlichkeit, daß der wahre Zahlenwert innerhalb der Grenzen $\pm\sigma$ vom angegebenen Wert liegt, 68,3 %. Die Wahrscheinlichkeit, innerhalb von $\pm 2\sigma$ zu liegen, beträgt 95,4 %, innerhalb von $\pm 3\sigma$ 99,7 %.

2.4 Isotypie

Die Kristallstrukturen von zwei Verbindungen sind *isotyp*, wenn sie das gleiche Bauprinzip und die gleiche Symmetrie besitzen. Man kann sich die eine aus der anderen entstanden denken, indem die Atome eines Elements durch Atome eines anderen Elements ausgetauscht werden unter Beibehaltung der Positionen in der Kristallstruktur. Die Absolutwerte für die Gitterabmessungen und die interatomaren Abstände dürfen sich unterscheiden, bei den Atomkoordinaten sind *geringe* Variationen erlaubt. Die Winkel zwischen den kristallographischen Achsen und die relativen Gitterabmessungen (Achsenverhältnisse) müssen ähnlich sein. Bei zwei isotypen Strukturen gibt es eine Eins-zu-eins-Beziehung aller Atomlagen bei übereinstimmenden geometrischen Gegebenheiten. Sind zusätzlich die chemischen Bindungsverhältnisse ähnlich, dann sind die Strukturen darüberhinaus auch *kristallchemisch isotyp.*

Wenn zwei isotyp kristallisierende Verbindungen Mischkristalle bilden, d.h. wenn der Austauschprozeß der Atome tatsächlich kontinuierlich ausgeführt werden kann, so spricht man von *Isomorphie.* Weil dieser Begriff auch für einige andere Erscheinungen verwendet wird, gibt es jedoch Empfehlungen, ihn nicht mehr anzuwenden.

Zwei Strukturen sind *homöotyp*, wenn sie ähnlich sind, aber die vorstehenden Bedingungen für die Isotypie nicht erfüllen, weil ihre Symmetrie nicht übereinstimmt, weil einander entsprechende Atomlagen von mehreren verschiedenen Atomsorten eingenommen werden (Substitutionsderivate) oder weil sich die geometrischen Eigenschaften unterscheiden (verschiedene Achsenverhältnisse, Winkel oder Atomkoordinaten). Beispiel für

Substitutionsderivate: C (Diamant) – ZnS (Sphalerit) – Cu_3SbS_4 (Famatinit).

Haben zwei Ionenverbindungen den gleichen Strukturtyp, aber so, daß die Kationenplätze der einen Verbindung von den Anionen der anderen eingenommen werden und umgekehrt („Vertauschen von Anionen und Kationen"), so werden sie zuweilen als „Antitypen" bezeichnet. Beispiel: im Li_2O nehmen die Li^+-Ionen die gleichen Positionen wie die F^--Ionen im CaF_2 ein, die O^{2-}-Ionen die gleichen Positionen wie die Ca^{2+}-Ionen; Li_2O kristallisiert im „anti-CaF_2-Typ".

2.5 Übungsaufgaben

2.1 Berechnen Sie effektive Koordinationszahlen (e.c.n.) mit der Formel auf Seite 11 für:
(a) Tellur, $4 \times d_1 = 283$ pm, $2 \times d_2 = 349$ pm, $d_g = 444$ pm;
(b) Gallium, $1 \times d_1 = 247$ pm, $2 \times d_2 = 270$ pm, $2 \times d_3 = 274$ pm, $2 \times d_4 = 279$ pm, $d_g = 398$ pm;
(c) Wolfram, $8 \times d_1 = 274{,}1$ pm, $6 \times d_2 = 316{,}5$ pm, $d_g = 447{,}6$ pm.

2.2 Ergänzen Sie die folgenden Formeln durch Angaben zur Koordination der Atome:
(a) $FeTiO_3$, Fe und Ti oktaedrisch, O koordiniert durch 2 Fe und 2 Ti in nichtlinearer Anordnung;
(b) $CdCl_2$, Cd oktaedrisch, Cl trigonal-nichtplanar;
(c) MoS_2, Mo trigonal-prismatisch, S trigonal-nichtplanar;
(d) Cu_2O, Cu linear, O tetraedrisch;
(e) PtS, Pt quadratisch, S tetraedrisch;
(f) $MgCu_2$, Mg Frank-Kasper-Polyeder mit K.Z. 16, Cu ikosaedrisch;
(g) $Al_2Mg_3Si_3O_{12}$, Al oktaedrisch, Mg dodekaedrisch, Si tetraedrisch;
(h) UCl_3, U dreifach überkappt trigonal-prismatisch, Cl trigonal-nichtplanar.

2.3 Geben Sie die Symbole zur Bezeichnung der Art der Zentrierung der Elementarzellen an für: CsCl, NaCl und Sphalerit (Abb. 14), CaF_2 und Rutil (Abb. 17), CaC_2 and NaN_3 (Abb. 19, fett hervorgehobene Zellen), ReO_3 (Abb. 91).

2.4 Wie viele Formeleinheiten kommen auf die Elementarzellen von:
CsCl (Abb. 14), ZnS (Abb. 14), TiO_2 (Rutil, Abb. 17), $ThSi_2$ (Abb. 63), ReO_3 (Abb. 91), α-$ZnCl_2$ (Abb. 128)?

2.5 Wie lang ist die I–I Bindung in festem Iod? Gitterparameter: $a = 714$, $b = 469$, $c = 978$ pm, $\alpha = \beta = \gamma = 90°$. Atomkoordinaten: $x = 0{,}0$, $y = 0{,}1543$, $z = 0{,}1174$; Ein symmetrisch äquivalentes Atom befindet sich in $-x, -y, -z$

2.6 Berechnen Sie die Bindungslängen und den Bindungswinkel am mittleren Atom des I_3^--Ions in RbI_3. Gitterparameter: a = 1091, b = 1060, c = 665,5 pm, $\alpha = \beta = \gamma = 90°$. Atomkoordinaten: I(1), x = 0,1581, y = 0,25, z = 0,3509; I(2), x = 0,3772, y = 0,25, z = 0,5461; I(3), x = 0,5753, y = 0,25, z = 0,7348.

Bei den folgenden Aufgaben müssen eventuell die Lagen symmetrieäquivalenter Atome (aufgrund der Raumgruppensymmetrie) berücksichtigt werden; sie sind als Koordinatentripel angegeben, die aus der Ausgangsposition x, y, z zu berechnen sind. Um die Lagen benachbarter (gebundener) Atome zu erhalten, müssen gegebenenfalls einige Atomlagen in benachbarte Elementarzellen verlegt werden.

2.7 MnF_2 kristallisiert im Rutiltyp mit $a = b$ = 487,3 pm und c = 331,0 pm. Atomikoordinaten: Mn in $x = y = z = 0$; F in $x = y$ = 0,3050, z = 0,0. Symmetriäquivalente Positionen: $-x$, $-x$, 0; 0,5$-x$,0,5$+x$,0,5; 0,5$+x$,0,5$-x$,0,5. Berechnen Sie die beiden verschiedenen Mn–F-Bindungslängen (< 250 pm) und den F–Mn–F-Bindungswinkel bezüglich zweier F-Atome, welche die gleichen x- und y-Koordinaten haben und deren z-Koordinaten sich um 1,0 unterscheiden.

2.8 $WOBr_4$ kristallisiert tetragonal, $a = b$ = 900,2 pm, c = 393,5 pm, $\alpha = \beta = \gamma = 90°$. Berechnen Sie die W–Br-, W=O- und W···O-Bindungslänge sowie den O=W–Br-Bindungswinkel. Zeichnen Sie maßstabsgetreue Projektionen auf die ab- und die ac-Ebene (1 oder 2 cm pro 100 pm) im Bereich bis zu 300 pm von der z-Achse von $z = -0,5$ bis z = 1,6. Zeichnen Sie Atome als Kreise und Bindungen als dicke Linien (Bindungen = Atomkontakte < 300 pm). Welches ist das Koordinationspolyeder des W-Atoms?
Symmetrieäquivalente Positionen: $-x, -y, z$; $-y, x, z$; $y, -x, z$. Atomkoordinaten:

	x	y	z
W	0,0	0,0	0,0779
O	0,0	0,0	0,529
Br	0,2603	0,0693	0,0

2.9 Berechnen Sie die Zr–O-Bindungslängen in Baddeleyit (ZrO_2), wobei nur interatomare Abstände unter 300 pm zählen. Welche ist die Koordinationszahl des Zr?
Gitterparameter: a = 514,5, b = 520,7, c = 531,1 pm, β = 99,23°, $\alpha = \gamma = 90°$; symmetrieäquivalente Positionen: $-x$, $-y$, $-z$; x, 0,5$-y$, 0,5$+z$; $-x$, 0,5$+y$, 0,5$-z$. Atomkoordinaten:

	x	y	z
Zr	0,2758	0,0411	0,2082
O(1)	0,0703	0,3359	0,3406
O(2)	0,5577	0,2549	0,0211

3 Polymorphie, Phasendiagramme

3.1 Polymorphie

Bei Molekülen kennen wir die Erscheinung der *Isomerie*, worunter wir das Auftreten von unterschiedlich aufgebauten Molekülen bei gleicher Gesamtzusammensetzung verstehen. Die entsprechende Erscheinung bei kristallinen Stoffen wird *Polymorphie* genannt. Die zugehörigen verschiedenen Strukturen sind die *Modifikationen* oder *polymorphen Formen* . Die Modifikationen unterscheiden sich nicht nur in ihrem räumlichen Aufbau, sondern auch in ihren physikalischen und chemischen Eigenschaften. Die strukturellen Unterschiede können von kleinen Variationen in der Orientierung von Molekülen oder Ionen bis zu einem völlig anderen Bauprinzip reichen. Die verschiedenen Modifikationen einer Verbindung werden häufig mit griechischen Kleinbuchstaben $\alpha, \beta, \ldots$ bezeichnet, zum Beispiel α-Schwefel, β-Schwefel; bei Mineralien haben die polymorphen Formen häufig Trivialnamen, für SiO_2 zum Beispiel α-Quarz, β-Quarz, Tridymit, Cristobalit, Coesit, Keatit und Stishovit.

Polymorphe Formen, deren Strukturen sich nur durch eine unterschiedliche Stapelfolge von gleichartigen Schichten unterscheiden, werden *Polytypen* genannt.

Welche polymorphe Form einer Verbindung sich bildet, hängt von den Herstellungs- und Kristallisationsbedingungen ab: Syntheseverfahren, Temperatur, Druck, Kristallisation aus der Schmelze, aus einer Lösung oder aus der Gasphase, Art des Lösungsmittels, Abkühlungs- oder Aufheizgeschwindigkeit, Anwesenheit von Kristallisationskeimen sind einige der zu nennenden Faktoren.

In vielen Fällen kann durch Änderung der Temperatur oder des Drukkes eine Modifikation in eine andere umgewandelt werden. Solche *Phasenumwandlungen* können, ähnlich wie das Schmelzen, mit einer *sprunghaften* Änderung der Struktur, des Volumens, der Entropie und anderer thermodynamischer Funktionen bei genau definierten Druck-Temperatur-Bedingungen erfolgen; sie werden dann Phasenumwandlungen *erster Ordnung* genannt. Dabei wird Energie als Umwandlungsenthalpie mit der Umgebung ausgetauscht. Phasenumwandlungen erster Ordnung zeigen die Erscheinung der *Hysterese*, d.h. der Ablauf der Umwandlung kann zeitlich der verursachenden Temperatur- oder Druckänderung hinterherhinken. Wie schnell die Umwandlung stattfindet, hängt auch von der Bildung oder Anwesenheit von Keimen ab. Die Phasenumwandlung kann extrem langsam ablaufen. Viele thermodynamisch instabile Modifikationen sind deshalb bekannt und können unter Bedingungen untersucht werden, bei denen sie sich eigentlich schon umgewandelt haben sollten.

Bei Phasenumwandlungen *zweiter Ordnung* kann sich der Umwandlungsprozeß über einen gewissen Temperaturbereich erstrecken. Sie sind mit einer kontinuierlich verlaufenden Strukturänderung verbunden und zeigen keine Hysterese.

Enantiotrope Phasenumwandlungen sind reversibel. Ist eine Modifikation bei jeder Temperatur und jedem Druck thermodynamisch instabil, dann verläuft ihre Umwandlung in eine andere Modifikation irreversibel; solche Phasenumwandlungen sind *monotrop*. Bei der Kristallisation von Verbindungen, die in mehreren Modifikationen auftreten, entsteht in manchen Fällen zunächst eine Modifikation, die unter den gegebenen Bedingungen thermodynamisch instabil ist und die sich danach erst in die stabilere Form umwandelt (OSTWALDsche Stufenregel). Selen bietet ein Beispiel: wenn elementares Selen durch eine chemische Reaktion in Lösung entsteht, scheidet es sich in einer roten Modifikation aus, die aus Se_8-Molekülen aufgebaut ist; diese wandelt sich sehr langsam in die stabile, graue Form um, die aus polymeren Kettenmolekülen besteht. Kaliumnitrat ist ein anderes Beispiel: bei Raumtemperatur ist β-KNO_3, oberhalb von 128°C ist α-KNO_3 stabil. Aus wäßriger Lösung kristallisiert bei Raumtemperatur zunächst α-KNO_3, das sich dann nach kurzem Stehen oder bei geringster mechanischer Beanspruchung in β-KNO_3 umwandelt.

Maßgeblich dafür, welche Modifikation zunächst kristallisiert, ist die Keimbildungsarbeit, die ihrerseits von der Oberflächenenergie abhängt. Je geringer die Oberflächenenergie, desto geringer ist in der Regel die Keimbildungsarbeit. Diejenige Modifikation mit der geringsten Keimbildungsarbeit kristallisiert zuerst. Weil die Oberflächenenergie empfindlich von der Adsorption von Fremdpartikeln abhängt, können Fremdstoffe die Reihenfolge der Kristallisation der polymorphen Formen beeinflussen.

3.2 Phasendiagramme

Für Phasen, die sich miteinander im Gleichgewicht befinden, gilt das GIBBSsche Phasengesetz:

$$F + P = C + 2$$

Dabei ist F die Anzahl der Freiheitsgrade, d.h. der frei wählbaren Zustandsgrößen wie Druck und Temperatur, P ist die Anzahl der Phasen und C ist die Anzahl der Komponenten. Als Komponenten sind voneinander unabhängige, reine Stoffe (Elemente oder Verbindungen) zu verstehen, aus denen die übrigen im System eventuell auftretenden Verbindungen entstehen können. Beispiele:

1. Für reines Wasser (eine Komponente, $C = 1$) ist $F + P = 3$. Wenn gleichzeitig drei Phasen miteinander im Gleichgewicht sind, z.B. Dampf, flüssiges Wasser und Eis oder Dampf und zwei verschiedene Modifikationen von Eis, so ist $F = 0$; es gibt dann keinen Freiheitsgrad, die drei Phasen können nur bei einem festgelegten Druck und einer festgelegten Temperatur koexistieren („Tripelpunkt").

2. Im System Eisen/Sauerstoff ($C = 2$) können bei Anwesenheit von zwei Phasen, z.B. Fe_3O_4 und Sauerstoff, Druck und Temperatur variiert werden ($F = 2$). Wenn drei Phasen im Gleichgewicht sind, z.B. Fe, Fe_2O_3 und Fe_3O_4, so gibt es nur einen Freiheitsgrad, und nur der Druck *oder* die Temperatur können frei gewählt werden.

Für Systeme, die nur aus einer Komponente bestehen, kann man die Verhältnisse in einem Phasendiagramm darstellen, in dem Temperatur und Druck aufgetragen sind. Abb. 8 zeigt das Phasendiagramm für Wasser, in dem die Existenzbereiche für Dampf, flüssiges Wasser und zehn verschiedene Eis-Modifikationen zu erkennen sind, die mit römischen Zahlen bezeichnet werden. Innerhalb der einzelnen Felder ist jeweils nur die dort bezeichnete Phase stabil, Druck und Temperatur können aber unabhängig voneinander variiert werden (2 Freiheitsgrade). Entlang der Grenzlinien koexistieren jeweils zwei Phasen, wobei entweder der Druck oder die Temperatur variierbar ist, die andere dieser Zustandsgrößen jedoch den Wert haben muß, den das Diagramm anzeigt (ein Freiheitsgrad). An Tripelpunkten gibt es keinen Freiheitsgrad, Druck und Temperatur liegen fest, aber drei Phasen können gleichzeitig miteinander im Gleichgewicht existieren.

In Phasendiagrammen für Systeme aus zwei Komponenten wird die Zusammensetzung gegen eine der Zustandsvariablen Druck oder Temperatur aufgetragen, während die andere Zustandsvariable einen konstanten Wert hat. Am häufigsten sind Auftragungen der Zusammensetzung gegen die Temperatur bei Normaldruck. Solche Phasendiagramme unterscheiden sich je nachdem, ob die Komponenten miteinander feste Lösungen bilden oder nicht oder ob sie miteinander Verbindungen bilden.

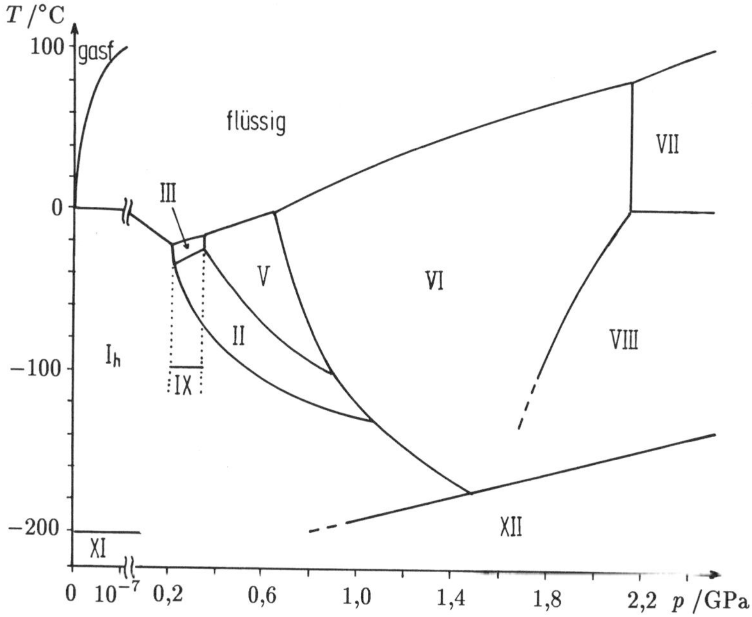

Abb. 8: Phasendiagramm für H_2O. Gestrichelte Kurven sind extrapoliert, sie lassen sich wegen geringer Umwandlungsgeschwindigkeiten nicht messen. Zusätzliche metastabile Phasen sind Eis I_c im Tieftemperaturbereich von Eis I_h und Eis IV im Bereich von Eis V. Die gasförmig/flüssig-Kurve reicht bis zum kritischen Punkt bei 374 °C und 22,1 MPa. Die Kurve flüssig/Eis VII reicht bis mindestens 20 GPa, wo der Schmelzpunkt 440°C beträgt

Abb. 9 zeigt das Phasendiagramm für das System Antimon/Bismut, die miteinander Mischkristalle (feste Lösungen) bilden. Antimon und Bismut kristallisieren isotyp, und die Atomlagen können in beliebigem Mengenverhältnis von Sb- oder Bi-Atomen eingenommen werden. Im oberen Teil des Diagramms liegt der Existenzbereich der flüssigen Phase, d.h. einer flüssigen Lösung aus Antimon und Bismut. Im unteren Teil liegt der Existenzbereich der Mischkristalle. Dazwischen ist ein Bereich, in dem Flüssigkeit und Feststoff nebeneinander existieren. Er wird nach oben von der *Liquiduskurve*, nach unten von der *Soliduskurve* begrenzt. Bei gegebener Temperatur haben Flüssigkeit und Feststoff, die miteinander im Gleichgewicht stehen, unterschiedliche Zusammensetzung; sie läßt sich im Diagramm je-

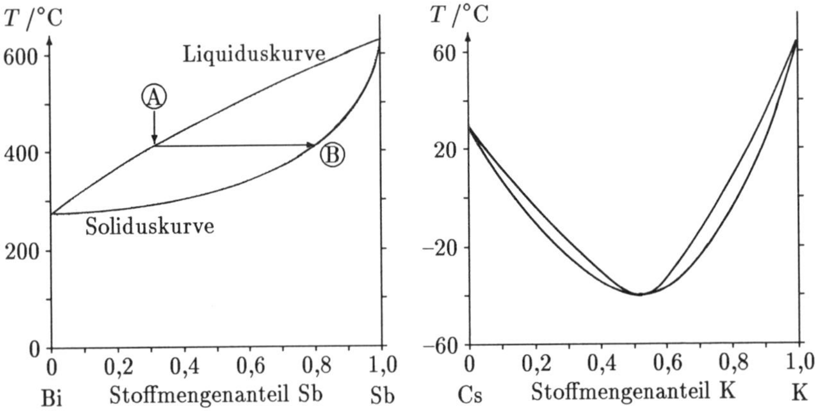

Abb. 9: Phasendiagramme Antimon/Bismut und Kalium/Cäsium bei Normaldruck

weils am Schnittpunkt ablesen, den die Horizontale, welche die fragliche Temperatur zum Ausdruck bringt, mit der Solidus- bzw. Liquiduskurve bildet. Beim Abkühlen einer Sb/Bi-Schmelze, welche die Zusammensetzung und Temperatur gemäß Punkt A in Abb. 9 hat, beginnt die Kristallisation von Mischkristallen der Zusammensetzung B, wenn die durch den horizontalen Pfeil markierte Temperatur erreicht ist. Die Mischkristalle haben einen höheren Sb-Gehalt als die Schmelze.

Das Phasendiagramm Kalium/Cäsium ist ein Beispiel für ein System mit Mischkristallbildung und einem Temperaturminimum (Abb. 9). Die rechte und die linke Hälfte des Diagramms entsprechen jeweils dem Diagramm Antimon/Bismut. Im Minimum haben wir einen ausgezeichneten Punkt, bei dem die Zusammensetzung von Schmelze und Feststoff übereinstimmen. Man kennt auch Systeme, bei denen der ausgezeichnete Punkt bei einem Temperaturmaximum liegt.

Begrenzte Mischkristallbildung tritt dann auf, wenn die beiden Komponenten unterschiedliche Strukturen haben, wie zum Beispiel Indium und Cadmium. Mischkristalle aus viel Indium und wenig Cadmium haben die Struktur des Indiums, solche aus wenig Indium und viel Cadmium diejenige des Cadmiums. Bei mittleren Zusammensetzungen gibt es eine *Mischungslücke*, d.h. keine einheitlichen Mischkristalle, sondern ein Gemisch von indiumreichen und cadmiumreichen Mischkristallen. Die gleiche Situation kann auch auftreten, wenn beide Reinsubstanzen die gleiche Struktur haben, Mischkristalle aber nicht mit beliebiger Zusammensetzung möglich

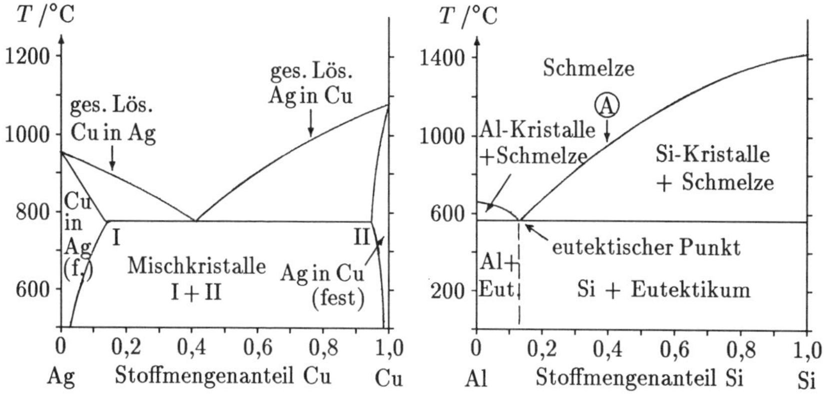

Abb. 10: Phasendiagramme für die Systeme Silber/Kupfer (Mischkristallbildung mit Mischungslücke) und Aluminium/Silicium (Bildung eines Eutektikums)

sind. Kupfer und Silber bieten ein Beispiel, das zugehörige Phasendiagramm ist in Abb. 10 gezeigt.

Das Phasendiagramm für Aluminium/Silicium (Abb. 10) ist ein typisches Beispiel für ein System aus zwei Komponenten, die weder feste Lösungen (von sehr geringen Konzentrationen abgesehen) noch eine Verbindung miteinander bilden, aber in flüssiger Form miteinander mischbar sind. Besonderes Merkmal ist das spitze Minimum im Diagramm, der *eutektische Punkt*. Er markiert den Schmelzpunkt des *Eutektikums*, eines Substanzgemisches, das bei niedrigerer Temperatur schmilzt als die reinen Komponenten und als jedes anders zusammengesetzte Gemisch. Die *eutektische Gerade* ist die Horizontale, auf welcher der eutektische Punkt liegt. Das Gebiet unter ihr markiert den Bereich, in dem die Komponenten beide in fester Form nebeneinander, also in zwei Phasen, vorliegen.

Ein flüssiges Gemisch von Aluminium und Silicium mit einen Stoffmengenanteil von 40 % Aluminium und einer Temperatur von 1100 °C wird durch den Punkt A in Abb. 10 gekennzeichnet. Abkühlung der Flüssigkeit entspricht einer Abwärtsbewegung im Diagramm (durch Pfeil markiert). Beim Erreichen der Liquiduskurve beginnt reines Silicium zu kristallisieren. Dadurch ändert sich die Zusammensetzung der Flüssigkeit, die nun einen höheren Anteil an Aluminium hat; das entspricht einer Wanderung nach links im Diagramm. Dort liegt die Temperatur für das Auskristallisieren von Silicium niedriger. In dem Maße, wie Silicium sich ausscheidet, nimmt die Kristallisationstemperatur für weiteres Silicium immer mehr ab,

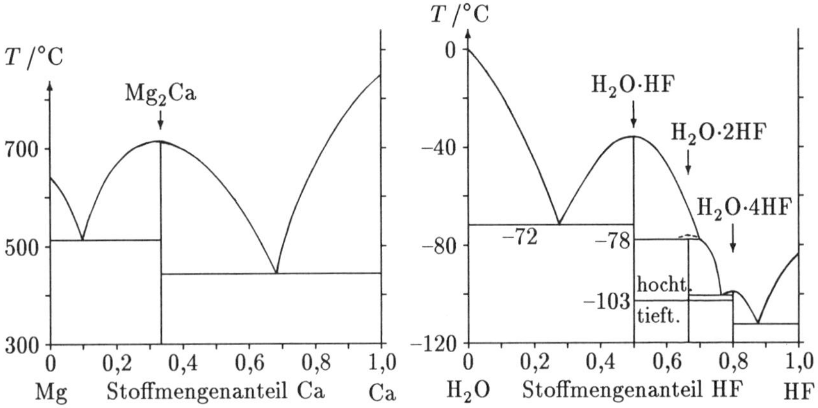

Abb. 11: Phasendiagramme für die Systeme Calcium/Magnesium und H_2O/HF: Bildung einer bzw. dreier Verbindungen

und zwar so lange, bis der eutektische Punkt erreicht ist, bei dem Aluminium und Silicium beide erstarren. Da sich die Erstarrungstemperatur des Siliciums fortlaufend ändert, spricht man von einem *inkongruenten* Erstarren.

Komplizierter werden die Verhältnisse, wenn die beiden Komponenten Verbindungen miteinander bilden. In Abb. 11 ist das Phasendiagramm eines Systems gezeigt, bei dem die beiden Komponenten, Magnesium und Calcium, eine Verbindung miteinander bilden, $CaMg_2$. In der Mitte des Diagramms, entsprechend der Zusammensetzung $CaMg_2$, taucht ein Maximum auf, das den Schmelzpunkt der Verbindung $CaMg_2$ markiert. Links davon kommt ein Eutektikum vor, gebildet aus den beiden Komponenten Mg und $CaMg_2$. Rechts finden wir ein zweites Eutektikum aus Ca und $CaMg_2$. Sowohl die linke als auch die rechte Hälfte des Phasendiagramms von Abb. 11 entsprechen jeweils dem Phasendiagramm eines einfachen eutektischen Systems wie in Abb. 10.

Noch komplizierter ist das Phasendiagramm für das System H_2O/HF, bei dem die Bildung der drei Verbindungen, $H_2O \cdot HF$, $H_2O \cdot 2\,HF$ und $H_2O \cdot 4\,HF$ beobachtet wird. In diesen Verbindungen sind Teilchen H_3O^+, HF und F^- in unterschiedlicher Art über Wasserstoffbrücken miteinander verknüpft. Für zwei der Verbindungen finden wir Maxima im Phasendiagramm (Abb. 11), ähnlich wie für die Verbindung $CaMg_2$. Es gibt aber kein Maximum bei der Zusammensetzung $H_2O \cdot 2\,HF$ und auch kein Eutektikum zwischen $H_2O \cdot 2\,HF$ und $H_2O \cdot HF$; wir erkennen nur einen Knick in der Liquiduskurve. Das erwartete Maximum ist „verdeckt" (punktierte Linie). Die Horizontale durch den Knickpunkt nennt man *peritektische Gerade.* Während die Feststoffe der Zusammensetzung $H_2O \cdot HF$ und $H_2O \cdot 4\,HF$ kongruent schmelzen, d.h. je eine definierte, sich nicht ändernde Schmelztemperatur haben (entsprechend den Maxima im Diagramm), schmilzt der Feststoff der Zusammensetzung $H_2O \cdot 2\,HF$ inkongruent; er zerfällt bei $-78\,°C$ zu einer HF-reicheren Flüssigkeit und festem $H_2O \cdot HF$. Die Verbindung $H_2O \cdot 2\,HF$ wandelt sich bei $-103\,°C$ von einer „Hochtemperatur-" in eine Tieftemperaturmodifikation um; dies kommt im Diagramm durch die horizontale Gerade bei dieser Temperatur zum Ausdruck.

Phasendiagramme geben wertvolle Information darüber, welche Verbindungen in einem Stoffsystem entstehen können. Diese Verbindungen können dann gezielt hergestellt und untersucht werden. Zur experimentellen Ermittlung eines Phasendiagramms bedient man sich vor allem der folgenden Methoden. Bei der *Differenzthermoanalyse* (DTA) wird eine Probe gegebener Zusammensetzung gleichzeitig mit einer thermisch indifferenten Referenzsubstanz langsam aufgeheizt oder abgekühlt, und die Temperaturen beider Substanzen werden laufend gemessen. Wenn in der Probe eine Phasenumwandlung eintritt, wird die Umwandlungsenthalpie freigesetzt oder aufgenommen und zwischen Probe und Referenzsubstanz tritt eine Temperaturdifferenz auf, welche die Phasenumwandlung anzeigt. Bei der *röntgenographischen Phasenuntersuchung* wird ein Röntgenbeugungsdiagramm kontinuierlich aufgezeichnet, während die Probe aufgeheizt oder abgekühlt wird; beim Auftreten einer Phasenumwandlung ändert sich das Beugungsdiagramm.

3.3 Übungsaufgaben

3.1 Ist die Umwandlung α-$KNO_3 \rightarrow \beta$-KNO_3 (vgl. S. 25) ein Phasenübergang erster oder zweiter Ordnung?

3.2 Schmilzt Eis bei $-10\,°C$ wenn darauf Druck ausgeübt wird? Wenn ja, gefriert es dann wieder, wenn der Druck weiter erhöht wird? Welche Modifikation müßte sich dann bilden?

3.3 Kann man Wasser bei $+40\ °C$ zum gefrieren bringen? Wenn ja, welche Eis-Modifikation sollte sich dann bilden?

3.4 Was geschieht wenn eine Lösung von HF und Wasser, die 40 Mol-% HF enthält, von $0\ °C$ auf $-100\,°C$ abgekühlt wird?

3.5 Wie aus Abb. 61 hervorgeht, wandelt sich β-Quarz beim Aufheizen bei 870 °C in β-Tridymit und dann bei 1470 °C in β-Cristobalit um. Sollte es möglich sein, eine direkte Umwandlung β-Quarz $\rightleftharpoons$ β-Cristobalit zu erreichen, wenn die Temperatur bei hohem Druck variiert wird?

4 Struktur, Energie und chemische Bindung

4.1 Thermodynamische Stabilität

Wenn die freie Reaktionsenthalpie ΔG für die Umwandlung der Struktur einer Verbindung in eine beliebige andere Struktur positiv ist, so ist die Struktur *thermodynamisch stabil.* Weil ΔG von der Umwandlungsenthalpie ΔH und der Umwandlungsentropie ΔS abhängt und ΔH und ΔS ihrerseits druck- und temperaturabhängig sind, kann eine Struktur nur innerhalb eines bestimmten Druck- und Temperaturbereichs stabil sein. Durch Variation von Druck und/oder Temperatur wird ΔG irgendwann bezüglich einer anderen Struktur negativ, es kommt zur Phasenumwandlung. Dies kann eine Phasenumwandlung von einer festen in eine andere feste Modifikation sein, oder es kann eine Umwandlung in einen anderen Aggregatzustand sein.

Aufgrund der thermodynamischen Beziehungen

$$\Delta G = \Delta H - T\Delta S \quad \text{und} \quad \Delta H = \Delta U + p\Delta V$$

kann man folgende Regeln zur Temperatur- und Druckabhängigkeit für thermodynamisch stabile Strukturen angeben:

1. Je höher die Temperatur T ist, desto mehr werden Strukturen mit geringerer Ordnung begünstigt, weil deren Bildung mit einer positiven Umwandlungsentropie ΔS verbunden ist und der Wert von ΔG dann in erster Linie vom Glied $T\Delta S$ abhängt. Zum Beispiel kennt man bei Hexahalogeniden wie MoF_6 im festen Zustand zwei Modifikationen, eine mit definiert orientierten Molekülen und eine, bei der die Moleküle um ihren Schwerpunkt im Kristall rotieren. Da bei der letzteren Modifikation die Ordnung geringer ist, ist sie diejenige, die bei der höheren Temperatur thermodynamisch stabil ist. Noch geringer ist die Ordnung im flüssigen Zustand, und am geringsten ist sie im Gas. Temperaturerhöhung führt daher zum Schmelzen und schließlich zum Verdampfen der Substanz.

2. Erhöhung des Druckes p begünstigt Strukturen mit geringerer Volumenbeanspruchung, d.h. solche mit höherer Dichte, weil ihre Bildung mit einer Volumenabnahme (negatives ΔV) verbunden ist und somit ΔH einen negativeren Wert annimmt. Bei sehr hohen Drücken ist zum Beispiel Diamant (Dichte 3,51 $g\,cm^{-3}$) stabiler als Graphit (Dichte 2,26 $g\,cm^{-3}$).

4.2 Kinetische Stabilität

Eine thermodynamisch instabile Struktur kann existieren, wenn ihre Umwandlung in eine andere Struktur mit vernachlässigbar geringer Geschwindigkeit abläuft; wir nennen sie dann *metastabil*, *inert* oder *kinetisch stabil.* Da die Geschwindigkeitskonstante k gemäß der ARRHENIUSschen Gleichung von der Aktivierungsenergie E_a und von der Temperatur abhängt,

$$k = k_0 \, e^{-E_a/RT} \,,$$

liegt kinetische Stabilität dann vor, wenn sich aus einem großen Verhältnis E_a/RT ein vernachlässigbar kleines k ergibt. Bei hinreichend tiefen Temperaturen kann jede Struktur kinetisch stabilisiert werden. Weil es nicht frei von Willkür ist, unterhalb welcher Grenze die Umwandlungsgeschwindigkeit als vernachlässigbar angesehen werden kann, ist die kinetische Stabilität kein exakt definierter Begriff.

Typische Vertreter für metastabile Substanzen sind Gläser. Sie weisen wie kristalline Feststoffe eine makroskopische Formstabilität auf, sind aber aus der Sicht ihrer Struktur und mancher ihrer physikalischen Eigenschaften als Flüssigkeiten mit sehr hoher Viskosität aufzufassen. Bei ihnen ist die Umwandlung in eine thermodynamisch stabilere Struktur nur durch umfangreiche Atomwanderungen zu erreichen, die Atombeweglichkeit ist jedoch durch eine Vernetzung der Atome stark behindert.

Die Strukturen und Eigenschaften zahlreicher bei Normalbedingungen thermodynamisch instabiler Substanzen sind nur deshalb bekannt, weil sie bei Normalbedingungen metastabil sind und deshalb gut untersucht werden können.

4.3 Chemische Bindung und Struktur

Welche räumliche Anordnung von Atomen zu einer stabilen oder metastabilen Struktur führt, hängt entscheidend von der Verteilung ihrer Elektronen ab.

Bei Edelgasen ist die Elektronenkonfiguration des einzelnen Atoms bei Normalbedingungen bereits thermodynamisch stabil. Nur durch Zusammenpacken der Atome zur Flüssigkeit und zum Festkörper kann noch ein geringer Betrag von VAN-DER-WAALSscher Energie freigesetzt werden. Weil die Kondensations- und Kristallisationsenthalpie so gering ist, wird ΔG bereits bei relativ niedrigen Temperaturen vom Entropieglied $T\Delta S$ beherrscht, die Schmelz- und Siedepunkte liegen dementsprechend niedrig.

Bei allen anderen Elementen entspricht die Elektronenkonfiguration eines einzelnen Atoms bei Normalbedingungen nicht einem thermodynamisch stabilen Zustand; nur bei sehr hohen Temperaturen treten im Dampfzustand Einzelatome auf. Bei gewöhnlichen Temperaturen kommen erst durch die Verknüpfung von Atomen stabile Strukturen zustande.

Die Elektronen in einem Verband von Atomen können, genauso wie in einem einzelnen Atom, nur bestimmte Energiezustände einnehmen. Diese werden mathematisch durch die Eigenwerte der Wellenfunktionen ψ erfaßt. Die Wellenfunktionen ergeben sich theoretisch als Lösungen der SCHRÖDINGER-Gleichung für das *Gesamtsystem aller beteiligten Atome.* Obwohl ihre exakte mathematische Lösung unüberwindliche Schwierigkeiten bereitet, weiß man über die Wellenfunktionen und damit über die Verteilung der Elektronen Bescheid. Die Kenntnisse stützen sich sowohl auf gute Näherungsrechnungen als auch auf experimentelle Befunde; wir werden uns damit im Kapitel 9 weiter befassen. Vorerst werden wir uns mit dem vereinfachenden Schema zweier Grenzfälle für die chemische Bindung begnügen, nämlich der ionischen und der kovalenten Bindung. Dabei lassen wir auch kontinuierliche Übergänge zwischen diesen Grenzfällen sowie das Auftreten beider Bindungstypen nebeneinander zu. Zusätzlich sind gegebenenfalls auch noch die schwächeren Ion-Dipol-, Dipol-Dipol- und Dispersionswechselwirkungen zu berücksichtigen.

Die (lokalisierte) kovalente Bindung zeichnet sich durch ihre geringe Reichweite aus, die meist nur von einem Atom zum nächsten reicht, hier aber eine starke Bindung ist. Um ein Atom stellt sich eine Nahordnung ein, die einerseits von den festen interatomaren Bindungen und andererseits von der gegenseitigen Abstoßung der Valenzelektronen und vom Platzbedarf der gebundenen Atome abhängt.* Beim Verknüpfen von Atomen zu größeren Baueinheiten kann die Nahordnung zu einem über größere Entfernungen geordneten Verband führen, so ähnlich, wie sich die Nahordnung um einen Ziegelstein zu einer Fernordnung in einem Mauerwerk fortsetzt.

In einem niedermolekularen Molekül oder Molekülion wird eine begrenzte Anzahl von Atomen durch kovalente Bindungen zusammengehalten. Die

*Die häufig der kovalenten Bindung zugeschriebene Eigenschaft, *gerichtet* zu sein, ist nicht als die *Ursache* für die sich ergebenden Strukturen anzusehen. Dies zeigt der Erfolg der Valenzelektronenpaar-Abstoßungstheorie, die ohne eine a-priori-Orientierung von Orbitalen auskommt. Das Bild der von vornherein ausgerichteten Bindungen rührt von Rechnungen her, bei denen als *mathematisches* Hilfsmittel die Hybridisierung von Atomorbitalen benutzt wird. Dadurch wird zuweilen der falsche Eindruck erweckt, die Hybridisierung sei ein Prozeß, welcher vor der Bindungsbildung ablaufe und die Stereochemie festlege. Siehe hierzu die Ausführungen in Abschnitt 9.2

kovalenten Kräfte im Inneren des Moleküls sind erheblich stärker als alle nach außen wirkenden Kräfte. Bei der Betrachtung von Molekülstrukturen begeht man deshalb nur einen geringen Fehler, wenn man so tut, als käme das Molekül alleine vor und hätte keine Umgebung. Nach aller Erfahrung und im Einklang mit Untersuchungen von KITAIGORODSKY [36] hat das Zusammenpacken von Molekülen zu einem Kristallverband nur einen sehr geringen Einfluß auf die Bindungsabstände und -winkel im Molekül; nur Konformationswinkel werden in bestimmten Fällen stärker beeinflußt. Viele Eigenschaften einer molekularen Verbindung können von der Molekülstruktur her erklärt werden.

Dies gilt nicht ohne weiteres für makromolekulare Stoffe, bei denen ein Molekül aus einer fast unbegrenzten Anzahl von Atomen besteht. Die Wechselwirkungen mit umgebenden Molekülen können in diesem Fall nicht mehr vernachlässigt werden. Bei einer Substanz, die aus fadenförmigen Makromolekülen besteht, ist es für die physikalischen Eigenschaften zum Beispiel nicht gleichgültig, ob die Moleküle zu einem kristallinen Verband geordnet sind oder ob sie ohne Ordnung miteinander verknäuelt sind.

Bei kristallinen makromolekularen Substanzen unterscheiden wir je nach der Art des Verbandes der kovalent miteinander verknüpften Atome zwischen Kettenstrukturen, Schichtenstrukturen und Raumnetzstrukturen. Die Ketten oder Schichten können elektrisch ungeladene Moleküle sein, zwischen denen nur VAN-DER-WAALSsche Kräfte herrschen, oder sie können Polyanionen oder Polykationen sein, die durch zwischen ihnen eingelagerte Gegenionen zusammengehalten werden. Auch Raumnetze können elektrisch geladen sein, die Gegenionen sind dann in Hohlräume des Raumnetzes eingelagert. Die Struktur von Kette, Schicht oder Raumnetz wird in erster Linie von den kovalenten Bindungen und der damit zusammenhängenden Nahordnung um die einzelnen Atome beherrscht.

Im Gegensatz dazu werden die Kristallstrukturen von ionischen Verbindungen aus niedermolekularen Ionen überwiegend davon bestimmt, wie die Ionen am besten raumerfüllend gepackt werden können, und zwar nach dem Prinzip, Kationen um Anionen, Anionen um Kationen. Maßgeblich sind geometrische Faktoren wie die relative Größe der Ionen und die Gestalt von Molekülionen. Näheres hierzu wird in Kapitel 6 ausgeführt.

4.4 Die Gitterenergie

Definition: Die Gitterenergie ist diejenige Energie, die erforderlich ist, um ein Mol einer kristallinen Verbindung bei der Temperatur 0 Kelvin so zu zerlegen, daß sich ihre Bausteine unendlich weit voneinander entfernen.

Als Bausteine sind dabei zu verstehen:

- bei niedermolekularen Verbindungen: die Moleküle
- bei Ionenverbindungen: die Ionen
- bei Metallen: die Atome
- bei reinen Elementen, soweit sie nicht wie H_2, N_2, S_8 usw. unter die molekularen Verbindungen fallen: die Atome

Bei Verbindungen, die sich nicht eindeutig einer der genannten Stoffklassen zuordnen lassen, ist es eine akademische Frage, was unter der Gitterenergie verstanden werden soll. Soll man bei SiO_2 eine Zerlegung in Si- und O-Atome oder in Si^{4+}- und O^{2-}-Ionen zugrundelegen? Sofern in der Literatur für polare Verbindungen wie SiO_2 Angaben zur Gitterenergie gemacht werden, bezieht man sich in der Regel auf eine Zerlegung in Ionen. Beim Umgang mit Werten, die unter dieser Annahme berechnet wurden, ist Zurückhaltung geboten, da die nicht berücksichtigten kovalenten Bindungsanteile von erheblicher Bedeutung sind. Selbst bei einer Zerlegung in Ionen sind die Verhältnisse nicht immer klar: soll man Na_2SO_4 in Na^+- und SO_4^{2-}- oder in Na^+-, S^{6+}- und O^{2-}-Ionen zerlegen?

Die Gitterenergie von molekularen Verbindungen

Bei einer molekularen Verbindung ist die Gitterenergie E gleich der Sublimationsenergie bei 0 K. Diese ist nicht direkt meßbar, sie entspricht aber der Sublimationsenthalpie bei der Temperatur T plus der Wärmeenergie, die zum Aufheizen von 0 K bis zu dieser Temperatur benötigt wird, minus RT. RT ist der erforderliche Energiebetrag, um ein Mol Gas bei der Temperatur T auf einen unendlich kleinen Druck zu entspannen. Da sich die genannten Energiebeträge messen lassen, kann die Gitterenergie in diesem Fall experimentell bestimmt werden.

Folgende, zwischen den Molekülen wirksame Kräfte tragen zur Gitterenergie eines aus Molekülen aufgebauten Kristalls bei:

1. Die stets anziehend wirkende Dispersionskraft (LONDONsche Kraft).
2. Die Abstoßung zwischen Atomen, deren Elektronenhüllen einander zu nahe kommen.

3. Bei Molekülen mit polaren Bindungen, d.h. bei Molekülen mit einem Dipol- oder Multipolcharakter, die elektrostatische Wechselwirkung zwischen den Dipolen oder Multipolen.

4. Die auch am absoluten Temperaturnullpunkt stets vorhandene Nullpunktsenergie.

Die Nullpunktsenergie ergibt sich aus der Quantentheorie, nach der die Atome auch beim absoluten Nullpunkt noch Schwingungen ausführen. Für einen DEBYEschen Festkörper (das ist ein homogener Körper aus N gleichen Teilchen) beträgt die Nullpunktsenergie

$$E_0 = N\frac{9}{8}h\nu_{\mathrm{max}}$$

wobei ν_{max} die Frequenz des höchsten besetzten Schwingungszustands im Kristall ist. Bei Molekülen mit einer sehr geringen Masse und bei solchen, die über Wasserstoffbrücken zusammengehalten werden, hat die Nullpunktsenergie einen erheblichen Beitrag. Bei H_2 und He macht sie sogar den überwiegenden Anteil der Gitterenergie aus; bei H_2O beträgt ihr Anteil ca. 30 %, bei N_2, O_2 und CO sind es etwa 10 %. Bei größeren Molekülen ist der Anteil der Nullpunktsenergie nur noch sehr gering.

Die Dispersionskraft zwischen zwei Atomen führt zur Dispersionsenergie E_D, die näherungsweise proportional zu r^{-6} ist, wenn r der Abstand zwischen den Atomen ist:

$$E_D = -\frac{C}{r^6}$$

Die Dispersionsenergie zwischen zwei Molekülen ist näherungsweise gleich der Summe der Beiträge von den Atomen des einen Moleküls zu denen des anderen Moleküls.

Für die Abstoßungsenergie E_A zwischen zwei Atomen, die sich zu nahe kommen, wird meist eine Exponentialfunktion angesetzt:

$$E_A = B\exp(-\alpha r)$$

Eine andere, ebenso geeignete Näherungsformel ist:

$$E_A = B'r^{-n}$$

mit $n = 5$ bis $n = 12$ (BORNscher Abstoßungsexponent).

Bei Molekülen mit geringer Polarität, zum Beispiel bei Kohlenwasserstoffen, ist der elektrostatische Beitrag gering. Moleküle mit stark polaren

Bindungen wirken als Dipole oder Multipole, die sich gegenseitig beeinflussen. Zum Beispiel sind Metallhalogenidmoleküle wie WF_6 oder WCl_6 Multipole, bei denen die Halogenatome eine negative Partialladung $-q$ tragen und auf das Metallatom eine positive Ladung $+6q$ kommt; der zwischen null und eins liegende Betrag der Partialladung q ist allerdings nicht sicher bekannt. Obwohl sich die Kraftwirkung eines Multipols nur auf naheliegende Moleküle nennenswert auswirkt, kann sie erheblich zur Gitterenergie beitragen. Die elektrostatische oder Coulomb-Energie E_C zwischen zwei Atomen, die die Ladung q_i bzw. q_j tragen, ist:

$$E_C = \frac{1}{4\pi\varepsilon_0} \frac{q_i q_j e^2}{r} \tag{1}$$

q_i, q_j in Einheiten der Elementarladung $e = 1,6022 \cdot 10^{-19}$ C, ε_0 = elektrische Feldkonstante = $8{,}859 \cdot 10^{-12}$ $C^2J^{-1}m^{-1}$.

Insgesamt läßt sich die Gitterenergie E somit wie folgt näherungsweise berechnen:

$$\begin{aligned} E &= -N_A \sum (E_D + E_A + E_C + E_0) \\ &= -N_A \sum_{i,j} \left[-C_{ij} r_{ij}^{-6} + B_{ij} \exp(-\alpha_{ij} r_{ij}) + \frac{q_i q_j e^2}{4\pi\varepsilon_0 r_{ij}} + \frac{9}{8} h\nu_{\max} \right] \end{aligned} \tag{2}$$

Durch die Wahl der Vorzeichen ergibt sich ein positiver Zahlenwert für die Gitterenergie, entsprechend der Definition als aufzubringende Energie zur Zerstörung des Gitters. Mit dem Index i werden die Atome *eines* Moleküls durchgezählt, mit dem Index j werden *sämtliche* Atome aller übrigen Moleküle im Kristall gezählt. Es wird so die Wechselwirkungsenergie von einem Molekül zu allen anderen Molekülen berechnet. Durch Multiplikation mit der AVOGADROschen Zahl N_A ergibt sich dann die Gitterenergie pro Mol. r_{ij} ist der Abstand zwischen den Atomen i und j, q_i und q_j sind ihre Partialladungen in Einheiten der Elementarladung und B_{ij}, α_{ij} und C_{ij} sind experimentell zu bestimmende Parameter. Da der Beitrag der einzelnen Glieder in Gleichung (2) immer geringer wird, je größer r_{ij} ist, genügt es, alle Atome bis zu einer Obergrenze für r_{ij} zu berücksichtigen. Die Summation läßt sich dann mit einem Rechner relativ schnell durchführen.

Werte für die Partialladungen der Atome können aus quantenchemischen Rechnungen, aus den molekularen Dipolmomenten oder aus Rotations-Schwingungsspektren abgeleitet werden, sie sind aber häufig nicht oder nur unzureichend bekannt. Wenn der Anteil der Coulomb-Energie deshalb nicht sicher berechnet werden kann, ist eine zuverlässige Berechnung der

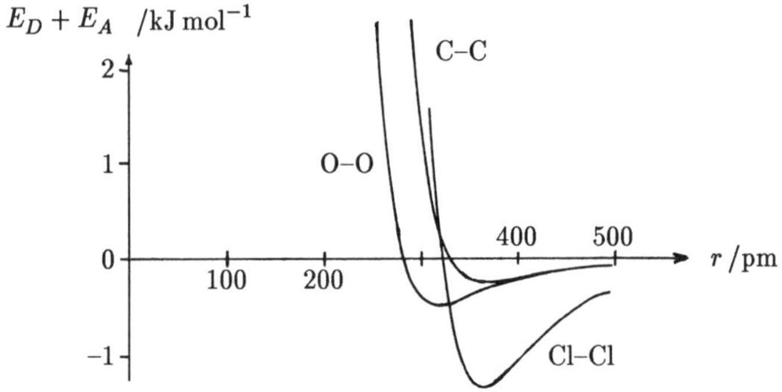

Abb. 12: Potentialfunktionen für die Wechselwirkungsenergie aufgrund der Abstoßungs- und Dispersionskräfte zwischen zwei Atomen als Funktion ihres Abstands

Gitterenergie nicht möglich. Parameter B_{ij}, α_{ij} und C_{ij} sind für die Wechselwirkungen zwischen Atomen einiger Elemente wie H, C, N, O, F und Cl bekannt. Einige sich damit ergebende Potentialfunktionen sind in Abb. 12 gezeigt. Die Minima der Kurven geben den interatomaren Gleichgewichtsabstand an, der sich zwischen *zwei* Atomen einstellt. Im Kristall resultieren kleinere interatomare Abstände, weil ein Molekül mehrere Atome enthält und somit mehrere Atom-Atom-Anziehungskräfte zwischen zwei Molekülen herrschen und weil weitere Moleküle in der Umgebung ebenfalls anziehende Kräfte ausüben.

Allgemein ist die Gitterenergie eines Molekülkristalls um so größer, je größer die Moleküle, je schwerer ihre Atome und je stärker polar ihre Bindungen sind. Typische Werte sind: Argon 7,7 kJ/mol; Krypton 11,1 kJ/mol; Benzol 49,7 kJ/mol.

Die Gitterenergie von Ionenverbindungen

Weil bei einem Molekül die Summe der Partialladungen aller Atome null ergibt, gleichen sich abstoßende und anziehende elektrostatische Kräfte zwischen zwei Molekülen einigermaßen aus. Nur die ungleichmäßige Verteilung der Ladung bewirkt einen gewissen Beitrag zum elektrostatischen Anteil der Gitterenergie. Die Partialladungen in einem aus mehreren Atomen bestehenden Ion addieren sich dagegen nicht auf Null, sondern auf den Wert der Ionenladung. Zwischen Ionen herrschen deshalb starke elektrostatische Wechselwirkungen, deren Beitrag den Hauptanteil der Gitterenergie ausmacht. Dies wird an den Zahlenwerten für Natriumchlorid deutlich:

$$
\begin{array}{rll}
-N_A \sum q_i q_j e^2/(4\pi\varepsilon_0 r_{ij}) = 867 & & \text{Coulomb-Energie} \\
-N_A \sum B_{ij} \exp(-\alpha_{ij} r_{ij}) = -92 & & \text{Abstoßungsenergie} \\
N_A \sum C_{ij} r_{ij}^{-6} = 18 & & \text{Dispersionsenergie} \\
-2N_A \frac{9}{8} h\nu_{\max} = -6 & & \text{Nullpunktsenergie} \\
\hline
E = 787 & \text{kJ/mol} &
\end{array}
$$

Die Berechnung der Gitterenergie kann nach Gleichung (2) erfolgen, indem für die Ladungen q die Werte der Ionenladungen eingesetzt werden. Die Ionengitter aus einatomigen Ionen wie Na^+ oder Cl^- haben einen einfachen und symmetrischen Aufbau, den man sich für die Summation gemäß Gleichung (2) zunutze machen kann. Dies sei am Beispiel der NaCl-Struktur erläutert. Bezeichnen wir den kürzesten Abstand Na^+—Cl^- im Kristall mit R, so können wir alle Ionenabstände als Vielfache von R angeben. Welche Vielfache vorkommen, ergibt eine einfache geometrische Überlegung an Hand des Strukturmodells von NaCl (vgl. Abb. 14, S. 53). Für ein einzelnes Na^+-Ion im Inneren des Kristalls ist die Coulomb-Energie dann:

$$
\begin{aligned}
E_C &- \frac{1}{4\pi\varepsilon_0} \sum_j \frac{q_1 q_j e^2}{r_{1j}} \\
&= \frac{e^2}{4\pi\varepsilon_0 R} \left(-6 + \frac{12}{\sqrt{2}} - \frac{8}{\sqrt{3}} + \frac{6}{2} - \frac{24}{\sqrt{5}} + \cdots \right)
\end{aligned}
\tag{3}
$$

Die einzelnen Terme in der Klammer ergeben sich wie folgt:

1. -6, weil das Na^+-Ion von 6 Cl^--Ionen mit Ladung -1 im Abstand $r = R$ in erster Sphäre umgeben ist.
2. $+12/\sqrt{2}$, weil das Na^+-Ion von 12 Na^+-Ionen mit Ladung $+1$ im Abstand $R\sqrt{2}$ in zweiter Sphäre umgeben ist.
3. $-8/\sqrt{3}$, weil sich in dritter Sphäre 8 Cl^--Ionen im Abstand $R\sqrt{3}$ befinden.

Bei Ausdehnung der Reihe in der Klammer auf unendlich viele Glieder konvergiert sie gegen den Zahlenwert $-A = -1{,}74756$. Wir können also kurz schreiben:

$$
E_C = -\frac{e^2}{4\pi\varepsilon_0 R} A \tag{4}
$$

Die Größe A wird MADELUNG-Konstante genannt. Wie der Vergleich von Gleichung (1) mit Gleichung (4) zeigt, wird beim Zusammenfügen der Ionen zur Kristallstruktur mehr Energie freigesetzt als bei der Bildung einzelner

Tabelle 1: MADELUNG-Konstanten für einige Strukturtypen

Strukturtyp	A	Strukturtyp	A
CsCl	1,76267	CaF_2	5,03879
NaCl	1,74756	TiO_2 (Rutil)	4,816
ZnS (Wurtzit)	1,64132	$CaCl_2$	4,730
ZnS (Sphalerit)	1,63805	$CdCl_2$	4,489
		CdI_2	4,383

Ionenpaare (bei gleichen interionischen Abständen $r = R$; tatsächlich ist im einzelnen Ionenpaar $r < R$, der Energiegewinn entspricht also nicht ganz dem Faktor A).

Für höher geladene Ionen können wir die selbe Konstante A verwenden, sofern der Gittertyp der gleiche ist:

$$E_C = -|q_1||q_2|\frac{e^2}{4\pi\varepsilon_0 R}A$$

$|q_1|$ und $|q_2|$ sind dabei die Absolutwerte der Ionenladungen in Einheiten der Elementarladung. Die MADELUNG-Konstante ist von den Ionenladungen und den Gitterabmessungen unabhängig, sie gilt aber nur für einen bestimmten Strukturtyp. Tabelle 1 führt einige Werte für einfachere Strukturtypen auf.

Mit Hilfe der MADELUNG-Konstanten erfaßt man nur den Coulombschen Anteil der Gitterenergie sofern die Beträge der Ladungen q_1 und q_2 bekannt sind. Eine exakte Trennung von positiven und negativen Ladungen auf die einzelnen Ionen ist nur für die Halogenide der Alkalimetalle einigermaßen erfüllt. Wenn kovalente Bindungsanteile vorhanden sind, müssen Partialladungen angenommen werden, deren Beträge im allgemeinen nicht bekannt sind. Absolutwerte für den Coulombschen Anteil der Gitterenergie lassen sich dann nicht berechnen. Da man für ZnS, TiO_2, $CdCl_2$ und CdI_2 unterschiedliche Polaritäten annehmen muß, geben die in Tabelle 1 angegebenen Werte nicht den Gang der Gitterenergien wieder. Trotzdem sind MADELUNG-Konstanten nützliche Größen, denn man kann mit ihrer Hilfe abschätzen, welcher Strukturtyp für eine Verbindung energetisch bevorzugt sein sollte, wenn die Coulomb-Energie ausschlaggebend ist.

4.5 Übungsaufgaben

4.1 Die Dichten einiger SiO_2-Modifikationen sind: α-Quarz 2,65 g cm^{-3}, β-Quarz 2,53 g cm^{-3}, β-Tridymit 2,27 g cm^{-3}, β-Cristobalit 2,33 g cm^{-3}, SiO_2-Glas 2,20 g cm^{-3}. Sollte es möglich sein, durch Anwendung von Druck β-Cristobalit in eine der anderen Modifikationen umzuwandeln?

4.2 Quarzglas bildet sich wenn geschmolzenes SiO_2 schnell abgekühlt wird. Es kristallisiert langsam. Wird die Kristallisationsgeschwindigkeit bei Zimmertemperatur oder bei 1000 °C größer sein?

4.3 BeF_2 hat wie Quarz eine polymere Struktur, bei der F-Atome tetraedrisch koordinierte Be-Atome verknüpfen; BF_3 ist monomer. Welches der beiden wird eher dazu neigen, ein Glas zu bilden, wenn es aus der flüssigen Phase abgekühlt wird?

4.4 Leiten Sie die ersten vier Terme der Reihe zur Berechnung der MADELUNG-Konstante für CsCl ab (Abb. 14).

4.5 Berechnen Sie den Coulomb-Anteil der Gitterenergie für:

(a) CsCl, $R = 356$ pm;

(b) CaF_2, $R = 236$ pm;

(c) BaO (NaCl-Typ), $R = 276$ pm.

5 Die effektive Größe von Atomen

Nach der Wellenmechanik fällt die Elektronendichte eines Atoms mit zunehmender Entfernung vom Atommittelpunkt asymptotisch gegen Null ab. Ein Atom hat somit keine definierte Größe. Wenn zwei Atome einander näherkommen, so werden in zunehmendem Maße Kräfte zwischen ihnen wirksam.

Anziehend wirken:

- Die stets vorhandene Dispersionskraft (LONDONsche Anziehung).
- Elektronische Wechselwirkungen unter Ausbildung bindender Molekülorbitale.
- Die elektrostatischen Kräfte zwischen Ionen oder Atomen mit entgegengesetzter Ladung bzw. Partialladung.

Abstoßend wirken:

- Die elektrostatischen Kräfte zwischen Ionen oder Atomen mit Ladung bzw. Partialladung des gleichen Vorzeichens.
- Die gegenseitige Durchdringung von abgeschlossenen Elektronenschalen und die elektrostatische Abstoßung zwischen den Atomkernen, wenn die Atome einander zu nahe kommen.

Die genannten Kräfte sind verschieden stark wirksam und verändern sich in unterschiedlichem Maße als Funktion des interatomaren Abstands. Die zuletztgenannte Abstoßungskraft hat bei kurzen Abständen bei weitem die größte Wirkung, ihre Reichweite ist jedoch gering; in etwas größeren Entfernungen überwiegen die übrigen Kräfte. Wenn die anziehenden und die abstoßenden Kräfte den gleichen Betrag haben, stellt sich ein Gleichgewichtszustand ein, bei dem die Atome einen bestimmten Abstand voneinander haben. Dieser Abstand entspricht dem Minimum einer Kurve, welche die potentielle Energie als Funktion des Abstands wiedergibt („Potentialkurve", vgl. Abb. 12).

Der sich immer einstellende Gleichgewichtsabstand zwischen zwei Atomen vermittelt den Eindruck, als seien die Atome Kugeln mit einer bestimmten Größe. Erfahrungsgemäß kann man für viele Zwecke Atome tatsächlich so behandeln, als wären sie mehr oder weniger starre Kugeln.

Weil die Anziehungskräfte zwischen den Atomen je nach der Art der Bindung verschieden sind, muß man einem Atom je nach Bindung unterschiedliche Werte für den Kugelradius zuordnen. Die Erfahrung lehrt, daß für ein und dieselbe Bindungsart der Radius der Atome eines Elements einen einigermaßen konstanten Wert hat. Man unterscheidet den VAN-DER-WAALS-Radius, den Radius in Metallen, mehrere Ionenradien je nach Ionenladung sowie je einen Kovalenzradius für Einfach-, Doppel- und Dreifachbindung. Die Werte variieren dann noch in Abhängigkeit der Koordinationszahl; je größer sie ist, desto größer ist der Radius.

5.1 Van-der-Waals-Radien

In einer kristallinen Verbindung, die aus Molekülen aufgebaut ist, sind die Moleküle im allgemeinen so dicht gepackt, wie es ohne Unterschreitung der VAN-DER-WAALS-Radien möglich ist. Die kürzesten üblicherweise beobachteten Abstände zwischen Atomen des gleichen Elements aus benachbarten Molekülen dienen zur Berechnung des VAN-DER-WAALS-Radius für das betreffende Element. Einige Werte sind in Tabelle 2 zusammengestellt. Bei einer genaueren Betrachtung erweisen sich kovalent gebundene Atome als nicht exakt kugelförmig. So ist ein Halogenatom, das an ein C-Atom gebunden ist, etwas abgeplattet, d. h. sein VAN-DER-WAALS-Radius ist in der Richtung der Verlängerung der C–Halogen-Bindung etwas kleiner als senkrecht zur Bindung (vgl. Tab 2). Ist, wie in Metallhalogeniden, die kovalente Bindung polarer, so ist die Abweichung von der Kugelform geringer.

Unterschreitungen der tabellierten VAN-DER-WAALS-Radien treten auf, wenn es zwischen den Molekülen besondere anziehende Kräfte gibt. Bei solvatisierten Ionen können die Abstände zwischen Ion und Atomen des

Tabelle 2: Van-der-Waals-Radien /pm

H 120	sphärische Näherung [90]				He 140
	C 170	N 155	O 152	F 147	Ne 154
	Si 210	P 180	S 180	Cl 175	Ar 188
	Ge	As 185	Se 190	Br 185	Kr 202
	Sn	Sb 200	Te 206	I 198	Xe 216

abgeplattete, an C gebundene Atome [91]

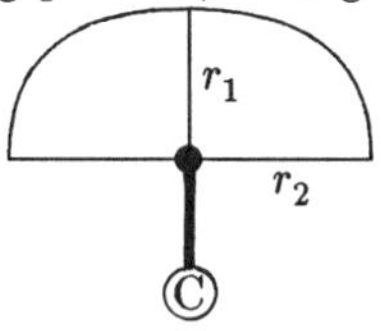

	r_1	r_2		r_1	r_2		r_1	r_2
N	160	160	O	154	154	F	130	138
			S	160	203	Cl	158	178
			Se	170	215	Br	154	184
H	101	126				I	176	213

Lösungsmittelmoleküls zum Beispiel nicht mit Hilfe der VAN-DER-WAALS-Radien berechnet werden.

5.2 Atomradien in Metallen

In Metallen wird der Zusammenhalt der Atome davon bestimmt, in welchem Maße die Besetzung von bindenden Bereichen in den elektronischen Energiebändern gegenüber antibindenden Bereichen überwiegt (Abschnitt 9.7). Bei den links im Periodensystem stehenden Metallen sind relativ wenig Valenzelektronen verfügbar, die Zahl der besetzten, bindenden Energiezustände ist dementsprechend klein. Bei Metallen, die im rechten Teil des Periodensystems stehen, ist die Zahl der Valenzelektronen groß, sie müssen zum Teil antibindende Zustände einnehmen. In beiden Fällen resultiert eine weniger starke metallische Bindung. Sind zahlreiche bindende, aber kaum antibindende Zustände besetzt, so ist die Bindungskraft zwischen den Metallatomen besonders groß. Dies trifft für die Metalle im mittleren Bereich des *d*-Blocks zu. Bei den Metallen beobachtet man deshalb abnehmende Atomradien von den Alkalimetallen bis in den Bereich der sechsten bis achten Nebengruppe des Periodensystems, danach nehmen die Radien wieder zu. Diesem Gang ist die generelle Tendenz zu abnehmenden Atomgrößen überlagert, die in allen Perioden vom Alkalimetall bis zum Edelgas wegen der zunehmenden Kernladung zu beobachten ist (Tab. 3). Bei intermetallischen Verbindungen ist das Verhältnis der Gesamtzahl der verfügbaren Valenzelektronen zur Zahl der Atome (die „Valenzelektronenkonzentration") ein ausschlaggebender Faktor für die effektive Atomgröße.

5.3 Kovalenzradien

Kovalenzradien werden aus den beobachteten Abständen zwischen aneinander gebundenen Atomen des gleichen Elements ermittelt. So beträgt der C–C-Abstand im Diamant und in Alkanen 154 pm; die Hälfte davon, 77 pm, ist dann der Kovalenzradius für eine Einfachbindung an einem C-Atom der Koordinationszahl 4 (sp^3-C-Atom). Analog berechnet man Kovalenzradien für Cl (100 pm) aus dem Abstand im Cl_2-Molekül, für O (73 pm) aus dem O–O-Abstand im H_2O_2 und für Si (118 pm) aus dem Abstand im elementaren Silicium. Addiert man die Kovalenzradien für C und Cl, so erhält man $77 + 100 = 177$ pm; dieser Wert stimmt recht gut mit den gemessenen Abständen in C–Cl-Verbindungen überein. Addiert man die Kovalenzradien für Si und O, $118 + 73 = 191$ pm, so stimmt der erhaltene

Tabelle 3: Atomradien in Metallen /pm. Alle Zahlen beziehen sich auf die Koordinationszahl 12, ausgenommen bei den Alkalimetallen (K.Z. 8), Ga (K.Z. 1+6), Sn (K.Z. 4+2), Pa (K.Z. 10), U und den Transuranen

Li	Be												
152	112												
Na	Mg											Al	
186	160											143	
K	Ca	Sc	Ti	V	Cr	Mn	Fe	Co	Ni	Cu	Zn	Ga	
230	197	162	146	134	128	137	126	125	125	128	134	135	
Rb	Sr	Y	Zr	Nb	Mo	Tc	Ru	Rh	Pd	Ag	Cd	In	Sn
247	215	180	160	146	139	135	134	134	137	144	151	167	154
Cs	Ba	La	Hf	Ta	W	Re	Os	Ir	Pt	Au	Hg	Tl	Pb
267	222	187	158	146	139	137	135	136	139	144	151	171	175

Ce	Pr	Nd	Pm	Sm	Eu	Gd	Tb	Dy	Ho	Er	Tm	Yb	Lu
182	182	182	181	180	204	179	178	177	176	175	174	193	174
Th	Pa	U	Np	Pu	Am	Cm	Bk	Cf	Es	Fm	Md	No	Lr
180	161	156	155	159	173	174	170	186	186				

Wert jedoch nur sehr schlecht mit den beobachteten Abständen im SiO_2 überein (158 bis 162 pm). Generell muß man feststellen: je stärker polar eine Bindung ist, desto mehr weicht ihre Länge nach niedrigeren Werten von der Summe der Kovalenzradien ab. Um dem Rechnung zu tragen, kann man nach SHOMAKER und STEVENSON folgende Korrektur anbringen:

$$d(\mathrm{AX}) = r(\mathrm{A}) + r(\mathrm{X}) - c|x(\mathrm{A}) - x(\mathrm{X})|$$

$d(\mathrm{AX})$ = Bindungsabstand, $r(\mathrm{A})$ und $r(\mathrm{X})$ = Kovalenzradien der Atome A und X, $x(\mathrm{A})$ und $x(\mathrm{X})$ Elektronegativitäten von A und X.

Der Korrekturparameter c hängt von den beteiligten Atomen ab und liegt zwischen 2 und 9 pm. Für C–X-Bindungen ist keine Korrektur notwendig wenn X ein Element der 5., 6. oder 7. Hauptgruppe ist, ausgenommen N, O und F. Die Bindungspolarität äußert sich auch in einer Abhängigkeit der Bindungslängen von der Oxidationszahl; so sind zum Beispiel die P–O-Bindungen im P_4O_6 (164 pm) länger als im P_4O_{10} (160 pm; Summe der Kovalenzradien 183 pm). Je „weicher" ein Atom ist, d. h. je leichter es polarisierbar ist, desto mehr machen sich solche Abweichungen bemerkbar.

Unsicherheiten bei der Berechnung von Bindungsabständen ergeben sich auch, wenn nicht genau bekannt ist, wie groß Mehrfachbindungsanteile sind, in welchem Maße einsame Elektronenpaare benachbarte Bindungen beeinflussen und wie stark sich die Ionenladung und die Koordinationszahl auswirken. Die Spannweite der Cl–O-Bindungslängen möge dies zeigen: HOCl 170 pm, ClO_2^- 156 pm, ClO_3^- 149 pm, ClO_2 147 pm, ClO_4^- 143 pm, $HOClO_3$ 1× 164 und 3× 141 pm, ClO_2^+ 131 pm. Auf Probleme der Bindungslängen kommen wir auf Seite 63, 74 und 76 noch einmal zurück.

5.4 Ionenradien

In Ionenverbindungen entspricht der kürzeste Abstand Kation-Anion der Summe der Ionenradien. Dieser Abstand kann experimentell bestimmt werden. Werte für die Radien selbst sind jedoch nicht so leicht zugänglich. Aus sehr sorgfältig durchgeführten Röntgenbeugungsexperimenten kann man die Elektronendichte im Kristall berechnen; die Stelle mit dem Minimalwert für die Elektronendichte entlang der Verbindungslinie Kation-Anion kann als der „Berührungspunkt" der Ionen aufgefaßt werden. Wie am Beispiel des Lithiumfluorids in Abb. 13 gezeigt, ist eine gewisse Abweichung der Ionen von der Kugelgestalt, d. h. eine Polarisation der Elektronenhülle, erkennbar. Das ist ein Indiz für gewisse kovalente Bindungsanteile, also für einen partiellen „Rückfluß" von Elektronendichte vom Anion zum Kation. Das Minimum der Elektronendichte muß deshalb nicht notwendigerweise der ideale Begrenzungsort zwischen Kation und Anion sein.

Die bislang verwendeten Werte für Ionenradien basieren auf der willkürlichen Festlegung des Radius für ein bestimmtes Ion. Damit kann man dann einen in sich konsistenten Satz von Radien für andere Ionen ableiten. In der Literatur gibt es unterschiedliche Tabellen, die von einem jeweils anderen Basiswert für einen Ionenradius abgeleitet wurden (Ionenradien nach GOLDSCHMIDT, PAULING, AHRENS, SHANNON). Die Werte nach SHANNON beruhen auf einer kritischen Auswertung interatomarer Abstände und basieren auf dem Wert 140 pm für das O^{2-}-Ion bei sechsfacher Koordination. Sie sind in Tabelle 4 und 5 aufgeführt.

Die Ionenradien lassen sich auch dann verwenden, wenn erhebliche kovalente Bindungsanteile vorhanden sind. Je höher geladen ein Kation ist, desto stärker polarisierend wirkt es auf ein benachbartes Anion, d. h. um so mehr bildet sich eine kovalente Bindung aus. Rein rechnerisch kann man für das Anion trotzdem einen konstanten Radius annehmen und dem Kation einen Radius zuweisen, mit dem sich der beobachtete Atomabstand richtig ergibt. Die Angabe eines Wertes wie $r(Nb^{5+}) = 64$ pm soll also

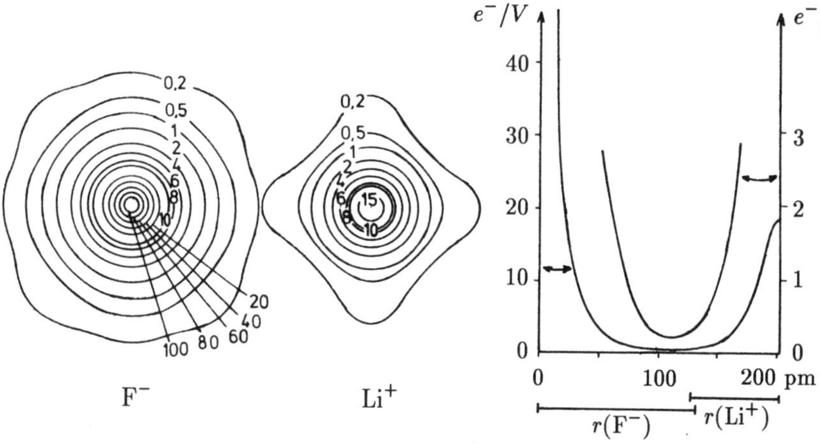

Abb. 13: Experimentell ermittelte Elektronendichte (als Vielfache von $10^{-6}\,e^-/\text{pm}^3$) in kristallinem Lithiumfluorid [92]. Links: Schnitt durch eine Ebene benachbarter Atome; rechts: Elektronendichte entlang der Verbindungslinie F^-—Li^+ mit Markierung der Werte für die Ionenradien gemäß Tab. 4

Tabelle 4: Ionenradien für Hauptgruppenelemente nach SHANNON [93], basierend auf $r(O^{2-}) = 140$ pm. Zahlen mit Vorzeichen: Oxidationszahl. Alle Werte beziehen sich auf Koordinationszahl 6 (ausgenommen K.Z. 4 bei N^{3-}).

H −1 ~150	Li +1 76	Be +2 45	B +3 27	C +4 16	N −3 146 +3 16	O −2 140	F −1 133
	Na +1 102	Mg +2 72	Al +3 54	Si +4 40	P +3 44 +5 38	S −2 184 +6 29	Cl −1 181
	K +1 138	Ca +2 100	Ga +3 62	Ge +2 73 +4 53	As +3 58 +5 46	Se −2 198 +4 50	Br −1 196
	Rb +1 152	Sr +2 118	In +3 80	Sn +2 118 +4 69	Sb +3 76 +5 60	Te −2 221 +4 97 +6 56	I −1 220 +5 95 +7 53
	Cs +1 167	Ba +2 135	Tl +1 150 +3 89	Pb +2 119 +4 78	Bi +3 103 +5 76	Po +4 94 +6 67	

nicht die Existenz eines Nb^{5+}-Ions mit diesem Radius zum Ausdruck bringen, sondern bedeutet, daß in Niob(V)-Verbindungen der Bindungsabstand zwischen einem Nb-Atom und einem elektronegativen Atom X als Summe von $r(Nb^{5+})$ plus dem Anionenradius von X berechnet werden kann. Völlig unabhängig von der Natur von X sind die Werte allerdings nicht; so lassen sich die Werte von Tab. 5 nicht ohne weiteres auf Schwefelverbindungen anwenden; hierfür wurde ein Satz von Ionenradien mit etwas abweichenden Werten abgeleitet [94].

Bei weichen (leicht polarisierbaren) Ionen hängt der Ionenradius vom Gegenion ab. So beträgt der Ionenradius für das H^--Ion 130 pm im MgH_2, 137 pm im LiH, 146 pm im NaH und 152 pm im KH.

Die in den Tabellen 4 und 5 aufgeführten Ionenradien gelten in den meisten Fällen für Ionen mit der Koordinationszahl 6. Für andere Koordinationszahlen weichen die Werte etwas ab. Für jede Einheit, um welche die Koordinationszahl zu- oder abnimmt, nimmt der Ionenradius um 1,5 bis 2 % ab bzw. zu. Bei Koordinationszahl 4 sind die Werte ca. 4 % kleiner, bei Koordinationszahl 8 ca. 3 % größer als bei Koordinationszahl 6. Ursache ist die gegenseitige Abstoßung der koordinierten Ionen, die sich um so stärker auswirkt, je mehr davon vorhanden sind. Auch die Größe der koordinierten Ionen spielt eine Rolle; ein Kation, das von sechs kleinen Anionen umgeben ist, erscheint etwas kleiner als dasselbe Kation, umgeben von sechs großen Anionen, weil sich die Anionen in letzterem Fall etwas stärker gegenseitig abstoßen. Hierfür wurde von PAULING eine Korrekturfunktion abgeleitet [22]. Sind kovalente Bindungsanteile vorhanden, dann hängen die Ionenradien in stärkerem Maße von der Koordinationszahl ab. Beim Wechsel der Koordinationszahl von 6 nach 8 nimmt der Ionenradius zum Beispiel bei Lanthanoidionen um ca. 13 % zu, bei Ti^{4+} und Pb^{4+} sind es ca. 21 %. Verringert sich die Koordinationszahl bei Nebengruppenelementen von 6 nach 4, so verringert sich der Ionenradius um 20 bis 35 %.

5.5 Übungsaufgaben

5.1 In den folgenden tetraedrischen Molekülen betragen die Bindungslängen:
SiF_4 155 pm; $SiCl_4$ 202 pm; SiI_4 243 pm.
Berechnen Sie die Halogen–Halogen-Abstände und vergleichen Sie sie mit den VAN DER WAALS-Abständen. Welchen Schluß ziehen Sie daraus?

5.2 Berechnen Sie aus Ionenradien Erwartungswerte für die Bidungslängen in:
Moleküle WF_6, WCl_6, PCl_6^-, PBr_6^-, SbF_6^-, MnO_4^{2-};
Feststoffe (Metallatome mit K.Z. 6) TiO_2, ReO_3, EuO, $CdCl_2$.

Tabelle 5: Ionenradien für Nebengruppenelemente nach SHANNON [93], basierend auf $r(O^{2-}) = 140$ pm. Zahlen mit Vorzeichen: Oxidationszahl; ls = low spin, hs = high spin. Alle Werte beziehen sich auf Koordinationszahl 6, außer wenn mit einer römischen Zahl eine andere K.Z. bezeichnet ist.

	Sc	Ti	V	Cr	Mn	Fe	Co	Ni	Cu	Zn	
+2				ls 73	ls 67	ls 61	ls 65		+1 77		
+2		86	79	hs 80	hs 83	hs 78	hs 75	69	73	74	+2
+3	75	67	64	62	ls 58	ls 55	ls 55	ls 56	ls 54		+3
+3					hs 65	hs 65	hs 61	hs 60			+3
+4		61	58	55	53	59	hs 53	ls 48			+4
+5			54	49	IV 26						+5
+6				44	IV 25	IV 25					+6
	Y	Zr	Nb	Mo	Tc	Ru	Rh	Pd	Ag	Cd	
+1									115		+1
+2								86	94	95	+2
+3	90		72	69		68	67	76	75		+3
+4		72	68	65	65	62	60	62			+4
+5			64	61	60	57	55				+5
+6				59							+6
	La	Hf	Ta	W	Re	Os	Ir	Pt	Au	Hg	
+1									137	119	+1
+2								80		102	+2
+3	103		72				68		85		+3
+4		71	68	66	63	63	63	63			+4
+5			64	62	58	58	57	57	57		+5
+6				60	55	55					+6
	Ac										
+3	112										

	Ce	Pr	Nd	Pm	Sm	Eu	Gd	Tb	Dy	Ho	Er	Tm	Yb	Lu
+2						117			107			103	102	
+3	101	99	98	97	96	95	94	92	91	90	89	88	87	86
+4	87	85						76						
	Th	Pa	U	Np	Pu	Am	Cm	Bk	Cf	Es	Fm	Md	No	Lr
+3		104	103	101	100	98	97	96	95					
+4	94	90	89	87	86	85	85	83	82					
+5		78	76	75	74									
+6			73	72	71									

6 Ionenverbindungen

6.1 Radienquotienten

In einer energetisch günstigen Packung von Kationen und Anionen befinden sich nur Anionen als nächste Nachbarn um ein Kation und umgekehrt. Dadurch überwiegen die Anziehungskräfte zwischen entgegengesetzt geladenen Ionen gegenüber den Abstoßungskräften zwischen gleichgeladenen Ionen. Die Packung vieler Ionen zu einem Kristall setzt einen um den Faktor A größeren Energiebetrag frei als die Annäherung von nur zwei entgegengesetzt geladenen Ionen zu einem Ionenpaar (bei gleichem interionischem Abstand R). A ist die in Abschnitt 4.4 (S. 41) erläuterte MADELUNG-Konstante, die für einen gegebenen Kristallstrukturtyp einen definierten Zahlenwert hat. Man könnte nun denken, derjenige Strukturtyp, der für die jeweilige Stöchiometrie die größte MADELUNG-Konstante hat, müßte immer bevorzugt sein. Dies ist jedoch keineswegs der Fall.

Die Stabilität eines bestimmten Strukturtyps hängt wesentlich von der relativen Größe der Kationen und Anionen ab. Trotz größerer MADELUNG-Konstante kann ein Strukturtyp weniger begünstigt sein, wenn sich Kationen und Anionen in einem anderen Strukturtyp näher kommen können, denn in die Gitterenergie geht auch der Ionenabstand ein (vgl. Gleichung 4, S. 41). Die relative Ionengröße wird durch das Verhältnis Kationenradius r_M zu Anionenradius r_X, dem *Radienquotienten* r_M/r_X, quantifiziert. In der folgenden Betrachtung werden die Ionen als starre Kugeln mit definiertem Radius angesehen.

Für Verbindungen der Zusammensetzung MX (M = Kation, X = Anion) hat der CsCl-Typ die größte MADELUNG-Konstante. Bei diesem Strukturtyp steht das Cs^+-Ion mit acht Cl^--Ionen in Kontakt, die es würfelförmig umgeben (Abb. 14). Die Cl^--Ionen berühren einander nicht. Mit einem kleinerem Kation als Cs^+ rücken die Cl^--Ionen zusammen, und wenn der Radienquotient $r_M/r_X = 0,732$ beträgt, berühren sich die Cl^--Ionen. Ist $r_M/r_X < 0,732$, so bleiben die Cl^--Ionen in Kontakt, aber Kation und Anion berühren sich nicht mehr. Jetzt wird ein Strukturtyp günstiger, dessen MADELUNG-Konstante zwar kleiner ist, bei dem sich Kationen und Anionen aber wieder berühren. Dies wird durch die kleinere Koordinationszahl 6 der Ionen erreicht, die im NaCl-Typ verwirklicht ist (Abb. 14). Wird der Radienquotient noch kleiner, so sollte der Sphalerit- (Zinkblende-) oder der Wurtzit-Typ auftreten, bei denen die Ionen nur noch die Koordinationszahl 4 haben (Abb. 14; Sphalerit und Wurtzit sind zwei Modifikationen

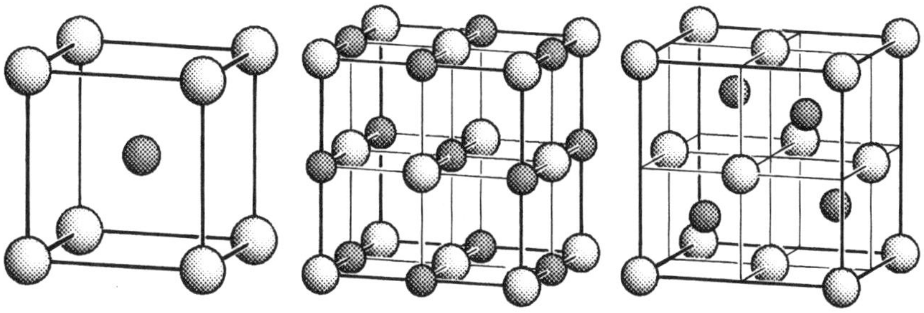

CsCl NaCl Sphalerit (Zinkblende, ZnS)

Abb. 14: Die drei wichtigsten Strukturtypen für Ionenverbindungen der Zusammensetzung MX. Die Ionen sind kleiner gezeichnet, als es ihrer effektiven Größe entspricht

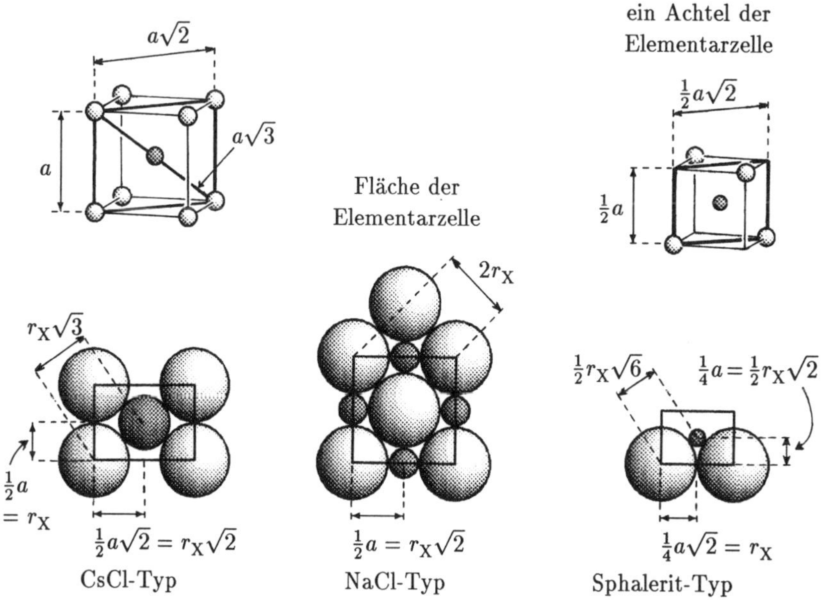

CsCl-Typ	NaCl-Typ	Sphalerit-Typ
$r_M + r_X = r_X\sqrt{3}$	$r_M + r_X = r_X\sqrt{2}$	$r_M + r_X = r_X \cdot \frac{1}{2}\sqrt{6}$
$r_M/r_X = \sqrt{3} - 1$	$r_M/r_X = \sqrt{2} - 1$	$r_M/r_X = \frac{1}{2}\sqrt{6} - 1$
$= 0,732$	$= 0,414$	$= 0,225$

Abb. 15: Zur Berechnung der Grenzradienquotienten r_M/r_X

von ZnS). Die geometrischen Überlegungen, die zu den folgenden Zahlenwerten führen, sind in Abb. 15 erläutert:

r_M/r_X	Koordinationszahl und -polyeder	Strukturtyp
$> 0,732$	8 Würfel	CsCl
0,414 bis 0,732	6 Oktaeder	NaCl
$< 0,414$	4 Tetraeder	Sphalerit

Die beschriebene, rein geometrische Überlegung vereinfacht die Verhältnisse zu sehr, denn die ausschlaggebende Größe ist die Gitterenergie, deren Berechnung etwas komplizierter ist. Berücksichtigt man nur den elektrostatischen Anteil der Gitterenergie, so ist die maßgebliche Größe nach Gleichung (4) A/R (A = MADELUNG-Konstante, R = kürzester Abstand Kation-Anion). Für Chloride ist in Abb. 16 gezeigt, wie der elektrostatische Anteil der Gitterenergie vom Radienverhältnis abhängt. Der Schnittpunkt der Kurven läßt den Wechsel vom NaCl-Typ zum Sphalerit-Typ bei $r_M/r_X \approx 0,3$ an Stelle von $r_M/r_X = 0,414$ erwarten. Der Übergang vom NaCl- zum CsCl-Typ ist bei $r_M/r_X \approx 0,71$ zu erwarten. Die Kurven wurden unter Annahme von harten Cl^--Ionen berechnet ($r_{Cl^-} = 181$ pm). Berücksichtigt man noch die Zunahme des Ionenradius mit der Koordinationszahl, so ergibt sich für den CsCl-Typ die in Abb. 16 punktierte Kurve. Danach sollte der CsCl-Typ überhaupt nicht auftreten, da die punktierte Linie immer unterhalb der Linie für den NaCl-Typ verläuft. Daß er mit schweren Ionen trotzdem vorkommt, ist auf den etwas höheren Beitrag der Dispersionsenergie beim CsCl-Typ zurückzuführen. Tabelle 6 gibt eine Übersicht über die tatsächlich beobachteten Strukturtypen bei den Alkalihalogeniden.

Tabelle 6: Radienquotienten und beobachtete Strukturtypen für die Alkalihalogenide

	Li	Na	K	Rb	Cs	
F	0,57	0,77	0,96*	0,88*	0,80*	
Cl	0,42	0,56	0,76	0,84	0,92	
Br	0,39	0,52	0,70	0,78	0,85	CsCl-
I	0,35	0,46	0,63	0,69	0,76	Typ
		NaCl-Typ				

* r_X/r_M; vgl. S. 55

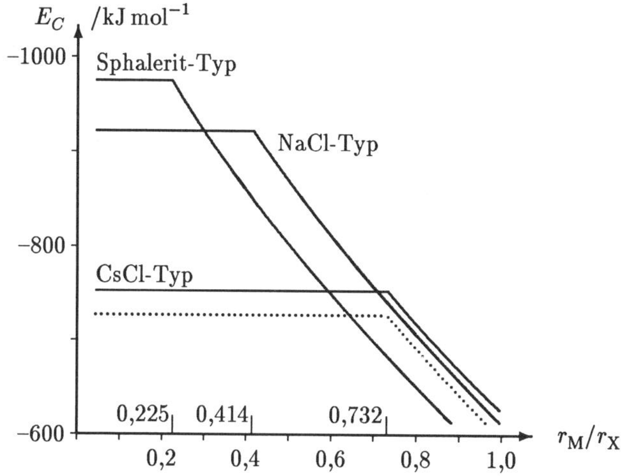

Abb. 16: Der elektrostatische Anteil der Gitterenergie für Chloride im CsCl-, NaCl- und Sphalerit-Typ in Abhängigkeit vom Radienquotienten

Bei einem Radienquotient von 1,00 könnten 12 Anionen um ein Kation angeordnet werden. Im Gegensatz zu den drei bisher betrachteten Strukturtypen läßt die Koordinationszahl 12 aber geometrisch keine Anordnung zu, bei der Kationen nur von Anionen und gleichzeitig Anionen nur von Kationen umgeben sind. Bei Ionenverbindungen kommt sie deshalb nicht vor. Wenn wie bei RbF und CsF r_M/r_X größer als 1 ist, kehren sich die Verhältnisse um: dann sind die Kationen größer als die Anionen und die Berührung der Kationen bestimmt die Grenzradienquotienten; es gelten die gleichen Zahlen und Strukturtypen, aber der Kehrwert ist zu verwenden, also r_X/r_M.

Der Sphalerit-Typ ist bei „echten" Ionenverbindungen nicht bekannt, weil es kein Paar von Ionen mit dem entsprechenden Radienquotienten gibt. Er tritt aber bei Verbindungen mit erheblichen kovalenten Bindungsanteilen auf, und zwar auch dann, wenn die relativen Größen der Atome diesen Strukturtyp nach den vorstehenden Überlegungen überhaupt nicht erwarten lassen. Beispiele sind CuCl, AgI, ZnS, SiC und GaAs.

Bei den bis jetzt betrachteten Strukturtypen für Verbindungen MX haben Kation und Anion die gleiche Koordinationszahl. Bei Verbindungen MX_2 muß die Koordinationszahl der Kationen doppelt so groß sein wie die

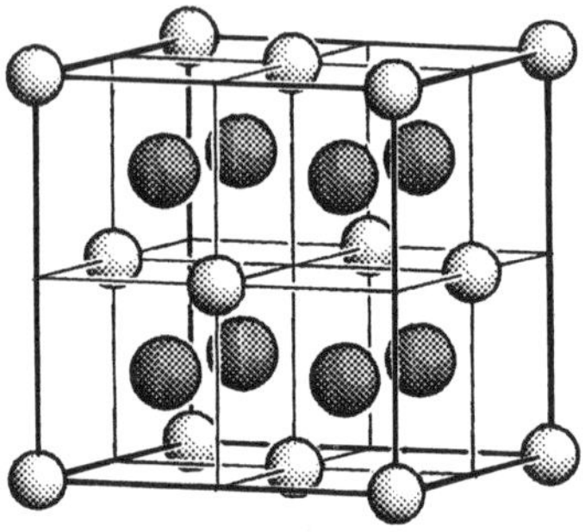

Fluorit-Typ

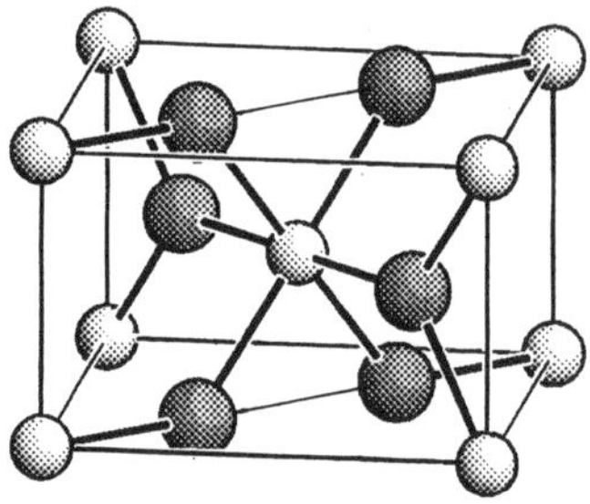

Rutil-Typ

Abb. 17: Fluorit- und Rutil-Typ

der Anionen.* Die geometrischen Überlegungen über den Zusammenhang von Radienquotienten und Koordinationspolyedern bleiben aber die gleichen. Vor allem zwei Strukturtypen erfüllen die Bedingungen und sind von besonderer Bedeutung (Abb. 17):

r_M/r_X	Koordinationszahl u. -polyeder Kation		Anion		Struktur-typ	Beispiele
$> 0,732$	8	Würfel	4	Tetraeder	CaF_2 (Fluorit)	CaF_2, SrF_2, BaF_2, $SrCl_2$, $BaCl_2$
0,414 bis 0,732	6	Oktaeder	3	Dreieck	Rutil (TiO_2)	MgF_2, FeF_2, ZnF_2, SnO_2

Vertauscht man Kationen und Anionen auf ihren Plätzen, so ergeben sich beim CsCl-, NaCl- und Sphalerit-Typ die gleichen Strukturen. Beim CaF_2-Typ ist mit dem Vertauschen der Plätze auch ein Vertauschen der Koordinationszahlen verbunden, die Anionen haben dann die Koordinationszahl 8 und die Kationen 4. Dieser, zuweilen als „Antifluorit"-Typ bezeichnete Strukturtyp kommt bei den Alkalioxiden (Li_2O, ... , Rb_2O) vor.

Die bis jetzt besprochenen Strukturtypen eignen sich wegen ihrer elektrostatisch günstigen Verteilung von Kationen und Anionen für Ionenverbindungen aus kugelförmigen Ionen. Ihr Vorkommen ist aber keineswegs auf Ionenverbindungen beschränkt. Die Mehrzahl ihrer Vertreter findet man bei Verbindungen mit erheblichen kovalenten Bindungsanteilen und bei intermetallischen Verbindungen.

*Wenn Anionen mit verschiedenen Koordinationszahlen vorhanden sind, muß deren Mittelwert verdoppelt werden. Beispiel: im SrI_2 sind Anionen mit K.Z. 3 und K.Z. 4 vorhanden, Sr^{2+} hat K.Z. 7

6.2 Ternäre Ionenverbindungen

Auch wenn drei verschiedene Sorten von kugelförmigen Ionen vorhanden sind, ist ihre relative Größe ein wichtiger Faktor, der die Stabilität der Struktur mitbestimmt. Der PbFCl-Typ bietet ein Beispiel, bei dem die Anionen ihrer verschiedenen Größe entsprechend verschieden dicht gepackt sind. Wie in Abb. 18 gezeigt, bilden die Cl^--Ionen eine Schicht mit quadratischem Muster. Darüber befindet sich eine Schicht von F^--Ionen, ebenfalls mit einem quadratischen Muster, das aber um 45° verdreht ist. Die F^--Ionen befinden sich über den Kanten der Quadrate der Cl^--Schicht (punktierte Linie in Abb. 18). Bei dieser Anordnung sind die F^-—F^--Abstände um den Faktor 0,707 ($= \frac{1}{2}\sqrt{2}$) kleiner als die Cl^-—Cl^--Abstände; dies paßt zum Ionenradienquotient $r_{F^-}/r_{Cl^-} = 0,73$. Eine F^--Schicht enthält doppelt so viele Ionen wie eine Cl^--Schicht. Je vier F^-- und Cl^--Ionen spannen ein Antiprisma mit zwei verschieden großen quadratischen Deckflächen auf, in dem sich ein Pb^{2+}-Ion befindet. Unter der Hälfte der Quadrate der F^--Schicht befinden sich Pb^{2+}-Ionen; eine gleich große Anzahl von Pb^{2+}-Ionen befindet sich über der anderen Hälfte der Quadrate, die ihrerseits die Basisflächen für weitere Antiprismen bilden, die durch eine weitere Schicht von Cl^--Ionen abgeschlossen werden. Insgesamt ist dadurch die Anzahl der Pb^{2+}-Ionen genauso groß wie die der F^--Ionen; Die Anzahl der Cl^--Ionen ist ebenso groß, weil auf eine F^--Schicht zwei Cl^--Schichten kommen.

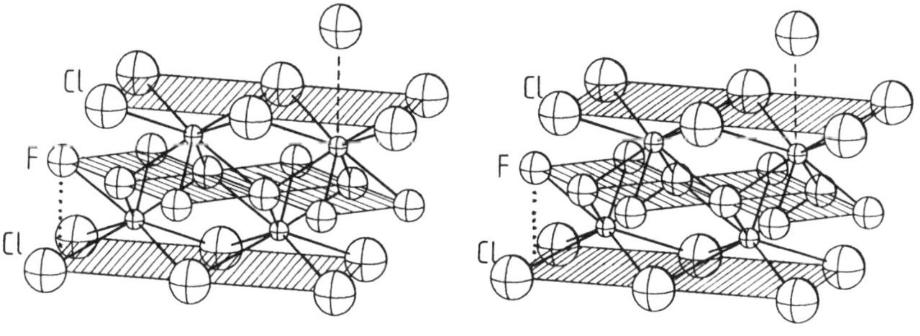

Abb. 18: Der PbFCl-Typ (Stereobild).
Anleitung zum Betrachten von Stereobildern: Das linke Bild ist mit dem linken, das rechte mit dem rechten Auge zu betrachten. Es erfordert etwas Übung, die Augen dafür parallel auszurichten. Hilfe bietet eine Trennwand, die man zwischen die Bilder hält, damit jedes Auge jeweils nur ein Bild sehen kann. Man fixiere einen markanten Punkt bis die beiden anfangs getrennt erscheinenden Bilder zu einem Bild zusammenfließen

Die beschriebenen Schichten bilden ein Schichtpaket, das auf beiden Seiten von Cl^--Ionen begrenzt wird. Im Kristall sind diese Schichtpakete so gestapelt, daß sich die Cl^--Ionen auf Lücke legen. Dadurch wird die Koordinationssphäre eines Pb^{2+}-Ions durch ein fünftes Cl^--Ion ergänzt (in Abb. 18 gestrichelt).

Vom PbFCl-Typ sind zahlreiche Vertreter bekannt. Außer Fluoridchloriden zählen auch Oxidhalogenide MOX (M = Bi, Lanthanoide, Actinoide; X = Cl, Br, I), Hydridhalogenide wie CaHCl und viele Verbindungen mit metallischen Eigenschaften wie ZrSiS oder NbSiAs dazu.

Weitere ternäre Verbindungen, für deren Stabilität die relative Größe der Ionen von Bedeutung ist, sind die Perowskite und die Spinelle, auf die in den Abschnitten 16.4 und 16.6 eingegangen wird.

6.3 Verbindungen mit komplexen Ionen

Die Strukturen von Ionenverbindungen mit komplexen Ionen lassen sich in vielen Fällen von den Strukturen einfacher Ionenverbindungen ableiten, indem ein kugelförmiges Ion durch das Komplexion ersetzt wird und das Kristallgitter in geeigneter Weise verzerrt wird, um der Gestalt dieses Ions Rechnung zu tragen.

Stabförmige Anionen wie CN^-, C_2^{2-} oder N_3^- können die Cl^--Ionen im NaCl-Typ ersetzen, indem sie alle parallel ausgerichtet werden und das Gitter in dieser Richtung gedehnt wird. Im CaC_2 sind die Acetylid-Ionen parallel zu einer der Kanten der Elementarzelle ausgerichtet; dadurch ist die Symmetrie nicht mehr kubisch, sondern tetragonal (Abb. 19). Im CaC_2-Typ kristallisieren auch die Hyperoxide KO_2, RbO_2 und CsO_2 sowie Peroxide wie BaO_2. Beim CsCN und beim NaN_3 sind die Cyanid- bzw. Azid-Ionen längs einer der Raumdiagonalen der Elementarzelle ausgerichtet, die Symmetrie ist rhomboedrisch (Abb. 19).

Die Struktur von Calcit (Kalkspat, $CaCO_3$) leitet sich von der NaCl-Struktur ab, indem die Cl^--Ionen durch CO_3^{2-}-Ionen ersetzt werden. Diese sind senkrecht zu einer der Raumdiagonalen der Elementarzelle ausgerichtet und erfordern eine Ausweitung des Gitters senkrecht zu dieser Diagonalen (Abb. 20). Der Calcit-Typ wird auch bei Boraten (z.B. $AlBO_3$) und Nitraten ($NaNO_3$) angetroffen. Eine andere Betrachtungsweise dieser Struktur werden wir auf S. 206 kennenlernen.

Ersetzt man im CaF_2-Typ die Ca^{2+}-Ionen durch $PtCl_6^{2-}$-Ionen und die F^--Ionen durch K^+-Ionen, so kommt man zum K_2PtCl_6-Typ (Abb. 20),

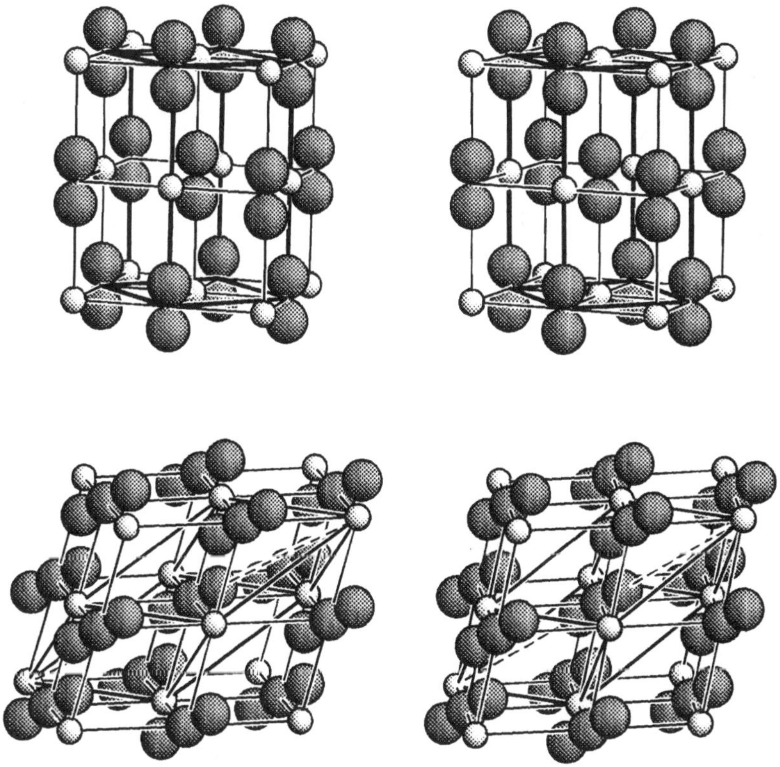

Abb. 19: Die Strukturen von CaC_2 und NaN_3. Dick umrandet: tetragonale bzw. rhomboedrische (primitive) Elementarzelle (Stereobilder)

der von zahlreichen Hexahalogeno-Salzen realisiert wird. Bei diesem Strukturtyp steht das K^+-Ion in Kontakt mit je einer Oktaederfläche von vier $PtCl_6^{2-}$-Ionen, es hat somit die Koordinationszahl 12. Wie diese Struktur als ein Abkömmling des Perowskits mit einer dichtesten Packung von Cl- und K-Teilchen aufgefaßt werden kann, wird auf S. 253 erläutert.

6.4 Die Regeln von Pauling und Baur

Wichtige Strukturprinzipien für Ionenkristalle, die zum Teil schon früher von V. GOLDSCHMIDT erkannt wurden, sind von L. PAULING [22] in einer Reihe von Regeln zusammengefaßt worden.

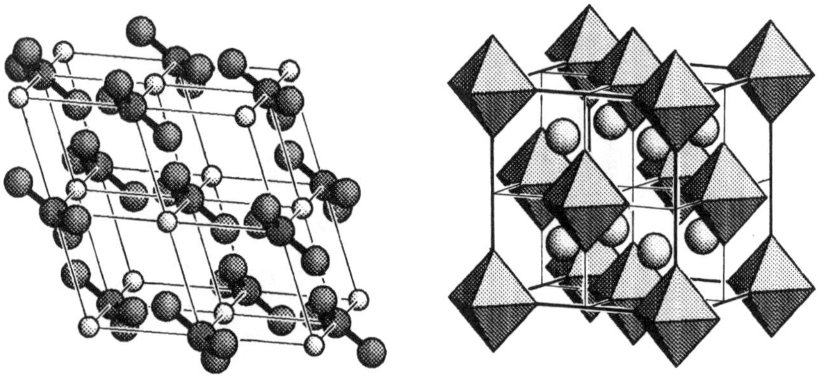

Abb. 20: Die Strukturen von $CaCO_3$ (Calcit) und K_2PtCl_6. Der gezeigte Strukturausschnitt beim Calcit stellt nicht die Elementarzelle dar (erkennbar an der verschiedenen Orientierung der CO_3^{2-}-Gruppen auf gegenüberliegenden Kanten)

Erste Regel: Koordinationspolyeder

Um jedes Kation bildet sich ein Koordinationspolyeder von Anionen. Der Abstand zwischen Kation und Anion wird durch die Summe, die Koordinationszahl des Kations durch den Quotienten der Ionenradien bestimmt.

Zweite Regel: die elektrostatische Valenzregel

Ein Anion habe die Koordinationszahl a. Von der Menge a der Kationen, die das Anion direkt umgeben, sei n_i die Ladung des i-ten Kations und k_i sei seine Koordinationszahl. Wir definieren

$$s_i = \frac{n_i}{k_i} \tag{5}$$

als die *elektrostatische Bindungsstärke* dieses i-ten Kations. Für einen stabilen Ionenkristall gilt dann:

Die Ladung z_j des j-ten Anions ist exakt oder annähernd gleich der negativen Summe der elektrostatischen Bindungsstärken s_i der a Kationen, die es umgeben:

$$z_j \approx -p_j = -\sum_{i=1}^{a} s_i = -\sum_{1}^{a} \frac{n_i}{k_i} \tag{6}$$

Dies besagt, daß der elektrostatische Ladungsausgleich möglichst gleichmäßig und im lokalen Bereich um jedes Ion erfolgt.

Beispiele: Für eine Verbindung MX_2 möge das Kation M^{2+} die Koordinationszahl 6 haben. Seine elektrostatische Bindungsstärke ist dann $s = 2/6 = \frac{1}{3}$. Nur wenn die Koordinationszahl des Anions $a = 3$ ist, ergibt sich die richtige Ladung für das Anion, $z = -1$.

Das Kation M^{4+} einer Verbindung MX_4 möge ebenfalls Koordinationszahl 6 haben, seine elektrostatische Bindungsstärke ist $s = 4/6 = \frac{2}{3}$. Für ein Anion X^- mit Koordinationszahl $a = 2$ ergibt sich $\sum s_i = \frac{2}{3} + \frac{2}{3} = \frac{4}{3}$; für eines mit $a = 1$ ist $\sum s_i = \frac{2}{3}$. Andere Werte für a ergeben Werte p_j, die noch mehr vom Sollwert $z = -1$ abweichen. Die günstigste Struktur wird Anionen mit $a = 2$ und mit $a = 1$ haben, und zwar im Verhältnis 1:1, so daß sich im Mittel der richtige Wert für z ergibt.

Die elektrostatische Valenzregel wird im allgemeinen von polaren Verbindungen gut erfüllt, selbst wenn erhebliche kovalente Bindungsanteile vorhanden sind. Zum Beispiel hat im Calcit ($CaCO_3$) das Ca^{2+}-Ion die Koordinationszahl 6 und somit die elektrostatische Bindungsstärke $s(Ca^{2+}) = \frac{1}{3}$. Für das C-Atom, als C^{4+}-Ion aufgefaßt, ist $s(C^{4+}) = \frac{4}{3}$. Für die als O^{2-}-Ionen aufgefaßten Sauerstoffatome ergibt sich der richtige Wert für z, wenn jedes davon zwei Ca- und einem C-Teilchen benachbart ist, $z = -[2s(Ca^{2+}) + s(C^{4+})] = -[2 \cdot \frac{1}{3} + \frac{4}{3}] = -2$; dies entspricht der tatsächlichen Struktur. Die gleiche Struktur haben auch $NaNO_3$ und YBO_3; auch hier ist die Regel erfüllt, wenn man mit Ionen Na^+, N^{5+}, Y^{3+}, B^{3+} und O^{2-} rechnet. Bei den zahlreichen Silicaten ergeben sich keine oder nur geringe Abweichungen, wenn man mit Metallionen, Si^{4+}- und O^{2-}-Ionen rechnet.

Die elektrostatische Valenzregel hat sich als nützliches Hilfsmittel erwiesen, wenn es darum geht, die Teilchen O^{2-}, OH^- und OH_2 zu unterscheiden. Weil die Lage von H-Atomen bei der Strukturbestimmung mittels Röntgenbeugung oft nicht ermittelt werden kann, sind O^{2-}, OH^- und OH_2 zunächst nicht unterscheidbar. Ihre Ladung muß aber zur Summe p_j der elektrostatischen Bindungsstärken der umgebenden Kationen passen. Beispiel: Kaolinit, $Al_2Si_2O_5(OH)_4$ oder „$Al_2O_3{\cdot}2SiO_2{\cdot}2H_2O$“, ist ein Schichtsilicat mit oktaedrisch koordinierten Al- und tetraedrisch koordinierten Si-Atomen; die zugehörigen elektrostatischen Bindungsstärken sind:

$$s(Al^{3+}) = \frac{3}{6} = 0,5 \qquad s(Si^{4+}) = \frac{4}{4} = 1,0$$

Die Atome einer Schicht liegen in Ebenen mit der Abfolge O(1)–Al–O(2)–Si–O(3) (vgl. Abb. 107e, S. 223). Die Teilchen O(2), über welche die Oktaeder mit den Tetraedern verknüpft sind, haben K.Z. 3 (2×Al, 1×Si), die anderen O-Teilchen haben K.Z. 2. Die Summen der elektrostatischen Bindungsstärken errechnen sich zu:

$$\begin{aligned} &O(1): \quad p_1 = 2 \cdot s(Al^{3+}) = 2 \cdot 0,5 = 1 \\ &O(2): \quad p_2 = 2 \cdot s(Al^{3+}) + 1 \cdot s(Si^{4+}) = 2 \cdot 0,5 + 1 = 2 \\ &O(3): \quad p_3 = 2 \cdot s(Si^{4+}) = 2 \cdot 1 = 2 \end{aligned}$$

Demnach müssen sich OH^--Ionen auf den O(1)-Positionen und O^{2-}-Ionen auf den übrigen Positionen befinden.

Dritte Regel: Verknüpfung von Polyedern

Ein Ionenkristall läßt sich als ein Verband von Polyedern beschreiben. Aus der elektrostatischen Valenzregel ergibt sich die Anzahl der Polyeder, die eine gemeinsame Ecke haben, aber nicht, wie viele Ecken zwei benachbarte Polyeder gemeinsam haben. Zwei gemeinsame Ecken entsprechen einer gemeinsamen Kante, drei oder mehr gemeinsame Ecken entsprechen einer gemeinsamen Fläche. In den vier Modifikationen des TiO_2, Rutil, Hochdruck-TiO_2 (α-PbO_2-Typ), Brookit und Anatas, sind die Ti-Atome oktaedrisch von O-Atomen koordiniert, und im Sinne der elektrostatischen Valenzregel gehört jedes O-Atom gleichzeitig drei Oktaedern an. Im Rutil und im Hochdruck-TiO_2 hat jedes Oktaeder zwei gemeinsame Kanten mit anderen Oktaedern, im Brookit sind es drei und im Anatas vier gemeinsame Kanten. Wie sich die Art der Polyederverknüpfung auf die Stabilität der Struktur auswirkt, besagt die Regel:

Gemeinsame Kanten und, in noch stärkerem Maße, gemeinsame Flächen von Polyedern vermindern die Stabilität eines Ionenkristalls. Dies gilt um so mehr, je höher die Ladung und je kleiner die Koordinationszahl des Kations ist.

Die Abnahme der Stabilität beruht auf der elektrostatischen Abstoßung zwischen den Kationen. Die Polyedermitten kommen sich bei Polyedern mit gemeinsamer Fläche am nächsten, bei nur einer gemeinsamen Ecke sind sie relativ weit voneinander entfernt (vgl. Abb. 3, S. 14, und Tab. 20, S. 199).

Der Regel entsprechend sind die stabilsten Modifikationen des TiO_2 der Rutil bzw. bei hohem Druck die dem α-PbO_2-Typ entsprechende Modifikation. Zahlreiche Verbindungen kristallisieren im Rutil-Typ, einige im α-PbO_2-Typ, während die Brookit- und die Anatas-Struktur nur beim Titandioxid bekannt sind.

Abweichungen von der Regel sind dann zu beobachten, wenn die Polarität gering ist, d. h. wenn kovalente Bindungen vorherrschen. So wird die Regel von Fluoriden und von Oxiden (einschließlich der Silicate) meist erfüllt, während sie für Chloride, Bromide, Iodide und Sulfide von geringem Nutzen ist. In Metalltrifluoriden wie FeF_3 findet man zum Beispiel eckenverknüpfte

Oktaeder, während bei den anderen Trihalogeniden meist kantenverknüpfte Oktaeder auftreten.

In manchen Fällen findet man auch eine der Regel genau entgegengesetzte Tendenz, nämlich Bevorzugung in der Reihenfolge Flächenverknüpfung > Kantenverknüpfung > Eckenverknüpfung, und zwar dann, wenn es vorteilhaft ist, daß sich die Atome in den Polyedermitten nahe kommen. Dieser Fall tritt insbesondere bei Übergangsmetallverbindungen auf, wenn das Metallatom noch über *d*-Elektronen verfügt und Metall-Metall-Bindungen ausgebildet werden. So findet man bei den Trichloriden, -bromiden und -iodiden von Titan und Zirconium Stränge aus flächenverknüpften Oktaedern, wobei die Metallatome paarweise zwischen je zwei benachbarten Oktaedern M–M-Bindungen bilden (vgl. Abb. 96, S, 213).

Vierte Regel: Polyederverknüpfung bei verschiedenen Kationen

In Kristallen mit verschiedenen Kationen vermeiden diejenigen mit hoher Ladung und kleiner Koordinationszahl die Verknüpfung ihrer Polyeder miteinander.

So sind Silicate mit einem O:Si-Verhältnis größer oder gleich 4 Orthosilicate, d. h. die SiO_4-Tetraeder sind nicht miteinander verknüpft, sondern mit den Polyedern der anderen Kationen. Beispiele sind die Olivine, M_2SiO_4 ($M = Mg^{2+}$, Fe^{2+}) und die Granate, $M_3M'_2[SiO_4]_3$ ($M = Mg^{2+}$, Ca^{2+}, Fe^{2+}; $M' = Al^{3+}$, Y^{3+}, Cr^{3+}, Fe^{3+}).

Regeln von Baur

Zwei weitere Regeln, die von W. H. Baur [95] aufgestellt wurden, betreffen die Bindungsabstände $d(\mathrm{MX})$ in Ionenverbindungen:

Die Werte für die verschiedenen Abstände $d(\mathrm{MX})$ *innerhalb des Koordinationspolyeders um ein Kation* M *variieren in der gleichen Weise wie die zu den Anionen* X *gehörenden Werte* p_j,

und

Der Mittelwert $\overline{d(\mathrm{MX})}$ *der Abstände in dem Koordinationspolyeder ist für ein gegebenes Paar von Ionen ungefähr konstant und unabhängig von der Summe der* p_j *aller Anionen des Polyeders. Die Abweichung eines individuellen Abstands ist proportional zu* $\Delta p_j = p_j - \overline{p}$ ($\overline{p}$ = Mittelwert der p_j).
Die Bindungslänge zum Anion $X(j)$ beträgt demnach:

$$d(\mathrm{MX}(j)) = \overline{d(\mathrm{MX})} + b\Delta p_j \tag{7}$$

b ist eine empirisch zu bestimmende Größe.

Beispiel: In der ZrO_2-Modifikation Baddeleyit hat Zr^{4+} die Koordinationszahl 7 und es sind zweierlei O^{2-}-Ionen vorhanden, O(1) mit K.Z. 3 und O(2) mit K.Z. 4. Die elektrostatische Bindungsstärke eines Zr^{4+}-Ions beträgt:

$$s = \frac{4}{7}$$

Für O(1) und O(2) ergeben sich:

$$\mathrm{O(1)}: \quad p_1 = 3 \cdot \frac{4}{7} = 1,714 \qquad \mathrm{O(2)}: \quad p_2 = 4 \cdot \frac{4}{7} = 2,286$$

Man erwartet kürzere Abstände für O(1); die gefundenen Werte sind:

$$d(\mathrm{Zr{-}O(1)}) = 207 \text{ pm} \quad \text{und} \quad d(\mathrm{Zr{-}O(2)}) = 221 \text{ pm}$$

Die Mittelwerte betragen $\overline{d(\mathrm{ZrO})} = 215$ pm und $\overline{p} = 2,0$. Mit $b = 21$ pm können die tatsächlichen Abstände nach Gleichung (7) berechnet werden.

In Tabelle 7 sind Zahlenwerte für $\overline{d(\mathrm{MX})}$ und b aufgeführt, die aus umfangreichem Datenmaterial abgeleitet wurden. Mit ihnen können die tatsächlichen Bindungsabstände in Oxiden in der Regel auf ±2 pm genau berechnet werden.

Tabelle 7: Mittelwerte $\overline{d(\mathrm{MO})}$ und Parameter b zur Berechnung von Bindungsabständen in Oxiden gemäß Gleichung (7) [95]

Bindung	Ox.-Zahl	K.Z.	$\overline{d(\mathrm{MO})}$ /pm	b /pm	Bindung	Ox.-Zahl	K.Z.	$\overline{d(\mathrm{MO})}$ /pm	b /pm
Li–O	+1	4	198	33	Si–O	+4	4	162	9
Na–O	+1	6	244	24	P–O	+5	4	154	13
Na–O	+1	8	251	31	S–O	+6	4	147	13
K–O	+1	8	285	11					
Mg–O	+2	6	209	12	Ti–O	+4	6	197	20
Ca–O	+2	8	250	33	V–O	+5	4	172	16
B–O	+3	3	137	11	Cr–O	+3	6	200	16
B–O	+3	4	148	13	Fe–O	+2	6	214	30
Al–O	+3	4	175	9	Fe–O	+3	6	201	22
Al–O	+3	6	191	24	Zn–O	+2	4	196	18

6.5 Übungsaufgaben

6.1 Verwenden Sie Ionenradienverhältnisse (Tabellen 4 und 5) um zu entscheiden, ob der CaF_2 oder der Rutil-Typ eher wahrscheinlich ist für: NiF_2, CdF_2, GeO_2, K_2S.

6.2 Im Granat, $Mg_3Al_2Si_3O_{12}$, ist ein O^{2-}-Ion von 2 Mg^{2+}-, 1 Al^{3+}- und 1 Si^{4+}-Teilchen umgeben. Es gibt Kationenlagen mit den Koordinationszahlen 4, 6 und 8. Verwenden Sie die zweite PAULINGsche Regel um zu entscheiden, welche Kationen auf welche Plätze kommen.

6.3 Yttrium-Eisen-Granat („YIG" = yttrium iron garnet), $Y_3Fe_5O_{12}$, hat die gleiche Struktur wie Granat. Welche sind die geeigneten Plätze für die Y^{3+} und Fe^{3+} Ionen? Verwenden Sie Ionenradien als zusätzliches Kriterium wenn die elektrostatische Valenzregel nicht ausreicht .

6.4 In Crednerit, $Cu^{[2l]}Mn^{[6o]}O_2^t$, ist jedes Sauerstoffatom von 1 Cu- und 3 Mn-Atomen umgeben. Kann man mit der elektrostatischen Valenzregel entscheiden, ob die Oxidationszustände Cu^+ und Mn^{3+} oder Cu^{2+} und Mn^{2+} sind?

6.5 Silbercyanat, AgNCO, besteht aus unendlichen Ketten von alternierenden Ag^+- und NCO^--Ionen. Ag^+ hat K.Z. 2 und nur eines der endständigen Atome einer Cyanatgruppe ist Teil des Kettengerüsts indem es an 2 Ag^+-Ionen koordiniert ist. Entscheiden Sie mit Hilfe der zweiten PAULING schen Regel, welches der Cyanatatome (N oder O) koordiniert ist. (Zerlegen Sie das NCO^--Ion in N^{3-}, C^{4+} and O^{2-}).

6.6 In $Rb_2V_3O_8$ haben die Rb^+-Ionen Koordinationszahl 10; es gibt zwei Sorten von Vanadiumionen, V^{4+} mit K.Z. 5 und V^{5+} mit K.Z. 4, sowie vier Sorten von O^{2-}-Ionen. Die gegenseitige Koordination dieser Teilchen ist in der Tabelle angegeben, wobei die erste Zahl sich jeweils auf die Anzahl der O^{2-}-Ionen pro Kation, die zweite auf die Anzahl der Kationen pro O^{2-}-Ion bezieht (die Summen der ersten Zahlen pro Zeile und der zweiten Zahlen pro Spalte ergeben die Koordinationszahlen):

	O(1)	O(2)	O(3)	O(4)	K.Z.
Rb^+	2;4	4;2	1;2	3;3	10
V^{4+}	1;1	4;1	–	–	5
V^{5+}	–	2;1	1;2	1;1	4
K.Z.	5	4	4	4	

Berechnen Sie die elektrostatischen Bindungsstärken der Kationen und ermitteln Sie, wie gut die elektrostatische Valenzregel erfüllt ist. Berechnen Sie Erwartungswerte für die einzelnen V–O-Bindungslängen mit den Daten aus Tabelle 7 und den Werten $\overline{d(V^{4+}O)} = 189$ pm und $b(V^{4+}O) = 36$ pm.

7 Molekülstrukturen I: Verbindungen der Hauptgruppenelemente

Moleküle und Molekülionen bestehen aus Atomen, die durch kovalente Bindungen zusammengehalten werden. Abgesehen von wenigen Ausnahmen kommen Moleküle und Molekülionen nur dann vor, wenn an ihrem Aufbau Wasserstoff oder Elemente der vierten bis siebten Hauptgruppe des Periodensystems beteiligt sind (die Ausnahmen betreffen Moleküle wie Li_2 in der Gasphase u. ä.). Die genannten Elemente sind bestrebt, die Elektronenkonfiguration des ihnen im Periodensystem folgenden Edelgases zu erreichen. Mit jeder kovalenten Bindung, die eines ihrer Atome eingeht, gewinnt es ein Elektron. Es gilt die **8 − *N*-Regel**: *Eine edelgasähnliche Elektronenkonfiguration wird erreicht, wenn das Atom an* $8-N$ *kovalenten Bindungen beteiligt ist;* N = Hauptgruppennummer = 4 bis 7 (ausgenommen Wasserstoff).

Meistens enthält ein Molekül Atome mit unterschiedlichen Elektronegativitäten, und die elektronegativeren Atome haben die kleineren Koordinationszahlen (zur Koordinationssphäre eines Atoms zählen wir dabei nur die kovalent daran gebundenen Atome). Für die elektronegativeren Atome ist die $8-N$-Regel meistens erfüllt; in vielen Fällen sind sie „terminale Atome", d. h. sie haben die Koordinationszahl 1. Bei Elementen aus der zweiten Periode des Periodensystems wird die Koordinationszahl 4 in *Molekülen* nur selten überschritten; bei Elementen höherer Perioden kommt dies dagegen häufiger vor, wobei die $8-N$-Regel verletzt wird.

Die Struktur eines Moleküls wird von den kovalenten Bindungskräften zwischen seinen Atomen beherrscht. Diese legen zunächst einmal die *Konstitution* des Moleküls fest: das ist die Abfolge, in welcher die Atome miteinander verknüpft sind. Die Konstitution läßt sich auf einfache Weise durch eine Valenzstrichformel zum Ausdruck bringen. Bei gegebener Konstitution ordnen sich die Atome im Raume nach bestimmten Prinzipien an; vor allem sind zu nennen: nicht direkt miteinander verknüpfte Atome dürfen einander nicht zu nahe kommen (Abstoßung sich durchdringender Elektronenhüllen); die Valenzelektronenpaare an einem Atom halten den größtmöglichen Abstand voneinander.

7.1 Valenzelektronenpaar-Abstoßung

Die Strukturen zahlreicher Moleküle kann man qualitativ gut mit der *Valenzelektronenpaar-Abstoßungstheorie* von GILLESPIE und NYHOLM verstehen und voraussagen (valence shell electron pair repulsion theory = VSEPR-Theorie [20]). Sie ist vor allem auf Verbindungen der Hauptgruppenelemente anwendbar. Die Besonderheiten bei Nebengruppenelementen werden in Kapitel 8 behandelt; Nebengruppenelemente mit Elektronenkonfiguration d^0, d^5-high-spin und d^{10} können wie Hauptgruppenelemente behandelt werden, wobei die *d*-Elektronen nicht berücksichtigt werden. Um die Theorie anzuwenden, zeichnet man zunächst eine Valenzstrichformel mit der richtigen Konstitution, einschließlich aller einsamen Elektronenpaare. Aus ihr ist ersichtlich, wie viele Valenzelektronenpaare an einem Atom zu berücksichtigen sind. Jedes Elektronenpaar wird als eine Einheit (Orbital) betrachtet. Die Elektronenpaare stehen unter der anziehenden Wirkung des betreffenden Atomkerns, stoßen sich aber untereinander ab. Für die Abstoßungsenergie zwischen zwei Orbitalen kann eine Funktion proportional zu $1/r^n$ angesetzt werden, wobei r der Abstand zwischen den Ladungsschwerpunkten der Orbitale ist und n einen Wert zwischen 5 und 12 hat ($n = 1$ entspräche einer rein elektrostatischen Abstoßung, $n = \infty$ entspräche harten, nicht durchdringungsfähigen Orbitalen).

Es wird nun überlegt, wie sich die Elektronenpaare räumlich anordnen müssen, damit die Abstoßungsenergie zwischen ihnen einen Minimalwert annimmt. Wenn an einem Atom der Ladungsschwerpunkt von jedem der Orbitale gleich weit vom Atomkern entfernt ist, so können wir jedes Orbital durch einen Punkt auf einer Kugeloberfläche symbolisieren. Die Überlegung läuft dann darauf hinaus, festzustellen, wie die Punkte auf einer Kugeloberfläche zu verteilen sind, damit die Summe $\sum(1/r_i^n)$ über alle Abstände r_i zwischen den Punkten ein Minimum annimmt. Als Ergebnis erhalten wir für jede Anzahl von Punkten ein definiertes Polyeder (Abb. 21). Nur für 2, 3, 4, 6, 8, 9 und 12 Punkte ist das sich ergebende Polyeder unabhängig vom Wert n des Exponenten. Für fünf Punkte ist die trigonale Bipyramide nur geringfügig günstiger als die quadratische Pyramide. Modellmäßig kann man die gegenseitige Anordnung von Orbitalen um einen gemeinsamen Mittelpunkt mit Hilfe von eng zusammengebundenen Luftballons zeigen; mit dem Druck in den Ballons wird der Wert von n simuliert.

Moleküle, in denen nur gleiche Atome an ein Zentralatom gebunden sind und an diesem keine einsamen Elektronenpaare vorhanden sind, haben in aller Regel Strukturen, die den Polyedern von Abb. 21 entsprechen.

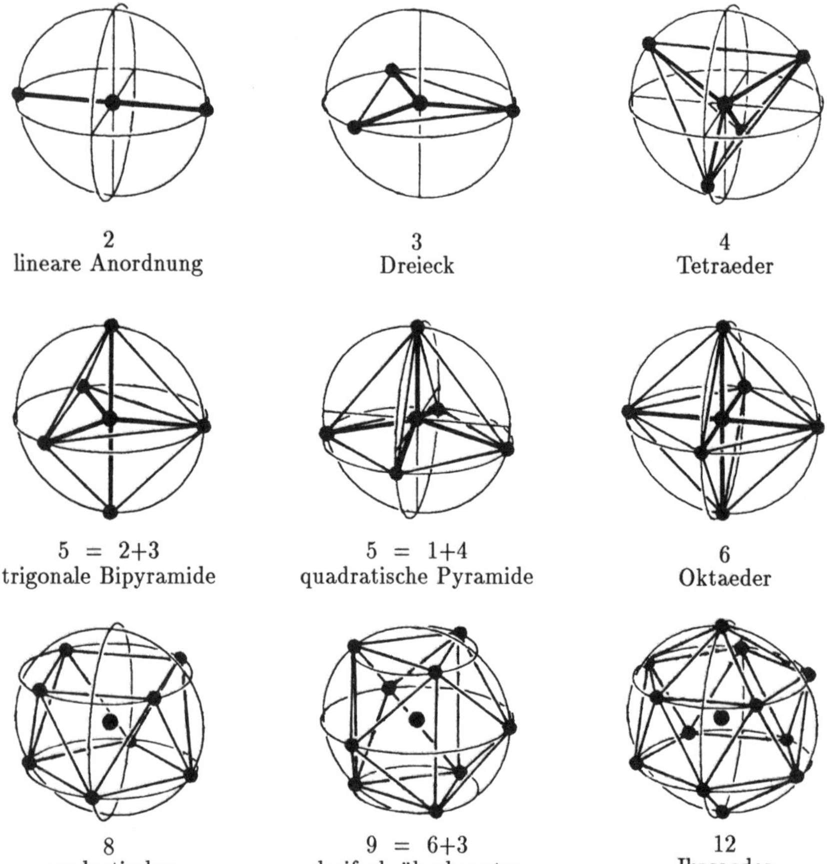

Abb. 21: Mögliche Anordnungen von Punkten auf einer Kugeloberfläche mit minimaler Abstoßungsenergie. Wenn die Punkte nicht alle gleichwertig sind, ist die Anzahl jeweils gleichwertiger Punkte in den Summen angegeben.

Bei einigen der Polyeder sind von vornherein nicht alle Eckpunkte gleichwertig. Verschieden werden die Punkte in jedem Fall dann, wenn ihre zugehörigen Orbitale Bindungen zu Atomen verschiedener Elemente vermitteln oder wenn einige von ihnen für einsame Elektronenpaare stehen. In diesen Fällen befinden sich die Ladungsschwerpunkte der Orbitale unterschiedlich weit weg vom Atommittelpunkt. Je näher sich der Ladungsschwerpunkt am Atomkern befindet, desto kürzer sind auch die Entfernungen zu den anderen Orbitalschwerpunkten und desto stärker werden diese abgestoßen. Im Modell der zusammengebundenen Luftballons entspricht ein nahe am Atomkern befindliches Elektronenpaar einem dickeren Luftballon. Dies hat wichtige Konsequenzen für die Molekülstruktur. Folgende Faktoren sind zu berücksichtigen:

1. Ein einsames Elektronenpaar steht unter dem direkten Einfluß von nur einem Atomkern, sein Ladungsschwerpunkt ist daher bedeutend näher am Kern als der von bindenden Elektronenpaaren. Einsame Elektronenpaare sind in besonderem Maße sterisch wirksam, und zwar auf folgende Weise:

- Hat das Polyeder ungleiche Ecken, so nimmt ein einsames Elektronenpaar die Position ein, bei der es möglichst weit entfernt von anderen Elektronenpaaren ist. Bei einer trigonalen Bipyramide sind das die equatorialen Positionen. Im SF_4 und im ClF_3 befinden sich die einsamen Elektronenpaare dementsprechend in equatorialen Positionen, in beiden axialen Positionen befinden sich jeweils Fluoratome (vgl. Tab. 8).

- Zwei einsame Elektronenpaare in gleichwertigen Positionen wählen diejenigen, die möglichst weit auseinanderliegen. Bei einem Oktaeder ordnen sich zwei einsame Elektronenpaare somit zueinander *trans*-ständig an, wie zum Beispiel beim XeF_4.

- Wegen ihrer stärker abstoßenden Wirkung drängen einsame Elektronenpaare andere Elektronenpaare zusammen. Je mehr einsame Elektronenpaare vorhanden sind, desto stärker wirkt sich dies aus, desto mehr weicht die tatsächliche Molekülgeometrie vom Idealpolyeder ab. Je größer das Zentralatom ist, desto weiter entfernt befinden sich die Ladungsschwerpunkte der bindenden Elektronenpaare voneinander, ihre gegenseitige Abstoßung ist geringer, und die einsamen Elektronenpaare können sie stärker zusammendrängen. Dies illustrieren folgende Bindungswinkel:

CH_4		NH_3		OH_2
109,5°	>	107,3°	>	104,5°
		∨		∨
SiH_4		PH_3		SH_2
109,5°	>	93,5°	>	92,3°
		∨		∨
GeH_4		AsH_3		SeH_2
109,5°	>	92,0°	>	91,0°
		∨		∨
SnH_4		SbH_3		TeH_2
109,5°	>	91,5°	>	89,5°

Ist statt eines einsamen Elektronenpaars nur ein ungepaartes Elektron vorhanden, so ist dessen Wirkung weniger stark, z. B.:

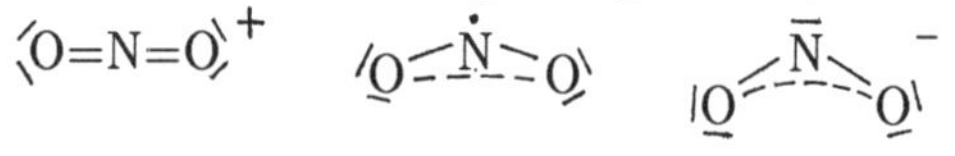

180° 134° 115°

Da bei der Angabe der Koordinationszahl einsame Elektronenpaare normalerweise nicht mitgezählt werden, andereseits aber jedem von ihnen eine Polyederecke zugewiesen werden muß, kennzeichnet man einsame Elektronenpaare in der Koordinationssphäre mit einem ψ, zum Beispiel: ψ_2-oktaedrisch = Oktaeder mit zwei einsamen Elektronenpaaren und vier Liganden.

2. Abnehmende **Elektronegativität der Ligandenatome** läßt die Ladungsschwerpunkte der Bindungselektronenpaare auf das Zentralatom zurücken, ihre abstoßende Wirkung nimmt zu. Liganden mit geringer Elektronegativität haben also einen ähnlichen Einfluß wie einsame Elektronenpaare. Dementsprechend nehmen die Bindungswinkel in folgenden Paaren zu:

F_2O	H_2O		NF_3		NH_3
103,2° <	104,5°		102,1°	<	107,3°

Bei solchen Betrachtungen der Bindungswinkel findet man allerdings viele Ausnahmen, denn für die Winkel ist ein weiterer Faktor wichtig:

3. Die effektive Größe der Liganden. In den meisten Fällen (sofern das Zentralatom nicht sehr groß ist) kommen die Ligandenatome einander näher, als es dem VAN-DER-WAALS-Abstand entspricht, d. h. ihre Elektronenhüllen durchdringen sich, und eine abstoßende Kraft wird wirksam.

Tabelle 8: Molekülstrukturen von Verbindungen AX_nE_m. A = Hauptgruppenelement, E = einsames Elektronenpaar

Zusammensetzung	Struktur	Winkel XAX	Beispiele
AX_2E	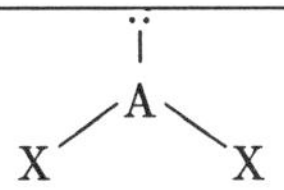	< 120°	$SnCl_2$(g), $GeBr_2$(g)
AX_2E_2	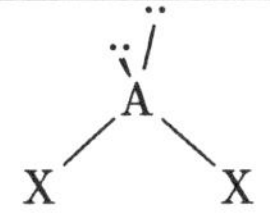	< 109,5°	H_2O, F_2O, Cl_2O, H_2S, H_2N^-
AX_2E_3	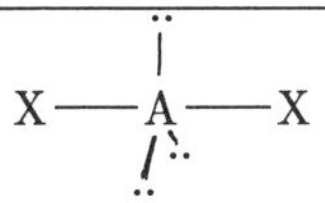	180°	XeF_2, I_3^-
AX_3E	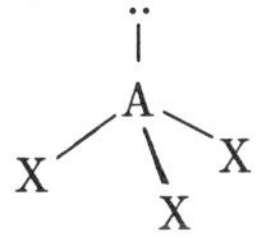	< 109,5°	NH_3, NF_3, PH_3, PCl_3, OH_3^+, SCl_3^+, $SnCl_3^-$
AX_3E_2	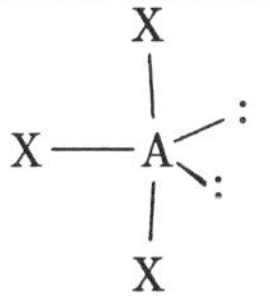	< 90°	ClF_3
AX_4E	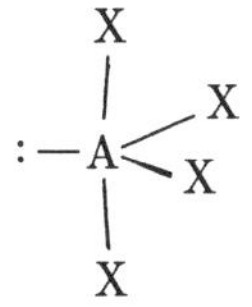	< 90° bzw. < 120°	SF_4
AX_4E_2	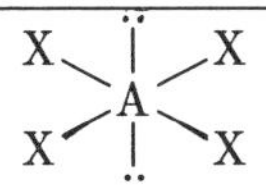	90°	XeF_4, BrF_4^-, ICl_4^-
AX_5E	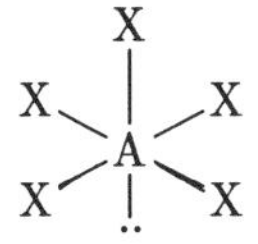	< 90°	$SbCl_5^{2-}$, SF_5^-, BrF_5
AX_5E_2	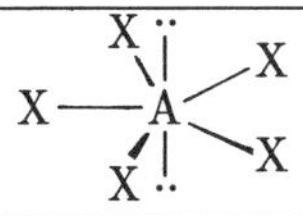	72°	XeF_5^-

Je größer das Ligandenatom, desto stärker ist die Auswirkung. Innerhalb einer Gruppe des Periodensystems gehen abnehmende Elektronegativität und zunehmende Atomgröße Hand in Hand und wirken sich gleichartig aus. So ist die Zunahme der folgenden Bindungswinkel auf beide Effekte zurückzuführen:

	HCF_3		$HCCl_3$		$HCBr_3$		HCI_3
Hal–C–Hal	108,8°	<	110,4°	<	110,8°	<	113,0°
	PF_3		PCl_3		PBr_3		PI_3
Hal–P–Hal	97,8°	<	100,1°	<	101,0°	<	102°

Wenn sich Elektronegativität und Größe der Ligandenatome entgegengesetzt auswirken, kann man keine sichere Voraussage mehr machen:

F_2O		H_2O	Einfluß der
103,2°	<	104,5°	Elektronegativität überwiegt
Cl_2O		H_2O	Einfluß der
110,8°	>	104,5°	Ligandengröße überwiegt

Zuweilen kompensiert sich die gegenläufige Wirkung beider Effekte gerade. Die sterische Wirkung von Chloratomen und Methylgruppen ist zum Beispiel oft die gleiche (das C-Atom der Methylgruppe ist kleiner, aber weniger elektronegativ als ein Chloratom):

Cl_2O	Me_2O	PCl_3	PMe_3
110,8°	111°	100,1°	99,1°

4. Eine **vorgegebene Verzerrung** liegt dann vor, wenn bestimmte Bindungswinkel aus geometrischen Gründen von den Idealwerten des betreffenden Polyeders abweichen. In diesem Fall passen sich die übrigen Winkel an. Erzwungene Winkelabweichungen ergeben sich vor allem bei kleinen Ringen. Beispiel:

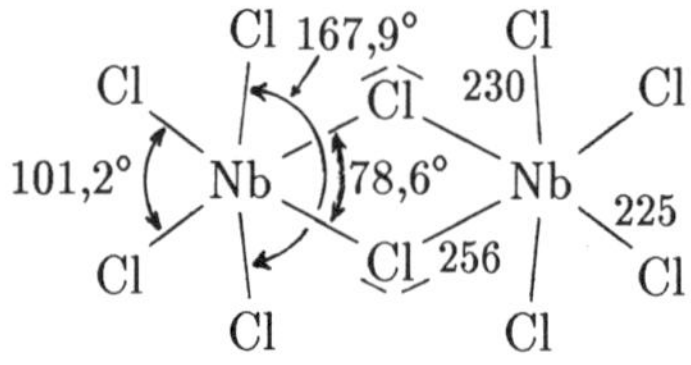

Bei den verbrückenden Chloratomen (2 einsame Elektronenpaare) sollte der Bindungswinkel kleiner als 109,5° aber größer als 90° sein. Der Winkel am Metallatom im Vierring wird deshalb auf einen Wert unter 90° gezwungen; er stellt sich auf 78,6° ein. Die äußeren, equatorialen Cl-Atome rücken nach, so daß sich der Winkel zwischen ihnen von 90° auf 101,2° aufweitet. Wegen dieser Verzerrung sollten die axialen Cl-Atome leicht nach außen geneigt sein; weil aber die Nb–Cl-Bindungen im Ring länger sind und ihre Ladungsschwerpunkte somit weiter entfernt von den Mittelpunkten der Niobatome liegen, wirken sie weniger abstoßend, die axialen Cl-Atome neigen sich etwas nach innen. Die verlängerten Nb–Cl-Abstände im Ring sind eine Konsequenz der höheren Koordinationszahl (2 statt 1) an den Brücken-Cl-Atomen (vgl. Ziffer 6, S. 74).

5. Mehrfachbindungen können als Ringstrukturen mit gebogenen Bindungen aufgefaßt werden; es treten die im vorigen Absatz behandelten Verzerrungen auf. Zum Beispiel ist im Ethylen jedes C-Atom von vier Elektronenpaaren in tetraedrischer Anordnung umgeben, zwei Paare vermitteln die Doppelbindung zwischen den C-Atomen auf zwei gebogenen Bindungen. Die Spannung in den gebogenen Bindungen bedingt einen verkleinerten Winkel zwischen ihnen, die C–H-Bindungen rücken nach und der HCH-Bindungswinkel ist deshalb größer als 109,5°.

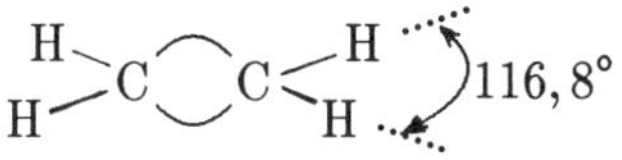

Einfacher ist es, die gebogenen Bindungen von Doppel- oder Dreifachbindungen so zu behandeln, als würden sie zusammen ein einzelnes Orbital bilden, das mit vier bzw. sechs Elektronen besetzt ist. Die Abstoßungskraft dieses Orbitals ist seiner hohen Ladung entsprechend groß. Die Struktur des Ethylens kann man so mit dreieckig umgebenen C-Atomen erfassen, wobei die Winkel jedoch von 120° abweichen: die beiden Winkel zwischen der Doppelbindung und den C–H-Bindungen werden über 120° liegen, der H–C–H-Winkel unter 120°. Entsprechend wird ein Molekül wie $OPCl_3$ te-

Tabelle 9: Bindungswinkel in Grad für einige Moleküle mit Mehrfachbindungen. X = einfach, Z = doppelt gebundenes Ligandenatom.

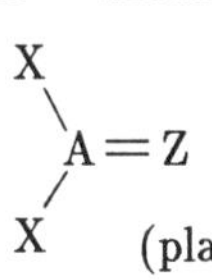 (planar)		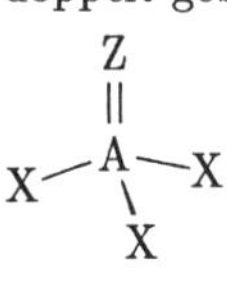		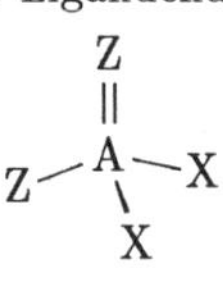			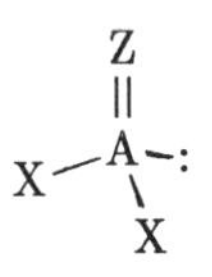		
	XAX		XAX		XAX	ZAZ		XAX	XAZ
$F_2C{=}O$	107,7	$F_3P{=}O$	101,3	F_2SO_2	98,6	124,6	$F_2S{=}O$	92,2	106,2
$Cl_2C{=}O$	111,3	$Cl_3P{=}O$	103,3	Cl_2SO_2	101,8	122,4	$Cl_2S{=}O$	96,3	107,4
$Br_2C{=}O$	112,3	$Br_3P{=}O$	104				$Br_2S{=}O$	96,7	106,3
$Me_2C{=}O$	112,4	$Me_3P{=}O$	104,1	Me_2SO_2	102,6	119,7	$Me_2S{=}O$	96,6	106,6

traedrisch sein, jedoch mit aufgeweiteten OPCl-Winkeln. Sind zwei Doppelbindungen vorhanden, so wird der Winkel zwischen ihnen der größte sein. In Tabelle 9 sind einige Beispiele zusammengestellt, bei denen auch wieder der Einfluß von Elektronegativität und Größe erkennbar ist.

6. Bindungslängen werden ebenso wie Bindungswinkel beeinflußt. Je mehr Elektronenpaare vorhanden sind, desto mehr stoßen sie sich gegenseitig ab, desto länger werden die Bindungen. Die Zunahme der Abstände bei Zunahme der Koordinationszahl hatten wir bereits bei der Diskussion der Ionenradien vermerkt (S. 50). Beispiel:

Abstand Sn–Cl: $SnCl_4$ 228 pm $Cl_4Sn(OPCl_3)_2$ 233 pm

Die Polarität der Bindungen wirkt sich auf deren Länge allerdings bedeutend stärker aus. Je negativer geladen ein Teilchen ist, desto stärker machen sich die Abstoßungskräfte bemerkbar. Beispiele:

Abstand Sn–Cl: $Cl_4Sn(OPCl_3)_2$ 233 pm $SnCl_6^{2-}$ 244 pm

	P–O /pm	P–F /pm	O–P–O /°	F–P–F /°
POF_3	144	152	–	101,3
$PO_2F_2^-$	147	157	122	97
PO_3F^{2-}	151	159	114	–
PO_4^{3-}	155	–	109,5	–

Die Bindung zwischen zwei Atomen unterschiedlicher Elektronegativität ist polar. Die entgegengesetzten Partialladungen der Atome sorgen für eine Anziehung zwischen ihnen. Wird die Polarität verändert, so wirkt sich dies auf den Bindungsabstand aus. Deutlich wird dies, wenn sich das elektronegativere Atom an mehr Bindungen beteiligt, als es der $8 - N$-Regel entspricht: es muß entgegen seiner Elektronegativität Elektronen für die Bindungen zur Verfügung stellen, seine negative Partialladung verringert sich oder wird gar positiv, die Anziehung zum Partneratom nimmt ab. Bei verbrückenden Halogenatomen ist der Effekt besonders auffällig, wie der Vergleich mit den Bindungslängen zu den nicht verbrückenden Atomen zeigt:

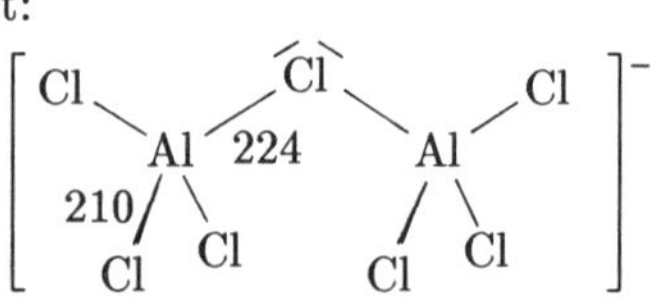

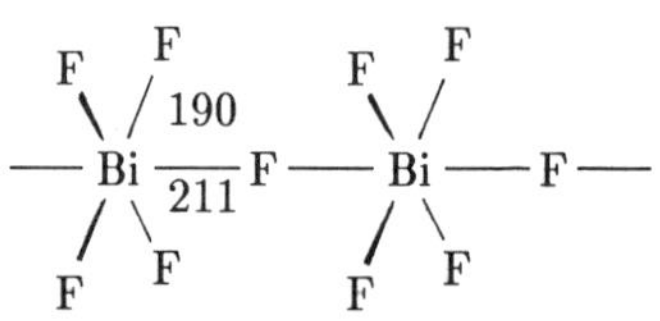

Das oben genannte Niobpentachlorid ist ein weiteres Beispiel. Der beschriebene Sachverhalt kommt auch in den BAURschen Regeln zum Ausdruck (vgl. S. 63).

7. Einfluß einer nicht abgeschlossenen Valenzschale. Atome von Elementen der dritten Periode wie Si, P, S und von höheren Perioden können mehr als vier Valenzelektronenpaare in ihre Valenzschale aufnehmen. Durch Inanspruchnahme von *d*-Zuständen wäre eine Auffüllung bis auf neun Elektronenpaare denkbar. Tatsächlich lassen die Valenzschalen der meisten Hauptgruppenelemente maximal sechs Elektronenpaare zu, so wie beim S-Atom im SF_6. Nur bei den schweren Elementen kennt man Verbindungen mit mehr als sechs Valenzelektronenpaaren, beim Iod zum Beispiel im IF_7. Offenbar tritt eine verstärkte Abstoßungswirkung zwischen den Elektronenpaaren auf, wenn die Bindungswinkel kleiner als 90° werden, wie dies bei Koordinationszahlen über 6 der Fall sein muß. Ein Zusammendrängen der Elektronenpaare bis zu Winkeln von 90° ist dagegen ohne großen Widerstand möglich (vgl. Tabelle auf S. 70; man beachte den Sprung der Werte zwischen der zweiten und der dritten Periode).

Kann das Zentralatom noch Valenzelektronen aufnehmen und verfügt ein Ligand über einsame Elektronenpaare, so neigen diese in einem gewissen Ausmaß dazu, auf das Zentralatom überzugehen. Mit anderen Worten, die einsamen Elektronenpaare des Liganden weichen zum Teil auf das Zentralatom aus und mindern dadurch ihre gegenseitige Abstoßung. Dies gilt vor allem für kleine Ligandenatome wie O und N, insbesondere wenn ihnen eine hohe Formalladung zugeteilt werden muß. Deshalb tendieren terminale O- und N-Atome dazu, mit dem Zentralatom Mehrfachbindungen auszubilden, zum Beispiel:

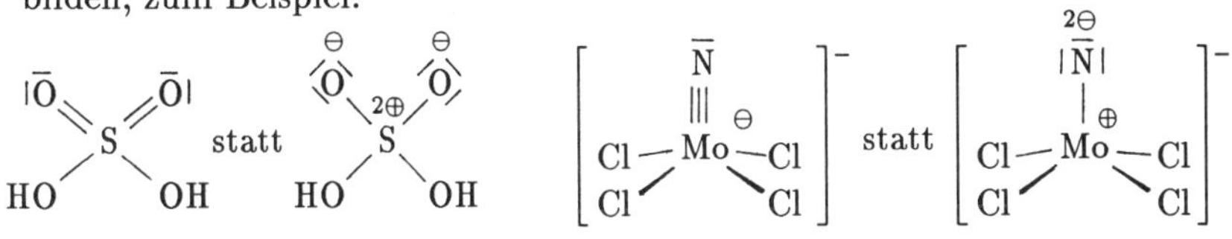

Eine ähnliche Erklärung kann man für die größeren Bindungswinkel Si–O–Si im Vergleich zu C–O–C geben. Vom Sauerstoffatom wird Elektronendichte in die Valenzschalen der Siliciumatome, aber nicht der Kohlenstoffatome abgegeben, im Sinne der Grenzformeln:

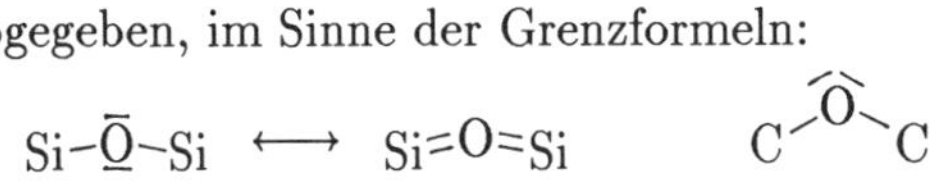

Beispiele:

Winkel SiOSi		Winkel COC	
$O(SiH_3)_2$	144°	$O(CH_3)_2$	111°
α-Quarz	142°	$O(C_6H_5)_2$	124°
α-Cristobalit	147°		

Der größere COC-Winkel im Diphenylether verglichen zum Diethylether kann mit der höheren Elektronenakzeptorwirkung der Phenylgruppen erklärt werden. Sind zwei sehr starke Akzeptoratome an ein Sauerstoffatom gebunden, so kann der Übergang der einsamen Elektronenpaare so weit gehen, daß eine völlig gestreckte Atomgruppe M=O=M resultiert, wie zum Beispiel im $[Cl_3FeOFeCl_3]^{2-}$.

Der beschriebene Elektronenübergang und die sich dabei ergebenden Mehrfachbindungen sollten sich in verkürzten Bindungsabständen zu erkennen geben. Bei verbrückenden Sauerstoffatomen zwischen zwei Metallatomen in gestreckter Anordnung findet man tatsächlich recht kurze Metall-Sauerstoffbindungen. Wegen der hohen Elektronegativität des Sauerstoffs wird der Ladungsschwerpunkt der bindenden Elektronenpaare allerdings mehr auf der Seite des Sauerstoffatoms liegen, d. h. die Bindungen werden polar sein. Man kann dies durch folgende Grenzformeln zum Ausdruck bringen:

$$[\ Cl_3\overset{2\ominus}{Fe}=\overset{2\oplus}{O}=\overset{2\ominus}{Fe}\,Cl_3 \quad \longleftrightarrow \quad Cl_3Fe\ \ |\overset{2\ominus}{\overline{\underline{O}}}|\ \ FeCl_3\ ]^{2-}$$

Im Mittel ergeben sich die kleinsten Formalladungen, wenn beide Grenzformeln gleiches Gewicht haben. Bei verbrückenden Fluoratomen muß man der ionischen Grenzformel eine größere Bedeutung zuschreiben, um kleine Formalladungen zu erhalten, zum Beispiel:

$$[\ F_5\overset{2\ominus}{Sb}=\overset{3\oplus}{F}=\overset{2\ominus}{Sb}\,F_5 \quad \longleftrightarrow \quad F_5Sb\ \ |\overset{\ominus}{\overline{\underline{F}}}|\ \ SbF_5\ ]^{-}$$

Tatsächlich beobachtet man bei verbrückenden Fluoratomen in der Regel Bindungswinkel zwischen 140 und 180° und relativ große Bindungsabstände. Für die hohe Polarität im Sinne der rechten Grenzformel spricht auch die chemische Reaktivität: Fluorobrücken sind sehr leicht spaltbar.

Einschränkungen

Durch Betrachtung der gegenseitigen Valenzelektronenpaar-Abstoßung kommt man in der Regel zu zutreffenden qualitativen Aussagen über Molekülstrukturen. Trotz des einfachen Konzepts ist die Theorie wohlfundiert und mit der komplizierteren und weniger anschaulichen MO-Theorie vereinbar (Kapitel 9). Die Ergebnisse sind oft besser als die aufwendiger Rechnungen. Es gibt aber Fälle, bei denen das Modell versagt. Zu diesen gehören die Ionen $SbBr_6^{3-}$, $SeBr_6^{2-}$, $TeCl_6^{2-}$, die unverzerrt oktaedrisch sind, obwohl am Zentralatom noch ein einsames Elektronenpaar vorhanden ist. Man sagt, dieses sei „stereochemisch nicht wirksam“. Die Erscheinung tritt nur bei höheren Koordinationszahlen ($\geq$ 6) auf, wenn das Zentralatom ein Schweratom ist und wenn die Liganden der dritten oder einer höheren Periode des Periodensystems angehören, d.h. wenn die Liganden leicht polarisierbar sind. Der abnehmende Einfluß des einsamen Elektronenpaars zeigt sich auch beim Vergleich der Festkörperstrukturen von AsI_3, SbI_3 und BiI_3. AsI_3 bildet pyramidale Moleküle (Bindungswinkel 100,2°), die aber im Festkörper assoziiert sind, indem drei Iodatome benachbarter Moleküle dem Arsenatom koordiniert sind. Es liegt eine verzerrt oktaedrische Koordination vor, mit drei intramolekularen As–I-Abständen von 259 pm und drei intermolekularen von 347 pm. Im BiI_3 ist die Koordination oktaedrisch mit sechs gleich langen Bi–I-Abständen (307 pm). SbI_3 nimmt eine Zwischenstellung ein (3× 287, 3× 332 pm).

Die Theorie liefert auch keine Erklärung für den „*trans*-Einfluß“, der zwischen Liganden zu beobachten ist, die sich auf gerader Linie auf zwei entgegengesetzten Seiten des Zentralatoms befinden, insbesondere bei *trans*-ständigen Liganden an einem Oktaeder. Je stärker der eine Ligand an das Zentralatom gebunden ist, erkennbar an einer kurzen Bindungslänge, desto länger ist die Bindung zum *trans*-ständigen Liganden. Vor allem Mehrfachbindungen zeigen eine starke Wirkung in diesem Sinne. Dies äußert sich auch in der Reaktivität, der schwach gebundene Ligand ist leicht substituierbar. Dagegen bewirken einsame Elektronenpaare bei *trans*-ständigen Liganden im allgemeinen keine Bindungsverlängerung, im Gegenteil, diese Bindungen sind meist etwas kürzer (Abstände in pm):

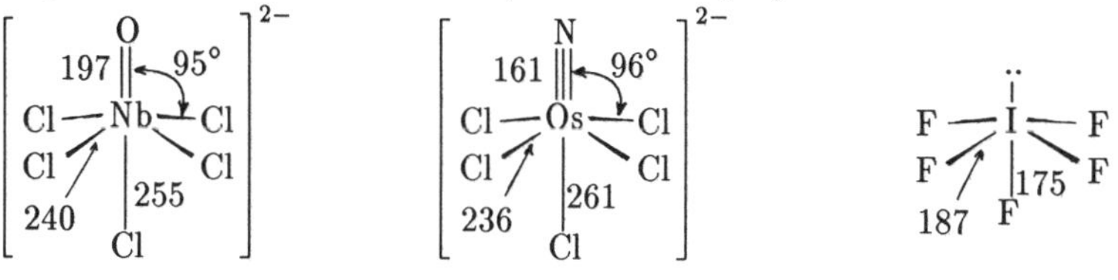

In einem Punkt ist die Theorie nicht besser (und nicht schlechter) als andere Theorien zur Molekularstruktur: es können nur Voraussagen gemacht werden, wenn bereits bekannt ist, welche und wie viele Atome miteinander verbunden sind. Es kann zum Beispiel nicht erklärt werden, warum bei den folgenden Pentahalogeniden im festen Zustand so unterschiedliche Moleküle bzw. Ionen gefunden werden: $SbCl_5$ monomer, $(NbCl_5)_2$ dimer, $(PaCl_5)_\infty$ polymer, $PCl_4^+PCl_6^-$ ionisch, $PBr_4^+Br^-$ ionisch; PCl_2F_3 monomer, $AsCl_4^+AsF_6^-$ (= $AsCl_2F_3$) ionisch, $SbCl_4^+[F_4ClSb\text{–}F\text{–}SbClF_4]^-$ (= $SbCl_2F_3$) ionisch.

7.2 Strukturen bei fünf Valenzelektronenpaaren

Die im vorigen Abschnitt beschriebenen Erscheinungen lassen sich gut an Molekülen studieren, bei denen fünf Valenzelektronenpaare zu berücksichtigen sind. Da diese außerdem noch einige Besonderheiten aufweisen, seien sie gesondert besprochen. Die bevorzugte Anordnung von fünf Punkten auf einer Kugeloberfläche ist die trigonale Bipyramide. Bei ihr sind die beiden axialen und die drei equatorialen Positionen nicht gleichwertig, auf die axialen Positionen wirkt eine stärkere Abstoßungskraft. Demzufolge bevorzugen einsame Elektronenpaare sowie Liganden mit geringerer Elektronegativität die equatorialen Lagen. Sind die fünf Liganden gleich, so sind die Bindungslängen zu den axialen Liganden größer (anders gesagt: in axialer Richtung ist der Kovalenzradius größer). Vgl. Tab. 10.

Tabelle 10: Axiale und equatoriale Bindungsabstände (pm) bei trigonal-bipyramidaler Verteilung der Valenzelektronen

AX_5	AX_{ax}	AX_{eq}	AX_4E	AX_{ax}	AX_{eq}	AX_3E_2	AX_{ax}	AX_{eq}
PF_5	158	153	SF_4	165	155	ClF_3	170	160
AsF_5	171	166	SeF_4	177	168	BrF_3	181	172
PCl_5	212	202						

Die Molekülparameter von CH_3PF_4 und $(CH_3)_2PF_3$ illustrieren den Einfluß der geringeren Elektronegativität der Methylgruppen und der damit zusammenhängenden verstärkten abstoßenden Wirkung der P–C-Bindungselektronenpaare:

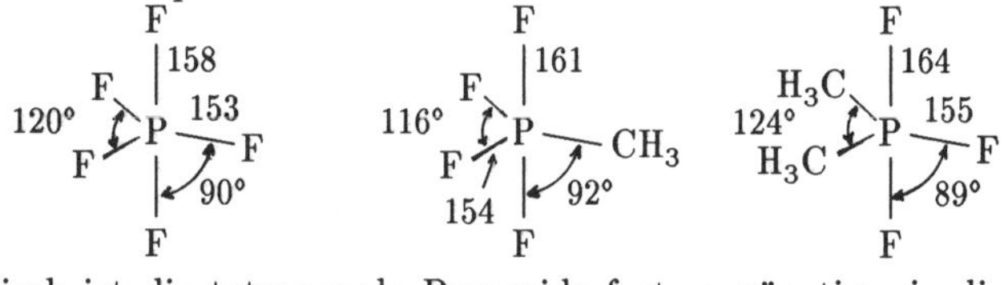

Energetisch ist die tetragonale Pyramide fast so günstig wie die trigonale Bipyramide. Bei einem Bindungswinkel von 104° zwischen apikaler (Pyramidenspitze) und basaler Position ist die Abstoßungsenergie nur 0,14 % größer wenn man eine Coulombsche Abstoßung annimmt; bei „harten" Orbitalen ist der Unterschied noch geringer. Die Umwandlung von einer trigonalen Bipyramide in eine tetragonale Pyramide erfordert außerdem nur eine geringe Aktivierungsenergie; so kann es zu einem schnellen Positionswechsel der Liganden von einer trigonalen Bipyramide über eine tetragonale Pyramide zu einer anders orientierten Bipyramide kommen („BERRY-Rotation", Abb. 22). Dies erklärt, warum im ^{19}F-NMR-Spektrum von PF_5

selbst bei tiefen Temperaturen nur ein Dublett-Signal beobachtet wird (bedingt durch die P–F-Spin-Spin-Kopplung); fände der schnelle Platzwechsel nicht statt, so wären zwei Dubletts im Intensitätsverhältnis 2:3 zu erwarten.

Ist eine Doppelbindung vorhanden, so ist die tetragonale Pyramide begünstigt. Moleküle bzw. Ionen wie $O{=}CrF_4$, $O{=}WCl_4$ (als Monomere in der Gasphase), $O{=}TiCl_4^{2-}$ oder $S{=}NbCl_4^-$ haben diese Struktur. $O{=}SF_4$ hat allerdings eine trigonal-bipyramidale Struktur mit dem Sauerstoffatom in einer der equatorialen Positionen.

Sehr geringe Energieunterschiede für verschiedene Polyeder ergeben sich auch bei höheren Koordinationszahlen, insbesondere bei Koordinationszahl 7. Hier ermöglicht die Theorie der Elektronenpaarabstoßung keine sicheren Voraussagen mehr.

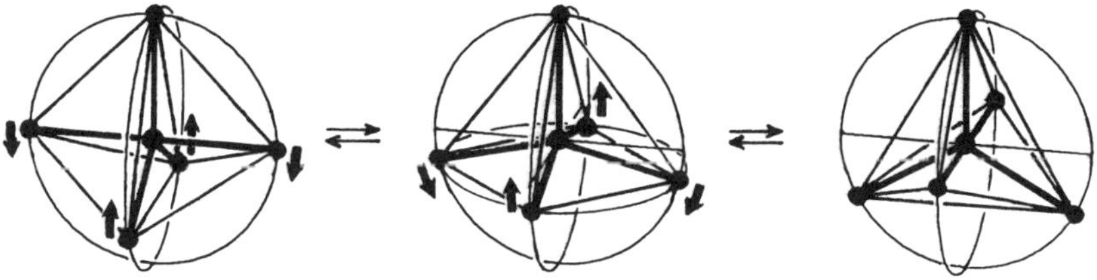

Abb. 22: Wechsel der Ligandenpositionen zwischen trigonaler Bipyramide und tetragonaler Pyramide

7.3 Übungsaufgaben

7.1 Welche Strukturen sind für die folgenden Moleküle nach der VSEPR-Theorie zu erwarten?
$BeCl_2(g)$, BF_3, PF_3, BrF_3, $TeCl_3^+$, XeF_3^+, $GeBr_4$, $AsCl_4^+$, SbF_4^-, ICl_4^-, BrF_4^+, $TiBr_4$, $SbCl_5$, $SnCl_5^-$, TeF_5^-, $ClSF_5$, O_3^-, Cl_3^-, S_3^{2-}, O_2ClF_3, $O_2ClF_2^-$, $OClF_4^-$, O_3BrF, O_3XeF_2.

7.2 Die folgenden dimeren Spezies sind über jeweils zwei Chloratome assoziiert. Welche Strukturen haben sie?
Be_2Cl_4, Al_2Br_6, I_2Cl_6, $As_2Cl_8^{2-}$, Ta_2I_{10}.

7.3 Welche Struktur ist für $H_2C{=}SF_4$ zu erwarten?

7.4 Ordnen Sie die folgenden Moleküle in der Reihenfolge zunehmender Bindungswinkel.
(a) OF_2, SF_2, SCl_2, S_3^-, S_3^{2-};

(b) Winkel H–N–H in H_3CNH_2, $[(H_3C)_2NH_2]^+$;
(c) Winkel F_{ax}–P–F_{ax} in PCl_2F_3, PCl_3F_2.

7.5 Im Al_2Cl_6-Molekül sind zwei verbrückende Chloratome vorhanden. Geben Sie die Reihenfolge zunehmender Bindungslängen und Bindungswinkel an und schätzen Sie die Größe der Winkel ab.

7.6 Welche der folgenden Spezies sollte die längeren Bindungen haben?
$SnCl_3^-$ oder $SnCl_5^-$; PF_5 oder PF_6^-; $SnCl_6^{2-}$ oder $SbCl_6^-$.

7.7 Welche der folgenden Spezies wird am ehesten nicht den VSEPR-Regeln entsprechen?
SbF_5^{2-}, $BiBr_5^{2-}$, TeI_6^{2-}, ClF_5, IF_7, IF_8^-.

8 Molekülstrukturen II: Verbindungen der Nebengruppenelemente

8.1 Ligandenfeldtheorie

Bei Verbindungen von Nebengruppenelementen ist die gegenseitige Beeinflussung von *bindenden* Elektronenpaaren die gleiche wie bei Hauptgruppenelementen, es ergeben sich die gleichen Aussagen zur Molekularstruktur. Anders wirken sich dagegen die *nichtbindenden* Elektronen aus. Diese sind bei Atomen von Nebengruppenlementen in der Regel *d*-Elektronen, für deren Aufenthaltsort fünf *d*-Orbitale in Betracht kommen. Wie sich die Elektronen auf diese Orbitale verteilen und wie sie sich stereochemisch auswirken, kann mit Hilfe der *Ligandenfeldtheorie* beurteilt werden. Die Anschauungen der Ligandenfeldtheorie entsprechen denen der Valenzelektronenpaar-Abstoßungstheorie: es wird überlegt, wie sich *d*-Elektronen verteilen, damit die Abstoßung zwischen ihnen und den bindenden Elektronenpaaren möglichst gering ist. In ihrer ursprünglichen Fassung von H. BETHE als Kristallfeldtheorie formuliert, wurde die elektrostatische Abstoßung zwischen *d*-Elektronen und den als punktförmigen Ionen aufgefaßten Liganden betrachtet.* Nach den Erfolgen der Valenzelektronenpaar-Abstoßungstheorie erscheint es jedoch zweckmäßiger, die Wechselwirkung zwischen nichtbindenden *d*-Elektronen und bindenden Elektronenpaaren zu betrachten; für beide Theorien gelten dann die gleichen Anschauungen. Man kommt so mit einfachen Modellüberlegungen zu qualitativ richtigen Strukturaussagen. Zu den gleichen Aussagen gelangt die exaktere Molekülorbital-Theorie.

Um die relative Orientierung der Aufenthaltsbereiche von *d*-Elektronen und von bindenden Elektronen um ein Atom zu erfassen, ist es zweckmäßig, ein Koordinatensystem zu Hilfe zu nehmen, dessen Ursprung sich im Mittelpunkt des Atoms befindet. Man hat zwei Sätze von *d*-Orbitalen zu unterscheiden (Abb. 23): der erste Satz besteht aus zwei Orbitalen mit Ausrichtung längs der Koordinatenachsen, der zweite Satz umfaßt drei Orbitale mit Ausrichtung auf die Kantenmitten eines umschriebenen Würfels.

---

*Die Bezeichnung Kristallfeld- bzw. Ligandenfeldtheorie wird nicht einheitlich gehandhabt. Da nur die Wechselwirkungen zu den unmittelbar benachbarten Atomen berücksichtigt werden, ohne Bezug auf Kristalleinflüsse, ist der Begriff Kristallfeldtheorie nicht sachgerecht. Manche Autoren betrachten bestimmte elektronische Wechselwirkungen (wie π-Bindungen) als Bestandteil der Ligandenfeldtheorie, obwohl sie eigentlich der tiefergehenden MO-Theorie entspringen.

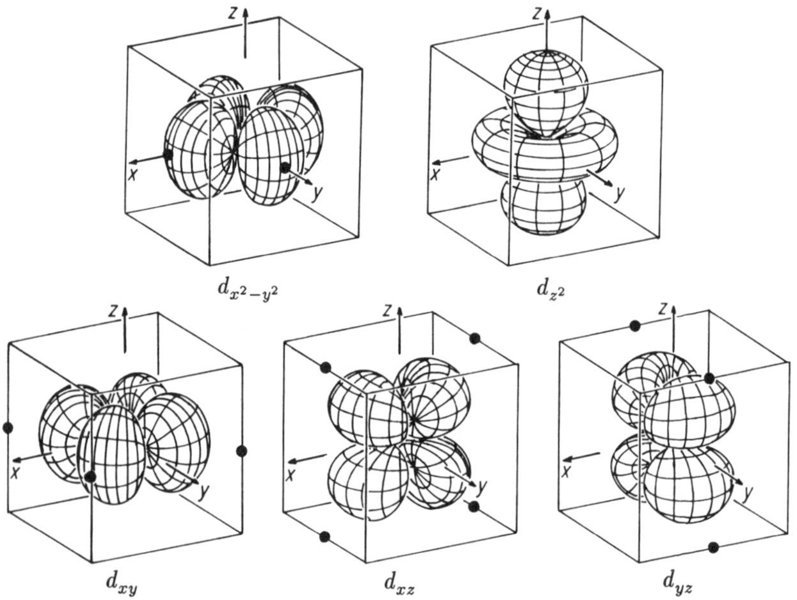

Abb. 23: Orientierung der Aufenthaltsbereiche von Elektronen in $3d$-Orbitalen. Maßstabsgetreue Darstellung von Flächen mit konstantem Betrag der Wellenfunktion [101]. Die Punkte ● auf den umschriebenen Würfeln markieren die Vorzugsrichtungen der „Teilwolken"

Oktaedrische Koordination

Hat ein Atom sechs Liganden, so bewirkt die gegenseitige Abstoßung der sechs bindenden Elektronenpaare eine oktaedrische Koordination. Die Positionen der Liganden können wir uns auf den Achsen des Koordinatensystems vorstellen. Sind nichtbindende Elektronen vorhanden, so werden sie die Orbitale d_{xy}, d_{yz} und d_{xz} bevorzugen, denn der Aufenthaltsbereich der anderen beiden d-Orbitale ist besonders nahe an den bindenden Elektronenpaaren. Die drei energetisch bevorzugten Orbitale werden als t_{2g}-Orbitale bezeichnet (das ist ein Symbol zur Bezeichnung der Orbitalsymmetrie; das t steht für tripel (= dreifach) entartet); die anderen beiden sind e_g-Orbitale (e = entartet). Vgl. Diagramm auf der nächsten Seite.

Der Energieunterschied zwischen der Besetzung eines t_{2g}- und eines e_g-Orbitals wird mit Δ_O bezeichnet. Der Betrag von Δ_O hängt davon ab,

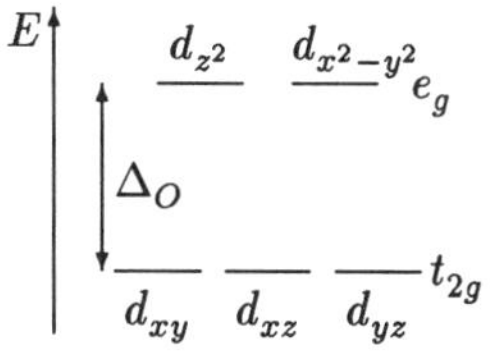

wie stark die d-Elektronen von den Bindungselektronenpaaren beeinflußt werden. Verglichen zu einem Übergangsmetallatom sind die daran gebundenen Ligandenatome in aller Regel erheblich elektronegativer. Die Ladungsschwerpunkte der bindenden Elektronenpaare liegen ihnen näher, und zwar um so mehr, je höher die Elektronegativität ist. Man kann deshalb mit zunehmender Elektronegativität der Ligandenatome eine abnehmende Beeinflussung der d-Elektronen und damit eine Abnahme für Δ_O erwarten. Abnehmende Δ_O-Werte ergeben sich auch bei zunehmender Größe der Ligandenatome; die bindenden Elektronenpaare verteilen sich dann auf einen größeren Raum, so daß sich ihre abstoßende Wirkung auf ein t_{2g}- und ein e_g-Orbital nicht mehr so stark unterscheidet. Beim Auftreten von Mehrfachbindungen zwischen Metallatom und Ligand, zum Beispiel bei Metallcarbonylen, ist die Elektronendichte der Bindungen und damit ihre Wirkung besonders groß. Da Δ_O eine spektroskopisch direkt meßbare Größe ist, kennt man den Einfluß unterschiedlicher Liganden recht gut.* Ordnet man verschiedene Liganden nach zunehmendem Δ_O, so erhält man die *spektrochemische Serie:*

$$\mathrm{CO > CN^- > PR_3 > NO_2^- > NH_3 > \mathbf{N}CS^- > H_2O > RCO_2^- \approx OH^-}$$
$$\mathrm{> F^- > NO_3^- > Cl^- \approx \mathbf{S}CN^- > S^{2-} > Br^- > I^-}$$

Sind zwei oder drei nichtbindende Elektronen vorhanden, so werden sie ungepaart zwei bzw. drei der t_{2g}-Orbitale einnehmen (HUNDsche Regel). Dies ist günstiger als die Paarung von Elektronen in einem Orbital, denn zur Paarung ist die elektrostatische Abstoßung zwischen den beiden Elektronen zu überwinden. Die Energie, die aufzuwenden ist, um ein zweites Elektron auf ein bereits besetztes Orbital zu bringen, nennen wir die Elektronenpaarungsenergie P. Sind vier nichtbindende Elektronen vorhanden, so gibt es zwei Alternativen für die Unterbringung des vierten Elektrons. Ist $P > \Delta_O$, so wird es ein e_g-Orbital einnehmen und alle vier Elektronen werden zueinander parallelen Spin haben: wir sprechen von einem *High-Spin-Komplex.* Ist $P < \Delta_O$, so ist es günstiger, einen *Low-Spin-Komplex* zu bilden, bei dem die e_g-Orbitale frei bleiben und zwei Elektronen gepaart sind:

---

*Bei Anregung eines Elektrons vom t_{2g}- auf das e_g-Niveau durch Lichteinstrahlung ist $\Delta_O = h\nu$

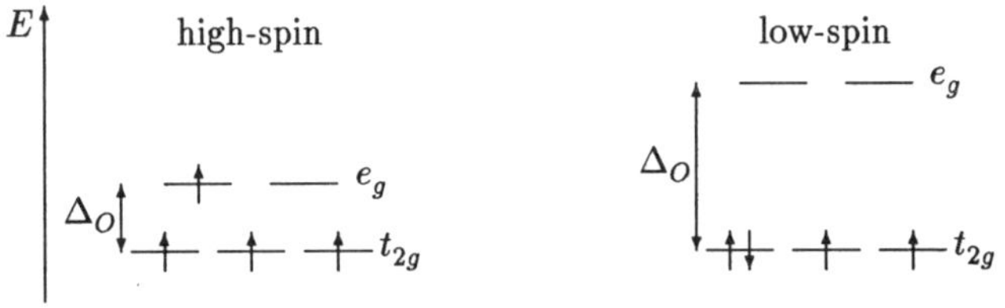

Im Falle des d^4-High-Spin-Komplexes ist nur eines der beiden e_g-Orbitale besetzt. Wenn es das d_{z^2}-Orbital ist, so übt es eine starke Abstoßung auf die Bindungselektronen der beiden Liganden auf der z-Achse aus. Diese Liganden werden abgedrängt; das Koordinationsoktaeder wird in Richtung der z-Achse gedehnt. Diese Erscheinung ist unter dem Namen *Jahn-Teller-Effekt* bekannt. An Stelle des d_{z^2}-Orbitals hätte auch das $d_{x^2-y^2}$-Orbital besetzt werden können, was eine Dehnung der vier Bindungen auf den Achsen x und y zur Folge hätte; zur Dehnung von vier Bindungen ist aber ein größerer Kraftaufwand notwendig. Die Dehnung von nur zwei Bindungen ist günstiger, und dementsprechend sind bislang nur Beispiele mit in einer Richtung gedehnten Oktaedern bekannt.*

Mit dem JAHN-TELLER-Effekt ist immer dann zu rechnen, wenn entartete Orbitale ungleichmäßig mit Elektronen besetzt sind. Tatsächlich wird er bei folgenden Elektronenkonfigurationen beobachtet:

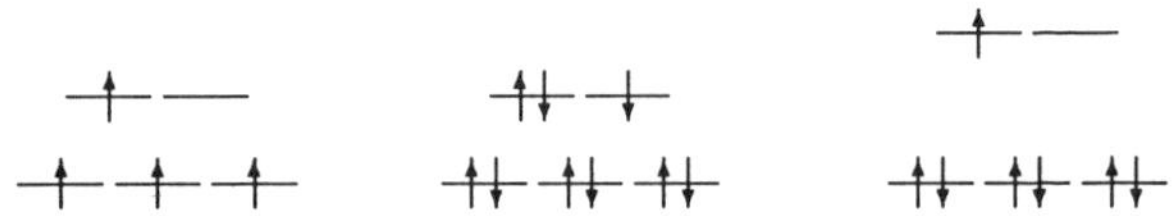

	d^4 high-spin	d^9	d^7 low-spin
Beispiele	Cr(II), Mn(III)	Cu(II)	Ni(III)

Eine JAHN-TELLER-Verzerrung des Oktaeders sollte auch bei Konfiguration d^1 auftreten. Das besetzte Orbital ist dann aber ein t_{2g}-Orbital, zum Beispiel d_{xy}. Dieses hat auf die Liganden der x- und y-Achse eine etwas stärker abstoßende Wirkung als auf die der z-Achse, der Unterschied ist jedoch nur gering; die verzerrende Kraft reicht im allgemeinen nicht aus, um einen erkennbaren Effekt zu bewirken. Ionen wie TiF_6^{3-} oder $MoCl_6^-$ zeigen zum Beispiel keine nachweisbaren Abweichungen von der Oktaedersymmetrie.

Keine, auch noch so geringe JAHN-TELLER-Verzerrung und somit keinerlei Abweichung von der idealen Oktaedersymmetrie ist bei gleichmäßiger

*Entgegengesetzte Beispiele aus der Literatur haben sich als unzutreffend erwiesen

Besetzung der t_{2g}- und der e_g-Orbitale zu erwarten. Dies trifft für folgende Elektronenkonfigurationen zu: d^0, d^3, d^5-high-spin, d^6-low-spin, d^8 und d^{10}. Bei Konfiguration d^8 kommt die oktaedrische Koordination allerdings nur selten vor (siehe unten, quadratische Koordination).

Sind unterschiedliche Liganden vorhanden, so bevorzugen diejenigen, die nach der spektrochemischen Serie die schwächere Wirkung haben, die Lagen mit den gedehnten Bindungen. Im $[CuCl_4(OH_2)_2]^{2-}$-Ion nehmen zum Beispiel zwei der Cl-Atome die Positionen in den Spitzen des gedehnten Koordinationsoktaeders ein.

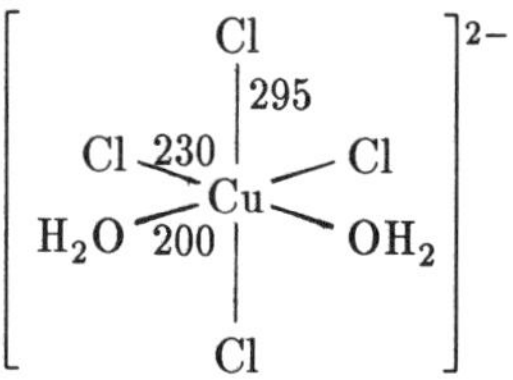

Tetraedrische Koordination

Die vier Liganden an einem tetraedrisch koordinierten Atom können wir uns auf vier der acht Ecken eines Würfels vorstellen. Die Orbitale d_{xy}, d_{yz} und d_{xz} (t_2-Orbitale), die auf die Würfelkanten ausgerichtet sind, sind den bindenden Elektronenpaaren näher als die Orbitale $d_{x^2-y^2}$ und d_{z^2} (e-Orbitale). Dementsprechend erfahren die t_2-Orbitale eine größere Abstoßung und liegen energetisch höher als die e-Orbitale; die Abfolge ist umgekehrt als bei oktaedrischer Koordination. Die Energiedifferenz bezeichnen wir mit Δ_T. Da keines der d-Orbitale auf die Würfelecken ausgerichtet ist, ist $\Delta_T < \Delta_O$ (bei gleichen Liganden, gleichem Zentralatom und gleichen Bindungslängen), und zwar $\Delta_T \approx \frac{4}{9}\Delta_O$. Δ_T ist immer kleiner als die Spinpaarungsenergie, tetraedrische Komplexe sind immer High-Spin-Komplexe.

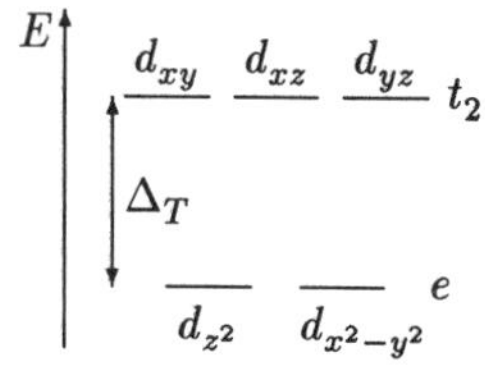

Bei ungleichmäßiger Besetzung der t_2-Orbitale kommt es zu JAHN-TELLER-Verzerrungen. Bei Konfiguration d^4 ist eines der t_2-Orbitale unbesetzt; bei d^9 ist eines einfach, die übrigen sind doppelt besetzt. Die Liganden werden dadurch ungleichmäßig abgestoßen, es entsteht ein etwas flachgedrücktes Tetraeder (Abb. 24). Typische Bindungswinkel sind zum Beispiel im $CuCl_4^{2-}$-Ion $2 \times 116°$ und $4 \times 106°$.

Bei den Konfigurationen d^3 und d^8 hat ein t_2-Orbital ein Elektron mehr als die übrigen; in diesem Fall ist ein elongiertes Tetraeder zu erwarten, die Deformation fällt jedoch geringer aus als bei d^4 und bei d^9, weil die deformierende Abstoßungskraft nur von einem Elektron (statt von zwei) ausgeht (Abb. 24). Da die Deformationskraft gering ist und die Erfordernisse zur Packung im Kristall mitunter entgegengesetzte Deformationen

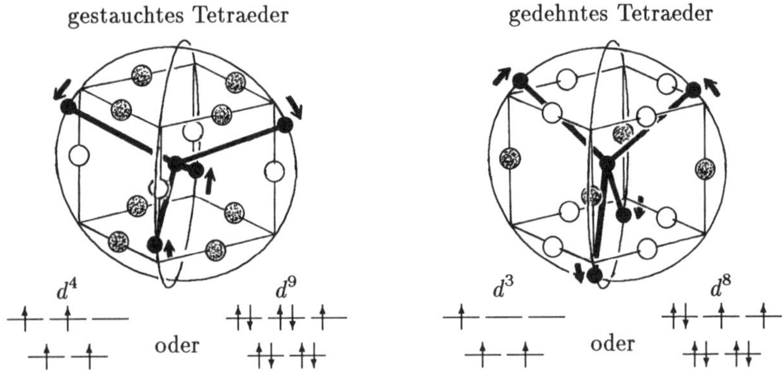

Abb. 24: JAHN-TELLER-Verzerrung bei tetraedrischen Komplexen. Die Pfeile deuten an, wie die Liganden von den nichtbindenden d-Elektronen abgedrängt werden. Die Kugeln auf den Würfelkanten symbolisieren die Ladungsschwerpunkte der t_2-Orbitale, die schattierten sind mit einem Elektron mehr als die weißen besetzt

verursachen, stehen die Befunde nicht immer im Einklang mit der Erwartung. Bei $NiCl_4^{2-}$ (d^8) wurden zum Beispiel je nach Kation reguläre, leicht gedehnte und auch leicht gestauchte Tetraeder gefunden. Bei ungleichmäßiger Besetzung der e-Orbitale könnte man ebenfalls Verzerrungen erwarten, der Effekt ist jedoch noch geringer und macht sich im allgemeinen nicht bemerkbar; VCl_4 (d^1) ist zum Beispiel unverzerrt tetraedrisch.

Quadratische Koordination

Entfernt man von einem oktaedrischen Komplex die beiden Liganden auf der z-Achse, so bilden die verbleibenden Liganden ein Quadrat. Die Abstoßung zwischen den Bindungselektronen auf der z-Achse entfällt sowohl für die d_{z^2}- wie für die d_{xz}- und d_{yz}-Elektronen. Nur noch ein Orbital, nämlich $d_{x^2-y^2}$ erfährt eine starke Abstoßung und ist energetisch ungünstig (Abb. 25). Bei Elektronenkonfiguration d^8, zum Beispiel bei Ni(II) und insbesondere bei Pd(II), Pt(II) und Au(III), wird die quadratische Koordination bevorzugt, vor allem mit Liganden, die eine starke Aufspaltung der Energieniveaus bewirken. Sowohl ein oktaedrischer Komplex (zwei Elektronen in e_g-Orbitalen) als auch ein tetraedrischer Komplex (vier Elektronen in t_2-Orbitalen) ist in diesem Fall energetisch benachteiligt.

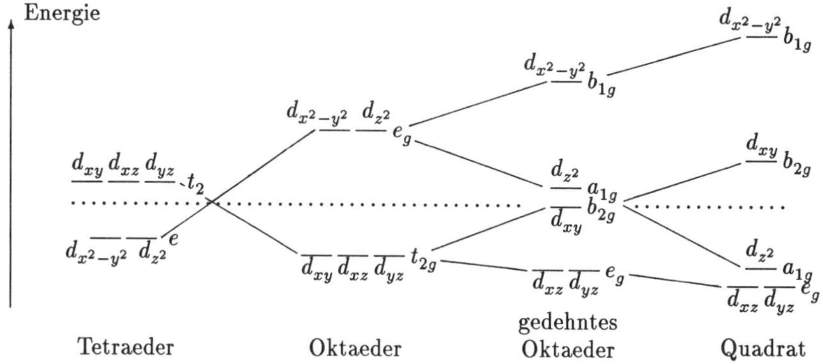

Abb. 25: Diagramm der relativen Energien von Elektronen in d-Orbitalen bei verschiedenen geometrischen Anordnungen. Die „Schwerpunkte" (jeweilige Mittelwerte der Energieniveaus) für alle Termfolgen wurden auf die Höhe der punktierten Linie gelegt

Ligandenfeld-Stabilisierungsenergie

Wenn sich Liganden einem Zentralatom oder -ion nähern, kommen folgende energetischen Beiträge zum tragen:

- Energiegewinn (freigesetzte Energie) durch die Knüpfung kovalenter Bindungen.
- Energieaufwand wegen der gegenseitigen Abstoßung der Bindungselektronenpaare und wegen der Abstoßung zwischen Liganden, die sich zu nahe kommen.
- Energieaufwand wegen der Abstoßung, die von Bindungselektronenpaaren auf nichtbindende Elektronen des Zentralatoms ausgeübt wird.

Die Überlegungen der Ligandenfeldtheorie richten sich vor allem auf den letztgenannten Beitrag. Für diesen ist die geometrische Verteilung der Liganden unerheblich, solange die Elektronen des Zentralatoms kugelsymmetrisch verteilt sind, die Abstoßungsenergie ist dann immer die gleiche. Kugelsymmetrisch sind alle halb- und alle vollbesetzten Unterschalen eines Atoms, insbesondere die Elektronenkonfigurationen d^5-high-spin und d^{10} (und natürlich auch d^0). Für andere d-Elektronenkonfigurationen gilt dies nicht.

Um verschiedene Strukturmöglichkeiten bei Verbindungen von Nebengruppenelementen zu vergleichen und um abzuschätzen, welche energetisch bevorzugt werden, ist die *Ligandenfeld-Stabilisierungsenergie* (LFSE) eine nützliche Größe. Darunter versteht man die Differenz zwischen der Abstoßungsenergie Bindungselektronen $\leftrightarrow$ d-Elektronen und einer fiktiven Abstoßungsenergie, die bestehen würde, wenn die d-Elektronen kugelsymmetrisch verteilt wären.

In einem oktaedrischen Komplex ist ein d_{z^2}-Elektron (ebenso $d_{x^2-y^2}$) auf die Liganden ausgerichtet; es wird stärker abgestoßen, als wenn es kugelsymmetrisch verteilt wäre. Verglichen zu dieser fiktiven Verteilung ist es energetisch angehoben. Ein d_{xy}-Elektron ist dagegen energetisch abgesenkt, es wird weniger stark abgestoßen als ein kugelförmig verteiltes Elektron. Dabei gilt der *Schwerpunktsatz:* Die Summe der Energien der angehobenen und der abgesenkten Zustände muß gleich der Energie des fiktiven Zustands sein. Da im Oktaeder drei abgesenkte und zwei angehobene Zustände vorhanden sind, ergibt sich folgendes Bild:

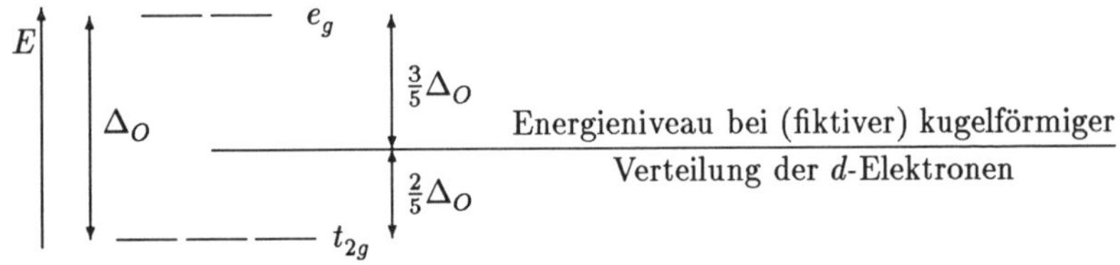

Die Energieniveaudiagramme in Abb. 25 sind dem Schwerpunktsatz entsprechend gezeichnet worden. Sie zeigen, wie die Energieniveaus jeweils relativ zum Niveau des fiktiven Zustands der kugelförmigen d-Elektronenverteilung liegen. Sie zeigen nicht die absoluten Energiebeträge, denn das absolute Niveau des fiktiven Zustands hängt auch von den übrigen, eingangs genannten Energiebeiträgen ab. Auch wenn Zentralatom und Liganden die gleichen sind, liegt das Niveau des fiktiven Zustands auf einer absoluten Skala für jede Ligandenanordnung auf einem anderen Niveau, d.h. die einzelnen Termschemas verschieben sich gegenseitig.

In Tab. 11 sind die Beträge der Ligandenfeld-Stabilisierungsenergie für oktaedrische und tetraedrische Komplexe zusammengestellt. Die Werte sind als Vielfache von Δ_O bzw. Δ_T angegeben. In Abb. 26 sind die Werte aufgetragen, wobei die Kurven auch die Tendenzen der übrigen Energiebeiträge bei $3d$-Elementen aufzeigen sollen. In der Reihe von Ca^{2+} bis Zn^{2+} nehmen die Ionenradien ab und die Bindungsenergien zu, dementsprechend verlaufen die Kurven von links nach rechts abwärts. Die gestrichelten Linien

Tabelle 11: Ligandenfeld-Stabilisierungsenergien (LFSE) für oktaedrische und tetraedrische Ligandenverteilungen

	Anzahl der d-Elektronen										
	0	1	2	3	4	5	6	7	8	9	10
Oktaeder, high-spin	Elektronenverteilung·Energiebeitrag/Δ_O										
$\frac{3}{5}\Delta_O$ —— e_g	0	0	0	0	$1\cdot\frac{3}{5}$	$2\cdot\frac{3}{5}$	$2\cdot\frac{3}{5}$	$2\cdot\frac{3}{5}$	$2\cdot\frac{3}{5}$	$3\cdot\frac{3}{5}$	$4\cdot\frac{3}{5}$
$-\frac{2}{5}\Delta_O$ ——— t_{2g}	0	$-1\cdot\frac{2}{5}$	$-2\cdot\frac{2}{5}$	$-3\cdot\frac{2}{5}$	$-3\cdot\frac{2}{5}$	$-3\cdot\frac{2}{5}$	$-4\cdot\frac{2}{5}$	$-5\cdot\frac{2}{5}$	$-6\cdot\frac{2}{5}$	$-6\cdot\frac{2}{5}$	$-6\cdot\frac{2}{5}$
Summe = LFSE /Δ_O	0	$-\frac{2}{5}$	$-\frac{4}{5}$	$-\frac{6}{5}$	$-\frac{3}{5}$	0	$-\frac{2}{5}$	$-\frac{4}{5}$	$-\frac{6}{5}$	$-\frac{3}{5}$	0
Oktaeder, low-spin	Elektronenverteilung·Energiebeitrag/Δ_O										
$\frac{3}{5}\Delta_O$ —— e_g	0	0	0	0	0	0	0	$1\cdot\frac{3}{5}$	$2\cdot\frac{3}{5}$	$3\cdot\frac{3}{5}$	$4\cdot\frac{3}{5}$
$-\frac{2}{5}\Delta_O$ ——— t_{2g}	0	$-1\cdot\frac{2}{5}$	$-2\cdot\frac{2}{5}$	$-3\cdot\frac{2}{5}$	$-4\cdot\frac{2}{5}$	$-5\cdot\frac{2}{5}$	$-6\cdot\frac{2}{5}$	$-6\cdot\frac{2}{5}$	$-6\cdot\frac{2}{5}$	$-6\cdot\frac{2}{5}$	$-6\cdot\frac{2}{5}$
Summe = LFSE /Δ_O	0	$-\frac{2}{5}$	$-\frac{4}{5}$	$-\frac{6}{5}$	$-\frac{8}{5}$	$-\frac{10}{5}$	$-\frac{12}{5}$	$-\frac{9}{5}$	$-\frac{6}{5}$	$-\frac{3}{5}$	0
Tetraeder, high-spin	Elektronenverteilung·Energiebeitrag/Δ_T										
$\frac{2}{5}\Delta_T$ ——— t_2	0	0	0	$1\cdot\frac{2}{5}$	$2\cdot\frac{2}{5}$	$3\cdot\frac{2}{5}$	$3\cdot\frac{2}{5}$	$3\cdot\frac{2}{5}$	$4\cdot\frac{2}{5}$	$5\cdot\frac{2}{5}$	$6\cdot\frac{2}{5}$
$-\frac{3}{5}\Delta_T$ —— e	0	$-1\cdot\frac{3}{5}$	$-2\cdot\frac{3}{5}$	$-2\cdot\frac{3}{5}$	$-2\cdot\frac{3}{5}$	$-2\cdot\frac{3}{5}$	$-3\cdot\frac{3}{5}$	$-4\cdot\frac{3}{5}$	$-4\cdot\frac{3}{5}$	$-4\cdot\frac{3}{5}$	$-4\cdot\frac{3}{5}$
Summe = LFSE /Δ_T	0	$-\frac{3}{5}$	$-\frac{6}{5}$	$-\frac{4}{5}$	$-\frac{2}{5}$	0	$-\frac{3}{5}$	$-\frac{6}{5}$	$-\frac{4}{5}$	$-\frac{2}{5}$	0

gelten für die fiktiven Ionen mit kugelförmiger Elektronenverteilung; auf diesen Linien finden sich die Energiewerte für die tatsächlich kugelförmigen Elektronenkonfigurationen d^0, d^5-high-spin und d^{10}. Wegen der abnehmenden Ionenradien werden gegen Ende der Reihe oktaedrische Komplexe weniger stabil als tetraedrische (zunehmende Abstoßungskräfte zwischen den bindenden Elektronenpaaren und den sich dichter drängenden Liganden), deshalb krümmt sich die gestrichelte Kurve für Oktaeder im rechten Bereich nach oben. Wegen der Ligandenfeld-Stabilisierungsenergie ergeben sich für High-Spin-Komplexe jeweils zwei Minima in den Kurven, und zwar bei d^3 und d^8 für oktaedrische und bei d^2 und d^7 für tetraedrische Komplexe. Die Stabilisierungsenergien sind für tetraedrische Ligandenfelder geringer, da generell $\Delta_O > \Delta_T$ gilt (in Abb. 11 wurde $\Delta_T = \frac{4}{9}\Delta_O$ angenommen). Für oktaedrische Low-Spin-Komplexe gibt es nur ein Minimum bei d^6.

Für High-Spin-Verbindungen ergeben sich nur geringe Unterschiede in der Stabilisierung der oktaedrischen bzw. tetraedrischen Koordination bei den Konfigurationen d^7 und d^8 (Abb. 26). Bei Co^{2+} macht sich die Tendenz zur Tetraederkoordination deutlich bemerkbar, bei Ni^{2+} wird diese Tendenz durch die höhere Oktaeder-Ligandenfeld-Stabilisierung überkompensiert,

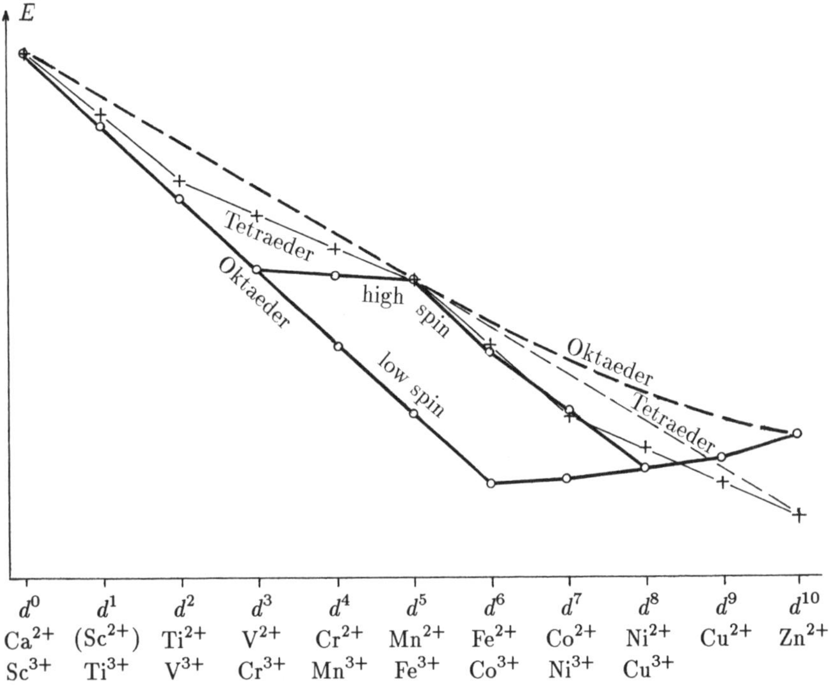

Abb. 26: Relative Ligandenfeld-Stabilisierungsenergien für 3*d*-Ionen. Dicke Striche: Oktaederfeld; dünne Striche: Tetraederfeld. Gestrichelt: Energie für (fiktive) kugelförmige *d*-Elektronenverteilungen

so daß sich Ni^{2+} bevorzugt oktaedrisch koordiniert. Hier kommt der Unterschied für die Maxima der Ligandenfeld-Stabilisierungsenergie zum tragen (Tab. 11): sie ist für Tetraederanordnung bei Konfiguration d^7 (Co^{2+}) und für Oktaederanordnung bei d^8 (Ni^{2+}) am größten. Mit größeren Liganden macht sich die Tendenz zur tetraedrischen Koordination stärker bemerkbar; anders gesagt, die Oktaederanordnung wird relativ instabiler, was in Abb. 26 mit einem früheren Hochkrümmen der dicken gestrichelten Kurve zum Ausdruck käme. Mit großen Liganden (Cl^-, Br^-) bilden auch Fe^{2+} und Mn^{2+} tetraedrische Komplexe.

In Abb. 26 ist die zusätzliche Stabilisierung durch den JAHN-TELLER-Effekt nicht berücksichtigt. Berücksichtigt man sie, so rückt der Punkt für die (verzerrt) oktaedrische Koordination für Cu^{2+} weiter nach unten, womit diese Anordnung energetisch bevorzugt wird.

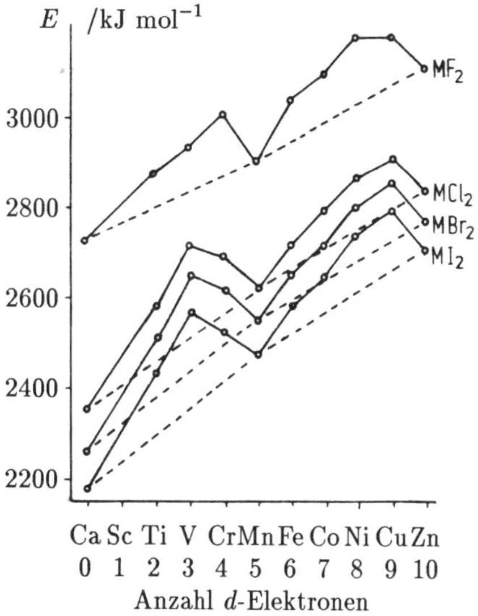

Abb. 27: Gitterenergie der Dihalogenide von Elementen der ersten Übergangsmetallperiode

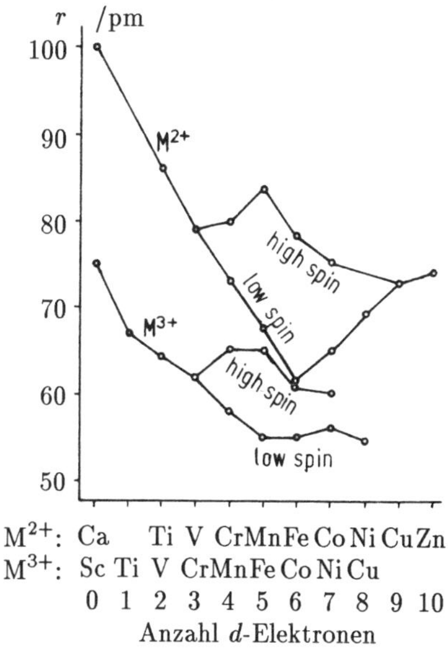

Abb. 28: Radien der Ionen von Elementen der ersten Übergangsmetallperiode in oktaedrischer Umgebung

Die Ligandenfeld-Stabilisierung spiegelt sich in der Gitterenergie der Halogenide MX_2 wider. Die nach dem BORN-HABER-Kreisprozeß aus experimentellen Daten gewonnenen Werte sind in Abb. 27 gegen die *d*-Elektronenkonfiguration aufgetragen. Die Ligandenfeld-Stabilisierungsenergie macht nicht mehr als 200 kJ/mol aus, das sind weniger als 8% der gesamten Gitterenergie. Auch die Ionenradien zeigen einen analogen Verlauf (Abb. 28; siehe auch Tab. 5, S. 51).

8.2 Koordinationspolyeder bei Nebengruppenelementen

Im Sinne der vorangegangenen Ausführungen trifft man bei den Verbindungen der Nebengruppenelemente je nach Zentralatom, Oxidationszustand und Liganden bevorzugt bestimmte Koordinationspolyeder am Zentralatom an. Die generellen Tendenzen sind folgende:

Mit Oxidationszahlen I, II, III und IV treten in der Reihe der 3*d*-Elemente vom Scandium bis zum Eisen und beim Nickel vorzugsweise Ok-

Tabelle 12: Koordinationspolyeder für die Koordinationszahlen 2 bis 6 bei Verbindungen der Übergangsmetalle.

Polyeder	K.Z.	e^--Konf.	Zentralatom	Beispiele
Lineare Anordnung	2	d^{10}	Cu(I), Ag(I), Au(I), Hg(II)	Cu_2O, $Ag(CN)_2^-$, $AuCN^*$, $AuCl_2^-$, $HgCl_2$, HgO^*
Dreieck	3	d^{10}	Cu(I), Ag(I), Au(I), Hg(II)	$Cu(CN)_3^{2-}$, $Ag_2Cl_5^{3-}$, $Au(PPh_3)_3^+$, HgI_3^-
Quadrat	4	d^8	Ni(II), Pd(II), Pt(II), Au(III)	$Ni(CN)_4^{2-}$, $PdCl_2{}^*$, PtH_4^{2-}, $Pt(NH_3)_2Cl_2$, $AuCl_4^-$
Tetraeder	4	d^0	Ti(IV), V(V), Cr(VI), Mo(VI), Mn(VII), Re(VII) Ru(VIII),Os(VIII)	$TiCl_4$, VO_4^{3-}, $CrO_3{}^*$, MoO_4^{2-}, Mn_2O_7, ReO_4^-, RuO_4, OsO_4
		d^1	V(IV), Cr(V), Mn(VI), Ru(VII)	VCl_4, CrO_4^{3-}, MnO_4^{2-}, RuO_4^-
		d^5	Mn(II), Fe(III)	$MnBr_4^{2-}$, Fe_2Cl_6
		d^6	Fe(II)	$FeCl_4^{2-}$
		d^7	Co(II)	$CoCl_4^{2-}$
		d^8	Ni(II)	$NiCl_4^{2-}$
		d^9	Cu(II)	$CuCl_4^{2-\,\dagger}$
		d^{10}	Ni(0), Cu(I), Zn(II), Hg(II)	$Ni(CO)_4$, Cu_2O, $Zn(CN)_4^{2-}$, HgI_4^{2-}
Quadratische Pyramide	5	d^0	Ti(IV), V(V), Nb(V), Mo(VI), W(VI),	$TiOCl_4^{2-}$, VOF_4^-, $NbSCl_4^-$, $MoNCl_4^-$, $WNCl_4^-$
		d^1	V(IV), Cr(V), Mo(V), W(V), Re(VI)	$VO(NCS)_4^{2-}$, $CrOCl_4^-$, $MoOCl_4^-$, $WSCl_4^-$, $ReOCl_4$
		d^2	Os(VI)	$OsNCl_4^-$
		d^4	Mn(III), Re(III)	$MnCl_5^{2-}$, Re_2Cl_8
		d^7	Co(II)	$Co(CN)_5^{3-}$
Trigonale Bipyramide	5	d^2	V(IV)	$VCl_3(NMe_3)_2$
		d^8	Fe(0)	$Fe(CO)_5$
Oktaeder	6		fast alle; nicht Pd(II), Pt(II), Au(III), Cu(I)	

* Endlose Kette † Jahn-Teller-verzerrt

taeder auf, beim Cobalt Oktaeder und Tetraeder und bei Zink und Kupfer(I) Tetraeder. Kupfer(II) (d^9) bildet JAHN-TELLER-verzerrte Oktaeder und Tetraeder. Je höher die Oxidationszahl (= kleinerer Ionenradius) und je größer die Liganden, desto mehr werden Tetraeder bevorzugt. Bei Vanadium(V), Chrom(VI) und Mangan(VII) kennt man fast nur die tetraedrische Koordination (eine Ausnahme ist VF_5). Bei Low-Spin-Komplexen des Nickel(II) (d^8) kommt neben der oktaedrischen auch die quadratische Koordination vor.

Bei den größeren 4*d*- und 5*d*-Elementen kommen Tetraeder nur bei sehr hohen Oxidationszahlen vor, zum Beispiel im ReO_4^- oder OsO_4, sowie bei Silber, Cadmium und Quecksilber. Oktaeder sind sehr häufig, und auch höhere Koordinationszahlen, vor allem 7, 8 und 9, sind nicht ungewöhnlich, wie zum Beispiel beim ZrO_2 (K.Z. 7), $Mo(CN)_8^{4-}$ oder $LaCl_3$ (K.Z. 9). Besondere Bedingungen gelten bei der Elektronenkonfiguration d^8, nämlich bei Pd(II), Pt(II), Ag(III) und Au(III), die fast immer quadratisch koordiniert sind. Bei Pd(0), Pt(0), Ag(I), Au(I) und Hg(II) (d^{10}) kommt sehr häufig die lineare Koordination (K.Z. 2) vor.

Tabelle 12 gibt eine Übersicht über die wichtigsten Koordinationspolyeder mit zugehörigen Beispielen.

8.3 Isomerie

Zwei Verbindungen sind *isomer*, wenn sie bei gleicher Zusammensetzung verschiedene Molekülstrukturen haben. Isomere unterscheiden sich in ihren physikalischen und chemischen Eigenschaften.

Konstitutionsisomere
unterscheiden sich darin, welche Atome miteinander verknüpft sind, die *Konstitution* ihrer Moleküle ist verschieden. Beispiele:

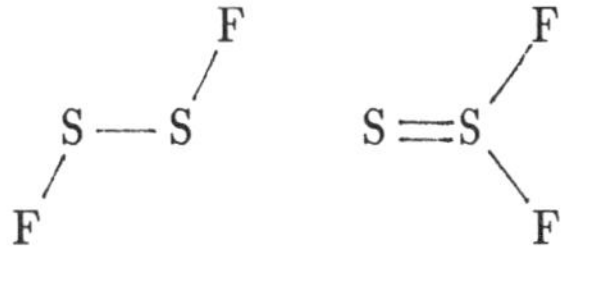

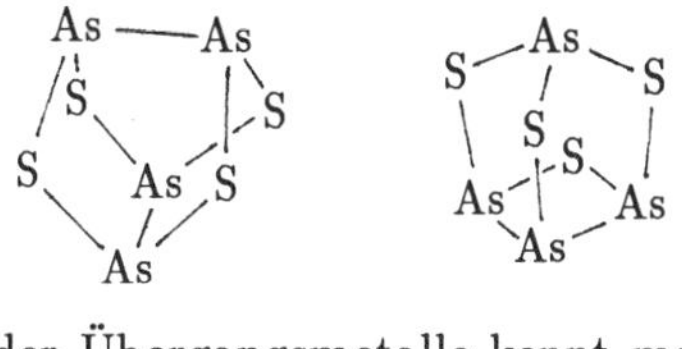

Vor allem bei Komplexverbindungen der Übergangsmetalle kennt man mehrere Arten von Konstitutionsisomeren, nämlich:

Bindungsisomere, die sich darin unterscheiden, über welches Atom ein Ligand an ein Zentralatom gebunden ist, zum Beispiel:

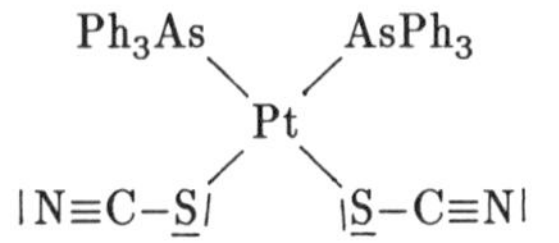

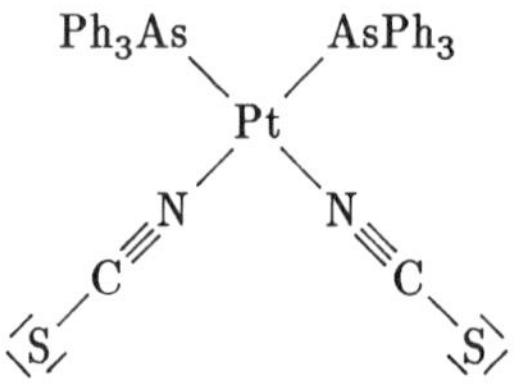

Weitere Liganden, die über verschiedene Atome gebunden sein können, sind OCN^- und NO_2^-. Cyanidionen sind in isolierten Komplexen immer über ihre C-Atome gebunden, in polymeren Strukturen wie im Berliner Blau können sie über beide Atome koordiniert sein (Fe–C≡N–Fe).

Koordinationsisomere kommen vor, wenn komplexe Kationen und komplexe Anionen vorhanden sind und Liganden zwischen Kation und Anion vertauscht werden, zum Beispiel:

$[Cu(NH_3)_4][PtCl_4]$ $\quad$ $[Pt(NH_3)_4][CuCl_4]$

$[Pt(NH_3)_4][PtCl_6]$ $\quad$ $[Pt(NH_3)_4Cl_2][PtCl_4]$

Weitere Varianten sind:

Hydratisomere, z.B. $[Cr(OH_2)_6]Cl_3$,
$[Cr(OH_2)_5Cl]Cl_2 \cdot H_2O$,
$[Cr(OH_2)_4Cl_2]Cl \cdot 2H_2O$

Ionisationsisomere, z.B. $[Pt(NH_3)_4Cl_2]Br_2$, $[Pt(NH_3)_4Br_2]Cl_2$

Stereoisomere
haben die gleiche Konstitution, aber eine andere räumliche Anordnung der Atome; sie unterscheiden sich in ihrer *Konfiguration.* Dabei sind zwei Fälle zu betrachten: Geometrische Isomere (Diastereomere) und Enantiomere.

Geometrische Isomere begegnen uns als *cis-trans*-Isomere bei Verbindungen mit Doppelbindungen wie beim N_2F_2 und vor allem bei Koordinationspolyedern, die verschiedenerlei Liganden haben. Die wichtigsten Vertreter sind quadratische und oktaedrische Komplexe mit zwei oder mehr verschiedenen Liganden (Abb. 29). Zur Bezeichnung in komplizierteren Fällen werden die Polyederecken alphabetisch numeriert, zum Beipiel *abf*-Triaqua-*cde*-tribromoplatin(IV) für *mer*-$[PtBr_3(NH_3)_3]^+$. Bei tetraedrischen Komplexen gibt es keine geometrischen Isomeren. Bei anderen Koordinationspolyedern nimmt die Zahl der möglichen Isomeren mit der

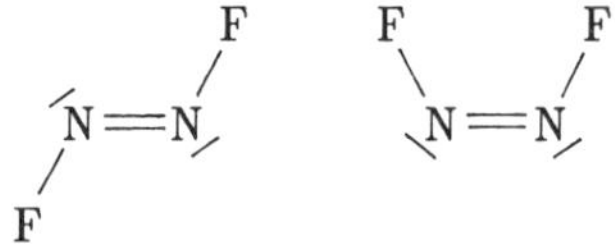

trans *cis*

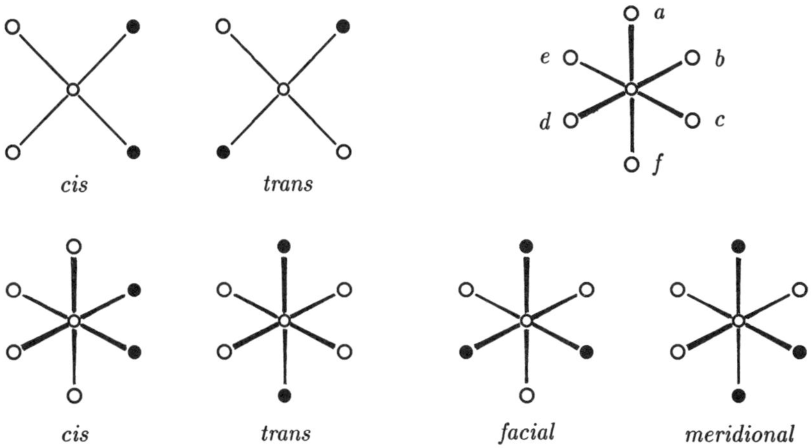

Abb. 29: Geometrische Isomere bei quadratischer und oktaedrischer Koordination mit zwei verschiedenen Liganden. Rechts oben: Kennzeichnung der Ligandenpositionen an einem oktaedrischen Komplex

Anzahl der verschiedenen Liganden zu (Tab. 13); in der Regel sind aber nur eines oder zwei der Isomeren bekannt.

Enantiomere sind völlig gleichartig aufgebaut und trotzdem nicht identisch. Ihre Strukturen sind zueinander spiegelbildlich. In ihren physikalischen Eigenschaften unterscheiden sie sich nur gegenüber Erscheinungen, die polar sind, d.h. die durch eine Vorzugsrichtung ausgezeichnet sind. Dazu gehört insbesondere polarisiertes Licht, dessen Polarisationsebene beim Passieren durch eine Lösung der Substanz gedreht wird. Deshalb werden Enantiomere auch als optische Isomere bezeichnet. In ihren chemischen Eigenschaften unterscheiden sich Enantiomere nur wenn sie mit einer Verbindung reagieren, die selbst ein Enantiomeres ist.

Voraussetzung für das Auftreten von Enantiomeren ist das Vorliegen einer *chiralen* Struktur. Diese Bedingung ist erfüllt, wenn weder eine Spiegelebene noch ein Symmetriezentrum noch eine Inversionsachse als Symmetrieelemente vorhanden sind (Spiegelebene und Symmetriezentrum können als Sonderfälle von Inversionsachsen aufgefaßt werden; Näheres dazu wird in Kapitel 18 ausgeführt). Die meisten der bekannten chiralen Verbindungen sind organische Naturstoffe, in deren Molekülen ein oder mehrere *asymmetrisch substituierte C-Atome* vorhanden sind. Chiralität liegt vor, wenn an einem tetraedrisch koordinierten Atom vier verschiedene Liganden vor-

Tabelle 13: Anzahl der möglichen geometrischen Isomeren je nach der Zahl der verschiedenen Liganden (mit A, B, C, ... bezeichnet) bei einigen Koordinationspolyedern (ohne Chelatkomplexe). Bei den chiralen Vetretern wurde immer nur ein Repräsentant gezählt

Polyeder	Liganden	Anzahl	davon chiral	Polyeder	Liganden	Anzahl	davon chiral
Tetraeder	beliebig	1	ABCD	Oktaeder	AB_5	1	0
Quadrat	AB_3	1	0		A_2B_4	2	0
	A_2B_2	2	0		A_3B_3	2	0
	ABC_2	2	0		ABC_4	2	0
	ABCD	3	0		AB_2C_3	3	0
Trigonale Bipyramide	AB_4	2	0		$A_2B_2C_2$	5	1
	A_2B_3	3	0		$ABCD_3$	4	1
	ABC_3	4	0		ABC_2D_2	6	2
	AB_2C_2	5	1		$ABCDE_2$	9	6
	$ABCD_2$	7	3		ABCDEF	15	15
	ABCDE	10	10				

handen sind.* Bekannte anorganische Enantiomere sind überwiegend Komplexverbindungen, meist mit oktaedrischer Koordination [35]. In Tab. 13 sind Ligandenkombinationen angegeben, für die chirale Moleküle möglich sind. Zu den bekanntesten chiralen Komplexen gehören Chelatverbindungen, für die in Abb. 30 einige Beispiele angegeben sind. Bei Trichelat-Komplexen wie $[Co(H_2N(CH_2)_2NH_2)_3]^{3+}$ kann die Konfiguration mit Δ bzw. Λ bezeichnet werden: man betrachte die Struktur aus der Richtung wie in Abb. 30; sind die Chelatgruppen so orientiert wie die Windungen in einer rechtsgängigen Schraube, dann ist das Symbol Δ.

*In der organischen Stereochemie wird häufig der Begriff „Chiralitätszentrum" verwendet, womit meistens ein asymmetrisch substituiertes C-Atom gemeint ist. Dieser Begriff sollte vermieden werden, denn er ist ein Widerspruch in sich selbst: ein chirales Objekt hat per Definition kein Zentrum (Chiralität ist eine Symmetrieeigenschaft, die das Symmetriezentrum ausschließt).

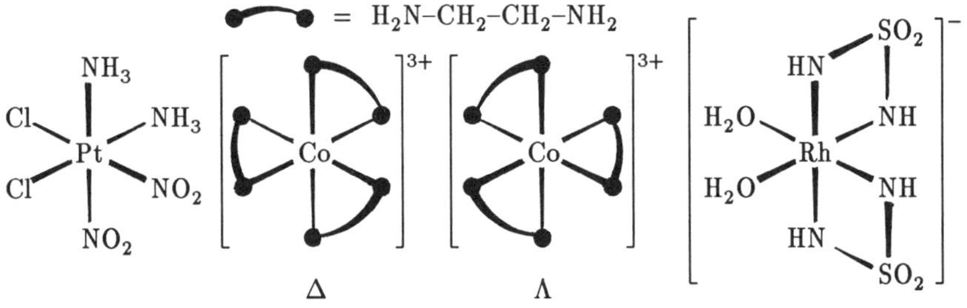

Abb. 30: Beispiele für einige chirale Komplexe mit oktaedrischer Koordination

8.4 Übungsaufgaben

8.1 Geben Sie an, bei welchen der folgenden oktaedrischen High-Spin-Komplexe eine JAHN–TELLER-Verzerrung zu erwarten ist.
TiF_6^{2-}, MoF_6, $[Cr(OH_2)_6]^{2+}$, $[Mn(OH_2)_6]^{2+}$, $[Mn(OH_2)_6]^{3+}$, $FeCl_6^{3-}$, $[Ni(NH_3)_6]^{2+}$, $[Cu(NH_3)_6]^{2+}$.

8.2 Geben Sie an, bei welchen der folgenden tetraedrischen Komplexe eine JAHN–TELLER-Verzerrung zu erwarten ist und welcher Art die Verzerrung ist.
$CrCl_4^-$, $MnBr_4^{2-}$, $FeCl_4^-$, $FeCl_4^{2-}$, $NiBr_4^{2-}$, $CuBr_4^{2-}$, $Cu(CN)_4^{3-}$, $Zn(NH_3)_4^{2+}$.

8.3 Entscheiden Sie, ob die folgenden Komplexe tetraedrisch oder quadratisch sind.
$Co(CO)_4^-$, $Ni(PF_3)_4$, $PtCl_2(NH_3)_2$, $Pt(NH_3)_4^{2+}$, $Cu(OH)_4^{2-}$, Au_2Cl_6 (dimer über Chlorobrücken).

8.4 Wie viele Isomere sind für die folgenden Komplexe möglich?
(a) $PtCl_2(NH_3)_2$; (b) $ZnCl_2(NH_3)_2$; (c) $[OsCl_4F_2]^{2-}$; (d) $[CrCl_3(OH_2)_3]^{3-}$; (e) $Mo(CO)_5OR_2$.

9 Molekülorbital-Theorie und chemische Bindung in Festkörpern

9.1 Molekülorbitale

Nach unserem heutigen Kenntnisstand lassen sich die Bindungsverhältnisse in einem Molekül am exaktesten mit der Molekülorbital-Theorie erfassen. Der Terminus Orbital ist eine künstliche Wortschöpfung, der einerseits an die Vorstellung eines kreisenden Elektrons erinnern soll (orbit = Umlaufbahn), andererseits aber zum Ausdruck bringen soll, daß damit die Verhältnisse nicht ausreichend genau erfaßt werden. Mathematisch wird das Elektron als stehende Welle behandelt, für die sich eine Wellenfunktion ψ formulieren läßt. Für das Wasserstoffatom sind die Wellenfunktionen für den Grundzustand und alle angeregten Zustände exakt bekannt, sie können durch Lösung der SCHRÖDINGER-Gleichung berechnet werden. Für andere Atome werden wasserstoffähnliche Wellenfunktionen angenommen, zu deren Berechnung Näherungsverfahren zur Verfügung stehen.

Die Wellenfunktion eines Elektrons entspricht der Funktion, mit der die Amplitude einer schwingenden Saite in Abhängigkeit des Ortes x erfaßt wird. Die entgegengesetzte Richtung der Schwingungsbewegung der Saite auf den beiden Seiten eines Schwingungsknotens wird durch entgegengesetzte Vorzeichen der Wellenfunktion zum Ausdruck gebracht. Auch die Wellenfunktion eines Elektrons hat entgegengesetzte Vorzeichen auf den beiden Seiten einer Knotenfläche. Sie ist eine Funktion des Ortes x, y, z, bezogen auf ein Koordinatensystem, dessen Ursprung im Atomkern liegt.

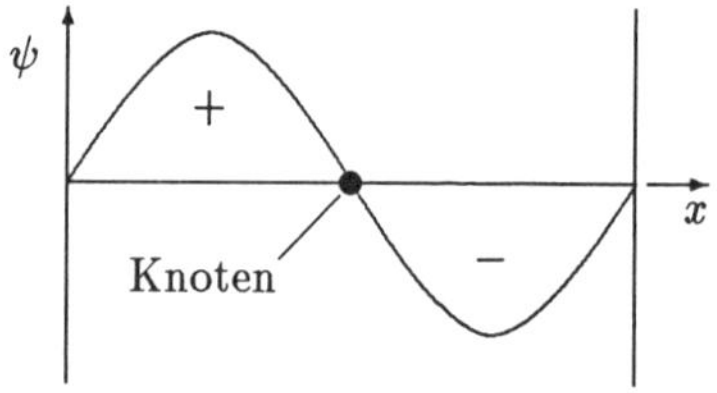

Wellenfunktionen für die Orbitale von Molekülen werden durch Linearkombination *aller* Wellenfunktionen *aller* beteiligten Atome berechnet. Dabei bleibt die Gesamtzahl der Orbitale unverändert, d.h. die Gesamtzahl der eingebrachten Atomorbitale muß der Anzahl der Molekülorbitale entsprechen. Im folgenden werden Wellenfunktionen von Atomen mit χ, solche von Molekülen mit ψ bezeichnet. Die Wellenfunktionen eines H_2-Moleküls ergeben sich durch Linearkombination der $1s$-Funktionen χ_1 und χ_2 der beiden Wasserstoffatome:

$$\psi_1 = \tfrac{1}{2}\sqrt{2}(\chi_1 + \chi_2) \qquad\qquad \psi_2 = \tfrac{1}{2}\sqrt{2}(\chi_1 - \chi_2)$$

bindend antibindend

Im Vergleich zum H-Atom sind Elektronen mit der Funktion ψ_1 energieärmer, solche mit der Funktion ψ_2 energiereicher. Wenn die beiden vorhandenen Elektronen das bindende Molekülorbital „besetzen", ist dies energetisch vorteilhaft, ψ_1 ist die Wellenfunktion eines *bindenden* Molekülorbitals. ψ_2 gehört zu einem *antibindenden* Molekülorbital, seine „Besetzung" mit Elektronen erfordert Energieaufwand.

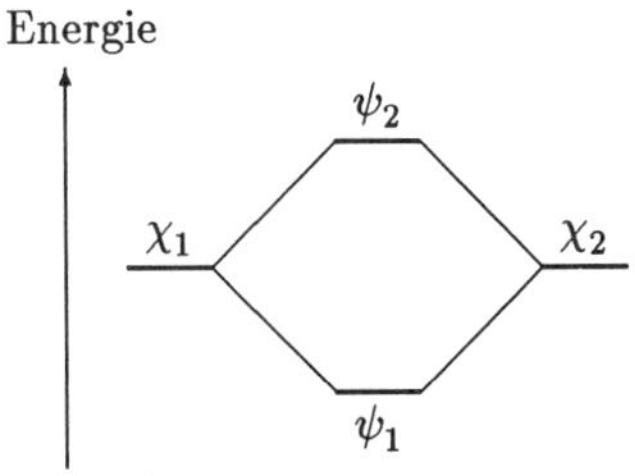

Zur Berechnung der Wellenfunktionen für die Bindung zwischen zwei verschiedenen Atomen gehen die Funktionen der Atome mit verschiedenen Koeffizienten c_1 und c_2 ein:

$$\psi_1 = c_1\chi_1 + c_2\chi_2 \tag{8}$$
$$\psi_2 = c_2\chi_1 - c_1\chi_2 \tag{9}$$

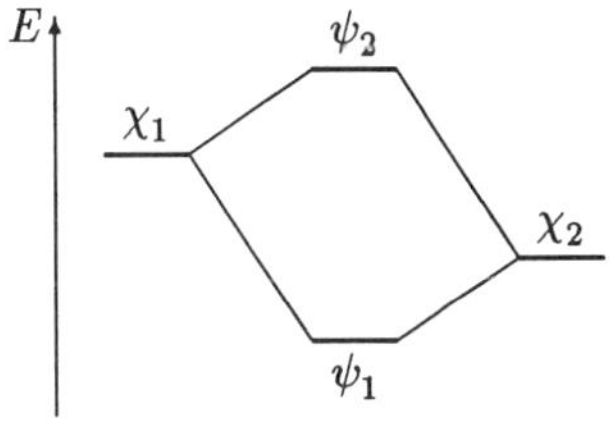

Die Aufenthaltswahrscheinlichkeit eines Elektrons an einem Ort x, y, z ist durch ψ^2 gegeben. Über den gesamten Raum integriert, muß die Aufenthaltswahrscheinlichkeit 1 sein:

$$1 = \int \psi_1^2 \, dV = \int |c_1\chi_1 + c_2\chi_2|^2 \, dV = c_1^2 + c_2^2 + 2c_1c_2S_{12} \tag{10}$$

Dabei ist S_{12} das *Überlappungsintegral* zwischen χ_1 und χ_2. Das Glied $2c_1c_2S_{12}$ ist die *Überlappungspopulation*, in ihr kommt die elektronische Wechselwirkung zwischen den Atomen zum Ausdruck. Die Anteile c_1^2 und c_2^2 können den Atomen 1 bzw. 2 zugeordnet werden.

Die Gleichung (10) ist erfüllt, wenn $c_1^2 \approx 1$ und $c_2^2 \approx 0$; in diesem Fall hält sich das Elektron im wesentlichen nur am Atom 1 auf und die Überlappungspopulation ist annähernd Null. Dies ist die Situation einer geringen elektronischen Wechselwirkung, entweder weil die betreffenden Orbitale

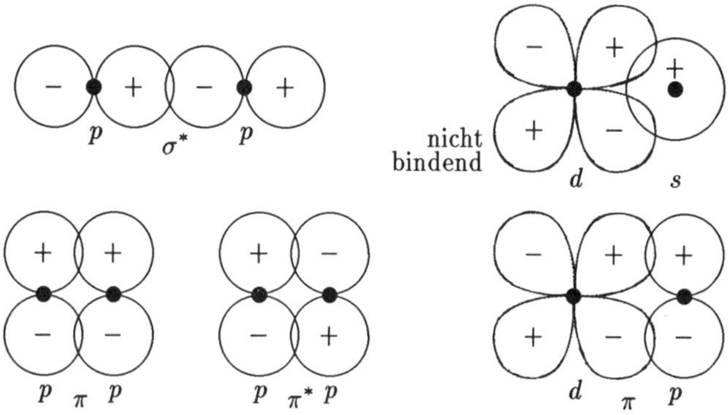

Abb. 31: Einige Kombinationen von Atomorbitalen zu Molekülorbitalen. Sterne bezeichnen antibindende Orbitale

zu weit voneinander entfernt sind oder weil sie sich energetisch sehr unterscheiden. In diesem Fall ist das Elektron am Atom 1 lokalisiert und trägt nicht zur Bindung bei.

Für ψ_1 ist die Überlappungspopulation $2c_1c_2S_{12}$ positiv, das Elektron ist bindend; für ψ_2 ist sie negativ, das Elektron ist antibindend. Die Summe über die Werte $2c_1c_2S_{12}$ aller besetzten Orbitale des Moleküls, die MULLIKEN-Überlappungspopulation, sagt etwas über die Bindungsstärke oder Bindungsordnung (B.O.) aus. B.O. = $\frac{1}{2}$[(Anzahl der bindenden Elektronen) – (Anzahl der antibindenden Elektronen)].†

Auch andere als *s*-Orbitale können zu bindenden, antibindenden oder nichtbindenden Molekülorbitalen kombiniert werden. Nichtbindend sind Orbitale, in denen sich bindende und antibindende Komponenten gegenseitig aufheben. Einige Möglichkeiten sind in Abb. 31 gezeigt. Auf die Vorzeichen der Wellenfunktion ist zu achten. Ein bindendes Molekülorbital ohne Knotenebene ist ein σ-Orbital; eines mit einer parallel zur Verbindungslinie zwischen den Atommittelpunkten verlaufenden Knotenebene ist ein π- und eines mit zwei solcher Knotenebenenen ist ein δ-Orbital. Antibindende Orbitale werden häufig mit einem Stern * bezeichnet.

---

†Trotz der angegebenen Gleichung ist die Berechnung der Bindungsordnung nicht immer klar, weil Orbitale mit nur schwach bindender oder schwach antibindender Wirkung manchmal nicht berückschtigt werden. Trotzdem ist die Bindungsordnung eine einfache und sehr nützliche Größe. Chemiker verwenden viele Begriffe intuitiv mit großem Erfolg, obwohl sie generell dazu neigen, Begriffe entweder nicht scharf zu definieren oder Definitionen zu mißachten.

9.2 Hybridisierung

Um die vier Bindungen im Methanmolekül zu berechnen, werden die vier $1s$-Funktionen der vier Wasserstoffatome sowie die Funktionen $2s$, $2p_x$, $2p_y$ und $2p_z$ des Kohlenstoffatoms zu acht Wellenfunktionen kombiniert, von denen vier bindend und vier antibindend sind. Die vier bindenden sind:

$$\psi_1 = \frac{c_1}{2}(s + p_x + p_y + p_z) + c_2\chi_{\mathrm{H1}} + c_3(\chi_{\mathrm{H2}} + \chi_{\mathrm{H3}} + \chi_{\mathrm{H4}})$$
$$\psi_2 = \frac{c_1}{2}(s + p_x - p_y - p_z) + c_2\chi_{\mathrm{H2}} + c_3(\chi_{\mathrm{H3}} + \chi_{\mathrm{H4}} + \chi_{\mathrm{H1}})$$
$$\psi_3 = \frac{c_1}{2}(s - p_x + p_y - p_z) + c_2\chi_{\mathrm{H3}} + c_3(\chi_{\mathrm{H4}} + \chi_{\mathrm{H1}} + \chi_{\mathrm{H2}})$$
$$\psi_4 = \frac{c_1}{2}(s - p_x - p_y + p_z) + c_2\chi_{\mathrm{H4}} + c_3(\chi_{\mathrm{H1}} + \chi_{\mathrm{H2}} + \chi_{\mathrm{H3}})$$

ψ_1, $\psi_2, \ldots$ sind die Wellenfunktionen des CH_4-Moleküls, s, p_x, p_y und p_z stehen für die Wellenfunktionen des C-Atoms und χ_{H1}, $\chi_{H2}, \ldots$ für die der H-Atome. Von den Koeffizienten c_1, c_2 und c_3 ist $c_3 \approx 0$.

So wie sie formuliert sind, sind die Funktionen nicht besonders anschaulich. Sie entsprechen nicht dem Bild, das der Chemiker mit der Entstehung einer Bindung zwischen zwei Atomen assoziiert: er stellt sich vor, wie sich die Atome aufeinander zubewegen und ihre Atomorbitale zu Molekülorbitalen verschmelzen. Für diese Art der Vorstellung ist es zweckmäßig, von Atomorbitalen auszugehen, deren räumliche Orientierung der Struktur des sich bildenden Moleküls entspricht. Solche Orbitale erhält man durch „Hybridisierung" der Atomorbitale. Anstatt die Molekülorbitale des Methans in einem Schritt nach den obigen Gleichungen zu berechnen, geht man in zwei Schritten vor. Zuerst werden nur die Wellenfunktionen des C-Atoms zu „sp^3-Hybridorbitalen" kombiniert:

$$\chi_1 = \frac{1}{2}(s + p_x + p_y + p_z)$$
$$\chi_2 = \frac{1}{2}(s + p_x - p_y - p_z)$$
$$\chi_3 = \frac{1}{2}(s - p_x + p_y - p_z)$$
$$\chi_4 = \frac{1}{2}(s - p_x - p_y + p_z)$$

Die Funktionen χ_1 bis χ_4 entsprechen Orbitalen mit Vorzugsrichtungen, die nach den Ecken eines Tetraeders orientiert sind. Ihre Kombination mit den Wellenfunktionen von vier dort befindlichen H-Atomen unter gleichzeitiger Vernachlässigung des unbedeutenden Koeffizienten c_3 ergibt:

$$\psi_1 = c_1\chi_1 + c_2\chi_{H1}$$
$$\psi_2 = c_1\chi_2 + c_2\chi_{H2}$$
$$\text{usw.}$$

ψ_1 erfaßt ein bindendes Orbital, das im wesentlichen die Wechselwirkung des C-Atoms mit dem ersten H-Atom erfaßt und dessen Ladungsdichte ψ_1^2 sich im Bereich zwischen diesen beiden Atomen konzentriert. Dies paßt gut zur Vorstellung einer „lokalisierten“ C–H-Bindung. Genau genommen ist jede der Bindungen eine „Mehrzentrenbindung“, an der die Wellenfunktionen aller Atome teilhaben; wegen der Ladungskonzentration im Bereich zwischen zwei Atomen und dem geringen Anteil von χ_{H2}, χ_{H3} und χ_{H4} kann die Bindung aber in guter Näherung als „Zwei-Elektronen-zwei-Zentren-Bindung“ (2*e*2*c*-Bindung) zwischen den Atomen C und H1 aufgefaßt werden. Die Hybridisierung ist vom mathematischen Standpunkt nicht erforderlich; sie ist aber ein hilfreicher Rechentrick, um die Wellenfunktionen der Vorstellungswelt des Chemikers anzupassen.

Für Moleküle mit verschiedener Struktur sind verschiedene Hybridfunktionen geeignet. Durch Linearkombinationen von *s*- und *p*-Orbitalen lassen sich beliebig viele Hybridfunktionen formulieren:

$$\chi_i = \alpha_i s + \beta_i p_x + \gamma_i p_y + \delta_i p_z$$

Die Koeffizienten müssen normiert sein, d.h. $\alpha_i^2 + \beta_i^2 + \gamma_i^2 + \delta_i^2 = 1$. Ihre Werte bestimmen die Vorzugsrichtungen der Hybridorbitale. Zum Beispiel beschreiben die Funktionen

$$\begin{aligned}
\chi_1 &= 0,833s + 0,32(p_x + p_y + p_z) \\
\chi_2 &= 0,32s + 0,547(p_x - p_y - p_z) \\
\chi_3 &= 0,32s + 0,547(-p_x + p_y - p_z) \\
\chi_4 &= 0,32s + 0,547(-p_x - p_y + p_z)
\end{aligned}$$

ein Orbital (χ_1) mit 69 % (=$0,833^2 \cdot 100$ %) *s*- und 31 % *p*-Anteil sowie drei Orbitale (χ_2, χ_3, χ_4) mit jeweils 10 % *s*- und 90 % *p*-Anteil. Damit lassen sich Wellenfunktionen für ein Molekül $|AX_3$ berechnen, dessen einsames Elektronenpaar (χ_1) einen höheren *s*-Anteil hat und zu dessen Bindungen die *p*-Orbitale mehr beitragen als bei sp^3-Hybridisierung. Die zugehörigen Bindungswinkel liegen zwischen 90° und 109,5°, nämlich bei 96,5°.

Zur Beurteilung, welche Werte die Koeffizienten α_i, β_i, γ_i und δ_i haben müssen, damit die Bindungsenergie maximal wird und sich die richtige Molekülgeometrie ergibt, sind die gegenseitigen Wechselwirkungen der beteiligten Elektronen zu berücksichtigen. Der damit verbundene Rechenaufwand ist groß. Qualitativ lassen sich die Wechselwirkungen jedoch sehr gut abschätzen: das ist genau das, was die Valenzelektronenpaar-Abstoßungstheorie leistet.

9.3 Bändertheorie. Die lineare Kette aus Wasserstoffatomen

In einem Festkörper, der sich nicht auf der Basis von lokalisierten kovalenten Bindungen oder von Ionen interpretieren läßt, muß zur Beurteilung der Bindungsverhältnisse die Gesamtheit der Molekülorbitale für *alle* beteiligten Atome betrachtet werden. Die damit befaßte *Bändertheorie* bietet das umfassendeste Konzept zur chemischen Bindung. Die Ionenbindung und die lokalisierten kovalenten Bindungen ergeben sich als Sonderfälle hiervon. Die in diesem Kapitel vorgestellten Überlegungen basieren auf der gut verständlichen Darstellung von R. HOFFMANN [37], die zur vertiefenden Lektüre empfohlen sei. Betrachten wir zunächst eine lineare Kette von $N+1$ äquidistanten Wasserstoffatomen. Bei der Linearkombination ihrer 1s-Funktionen kommt man zu $N+1$ Wellenfunktionen $\psi_{k'}$, $k' = 0, \ldots, N$. Die Wellenfunktionen haben eine gewisse Ähnlichkeit mit den stehenden Wellen auf einer schwingenden Saite oder, besser, mit den Schwingungen einer Kette aus $N+1$ Kugeln, die mit Federn verbunden sind (Abb. 32). Die Kette kann verschiedene Schwingungszustände wahrnehmen, die sich durch die Anzahl der Schwingungsknoten unterscheiden; wir numerieren die Zustände mit der Laufzahl k', welche der jeweiligen Anzahl der Knoten entspricht. k' kann nicht größer als N sein, da in der Kette nicht mehr Knoten als Kugeln vorkommen können. Wir numerieren die $N+1$ Kugeln von $n = 0$ bis $n = N$. Jede Kugel schwingt mit einer bestimmten Amplitude:

$$A_n = A_0 \cos 2\pi \frac{k'n}{2N}$$

Jeder der stehenden Wellen kommt eine Wellenlänge $\lambda_{k'}$ zu:

$$\lambda_{k'} = \frac{2Na}{k'}$$

a ist der Abstand zwischen zwei Kugeln. Anstatt die Schwingungszustände mit der Laufzahl k' zu bezeichnen, ist es zweckmäßig, die Wellenzahl k zu verwenden:

$$k = \frac{2\pi}{\lambda_{k'}} = \frac{\pi k'}{Na}$$

Man macht sich dadurch von der Zahl N unabhängig, da die Grenzwerte für k nun bei 0 und π/a liegen. Im Gegensatz zu k' sind die Werte k nicht ganzzahlig.

$k' = 0$ $\qquad A_n = A_0 \cos 2\pi \frac{0}{2N}$

$k' = 1$ $\qquad A_n = A_0 \cos 2\pi \frac{1n}{2N}$

$k' = 2$ $\qquad A_n = A_0 \cos 2\pi \frac{2n}{2N}$

$k' = 3$ $\qquad A_n = A_0 \cos 2\pi \frac{3n}{2N}$

$k' = N$ $\qquad A_n = A_0 \cos 2\pi \frac{Nn}{2N}$

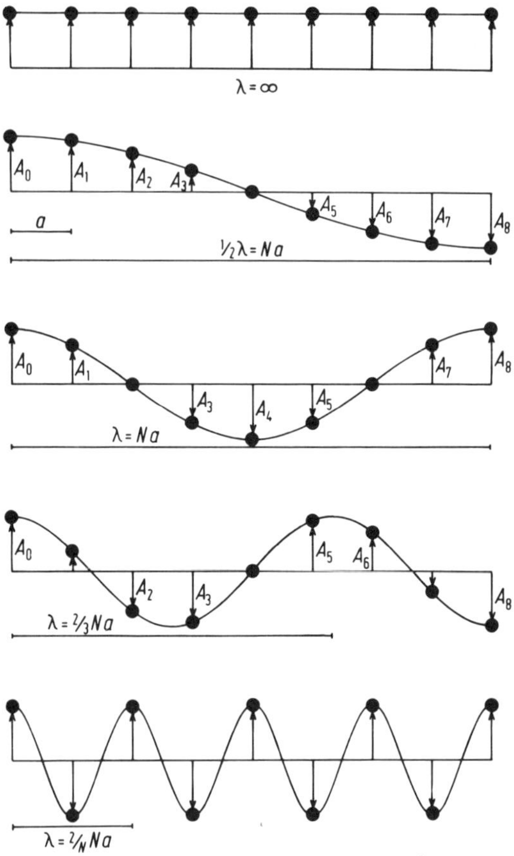

allgemein: $\lambda_{k'} = \frac{2}{k'} Na \qquad \frac{1}{\lambda_{k'}} = \frac{k'}{2Na}$

Abb. 32: Schwingungen einer Kette aus $N + 1$ durch Federn miteinander verbundener Kugeln

Für die Elektronen der Kette aus Wasserstoffatomen ergibt sich die k-te Wellenfunktion in ähnlicher Weise. Jedes Atom liefert einen Beitrag $\chi_n \cos nka$, d.h. an Stelle von A_0 tritt die Funktion die $1s$-Funktion χ_n des n-ten Atoms der Kette. Alle Atome haben die gleiche Funktion χ, bezogen auf das lokale Koordinatensystem des Atoms, mit dem Index n wird die Lage des Atoms in der Kette berücksichtigt. Die k-te Wellenfunktion setzt sich aus Beiträgen aller Atome zusammen:

$$\psi_k = \sum_{n=0}^{N} \chi_n \cos nka \tag{11}$$

Die so aus den Einzelbeiträgen der Atome zusammengesetzte Wellenfunktion nennt man BLOCH-Funktion.

Die Zahl k ist mehr als nur die Laufzahl zur Bezeichnung einer Wellenfunktion. Nach der DE-BROGLIE-Beziehung $p = h/\lambda$ kann einem Elektron ein Impuls p zugeordnet werden (h = PLANCKsche Konstante). k und der Impuls hängen miteinander zusammen:

$$k = \frac{2\pi}{\lambda} = \frac{2\pi p}{h} \tag{12}$$

An der unteren Grenze $k = 0$ hat die Kosinus-Funktion immer den Wert 1, d.h. $\psi_0 = \sum \chi_n$. An der oberen Grenze $k = \pi/a$ haben die Kosinus-Glieder in der Summe von Gleichung (11) abwechselnd den Wert +1 und −1, d.h. $\psi_{\pi/a} = \chi_0 - \chi_1 + \chi_2 - \chi_3 + \ldots$. Markieren wir ein H-Atom, das mit $+\chi$ in die Summe eingeht, mit ● und eines, das mit $-\chi$ eingeht, mit ○, so entspricht das folgenden Abfolgen in der Atomkette:

$k = \pi/a$: $\psi_{\pi/a} = \chi_0 - \chi_1 + \chi_2 - \chi_3 + \cdots$

$k = 0$: $\psi_0 = \chi_0 + \chi_1 + \chi_2 + \chi_3 + \cdots$

ψ_0 der Kette entspricht dem bindenden Molekülorbital des H_2-Moleküls. Bei $\psi_{\pi/a}$ befindet sich ein Knotenpunkt zwischen jedem Paar von Atomen, die Wellenfunktion ist vollständig antibindend. Zu jeder Wellenfunktion ψ_k gehört ein definierter Energiebetrag. Bei einer Anzahl von ca. 10^6 H-Atomen in der Kette befindet sich somit eine riesige Anzahl von Energieniveaus $E(k)$ innerhalb der Grenzen $E(0)$ und $E(\pi/a)$.* Der Bereich innerhalb dieser Grenzen wird *Energieband* oder kurz *Band* genannt. Die

*Bei einem Atomabstand von 100 pm und einer Kettenlänge von 0,1 mm lassen sich 10^6 Atome unterbringen

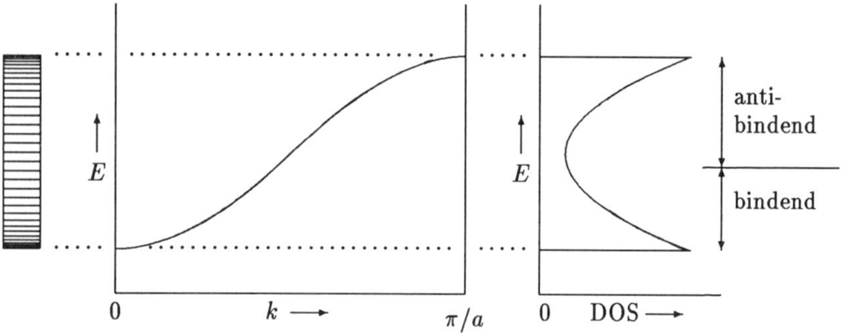

Abb. 33: Energieniveaus in einem Band, Bandstruktur und Zustandsdichte (DOS)

Energieniveaus liegen nicht äquidistant im Band. Abb. 33 gibt links eine Skizze des Bands wieder, bei dem die eingezeichneten Linien den Energieniveaus entsprechen; statt 10^6 sind allerdings nur 38 Linien eingetragen. Im mittleren Bild ist die „Bandstruktur", d.h. die Energie als Funktion von k gezeigt; die kontinuierlich erscheinende Kurve besteht in Wirklichkeit aus zahlreichen dicht beieinanderliegenden Punkten. Der flachere Verlauf an den Kurvenenden zeigt eine dichtere Abfolge der Energieniveaus an den Bandgrenzen an. Die Dichte der Abfolge, die *Zustandsdichte* (DOS = density of states) ist im rechten Bild gezeigt; DOS·dE = Anzahl der Niveaus zwischen E und E+dE. Die Energieniveaus im unteren Teil des Bandes gehören zu bindenden, im oberen Teil zu antibindenden Zuständen.

Die *Bandbreite* oder *Banddispersion* ist die Energiedifferenz zwischen dem höchsten und dem niedrigsten Energieniveau im Band. Je stärker die Wechselwirkung zwischen den Atomen, d.h. je größer die Überlappung der Atomorbitale ist, desto größer ist die Bandbreite. Ein kleinerer interatomarer Abstand a bedingt eine größere Bandbreite. So errechnet sich die Bandbreite in der H-Atomkette zu 4,4 eV, wenn benachbarte Atome 200 pm voneinander entfernt sind, und zu 39 eV, wenn sie auf 100 pm zusammenrücken.

Da nach dem PAULI-Prinzip je zwei Elektronen die gleiche Wellenfunktion annehmen können, nehmen die N Elektronen der N H-Atome die Zustände in der unteren Hälfte des Bandes wahr, das Band ist „halb besetzt". Das höchste besetzte Energieniveau (= HOMO = highest occupied molecular orbital) ist die *Fermi-Grenze*. Immer wenn die FERMI-Grenze innerhalb eines Bandes liegt, hat man es mit einem metallischen elektrischen Leiter zu tun. Es ist nur ein minimaler Energieaufwand notwendig, um

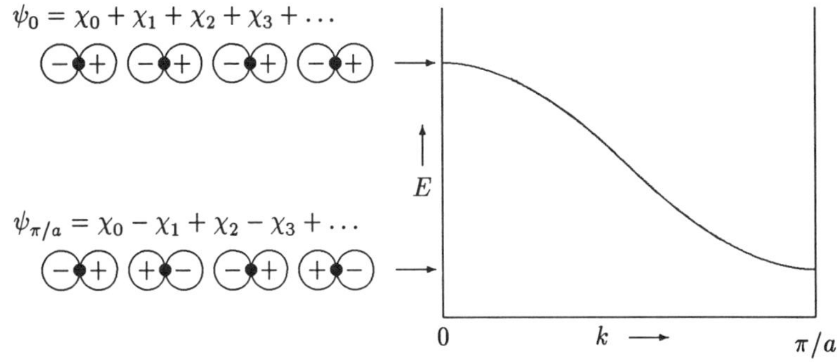

Abb. 34: Bandstruktur für eine Kette von aufeinander ausgerichteten p-Orbitalen

ein Elektron von einem besetzten Orbital unterhalb der FERMI-Grenze auf ein unbesetztes Orbital darüber anzuregen; der leichte Wechsel auf andere Orbitale ist gleichbedeutend mit einer hohen Beweglichkeit der Elektronen. Wegen der Anregung durch die thermische Energie befindet sich sogar immer ein Bruchteil der Elektronen oberhalb der FERMI-Grenze.

Die Kurve für den Energieverlauf als Funktion von k in Abb. 33 hat eine positive Steigung. Dies muß nicht immer so sein. Reiht man etwa p-Orbitale zu einer Kette zusammen, so ist die Situation genau umgekehrt. Die Wellenfunktion $\psi_0 = \sum \chi_n$ ist dann antibindend, während $\psi_{\pi/a}$ bindend ist (Abb. 34).

Verschiedene Bänder können sich überschneiden, d.h. die untere Grenze eines Bandes kann bei niedrigerer Energie liegen als die obere Grenze eines anderen Bandes. Dies gilt vor allem für breite Bänder.

9.4 Die Peierls-Verzerrung

Im vorigen Abschnitt haben wir das Modell einer Wasserstoffkette mit völlig delokalisierten (metallischen) Bindungen skizziert. Ein Chemiker wird dieses Modell intuitiv für irreal halten, denn die Atome sollten sich paarweise zu H_2-Molekülen zusammenfinden. Anders gesagt, die Kette aus äquidistanten H-Atomen ist instabil, sie unterliegt einer Verzerrung, bei der die Atome paarweise aufeinander zurücken. In der Festkörperphysik wird dieser Vorgang PEIERLS-Verzerrung (oder starke Elektron-Phonon-Kopplung) genannt:

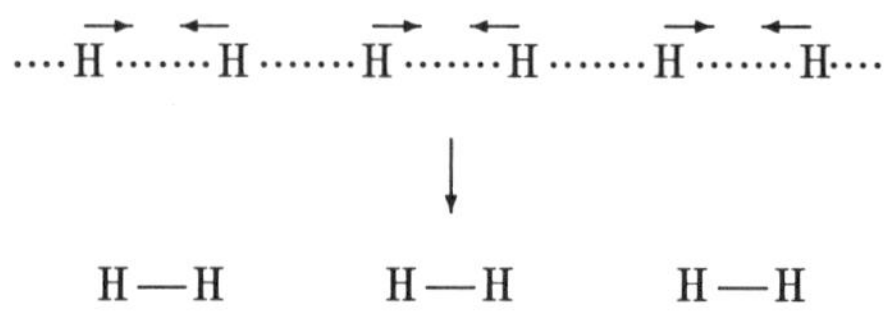

Die sehr nützliche Intuition des Chemikers hilft allerdings nicht weiter, wenn danach gefragt ist, wie sich Wasserstoff bei einem Druck von 10^8 bar verhält. Vermutlich ist er dann metallisch.

Betrachten wir noch einmal die Kette aus Wasserstoffatomen, die wir uns dieses Mal aber durch Aneinanderreihen von H_2-Molekülen entstanden denken. Wir gehen also von einer Kette aus, in der zwischen den H-Atomen ein Elektronenpaar abwechselnd vorhanden ist und fehlt. Trotzdem wollen wir zunächst noch äquidistante H-Atome annehmen. Die Orbitale der H_2-Moleküle treten miteinander in Wechselwirkung und ergeben ein Band. Da die Translationsperiode, d.h. die Gitterkonstante in der Kette jetzt auf den Wert $2a$ verdoppelt ist, laufen die k-Werte nur noch von $k = 0$ bis $k = \pi/(2a)$. Dafür haben wir zwei Zweige in der Kurve für die Bandenergie (Abb. 35). Der eine Zweig beginnt bei $k = 0$ und hat eine positive Steigung, er geht vom bindenden Molekülorbital des H_2 aus. Der zweite Zweig beginnt bei $k = 0$ mit der höheren Energie des antibindenden H_2-Orbitals und hat eine negative Steigung. Beide Kurvenzweige treffen sich bei $k = \pi/(2a)$, wo zwei gleichartige, d.h. entartete Wellenfunktionen auftreten.

Im Ergebnis muß sich für die H-Atomkette die gleiche Bandstruktur ergeben, unabhängig davon, ob man von den Wellenfunktionen von N H-Atomen oder von $N/2$ H_2-Molekülen ausgegangen ist. Tatsächlich stimmt die Kurve von Abb. 33 mit der Kurve in Abb. 35 überein. Der scheinbare Unterschied hat mit der Verdoppelung der Gitterkonstanten von a auf $a' = 2a$ zu tun. Wie aus Gleichung (11) hervorgeht, ergibt sich für $k = 0$ die gleiche Wellenfunktion ψ_k wie für $k = 2\pi/a$, für $k = \pi/a$ die gleiche wie für $k = 3\pi/a$ usw. Während in Abb. 33 die Kurve stetig von $k = 0$ bis $k = \pi/a$ ansteigt, ist sie in Abb. 35 nur bis $k = \pi/(2a) = \pi/a'$ geführt, dann steigt sie von rechts nach links weiter an. Von der einen Kurve kommt man zur anderen durch Falten des Diagramms, so wie es im unteren Teil von Abb. 35 gezeigt ist. Das Falten kann fortgesetzt werden: bei Verdreifachung der Elementarzelle ist zweimal zu falten usw.

Bis jetzt hatten wir äquidistante H-Atome angenommen. Lassen wir nun die H-Atome paarweise aufeinander zurücken, so verändert sich die Bandstruktur. Die entsprechenden Bewegungen der Atome sind in Abb. 35 durch

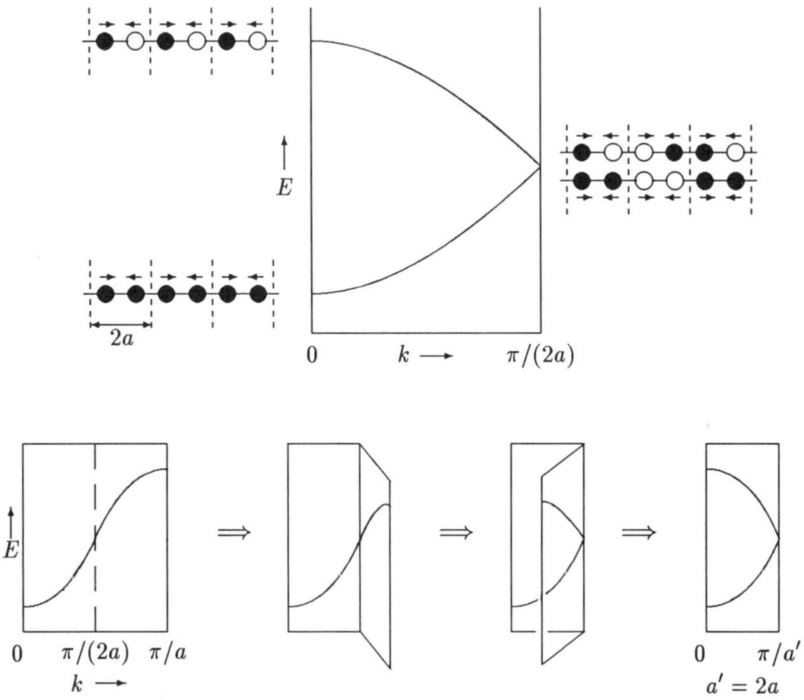

Abb. 35: Oben: Bandstruktur für eine Kette von äquidistanten H-Atomen, entstanden aus H_2-Molekülen. Unten: Erzeugung des Diagramms durch Falten des Diagramms von Abb. 33

Pfeile markiert. Bei $k = 0$ hat dies keine Konsequenzen; am unteren (bzw. oberen) Ende des Bandes gibt es einen Energiegewinn (bzw. Verlust) für die Atome, die einander näherrücken; er wird durch den Energieverlust (bzw. Gewinn) der auseinanderrückenden Atome kompensiert. Dagegen gibt es in der Mitte des Bandes, wo die H-Atomkette ihre FERMI-Grenze hat, erhebliche Veränderungen. Eines der entarteten Niveaus wird stabilisiert, das andere destabilisiert. Der obere Kurvenzweig rückt nach oben, der untere nach unten. Als Ergebnis kommt es zur Öffnung einer Lücke („gap"), das Band spaltet sich auf (Abb. 36). Für das halbbesetzte Band bringt das einen Energiegewinn. Es ist somit energetisch günstiger, wenn in der Kette die H-Atome abwechselnd kurze und lange Abstände voneinander haben. Die Kette ist nicht mehr elektrisch leitend, da ein Elektron die Energielücke überwinden muß, um von einem auf ein anderes Orbital zu springen.

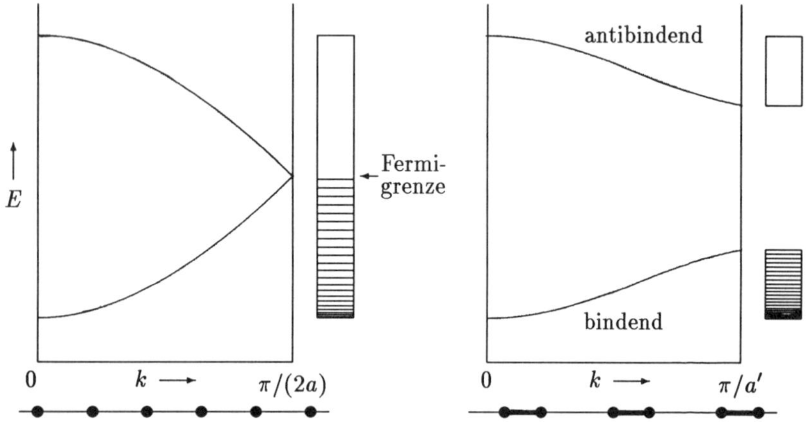

Abb. 36: Bandstruktur für eine Kette aus H-Atomen, links mit äquidistanten Atomen, rechts nach PEIERLS-Verzerrung zu H_2-Molekülen. Die Striche in den Rechtecken symbolisieren mit Elektronen besetzte Zustände

Die eindimensionale Kette aus Wasserstoffatomen ist nur ein Denkmodell. Es existieren aber durchaus Verbindungen, für welche die gleichen Überlegungen gelten und durch experimentelle Befunde bestätigt sind. Dazu zählen Polyenketten wie Polyacetylen. An Stelle der $1s$-Funktionen der H-Atome treten die p-Orbitale der C-Atome, die ein bindendes und ein antibindendes π-Band bilden. Wegen der PEIERLS-Verzerrung ist die Polyacetylenkette nur mit alternierend langen C–C-Bindungen stabil, im Sinne der Valenzstrichformel mit alternierenden Einfach- und Doppelbindungen:

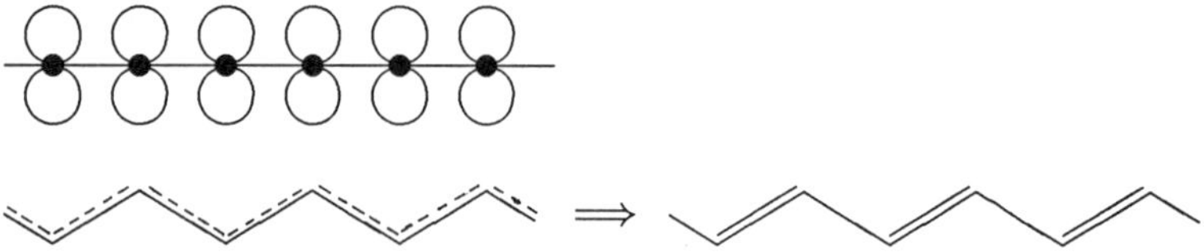

Polyacetylen ist elektrisch nicht leitend. Durch Dotierung, bei der entweder Elektronen in das obere Band eingefügt werden oder Elektronen aus dem unteren Band entfernt werden, wird es ein guter Leiter.

Welche Struktur ein Festkörper annimmt, wird in wesentlichem Maße von der PEIERLS-Verzerrung mitbestimmt. Dahinter steckt die Tendenz, Bindungen zu maximieren, also die gleiche Tendenz, die H-Atome oder sonstige Radikale dazu treibt, sich miteinander zu verbinden. Im festen

Zustand bedeutet das, die Zustandsdichte am FERMI-Niveau zu verschieben, indem bindende Zustände zu geringeren und antibindende Zustände zu höheren Energiewerten verschoben werden. Mit der Öffnung einer Energielücke erhält man schmalere Bänder, in denen die einzelnen Energieniveaus dichter gedrängt sind. Im Extremfall schrumpft das Band auf einen einzigen Energiewert zusammen, d.h. alle Niveaus haben die gleiche Energie. Dies ist zum Beispiel dann der Fall, wenn die Kette von Wasserstoffatomen aus weit voneinander getrennten H_2-Molekülen besteht; wir haben dann voneinander unabhängige H_2-Moleküle, deren Energieniveaus alle übereinstimmen, die Bindungen sind in den Molekülen „lokalisiert". Die Bandbreite ist also ein Maß für den Grad der „Lokalisierung" der Bindungen: ein schmales Band bedeutet weitgehende Lokalisierung, je breiter das Band, desto mehr sind die Bindungen delokalisiert. Da sich schmale Bänder kaum überschneiden können und durch mehr oder weniger große Lücken voneinander getrennt sind, sind Verbindungen mit weitgehend lokalisierten Bindungen elektrische Isolatoren.

Wenn die Atome durch Anwendung von Druck näher zusammen gezwungen werden und damit stärker miteinander in Wechselwirkung treten, werden die Bänder breiter. Bei ausreichend hohem Druck kommen die Bänder wieder zusammen, und es liegen metallische Eigenschaften vor. Der durch Druck induzierte Übergang vom Nichtmetall zum Metall konnte in einigen Fällen, zum Beispiel beim Iod, experimentell bestätigt werden. Unter extrem hohem Druck dürfte auch Wasserstoff metallisch werden; metallischer Wasserstoff wird im Inneren des Jupiter vermutet.

Die PEIERLS-Verzerrung ist nicht die einzige Möglichkeit, zum stabilsten Zustand eines Systems zu kommen. Ob sie auftritt, ist außerdem nicht eine Frage der Bandstruktur alleine, sondern auch vom Grad der Besetzung der Bänder; für ein unbesetztes oder für ein nur bei Werten um $k = 0$ besetztes Band ist es unerheblich, wie die Energieniveaus bei $k = \pi/a$ liegen. Im Festkörper kann eine in einer Richtung stabilisierende Verzerrung in einer anderen Richtung destabilisierend wirken und deshalb unterbleiben.

9.5 Kristall-Orbital-Überlappungspopulation (COOP)

Am Ende von Abschnitt 9.1 war die MULLIKEN-Überlappungspopulation als Richtzahl für die Bindungsordnung vorgestellt worden. Für Festkörper wurde von R. HOFFMANN eine entsprechende Größe eingeführt, die *Kristall-Orbital-Überlappungspopulation* COOP (crystal orbital overlap population). Sie ist eine Funktion, welche die Bindungsstärke in einem Kristall spezifiziert, wobei alle Zustände über die MULLIKEN-Überlappungspopulationen $2c_ic_jS_{ij}$ eingehen. Ihre genauere Berechnung erfordert den Einsatz von leistungsfähigen Rechnern, man kann sich aber auch ein qualitatives Bild machen, wenn man die Wechselwirkungen benachbarter Atomorbitale betrachtet, so wie in Abb. 37 gezeigt. Bei $k = 0$ sind alle interatomaren Wechselwirkungen (für s-Orbitale) bindend. Bei $k = \pi/a$ sind sie antibindend für direkt benachbarte Atome, aber bindend zwischen übernächsten Atomen, allerdings mit einem geringeren Beitrag wegen der größeren Entfernung. Bei $k = \pi/(2a)$ sind die Beiträge der übernächsten Nachbarn antibindend, die der nächsten Nachbarn heben sich gegenseitig auf. Berücksichtigt man auch noch die zugehörigen Zustandsdichten, so kommt man zum COOP-Diagramm. In diesem sind insgesamt bindende Überlappungspopulationen nach rechts, antibindende nach links aufgetragen. Trägt man das FERMI-Niveau ein, so läßt sich erkennen, wie stark die bindenden

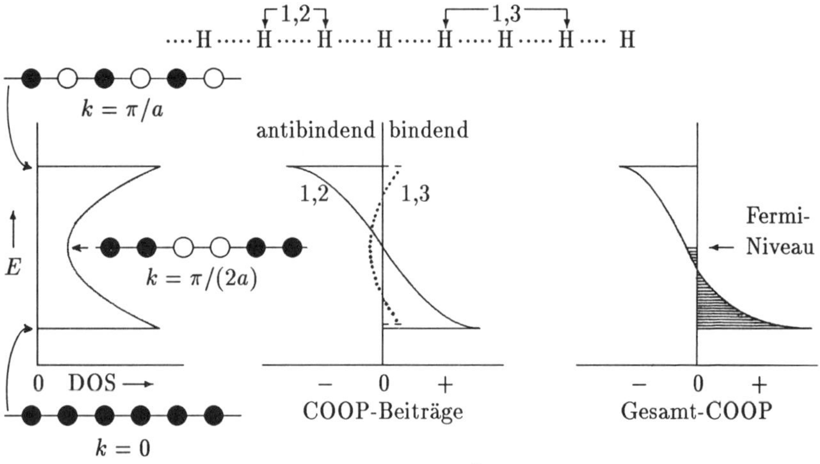

Abb. 37: Zustandsdichte (DOS) und Kristall-Überlappungspopulation (COOP) für eine Kette von äquidistanten H-Atomen

Wechselwirkungen gegenüber den antibindenden überwiegen: sie entsprechen den von der Kurve unterhalb des FERMI-Niveaus eingeschlossenen Flächen rechts respektive links.

Auch in komplizierteren Fällen ist es möglich, sich qualitativ einen Überblick zu verschaffen. Wir wählen dazu das von R. HOFFMANN untersuchte Beispiel von planaren PtX_4^{2-}-Einheiten, die eine Kette mit Pt–Pt-Kontakten bilden; diesen Aufbau haben $K_2Pt(CN)_4$ sowie seine partiell oxidierten Derivate wie $K_2Pt(CN)_4Cl_{0,3}$*:

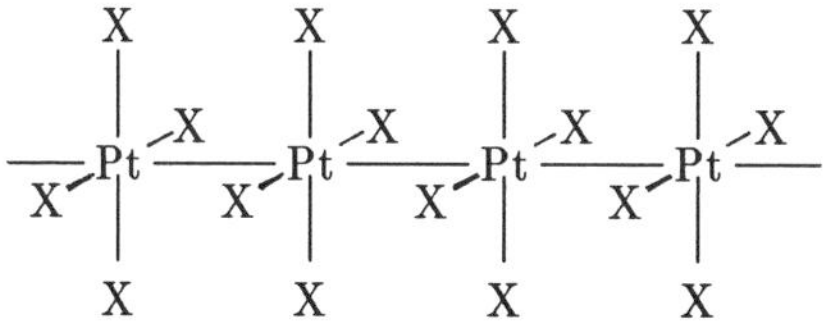

Im folgenden betrachten wir nur die Pt–Pt-Wechselwirkungen in der Kette. In Abb. 38 ist oben die Orientierung der maßgeblichen Atomorbitale bei $k = 0$ und $k = \pi/a$ gezeigt. Außer den *d*-Orbitalen ist auch noch ein *p*-Orbital berücksichtigt. Links unten ist die Energieniveauabfolge der Orbitale des monomeren, quadratischen Komplexes eingezeichnet (vgl. Abb. 25, S. 87). Rechts daneben ist angedeutet, wie die Energieniveaus sich zu Bändern auffächern, wenn sich die PtX_4^{2-}-Ionen zu einer Kette zusammenlagern. Die Bänder sind um so breiter, je stärker die Orbitale miteinander in Wechselwirkung treten. Die Orbitalbildchen lassen die Unterschiede erkennen: die Orbitale d_{z^2} und p_z sind aufeinander zugerichtet, sie ergeben die breitesten Bänder; schwächer ist die Wechselwirkung der Orbitale d_{xz} und d_{yz} und bei d_{xy} und $d_{x^2-y^2}$ ist sie nur noch gering (die etwas größere Bandbreite für $d_{x^2-y^2}$ als für d_{xy} hat mit der Aufblähung von $d_{x^2-y^2}$ durch seine Wechselwirkung mit den Liganden zu tun). Das Bild in der Mitte zeigt die Bandstruktur, das rechts die Zustandsdichte.

Das DOS-Diagramm ergibt sich durch die Überlagerung der Zustandsdichten der einzelnen Bänder (Abb. 39). Das d_{xy}-Band ist schmal, seine Zustände sind dicht gedrängt, und deshalb ist seine Zustandsdichte groß. Beim breiten d_{z^2}-Band verteilen sich die Zustände auf ein größeres Energieintervall, die Zustandsdichte ist geringer. Für jedes Band kann sein COOP-Beitrag abgeschätzt werden. Dabei ist vor allem die bindende Wirkung (Überlappungspopulation) zu berücksichtigen, aber auch die Zustands-

*In den oxidierten Spezies stehen die Liganden entlang der Kette auf Lücke zueinander, was jedoch für unsere Betrachtung nicht weiter von Bedeutung ist

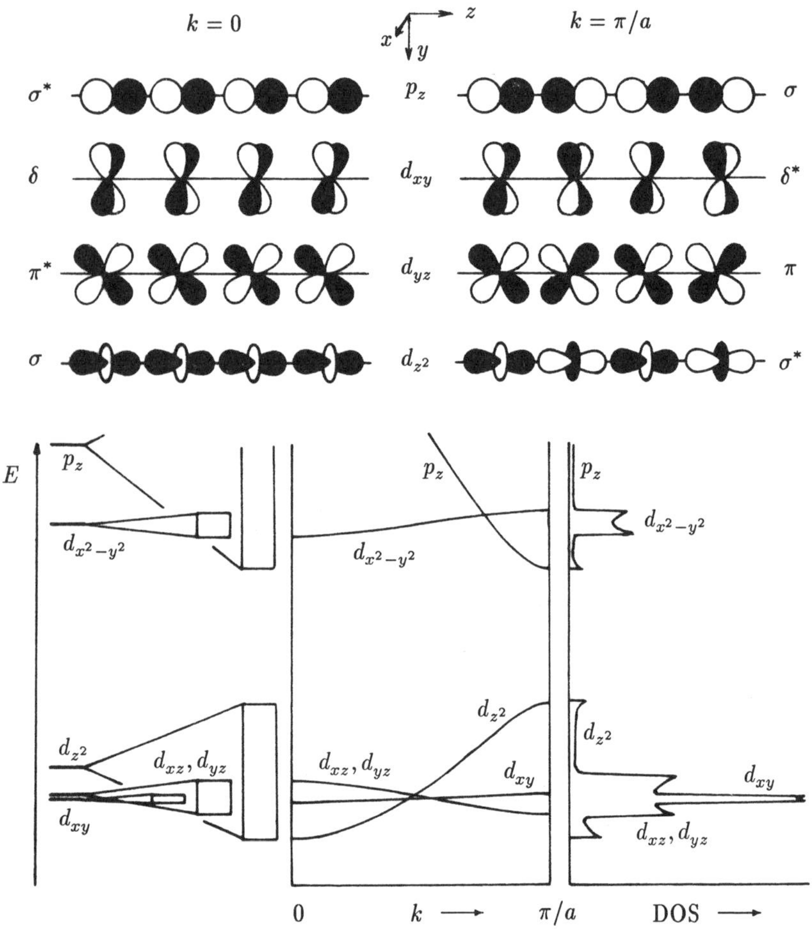

Abb. 38: Auffächerung der Orbitale eines quadratischen PtX_4^{2-}-Komplexes zu Bändern bei Bildung einer polymeren Kette und die zugehörige Bandstruktur und Zustandsdichte

dichte. Beim d_{z^2}-Band ist zwar die Zustandsdichte geringer, aber die bindende Wechselwirkung groß, es trägt erheblich zur COOP bei. Beim d_{xy}-Band ist es umgekehrt. Allgemein tragen breite Bänder stärker zur Kristall-Überlappungspopulation bei. Die Addition der COOP-Beiträge der einzelnen Bänder ergibt das Diagramm für die Gesamt-COOP in Abb. 39

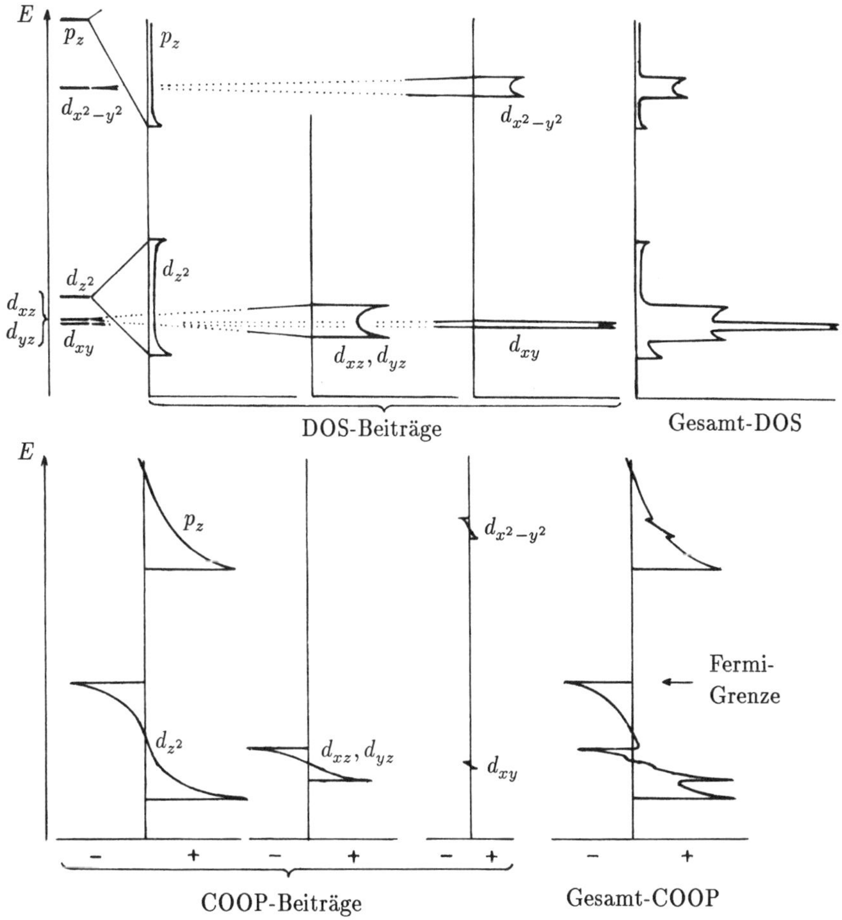

Abb. 39: Oben: DOS-Beiträge der einzelnen Bänder einer PtX_4^{2-}-Kette und ihre Addition zur Gesamtzustandsdichte. Unten: COOP-Beiträge der einzelnen Bänder und ihre Addition zur Kristall-Überlappungspopulation

unten rechts; dort ist auch das FERMI-Niveau eingetragen. Da im PtX_4^{2-}-Ion alle *d*-Orbitale außer $d_{x^2-y^2}$ besetzt sind, sind auch die entsprechenden Bänder voll besetzt, bindende und antibindende Wechselwirkungen kompensieren sich. Durch Oxidation werden antibindende Elektronen entfernt, die FERMI-Grenze sinkt ab und die bindenden Pt–Pt-Wechselwirkungen überwiegen. Dies entspricht den Beobachtungen: im $K_2Pt(CN)_4$ und ähnlichen Verbindungen liegen die Pt–Pt-Abstände bei etwa 330 pm, in den oxidierten Derivaten $K_2Pt(CN)_4X_x$ sind sie kürzer (270 bis 300 pm, je nach dem Wert von x; X = Cl^- u.ä.).

9.6 Bindungen in zwei und drei Dimensionen

Zur Berechnung der Bindungsverhältnisse zwischen Atomen in zwei oder drei Dimensionen gilt im Prinzip das gleiche wie für die eindimensionale Kette. Statt einer Gitterkonstante a müssen wir zwei respektive drei Gitterkonstanten a, b und c berücksichtigen, und statt einer Laufzahl k benötigen wir deren zwei oder drei, k_x, k_y und k_z. Das Zahlentripel $\mathbf{k} = (k_x, k_y, k_z)$ nennt man den Wellenvektor. In dieser Bezeichnung kommt der Zusammenhang mit dem Impuls des Elektrons zum Ausdruck; der Impuls ist eine vektorielle Größe, die Richtung von Impuls und **k** stimmen überein, ihre Beträge sind über die DE BROGLIE-Beziehung (Gleichung 12) miteinander verbunden. In den Richtungen **a**, **b** und **c** laufen die Komponenten von **k** von 0 bis π/a, π/b bzw. π/c. Da Bewegungsrichtung und Impuls eines Elektrons umgekehrt werden können, lassen wir auch negative Werte für k_x, k_y und k_z zu, mit Werten, die von 0 bis $-\pi/a$ usw. laufen. Zur Berechnung der Energiezustände genügen jedoch die positiven Werte, da nach Gleichung (11) für die Energie einer Wellenfunktion $E(k) = E(-k)$ gilt.

Da der Betrag von **k** der Wellenzahl $2\pi/\lambda$ entspricht und deshalb mit der Maßeinheit einer reziproken Länge verknüpft ist, stellt man sich **k** als Vektor in einem „reziproken Raum“ oder „k-Raum“ vor.* Das ist ein „Raum“ im mathematischen Sinne, d.h. es geht um Vektoren in einem Koordinatensystem, auf dessen Achsen k_x, k_y bzw. k_z aufgetragen werden. Die Achsrichtungen verlaufen senkrecht zu den Begrenzungsflächen der Elementarzelle des Kristalls.

Der Bereich, innerhalb dessen **k** betrachtet wird ($-\pi/a \leq k_x \leq \pi/a$ usw.), ist die *erste Brillouin-Zone.* Im Koordinatensystem des k-Raumes ist sie ein Polyeder. Die Begrenzungsflächen der ersten BRILLOUIN-Zone verlaufen senkrecht zu den Richtungen von einem Atom zu den gleichen Atomen in den nächsten Elementarzellen; der Abstand einer Begrenzungsfläche vom Ursprung des k-Koordinatensystems beträgt π/s, wenn s der Abstand der Atome ist. Die erste BRILLOUIN-Zone für ein kubisch-primitives Kristallgitter ist in Abb. 40 gezeigt. Dort ist auch die übliche Bezeichnung

*Verglichen zu dem in der Kristallographie gebräuchlichen reziproken Raum ist der k-Raum um den Faktor 2π gedehnt, im übrigen stimmt deren Konstruktion überein

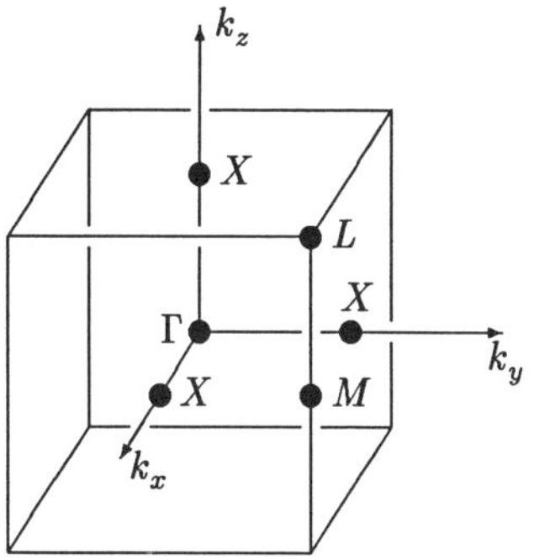

Abb. 40: 1. Brillouin-Zone für ein kubisch-primitives Kristallgitter. Die Punkte X befinden sich jeweils bei $k = \pi/a$

für gewisse Punkte der BRILLOUIN-Zone eingetragen. Die BRILLOUIN-Zone kann man sich in viele kleine Zellen unterteilt denken, jeweils eine für jeden Elektronenzustand.

Ein Eindruck, wie verschiedene s-Orbitale in einem quadratischen Gitter miteinander in Wechselwirkung treten, wird durch die Bilder in Abb. 41 vermittelt. Je nach Kombination der k-Werte, d.h. für verschiedene Punkte in der BRILLOUIN-Zone, ergeben sich verschiedene Arten von Wechselwirkungen. Zwischen benachbarten Atomen gibt es bei Γ nur bindende, bei M nur antibindende Wechselwirkungen, die zu Γ gehörende Wellenfunktion wird also energetisch am günstigsten und die zu M gehörende am ungünstigsten sein. Bei X steht jedes Atom mit zwei Nachbaratomen in bindender und mit zwei in antibindender Beziehung, das Energieniveau wird zwischen dem von Γ und M liegen. Es ist kaum möglich, für alle Zellen in der BRILLOUIN-Zone die Energieniveaus zu veranschaulichen, man kann aber Diagramme zeichnen, die den Gang der Energiewerte entlang bestimmter Richtungen der BRILLOUIN-Zone zeigen. Dies ist in Abb. 41 für drei Richtungen gezeigt ($\Gamma \rightarrow X$, $X \rightarrow M$ und $\Gamma \rightarrow M$).

Für die p_z-Orbitale, die senkrecht zum quadratischen Gitter ausgerichtet sind, gilt das gleiche wie für die s-Orbitale, nur sind die Wechselwirkungen etwas geringer, und die Bandbreite ist dementsprechend schmaler. Etwas komplizierter sind die Verhältnisse bei den p_x- und p_y-Orbitalen, weil gleichzeitig σ- und π-Wechselwirkungen zwischen benachbarten Atomen zu berücksichtigen sind (Abb. 41). So sind bei Γ die p_x-Orbitale σ-antibindend, aber π-bindend. Bei X unterscheiden sich p_x und p_y besonders stark, das eine ist σ- und π-bindend, das andere σ- und π-antibindend.

Im dreidimensionalen, kubisch-primitiven Gitter (α-Polonium-Struktur, Abb. 4, S. 17) sind die Verhältnisse ähnlich. Man kann sich ein qualitatives

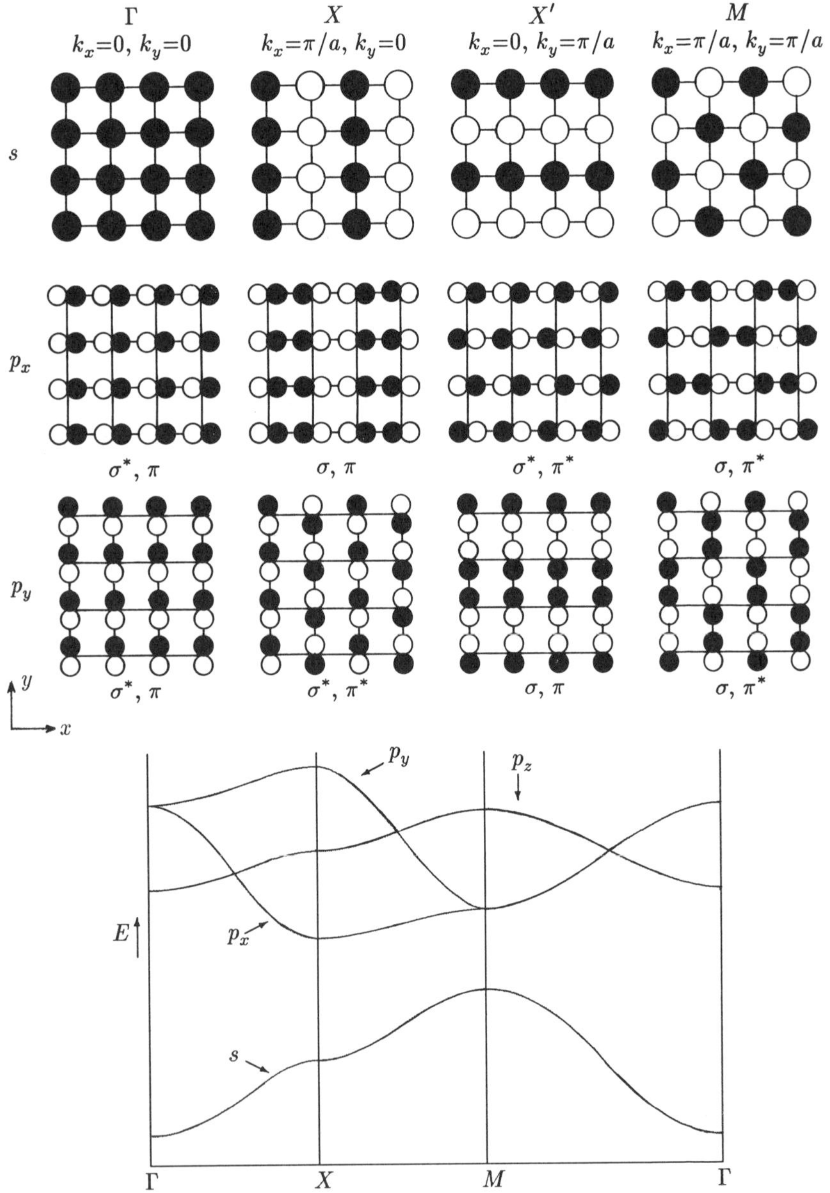

Abb. 41: Kombination von *s*-Orbitalen und *p*-Orbitalen (oben) in einem quadratischen Gitter sowie die resultierende Bandstruktur (unten)

Bild von der Bandstruktur machen, indem man quadratische Gitter übereinander stapelt und betrachtet, wie die Orbitale an verschiedenen Punkten der BRILLOUIN-Zone miteinander wechselwirken.

9.7 Bindung in Metallen

Für die Elemente einer langen Periode des Periodensystems kann man das Zustandsdichte-Diagramm so wie in Abb. 42 grob skizzieren. Wegen des dreidimensionalen Aufbaus ergeben sich bei genauerer Betrachtung nicht mehr die einfachen DOS-Kurven mit zwei Spitzen wie bei einer linearen Kette, sondern mehr oder minder komplizierte Kurven mit zahlreichen Spitzen. Wir berücksichtigen diese Feinheiten zunächst nicht, in Abb. 42 wurde für jedes Band nur noch ein Rechteck gezeichnet. Der jeweils untere Teil eines Bandes ist bindend, der obere antibindend, dementsprechend ergibt sich im COOP-Diagramm jeweils ein Beitrag zur rechten und zur linken Seite; im Falle des p-Bandes gibt es insgesamt mehr antibindende als bindende Anteile, es hat ein Übergewicht auf der linken Seite. In der Reihe Kalium, Calcium, Scandium, ... kommt von Element zu Element ein Valenzelektron pro Atom hinzu, die FERMI-Grenze steigt an; rechts im Bild ist die FERMI-Grenze für einige Elektronenzahlen markiert. Wie zu erkennen, werden zunächst bindende Zustände besetzt, und dementsprechend steigt die Bindungsstärke in den Metallen vom Kalium bis zum Chrom an.

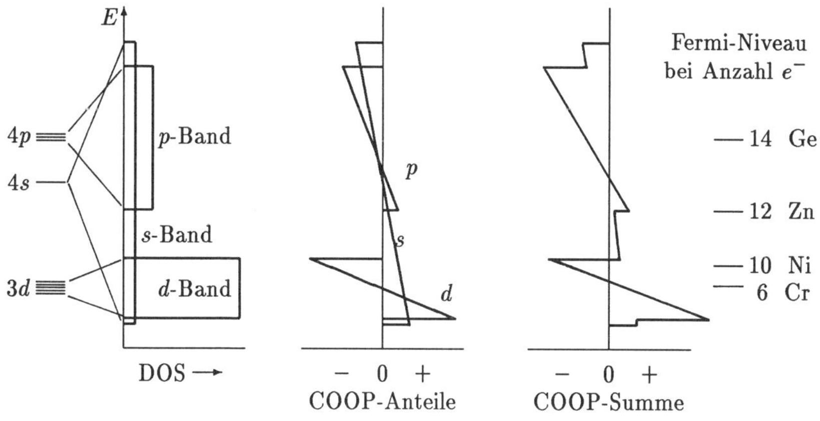

Abb. 42: Schematische Skizze für die Zustandsdichte und die Kristall-Überlappungspopulation für Metalle

Für das siebte bis zehnte Valenzelektron jedes Atoms stehen nur antibindende Zustände zur Verfügung, die Bindungskräfte nehmen vom Chrom bis zum Nickel wieder ab. Die nächsten Elektronen (Cu, Zn) sind schwach bindend. Mit mehr als 14 Valenzelektronen wird die Überlappungspopulation für eine metallische Struktur insgesamt negativ; Strukturen mit kleineren Koordinationzahlen werden günstiger.

Das entworfenen Bild ist zwar recht grob, gibt aber die Tendenzen richtig wieder, wie man zum Beispiel an den Schmelzpunkten der Metalle erkennen kann (Werte in °C):

K	Ca	Sc	Ti	V	Cr	Mn	Fe	Co	Ni	Cu	Zn
63	839	1539	1667	1915	1900	1244	1535	1495	1455	1083	420

In Wirklichkeit gibt es feinere Unterschiede; die Energieniveaus verschieben sich von Element zu Element etwas, verschiedene Strukturtypen haben verschiedene Bandstrukturen, die je nach Valenzelektronenkonzentration günstiger oder weniger günstig sein können. Im COOP-Diagramm in Abb. 42 wurden auch nicht die *s*-*p*-, *s*-*d*- und *p*-*d*-Wechselwirkungen berücksichtigt, die nicht zu vernachlässigen sind. Die genauere Rechnung zeigt ab dem elften Valenzelektron nur noch antibindende Beiträge [37].

9.8 Übungsaufgaben

9.1 Welche Änderungen sind in der Bandstruktur und im DOS-Diagramm (Abb. 33) zu erwarten, wenn die Kette aus H-Atomen komprimiert wird?

9.2 Wie hätte die Bandstruktur einer Kette aus Kopf-an-Kopf ausgerichteten *p*-Orbitalen (Abb. 34) nach PEIERLS-Verzerrung auszusehen?

9.3 Welche Änderungen sind in der Bandstruktur des quadratischen Netzes (Abb. 41) zu erwarten, wenn es in Richtung x komprimiert wird?

10 Die Elementstrukturen der Nichtmetalle

Im Kapitel 7 hatten wir bereits die $(8 - N)$-Regel kennengelernt (S. 66). Danach geht ein Atom X eines Elements der N-ten Hauptgruppe des Periodensystems $8 - N$ kovalente Bindungen ein ($N = 4$ bis 7):

$$b(\mathrm{XX}) = 8 - N$$

Für die Elemente der dritten und höherer Perioden gilt außerdem das *Prinzip der maximalen Vernetzung:* die $8-N$ Bindungen werden normalerweise zu $8-N$ verschiedenen Atomen geknüpft, Mehrfachbindungen werden vermieden. Beim Kohlenstoff als Element der zweiten Periode ist dagegen der im Vergleich zu Diamant weniger vernetzte Graphit unter Normalbedingungen die stabilere Modifikation. Bei hohen Drücken nimmt die Bedeutung des Prinzips der maximalen Vernetzung zu, Diamant ist dann stabiler. Auch für Stickstoff und Sauerstoff ist bei extrem hohen Drücken mit dem Auftreten von polymeren Modifikationen zu rechnen.*

10.1 Halogene

Fluor, Chlor, Brom und Iod sind auch im festen Zustand aus Molekülen X_2 aufgebaut. Im α-F_2 sind die F_2-Moleküle zu hexagonalen Schichten gepackt; die Moleküle sind senkrecht zur Schicht orientiert, und die Schichten sind wie in einer kubisch-dichtesten Kugelpackung gestapelt. Oberhalb von 45,6 K bis zum Schmelzpunkt (53,5 K) ist die Modifikation β-F_2 stabil, bei der die Moleküle um ihre Schwerpunkte rotieren.

Anders sind die Moleküle im kristallinen **Chlor, Brom** und **Iod** gepackt; Abb. 43 zeigt die Packung. Auffällig sind die unterschiedlichen Abstände zwischen Atomen benachbarter Moleküle. Nimmt man den VAN-DER-WAALS-Abstand als Maßstab, so wie er in organischen und anorganischen Molekülverbindungen beobachtet wird, dann sind die intermolekularen Kontakte in der b-c-Schicht zum Teil kürzer, während sie zur nächsten Schicht größer sind. Innerhalb der b-c-Schicht ist also eine gewisse Assoziation der Halogenmoleküle zu verzeichnen; diese Assoziation nimmt vom Chlor zum Iod zu. Die schwächeren Bindungskräfte zwischen den Schichten machen sich in der plättchenförmigen Gestalt der Kristalle und in ihrer

*Literatur zu den Strukturen aller Elemente: [68]

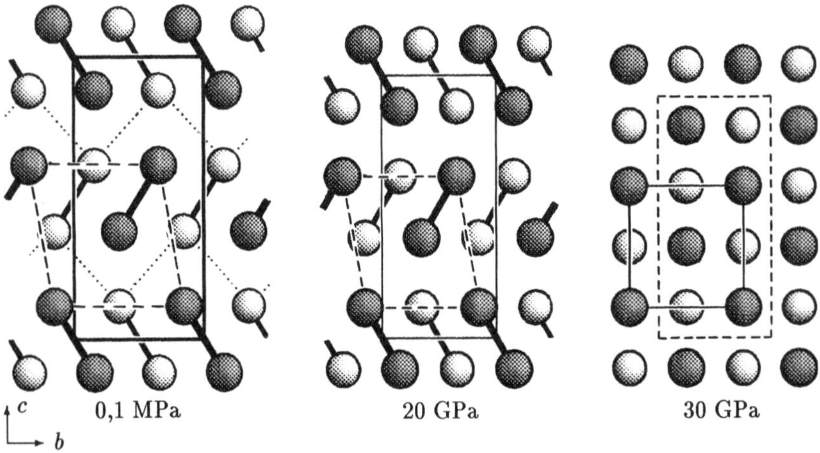

Abb. 43: Die Struktur von Iod bei drei verschiedenen Drücken. Die ausgezogene, flächenzentrierte Elementarzelle im rechten Bild entspricht derjenigen der kubisch-dichtesten Kugelpackung

leichten Spaltbarkeit parallel zu den Schichten bemerkbar. Ähnliche Assoziationstendenzen zeigen sich auch bei den Elementen der fünften und sechsten Hauptgruppe und werden in den nächsten Abschnitten besprochen.

Die Packung kann als stark verzerrte, kubisch-dichteste Kugelpackung von Halogenatomen aufgefaßt werden. Durch Anwendung von Druck wird die Verzerrung vermindert, d.h. die unterschiedlich langen Kontaktabstände zwischen den Atomen gleichen sich an (Abb. 43). Beim Iod wird mit zunehmendem Druck eine kontinuierliche Angleichung der Abstände beobachtet, dann tritt bei 21 GPa ein abrupter Phasenwechsel auf, der zu einer nur noch wenig verzerrten kubisch-dichtesten Kugelpackung führt. Mit der Zunahme des Druckes wird die Energielücke zwischen dem voll besetzten Valenzband und dem unbesetzten Leitungsband kleiner und verschwindet schließlich bei etwa 18 GPa, d. h. es findet ein Übergang vom Isolator zum metallischen Leiter statt. Iod nimmt unter hohem Druck somit nicht nur die für Metalle typische Struktur einer (verzerrten) dichtesten Kugelpackung an, sondern wird tatsächlich zum Metall. Ein vergleichbarer Übergang von der Molekülstruktur zum Metall wird auch für Wasserstoff vermutet; der dazu notwendige (experimentell bislang nicht erreichbare) Druck wird auf 20 bis 60 TPa (2 bis $6 \cdot 10^{13}$ Pa) geschätzt.

10.2 Chalkogene

Sauerstoff besteht auch im festen Zustand aus O_2-Molekülen. Sie sind unterhalb von 43,6 K so wie im α-F_2, darüber wie im β-F_2 gepackt.

Kein Element zeigt eine so große Strukturvielfalt wie **Schwefel**. Kristallstrukturen sind von folgenden Formen bekannt: S_6, S_7 (zwei Modifikationen), S_8 (drei Modifikationen), S_{10}, $S_6{\cdot}S_{10}$, S_{11}, S_{12}, S_{13}, S_{18} (zwei Formen), S_{20}, S_∞. Viele davon können durch chromatographische Trennung aus Lösungen isoliert werden, die durch Extraktion von abgeschreckten Schwefelschmelzen erhalten wurden. Darüberhinaus gibt es weitere Formen mit noch nicht genau bekannten Strukturen. So kann man durch Abschrecken von Schwefeldampf von 770 K auf 60 K violetten Schwefel erhalten, dessen Paramagnetismus auf einen Aufbau aus S_2-Molekülen deutet; beim Erwärmen auf 80 K wird er grün. Durch Abschrecken von Schwefelschmelzen entstehen polymere Formen, von einer konnte die Struktur bestimmt werden. Alle strukturell untersuchten Schwefelformen bestehen aus Ringen oder Ketten von S-Atomen, jedes Schwefelatom ist im Sinne der $8 - N$-Regel mit zwei anderen Schwefelatomen verbunden. Die S–S-Bindungsabstände liegen meist bei 206 pm, zeigen aber eine gewisse Streubreite von ± 10 pm. Die S–S–S-Bindungswinkel liegen zwischen 101 und 110° und die Diederwinkel* zwischen 74 und 100°. Für eine Folge von fünf Atomen ergeben sich dadurch zwei Anordnungsmöglichkeiten:

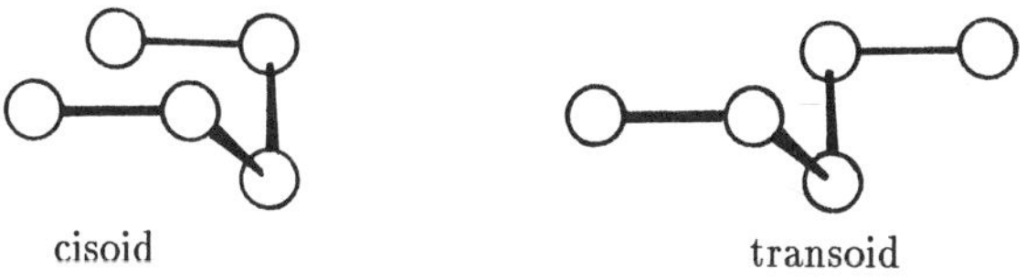

In den kleineren Ringen S_6, S_7 und S_8 kommt nur die cisoide Anordnung vor, wobei sich die Diederwinkel anpassen müssen (74,5° bei S_6, 98° bei S_8). S_6 hat Sesselkonformation, beim S_8 spricht man von einer Kronenform (Abb. 44). S_7 kann man sich aus S_8 entstanden denken, dem ein S-Atom weggenommen wurde. Größere Ringe erfordern das Vorliegen von cisoiden und transoiden Gruppen, um möglichst spannungsfrei zu sein. Im S_{12} wechseln sich cisoide und transoide Gruppen ab. Wenn nur transoide Gruppen vorhanden sind, so resultieren Spiralketten, wobei es vom Diederwinkel abhängt, nach wie vielen Windungen sich wieder ein Atom auf genau der

*Diederwinkel = Winkel zwischen zwei Ebenen. Bei einer Kette von vier Atomen ist der Winkel zwischen den Ebenen gemeint, die durch die Atome 1,2,3 und 2,3,4 aufgespannt werden.

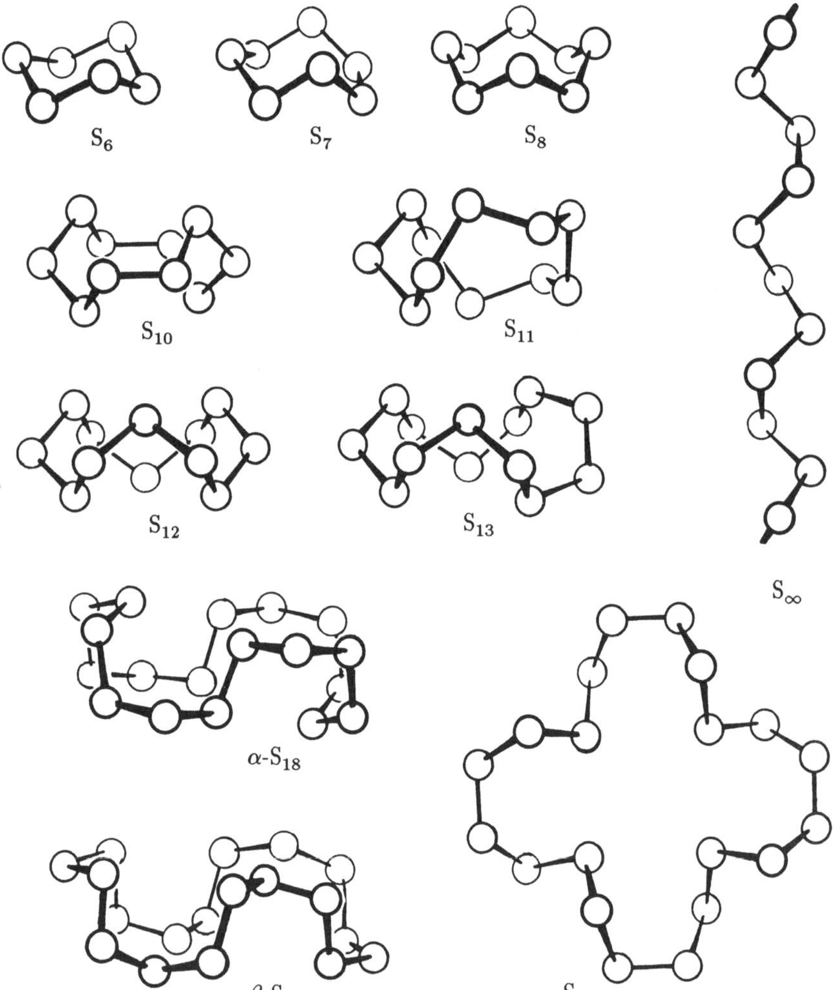

Abb. 44: Verschiedene Molekülstrukturen des Schwefels

gleichen Seite der Spirale befindet. In der einzigen strukturell näher charakterisierten Form von polymerem Schwefel ist dies nach zehn Atomen in drei Windungen der Fall.*

In der bei Normalbedingungen stabilen Modifikation des Schwefels, dem

*Die Spirale hat die Symmetrie einer 10_3-Schraubenachse (vgl. Abschnitt 18.1)

Abb. 45: Ausschnitt aus der Struktur von α-Schwefel

rhombischen α-Schwefel, sind S_8-Ringe zu Säulen gestapelt. Aufeinanderfolgende Ringe liegen nicht (wie bei einer Münzenrolle) exakt übereinander, sondern versetzt, so daß die Säule mehr einer Kurbelwelle ähnelt (Abb. 45). Diese Anordnung ermöglicht eine dichte Packung der Moleküle, mit Säulen in zwei zueinander senkrechten Richtungen; die Säulen der einen Richtung befinden sich in den Ausbuchtungen der senkrecht dazu liegenden „Kurbelwellen". Im S_6 und im S_{12} sind die Ringe wie in einer Geldrolle exakt übereinandergestapelt, die Rollen sind parallel zueinander gebündelt. In den Strukturen ist ein allgemein gültiges Prinzip erkennbar: *im festen Zustand tendieren Moleküle dazu, sich so dicht wie möglich zu packen.*

Vom **Selen** kennt man drei rote Modifikationen, die aus Se_8-Ringen aufgebaut sind. Die Ringe sind anders als in den S_8-Modifikationen gepackt, und zwar mit einer geldrollenartigen Packung, bei der die Ringe schräg in der Rolle liegen. Die thermodynamisch stabile Form des Selens, das α-Selen, besteht aus Spiralketten, bei denen drei Se-Atome auf eine Windung kommen (Abb. 46). Die Ketten sind parallel im Kristall gebündelt; dabei hat jedes Selenatom vier Nachbaratome aus drei anderen Ketten im Abstand von 344 pm. Zusammen mit den beiden Nachbaratomen in der Kette im Abstand von 237 pm ergibt das eine stark verzerrte oktaedrische

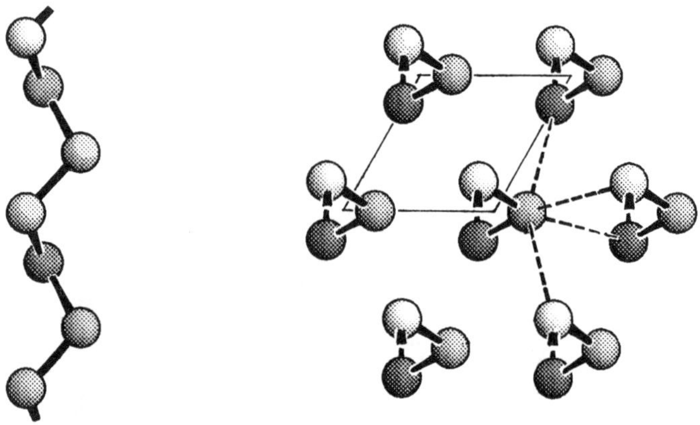

Abb. 46: Struktur des α-Selens. Links: Seitenansicht einer Spirale; rechts: Blick entlang der Spiralen; die Elementarzelle sowie die Koordination um ein Atom sind eingezeichnet

(2+4)-Koordination. Der Se···Se-Abstand zwischen den Ketten ist deutlich kürzer als für den VAN-DER-WAALS-Abstand zu erwarten.

Tellur kristallisiert isotyp zum α-Selen. Während die Te–Te-Bindungsabstände in der Kette (283 pm) wie zu erwarten größer sind als im Selen, sind die Kontaktabstände zu Atomen der Nachbarketten für beide Elemente fast gleich (Te···Te 349 pm). Der VAN-DER-WAALS-Abstand wird noch deutlicher unterschritten, die Abweichung von einer regulären oktaedrischen Koordination der Atome ist geringer (vgl. Tab. 14). Durch Anwendung von Druck wird eine Angleichung aller sechs Abstände erreicht; oberhalb von 7 GPa hat jedes Telluratom sechs äquidistante Nachbaratome im Abstand von 300 pm, die Struktur entspricht der des β-Poloniums.

Vom **Polonium** sind zwei Modifikationen bekannt. Das bei Raumtemperatur stabile α-Polonium hat ein kubisch-primitives Gitter, in dem jedes Atom exakt oktaedrisch koordiniert ist (Abb. 4, S. 17). Dies ist eine für ein Metall recht ungewöhnliche Struktur, die aber auch beim Phosphor und Antimon unter hohem Druck auftritt. Bei 54 °C wandelt sich α-Po in β-Po um. Bei der Phasenumwandlung wird das Gitter längs einer der Würfeldiagonalen des kubisch-primitiven Gitters gestaucht, es resultiert ein rhomboedrisches Gitter mit einem Winkel von 98,1°.

10.3 Elemente der fünften Hauptgruppe

Vom **Stickstoff** sind im festen Zustand drei Modifikationen bekannt, die sich in der Packung der N_2-Moleküle unterscheiden. Zwei davon sind bei Normaldruck stabil (Umwandlungstemperatur 35,6 K), die dritte existiert nur unter Druck.

Vom **Phosphor** gibt es mehrere strukturell charakterisierte Modifikationen sowie eine größere Anzahl von Formen des roten Phosphors mit obskurem Aufbau. Phosphordampf besteht aus tetraedrischen P_4-Molekülen, bei höheren Temperaturen auch aus P_2-Molekülen (P≡P-Abstand 190 pm). Weißer Phosphor entsteht bei der Kondensation des Dampfes. Er besteht, ebenso wie flüssiger Phosphor, ebenfalls aus P_4-Molekülen.

Durch Lichteinwirkung oder durch Erhitzen auf Temperaturen über 180 °C wandelt sich weißer Phosphor in roten Phosphor um. Sein Farbton, Schmelzpunkt und Dampfdruck und vor allem seine Dichte hängen von den Herstellungsbedingungen ab; er ist amorph oder mikrokristallin, wobei es mehrere Modifikationen mit unbekannter polymerer Struktur zu geben scheint.

HITTORFscher (violetter) Phosphor entsteht bei der langsamen Kristallisation bei Temperaturen um 550°C; brauchbare Einkristalle wurden durch langsames Abkühlen (von 630 auf 520 °C) aus einer Lösung in flüssigem Blei gewonnen. Er hat eine recht komplizierte Struktur, in der Käfige von der gleichen Gestalt wie im As_4S_4 und As_4S_5 über weitere P-Atome miteinander verknüpft sind, so daß fünfeckige Röhren entstehen (Abb. 47). Quer liegende Röhren sind miteinander zu „Rosten“ verknüpft, jeweils zwei Roste sind miteinander verschachtelt, aber nicht direkt miteinander verbunden. Im Einklang mit der $8 - N$-Regel ist jedes P-Atom mit drei anderen Atomen verbunden. Trotz seiner Kompliziertheit kommt das Bauprinzip in der Strukturchemie des Phosphors häufiger vor; Baueinheiten, die Bruchstücken der Röhren entsprechen, sind bei den Polyphosphiden und Polyphosphanen bekannt (vgl. S. 157).

Schwarzer Phosphor entsteht nur unter besonderen Bedingungen (hoher Druck, Kristallisation aus flüssigem Bi oder längeres Erhitzen in Anwesenheit von Hg), trotzdem handelt es sich um die bei Normalbedingungen thermodynamisch stabile Modifikation. Er ist aus Schichten aufgebaut, die aus verknüpften Sechsringen in der Sesselkonformation bestehen. Je zwei Ringe sind so miteinander verknüpft wie die Ringe im *cis*-Decalin (Abb. 48). Die Schicht kann auch als ein System von miteinander verbundenen Zickzacklinien aufgefaßt werden, die sich in zwei verschiedenen Ebenen befinden.

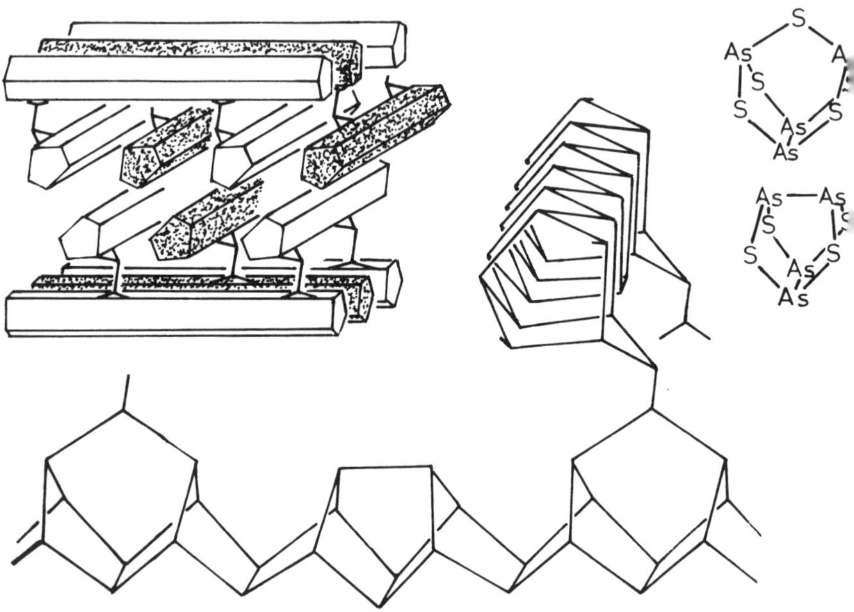

Abb. 47: Aufbau des HITTORFschen Phosphors aus Käfigen wie im As_4S_4 und As_4S_5. Unten: Zwei verknüpfte fünfeckige Röhren. Links oben: ineinander verschachtelte Roste aus solchen Röhren; schattierte und weiße Röhren sind nicht miteinander verknüpft

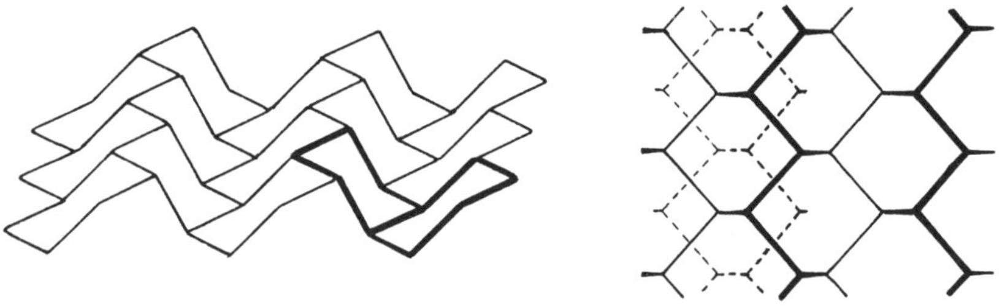

Abb. 48: Die Struktur des schwarzen Phosphors. Links: Ausschnitt aus einer Schicht; zwei Sesselringe mit relativer Anordnung wie im *cis*-Decalin sind hervorgehoben. Rechts: Aufsicht auf eine Schicht, welche die Zickzacklinien erkennen läßt; die Lage der nächsten Schicht ist angedeutet

Jedes P-Atom ist innerhalb der Schicht an drei andere P-Atome im Abstand von 222 bzw. 224 pm gebunden. Etwas weiter entfernt befinden sich zwei weitere Atome im Abstand von 331 pm aus der übernächsten Zickzacklinie sowie zwei P-Atome in 359 pm und eines in 380 pm Abstand aus der nächsten Schicht. Die Abstände zwischen den Schichten entsprechen etwa dem VAN-DER-WAALS-Abstand. Unter Druck wandelt sich schwarzer Phosphor zunächst in eine Modifikation um, die dem grauen Arsen entspricht, die bei noch höherem Druck in die α-Polonium-Struktur übergeht. Bestimmte Strukturmerkmale des schwarzen Phosphors finden sich bei den Polyphosphiden wieder (vgl. Abb. 64, S. 157).

Vom **Arsen** wurden Modifikationen beschrieben, die dem weißen bzw. dem schwarzen Phosphor entsprechen. Stabil ist aber nur das graue (metallische, rhomboedrische) α-Arsen. Es besteht aus Schichten von Sechsringen in der Sesselkonformation, die in der Art wie im *trans*-Decalin zu Schichten miteinander verknüpft sind (Abb. 49). In der Schicht befinden sich die Arsenatome abwechselnd in einer unteren und einer oberen Ebene. Die Schichten sind versetzt zueinander gestapelt, wobei sich über und unter der Mitte eines Sechsringes je ein As-Atom aus einer Nachbarschicht befindet. Dadurch kommt jedes Arsenatom zu drei weiteren Nachbaratomen, zusätzlich zu den drei Atomen, an die es innerhalb der Schicht gebunden ist; es hat eine verzerrt oktaedrische (3+3)-Koordination. Die As–As-Bindungen innerhalb der Schicht sind 252 pm lang, die Abstände zwischen Nachbaratomen verschiedener Schichten betragen 312 pm und sind damit erheblich kürzer als der VAN-DER-WAALS-Abstand (370 pm).

Die Strukturen von **Antimon** und **Bismut** entsprechen derjenigen des grauen Arsens. Je schwerer die Atome, desto ähnlicher werden die Abstände zwischen benachbarten Atomen innerhalb der Schicht und zwischen den

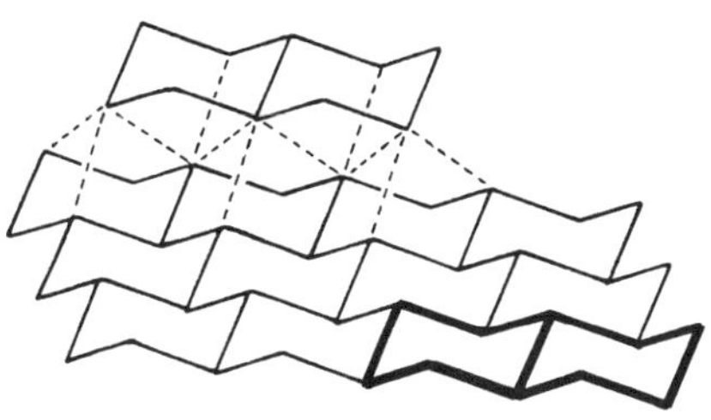

Abb. 49: Ausschnitt aus einer Schicht im grauen Arsen sowie die Lage von zwei Ringen der nächsten Schicht. Zwei Ringe mit relativer Anordnung wie im *trans*-Decalin sind hervorgehoben

Schichten, d. h. das Koordinationspolyeder weicht immer weniger vom idealen Oktaeder ab. Unter Druck gleichen sich die Abstände noch mehr an (Tab. 14). Die Erscheinung entspricht derjenigen, die auch bei Selen und Tellur beobachtet wird.

Bei noch höheren Drücken nehmen Antimon und Bismut typische Metallstrukturen an: bei 9 GPa hat Sb eine hexagonal-dichteste und Bi eine kubisch-innenzentrierte Kugelpackung.

Wenn die Strukturen von P, As, Sb und Bi als Schichtenstrukturen und die von Se und Te als Kettenstrukturen beschrieben werden, so wird den bindenden Wechselwirkungen zwischen den Schichten bzw. Ketten eine zu geringe Bedeutung beigemessen. Je schwerer die Atome, desto mehr gewinnen diese Wechselwirkungen an Bedeutung. Bei Sb und Bi sind die Atomabstände zwischen den Schichten zum Beispiel nur 15 % größer als die innerhalb der Schichten, die Abweichung von der Struktur des α-Poloniums ist ziemlich gering. Außerdem zeigen As, Sb und Bi metallische Leitfähigkeit. Die Bindungsverhältnisse lassen sich mit dem Bändermodell verstehen: ausgehend von der metallischen α-Po-Struktur tritt eine PEIERLS-Verzerrung ein, welche drei Bindungen pro Atom verstärkt. Da sich das betreffende $6p$-Band des Poloniums mit anderen, leeren Bändern überschneidet, ist das $6p$-Band im Bereich höherer Energiewerte unbesetzt, die Verzerrung unterbleibt beim Polonium. In der Reihe Bismut, Antimon, Arsen können die Elektronen immer weniger auf andere Bänder ausweichen,

Tabelle 14: Abstände zwischen benachbarten Atomen und Bindungswinkel in Strukturen des α-As-, α-Se-, α-Po- und β-Po-Typs.
d_1 = Bindungsabstand, d_2 = kürzester Abstand zwischen Schichten bzw. Ketten; Abstände in pm, Winkel in Grad

	Strukturtyp	d_1	d_2	d_2/d_1	Winkel
P (~10 GPa)	α-As	213	327	1,54	105
P (~12 GPa)	α-Po	238	238	1,00	90
As	α-As	252	312	1,24	96,6
Se	α-Se	237	344	1,45	103,1
Sb	α-As	291	336	1,15	95,6
Sb (5 GPa)	α-Po	299	299	1,00	90
Te	α-Se	283	349	1,23	103,2
Te (11,5 GPa)	β-Po	300	300	1,00	103,3
Bi	α-As	307	353	1,15	95,5
Po	α-Po	337	337	1,00	90
Po	β-Po	337	337	1,00	98,1

die Verzerrung macht sich zunehmend bemerkbar. Entsprechendes gilt für die Strukturen von Tellur und Selen. Wie man durch PEIERLS-Verzerrung von der α-Polonium-Struktur zum α-As- bzw. α-Se-Typ kommt, ist in Abb. 50 gezeigt.

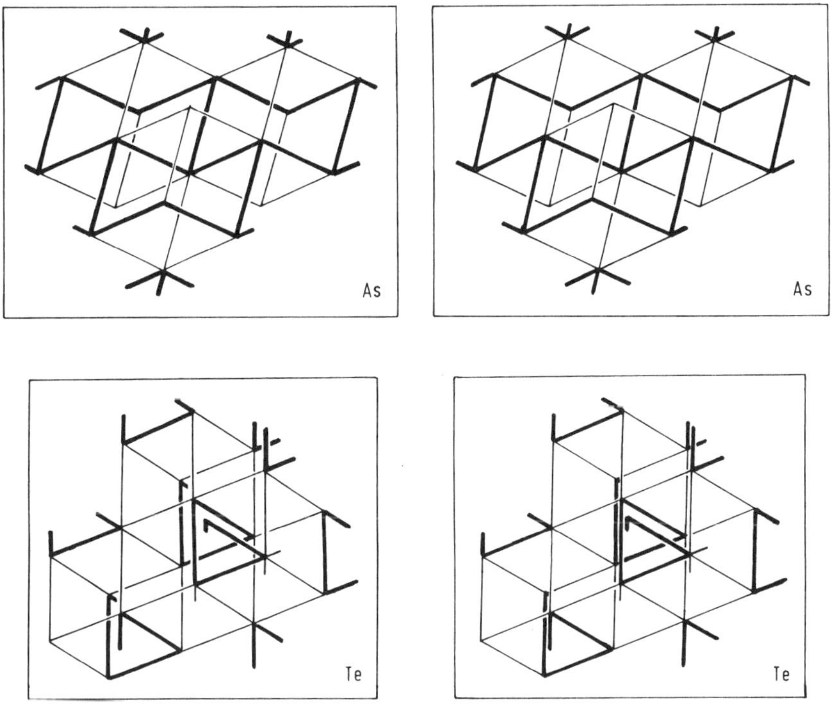

Abb. 50: Durch Dehnung bestimmter Abstände in der α-Po-Struktur kommt man zur Schichten- bzw. Kettenstruktur der Elemente der fünften und sechsten Hauptgruppe (Stereobilder)

10.4 Graphit und Fullerene

Graphit ist die bei Normalbedingungen stabile Modifikation des Kohlenstoffs. Er hat einen Aufbau aus planaren Schichten (Abb. 51). Innerhalb der Schicht ist jedes C-Atom kovalent mit drei anderen C-Atomen verbunden. Zu dem über die ganze Schicht delokalisierten π-Bindungssystem trägt jedes C-Atom mit einem p-Orbital und einem Elektron bei. Es handelt sich um nichts anderes als ein halbbesetztes Band, es liegt ein zweidimensionaler, metallischer Zustand mit entsprechender elektrischer Leitfähigkeit vor. Zwischen den Schichten bestehen nur die schwächeren VAN-DER-WAALSschen Anziehungskräfte. Die Bindungen in der Schicht sind 142 pm lang und der Abstand zwischen den Schichten beträgt 335 pm. Dementsprechend besteht die hohe elektrische Leitfähigkeit nur parallel und nicht senkrecht zu den Schichten. Die Schichten sind versetzt zueinander gestapelt; die Hälfte der Atome der einen Schicht befindet sich genau über Atomen der vorausgehenden Schicht, die andere Hälfte über den Ringmitten (Abb. 51). Dabei sind insgesamt drei Schichtlagen möglich, A, B und C. Die Stapelfolge im normalen (hexagonalen) Graphit ist $ABAB\ldots$, häufig tritt aber eine mehr oder weniger statistische Schichtenfolge auf, in der neben der (überwiegenden) Abfolge $ABAB\ldots$ auch Bereiche mit der Abfolge ABC vorkommen. Man spricht hier von einer *eindimensionalen Fehlordnung*, d.h. innerhalb der Schichten sind die Atome geordnet, aber senkrecht dazu fehlt die periodische Ordnung.

Mit Alkalimetallen bildet Graphit *Einlagerungsverbindungen* (Intercalationsverbindungen) [103]. Sie haben Zusammensetzungen wie LiC_6, LiC_{12}, LiC_{18} oder KC_8, KC_{24}, KC_{36}, KC_{48}. Je nach Metallgehalt sind sie goldglänzend bis schwarz. Sie haben eine bessere elektrische Leitfähigkeit als Graphit. Die Alkaliionen sind zwischen die Schichten des Graphits eingelagert, und zwar beim KC_8 zwischen jedes Paar von C-Schichten, beim KC_{24} zwischen jedes zweite Paar usw. (Abb. 52). Die Metallatome geben

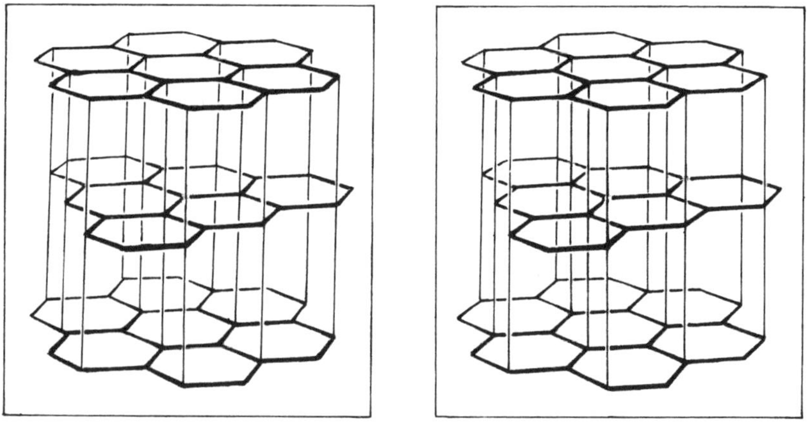

Abb. 51: Struktur des Graphits (Stereobild)

ihre Elektronen an das Valenzband des Graphits ab. Eine andere Art von Einlagerungsverbindungen sind solche mit Metallchloriden MCl_n (M = fast alle Metalle; $n = 2$ bis 6) und einigen Fluoriden und Bromiden. Die eingelagerten Halogenidschichten haben Strukturen, die weitgehend den Strukturen in den reinen Verbindungen entsprechen; $FeCl_3$-Schichten haben zum Beispiel, wie in reinem $FeCl_3$, den Aufbau wie im Bild auf dem Buchumschlag.

Kohlenstoff in seinen verschiedenen Erscheinungsformen (Holzkohle, Koks, Ruß usw.) ist im Prinzip graphitartig, aber mit geringem Ordnungsgrad. Er kann mikrokristallin bis amorph sein; am Rande der vorhandenen „Graphitfladen“ sind OH-Gruppen und eventuell andere Reste gebunden. Viele Kohlenstoffsorten haben zahlreiche Poren und damit eine große innere Oberfläche; sie können deshalb große Mengen von Substanzen adsorbieren und katalytisch wirken. Kristalliner Graphit ist diesbezüglich weniger wirksam. Auch Kohlenstoffasern sind aus Graphitschichten aufgebaut, die längs zur Faserrichtung ausgerichtet sind. Kohlenstoffasern, die durch Abschei-

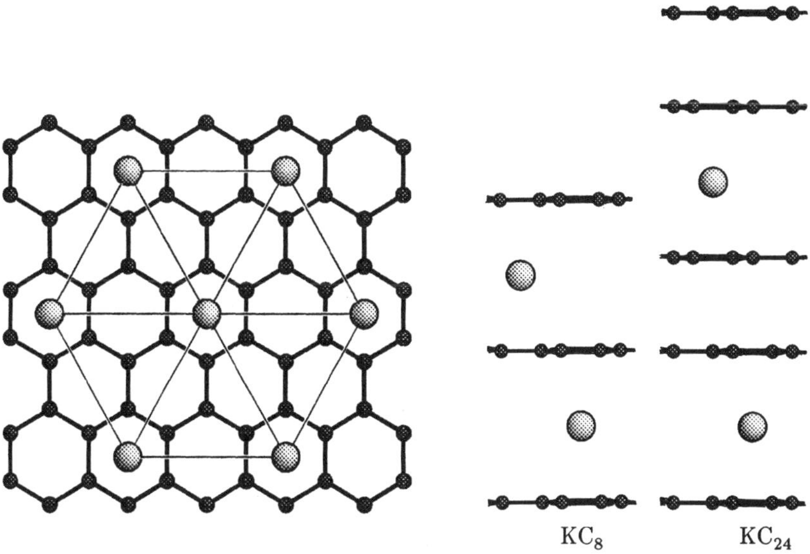

Abb. 52: Links: Anordnung der K^+-Ionen relativ zu einer benachbarten Graphitschicht im KC_8; im KC_{24} enthält eine K^+-Ionenschicht nur $\frac{2}{3}$ so viele Ionen indem jedes K^+-Ionen-Sechseck in seiner Mitte leer ist. Rechts: Stapelfolge von Graphitschichten und K^+-Ionen im KC_8 und KC_{24}

dung aus der Gasphase gewonnen werden können, bestehen aus Röhren, in denen konzentrisch umeinandergelagerte, in sich geschlossene, gebogene Graphitschichten vorhanden sind; da die Krümmung nicht beliebig klein sein kann, bleibt die Röhre hohl.

Fullerene sind Kohlenstoff-Modifikationen die aus käfigartigen Molekülen bestehen [102]. Sie lassen sich herstellen, indem man Kohlenstoff aus Graphitelektroden mit Hilfe eines elektrischen Lichtbogens in einer kontrollierten Heliumatmosphere verdampft, den Dampf kondensiert und dann aus benzolischer (violettroter) Lösung umkristallisiert. Das Hauptprodukt ist das Fulleren C_{60}, genannt Buckminsterfulleren.* Das C_{60}-Molekül hat die Gestalt eines Fußballs, bestehend aus 12 Fünfecken und 20 benzolartigen Sechsecken (Abb. 53). An zweiter Stelle in der Ausbeute nach dem geschilderten Herstellungsverfahren entsteht C_{70}, das 12 Fünfecke und 25 Sechsecke hat, mit einer Gestalt ähnlicher einer Erdnuß. Käfige anderer Größen können ebenfalls erhalten werden, sie sind jedoch weniger stabil (sie können jede gerade Zahl von C-Atomen haben, beginnend bei C_{32}).

In kristallinem C_{60} haben die Moleküle eine kubisch-flächenzentrierte Anordnung, d.h. sie sind so gepackt wie in einer kubisch-dichtesten Kugelpackung; da sie annähernd kugelförmig sind, rotieren die Moleküle im Kristall. Die Kristalle sind so weich wie Graphit. Ähnlich wie bei den Einlagerungsverbindungen des Graphits können Kaliumatome eingelagert werden; sie besetzen Holhräume zwischen den C_{60}-Käfigen. Wenn alle Zwischenräume besetzt sind (Tetraeder- und Oktaederlücken in der dichtesten Packung von C_{60}-Kugeln), ist die Zusammensetzung K_3C_{60}. Diese Verbindung hat metallische Eigenschaften und wird supraleitend, wenn sie auf unter 18 K gekühlt wird.

Die Strukturen von Diamant, Silicium, Germanium und Zinn werden eingehender in Kapitel 11 behandelt.

10.5 Bor

Wie in seinem chemischen Verhalten fällt Bor auch bezüglich seiner Strukturen aus dem Rahmen der übrigen Elemente. Sechzehn Bormodifikationen sind beschrieben, die meisten davon jedoch nur unzureichend charakterisiert worden. Bei vielen für Bor gehaltenen Proben könnte es sich tatsächlich um borreiche Boride gehandelt haben (von denen man viele kennt, z.B.

*Benannt nach dem Ingenieur Buckminster Fuller, der einen geodesischen Dom mit dem gleichen Bauprinzip des C_{60}-Moleküls gebaut hat.

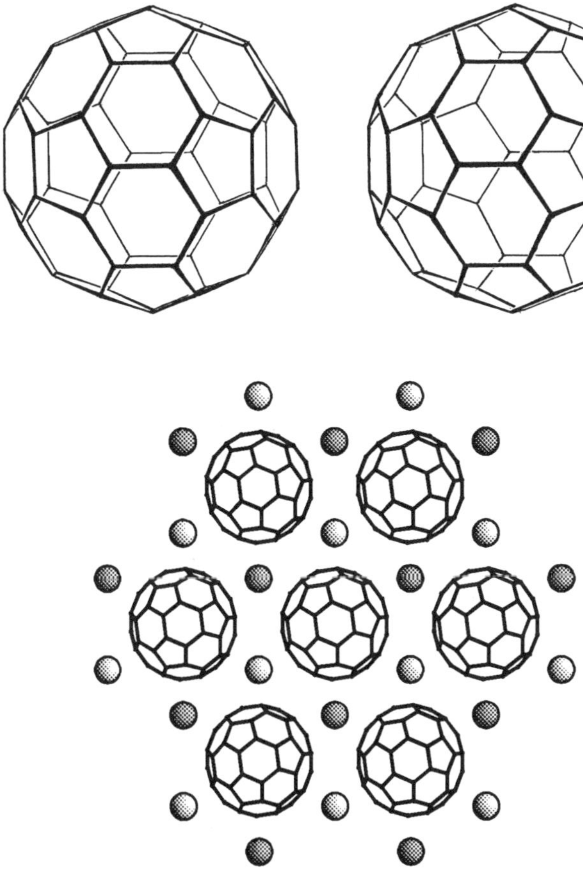

Abb. 53: Oben: Struktur des C_{60}-Moleküls (Stereobild). Unten: Packung von C_{60}-Molekülen und K^+-Ionen in K_3C_{60}

YB_{66}). Als gesichert kann die Struktur des rhomboedrischen α-B_{12} gelten (die Indexzahl bezeichnet die Anzahl der Atome pro Elementarzelle). Von zwei weiteren Formen, dem rhomboedrischen β-B_{105} und dem tetragonalen α-B_{50}, sind die Kristallstrukturen bekannt, doch bei beiden handelt es sich vermutlich um borreiche Boride.

Die beherrschende Baueinheit in allen beschriebenen Bormodifikationen ist das B_{12}-Ikosaeder, das auch im anionischen *closo*-Boran $B_{12}H_{12}^{2-}$ realisiert ist. Die zwölf Atome des Ikosaeders werden durch Mehrzentrenbindungen zusammengehalten, wobei nach der MO-Theorie 13 bindende Orbitale angenommen werden, die 26 Elektronen aufnehmen; es verbleiben 10 Valenzelektronen. Im $B_{12}H_{12}^{2-}$-Ion sind zusätzlich noch 14 Elektronen vorhanden (12 von den H-Atomen, 2 aus der Ionenladung), das ergibt 24 Elektronen oder 12 Elektronenpaare, mit denen normale kovalente B–H-Bindungen geknüpft werden. Diese weisen radial vom Ikosaeder weg. Im elementaren Bor sind die B_{12}-Ikosaeder über ebensolche radiale Bindungen miteinander verbunden, weil aber für 12 solcher Bindungen nur 10 Valenzelektronen zur Verfügung stehen, können nicht alle dieser Bindungen normale Zwei-Elektronen-zwei-Zentren-Bindungen sein.

Im α-B_{12} sind die Ikosaeder wie in einer kubisch-dichtesten Kugelpackung angeordnet (Abb. 54). In einer Schicht von Ikosaedern ist jedes Ikosaeder von sechs anderen Ikosaedern umgeben, mit denen es über Zwei-Elektronen-drei-Zentren-Bindungen verbunden ist; jedes der beteiligten Boratome trägt dazu im Mittel $\frac{2}{3}$ Elektronen bei, pro Ikosaeder sind das $\frac{2}{3}\cdot 6 = 4$ Elektronen. Jedes Ikosaeder ist noch von sechs weiteren Ikosaedern aus den beiden benachbarten Schichten umgeben, mit denen es über normale B–B-Bindungen verknüpft ist; dazu werden 6 Elektronen pro Ikosaeder benötigt. Für die Inter-Ikosaeder-Bindungen ergeben sich zusammmen genau die 10 oben erwähnten Elektronen.

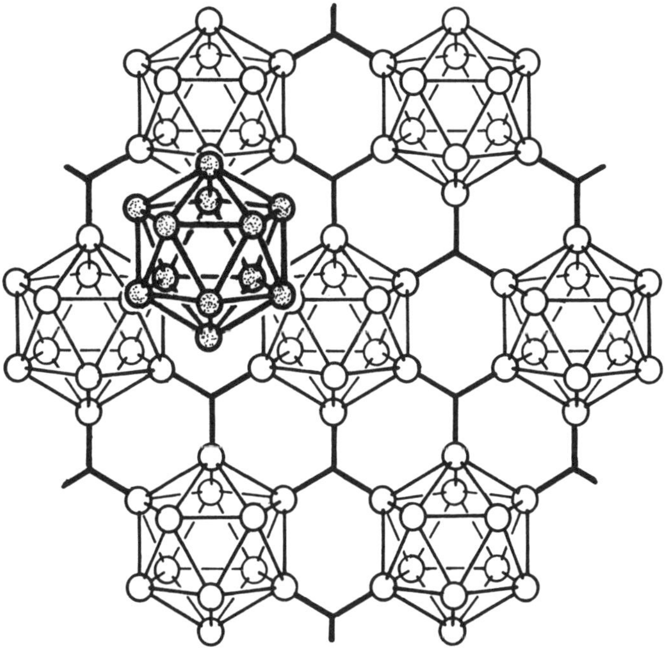

Abb. 54: Die Struktur des rhomboedrischen α-B_{12}. Die Ikosaeder im gezeigten Schichtausschnitt sind über *2e3c*-Bindungen miteinander verbunden. Ein Ikosaeder der folgenden Schicht ist gezeigt

11 Diamantartige Strukturen

11.1 Kubischer und hexagonaler Diamant

Diamant, Silicium, Germanium und das unterhalb von 13 °C stabile (graue) α-Zinn sind isotyp. Diamant besteht aus einem Netzwerk von vierbindigen Kohlenstoffatomen. Denkt man sich in einer Schicht des grauen Arsens (vgl. Abb. 49) alle As-Atome durch C-Atome ersetzt, so kann jedes dieser Atome noch eine Bindung eingehen, die senkrecht zur Schicht orientiert ist. Von einem der Sesselringe der Schicht aus betrachtet, nehmen die Bindungen innerhalb der Schicht equatoriale Positionen ein; die noch freien Valenzen gehören zu axialen Positionen, die von einem Atom zum nächsten abwechselnd über und unter die Schicht weisen. Im Graphitfluorid $(CF)_x$ ist in jeder axialen Position ein Fluoratom gebunden. Im Diamant dienen die axialen Bindungen zur Verknüpfung der Schichten miteinander (Abb. 55). Dabei entstehen neue Sechsringe, die Sessel- oder Bootkonformation haben können, je nachdem, wie die verknüpften Schichten relativ zueinander orientiert sind. Wenn die Schichten in Projektion versetzt zueinander angeordnet sind, dann sind alle neuen Ringe Sesselringe; diese Anordnung ist diejenige des normalen, kubischen Diamanten. Im hexagonalen Diamant liegen die Schichten in Projektion übereinander, die neuen Ringe haben Bootkonformation. Hexagonaler Diamant kommt sehr selten vor, in der Natur wurde er in Meteoriten gefunden.

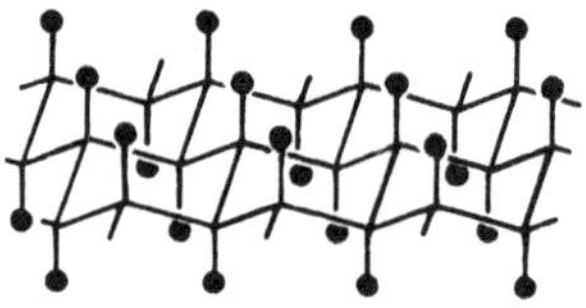

Graphitfluorid

Die Elementarzelle des kubischen Diamanten zeigt eine flächenzentrierte Packung von C-Atomen. Außer den vier C-Atomen in den Ecken und Flächenmitten befinden sich weitere Atome in den Mitten von vier der acht Oktanten der Elementarzelle. Da jeder Oktant ein Würfel ist, bei dem vier der acht Ecken mit C-Atomen besetzt sind, ergibt sich eine exakt tetraedrische Anordnung für das Atom in der Mitte des Oktanten. Das gilt auch für alle anderen Atome, sie sind alle symmetrieäquivalent; in der Mitte von jeder C–C-Bindung befindet sich ein Symmetriezentrum. Wie in Alkanen sind die C–C-Bindungen 154 pm lang, und die Bindungswinkel betragen 109,47°.

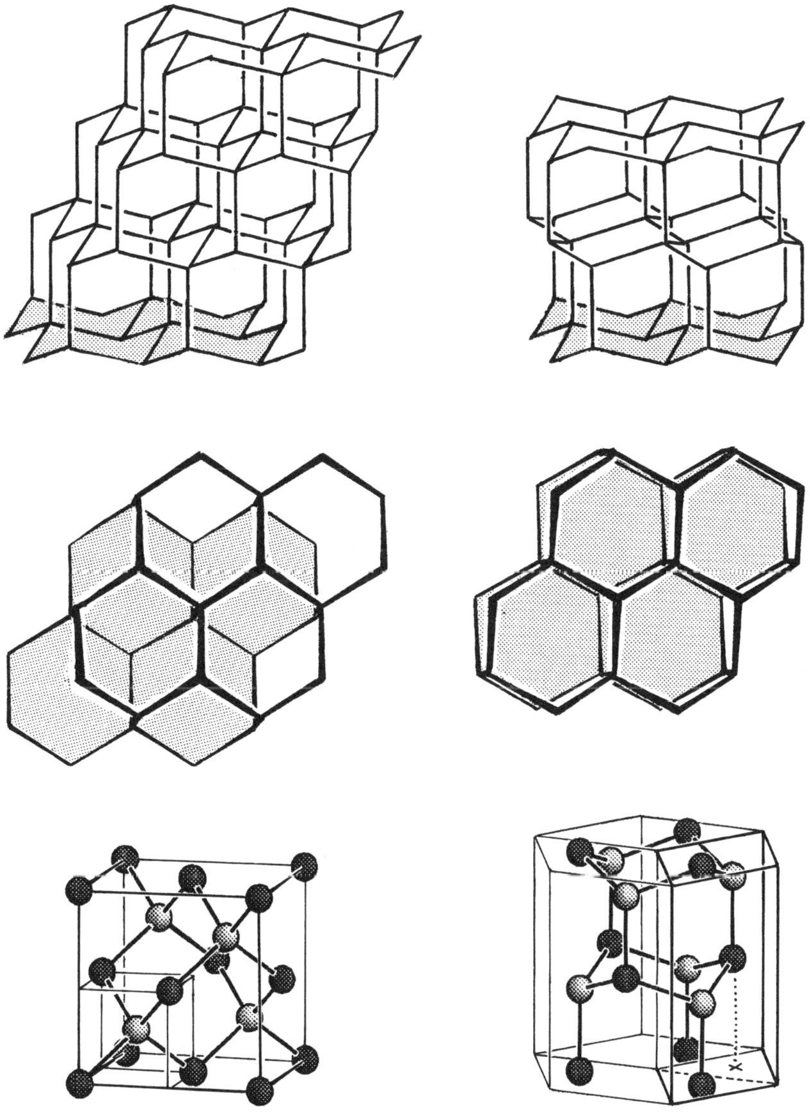

Abb. 55: Struktur des kubischen (jeweils links) und hexagonalen (rechts) Diamanten. Oben: Aufbau aus Schichten wie im α-As.; Mitte: dieselben Schichten in Projektion senkrecht zu den Schichten; Unten: Elementarzellen; wenn die hell und dunkel gezeichneten Atome verschieden sind, liegen die Strukturen von Sphalerit (Zinkblende) bzw. Wurtzit vor

11.2 Binäre diamantartige Verbindungen

Ersetzt man die C-Atome im kubischen Diamant abwechselnd durch Zn- und S-Atome, so kommt man zur Struktur des Sphalerits (Zinkblende). Der entsprechende Ersatz im hexagonalen Diamant führt zum Wurtzit. Sofern Atome des einen Elements nur mit Atomen des anderen Elements verbunden sein sollen, sind binäre Verbindungen nur mit der Zusammensetzung 1:1 möglich. Für die vier Bindungen pro Atom werden im Mittel vier Elektronen pro Atom benötigt; diese Bedingung wird erreicht, wenn die Summe der Valenzelektronen vier mal größer als die Anzahl der Atome ist. Mögliche Elementkombinationen und Beispiele sind in Tab. 15 aufgeführt.

Tabelle 15: Mögliche Elementkombinationen für die ZnS-Strukturtypen

Kombination*		Beispiele, Sphalerit-Typ	Beispiele, Wurtzit-Typ
IV	IV	β-SiC	
III	V	BP, GaAs, InSb	AlN
II	VI	BeS, CdS, HgS, ZnSe	BeO, ZnO, CdS (hochtemp.)
I	VII	CuCl, AgI	CuCl (hochtemp.)

* Gruppennummer im Periodensystem

Für die Bindungsabstände gilt die GRIMM-SOMMERFELD-Regel: Wenn die Summe der Ordnungszahlen gleich ist, sind die interatomaren Abstände gleich. Beispiele:

MX	Z(M)+Z(X)	d(M–X)
GeGe	32+32=64	245,0 pm
GaAs	31+33=64	244,8
ZnSe	30+34=64	244,7
CuBr	29+35=64	246,0

Die in Abb. 56 gezeigten Ausschnitte aus den Strukturen von Sphalerit und Wurtzit entsprechen der mittleren Bildreihe von Abb. 55 (Projektion senkrecht zu den arsenartigen Schichten). In Blickrichtung befindet sich hinter jedem Schwefelatom ein daran gebundenes Zinkatom. Die Zinkatome innerhalb einer arsenartigen Schicht liegen in einer Ebene und bilden ein hexagonales Muster (in Abb. 56 punktiert); das gleiche gilt für die darüberliegenden Schwefelatome. Die Lage des Musters ist mit A bezeichnet. Im Wurtzit folgen Atome mit einem hexagonalen Muster, das gegenüber dem ersten versetzt ist; die Atome in dieser Lage B befinden sich über den Mitten der einen Hälfte von punktierten Dreiecken. Atome über den Mitten der übrigen Dreiecke (Lage C) kommen im Wurtzit nicht vor, wohl aber im

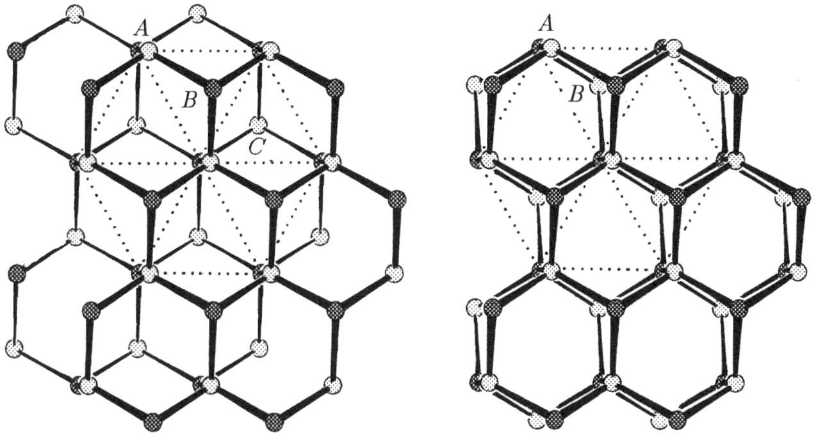

Abb. 56: Lage der Zn- und der S-Atome im Sphalerit (links) und Wurtzit

Sphalerit. Bezeichnen wir Ebenen mit den Lagen der Zn-Atome mit A, B und C und die entsprechenden Ebenen der S-Atome mit α, β und γ, dann gelten für die Ebenen folgende Stapelfolgen:

Sphalerit: $A\alpha B\beta C\gamma\ldots$ Wurtzit: $A\alpha B\beta\ldots$

Außer diesen Stapelfolgen sind auch noch andere möglich, zum Beispiel $A\alpha B\beta A\alpha C\gamma\ldots$ oder statistische Abfolgen ohne periodische Ordnung. Beim Siliciumcarbid kennt man über 70 verschiedene Stapelvarianten, die zusammengefaßt als α-SiC bezeichnet werden. Strukturen, die man in dieser Art als Stapelvarianten auffassen kann, nennt man Polytypen. Sie werden uns im Zusammenhang mit den dichtesten Kugelpackungen noch beschäftigen (Kapitel 13).

Mehrere der binären diamantartigen Verbindungen sind von technischer Bedeutung wegen ihrer physikalischen Eigenschaften. Dazu zählen Siliciumcarbid und kubisches Bornitrid (erhältlich aus graphitartigem BN unter Druck bei 1800 °C), weil sie fast so hart sind wie Diamant; sie dienen als Schleifmittel. Aus SiC werden auch Heizelemente für Hochtemperaturöfen hergestellt, da es als Halbleiter bei hohen Temperaturen eine ausreichende elektrische Leitfähigkeit bei hoher Korrosionsresistenz und geringer thermischer Ausdehnung besitzt. CdS (gelb) und CdSe (rot) finden Verwendung als Farbpigmente, ZnS als Leuchtstoff in Braunschen Röhren. Die III-V-Verbindungen sind Halbleiter, deren Eigenschaften sich durch geeignete

Zusammensetzung und Dotierung beeinflussen lassen; insbesondere auf der Basis von GaAs werden Leuchtdioden hergestellt.

11.3 Diamantartige Verbindungen unter Druck

Die Diamant-Struktur des α-Zinn ist bei Normaldruck nur unterhalb 13°C stabil, oberhalb von 13°C wandelt es sich in β-Zinn (weißes Zinn) um. Die Umwandlung α-Sn $\rightarrow$ β-Sn kann auch unterhalb von 13°C durch Anwendung von Druck erreicht werden. Silicium und Germanium nehmen ebenfalls unter Druck (oberhalb von ca. 1,2 GPa) die Struktur des β-Sn an. Die Umwandlung ist mit einer erheblichen Zunahme der Dichte verbunden (bei Sn +21%). Die β-Sn-Struktur entsteht aus der α-Sn-Struktur durch eine drastische Stauchung in Richtung längs einer der Kanten der Elementarzelle (Abb. 57). Dadurch kommen in der Stauchungsrichtung zwei zuvor weiter entfernte Atome in die Nachbarschaft eines Atoms, zusammen mit den vier schon im α-Sn vorhandenen Nachbaratomen ergibt das eine Erhöhung der Koordinationszahl auf 6. Aus dem regulären Koordinationstetraeder des α-Sn wird ein abgeplattetes Tetraeder mit Sn–Sn-Abständen von 302 pm; die über und unter dem abgeplatteten Tetraeder befindlichen Atome sind 318 pm weit weg. Die genannten Abstände sind *größer* als im α-Sn (281 pm). Obwohl β-Sn unter Druck aus α-Sn entsteht und eine höhere Dichte hat, ist die Umwandlung mit einer Vergrößerung der interatomaren Abstände verbunden.

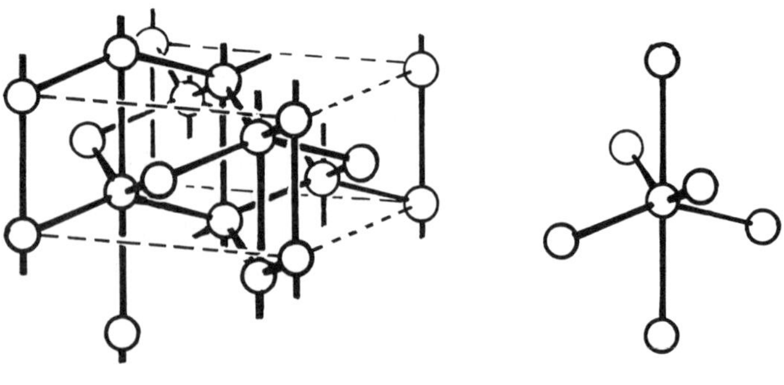

Abb. 57: Struktur des weißen Zinns (β-Sn). Die gestrichelte Zelle entspricht einer Elementarzelle von Diamant (α-Sn), die in der senkrechten Richtung stark komprimiert wurde. Rechts: Koordination um ein Sn-Atom

Allgemein gelten folgende Regeln für druckinduzierte Phasentransformationen:

Druck-Koordinations-Regel nach A. NEUHAUS: *bei steigendem Druck tritt eine Erhöhung der Koordinationszahlen ein.*

„Druck-Abstands-Paradoxon" nach W. KLEBER: *Wenn sich gemäß der vorstehenden Regel die Koordinationszahlen erhöhen, so vergrößern sich die interatomaren Abstände.*

Weitere Beispiele im Sinne der genannten Regeln: Einige Verbindungen mit Sphalerit-Struktur wie AlSb, GaSb wandeln sich unter Druck in Modifikationen um, die dem β-Sn entsprechen. Andere wie InAs, CdS, CdSe nehmen unter Druck NaCl-Struktur an, womit ihre Atome ebenfalls die Koordinationszahl 6 erreichen. Graphit (K.Z. 3, C–C-Abstand 141,5 pm, Dichte 2,26 g cm^{-3}) $\xrightarrow{\text{Druck}}$ Diamant (K.Z. 4, C–C 154 pm, 3,51 g cm^{-3}).

11.4 Polynäre diamantartige Verbindungen

Unter der Vielzahl von ternären und polynären diamantartigen Verbindungen betrachten wir nur solche, die sich von einer verdoppelten Elementarzelle des Diamants ableiten lassen. Wird die Elementarzelle des Sphalerits in einer Richtung (c-Achse) verdoppelt, so können auf der verdoppelten Anzahl von Atomlagen unterschiedliche Atome untergebracht werden (Abb. 58). Allen aufgeführten Strukturtypen ist die tetraedrische Umgebung aller Atome gemeinsam, abgesehen von den Varianten mit bestimmten unbesetzten Lagen.

$CuFeS_2$ (Kupferkies, Chalkopyrit) ist eines der wichtigsten Kupferminerale. Rotes β-Cu_2HgI_4 und gelbes β-Ag_2HgI_4 ($CdGa_2S_4$-Typ) sind thermochrom, sie wandeln sich bei 70°C bzw. 51°C in Modifikationen mit einer anderen Farbe um (schwarz bzw. orange), bei denen Atome und Leerstellen eine ungeordnete Verteilung haben.

Außer dem beschriebenen Fall der verdopplten Elementarzelle kennt man noch Beispiele mit anderen Vergrößerungsfaktoren für die Elementarzelle sowie auch Strukturen, die sich entsprechend vom Wurtzit ableiten lassen. Defektstrukturen, d.h. solche mit unbesetzten Atomlagen, sind mit geordneter und ungeordneter Verteilung der Leerstellen bekannt. γ-Ga_2S_3 hat zum Beispiel Sphalerit-Struktur, wobei nur $\frac{2}{3}$ der Metallagen statistisch von Ga-Atomen eingenommen werden.

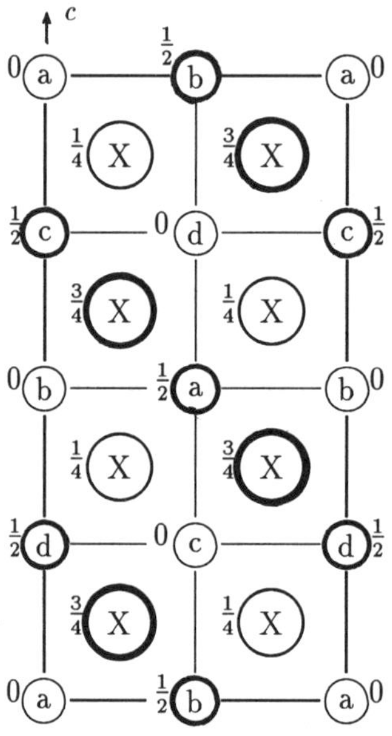

	Atomlage				
Strukturtyp	X	a	b	c	d
$CuFeS_2$ *	S	Fe	Cu	Fe	Cu
Cu_3SbS_4 †	S	Sb	Cu	Cu	Cu
Cu_2FeSnS_4 ‡	S	Fe	Sn	Cu	Cu
$CdGa_2S_4$	S	Cd	Ga	Ga	□
β-Cu_2HgI_4	I	Hg	□	Cu	Cu

□ = unbesetzte Atomlage
* Chalkopyrit (Kupferkies)
† Famatinit
‡ Stannit

Die Zahlen neben den Kreisen bezeichnen die Höhe in Blickrichtung

Abb. 58: Abkömmlinge des Sphalerit-Typs mit verdoppelter *c*-Achse

11.5 Aufgeweitete Diamantgitter. SiO_2-Strukturen

Denkt man sich im elementaren Silicium (Diamant-Struktur) zwischen je zwei Siliciumatome ein Sauerstoffatom eingeschoben, so kommt man zur Struktur des Cristobalits. Jede Si–Si-Bindung des Siliciums ist also durch eine Si–O–Si-Gruppe ersetzt und jedes Si-Atom ist von vier O-Atomen tetraedrisch umgeben. Die SiO_4-Tetraeder sind alle über gemeinsame Ecken miteinander verknüpft. Da im Silicium doppelt so viele Si–Si-Bindungen wie Si-Atome vorhanden sind, ergibt sich die Zusammensetzung SiO_2. Cristobalit ist eine polymorphe Form des SiO_2, die zwischen 1470 und 1713 °C stabil ist; sie ist bei tieferen Temperaturen metastabil und kommt als Mineral vor. Die Sauerstoffatome befinden sich neben den Si···Si-Verbindungslinien, so daß die Si–O–Si-Bindungswinkel 147° betragen. Das in Abb. 59 gezeigte Strukturmodell ist allerdings nur eine Momentaufnahme; oberhalb von 250 °C führen die Tetraeder miteinander gekoppelte Drehschwingungen aus, die im Mittel eine höhere Symmetrie vortäuschen, mit O-Atomen genau auf den Si–Si-Verbindungslinien. Beim Abkühlen unter ~240 °C „friert" die Schwingung ein (→ α-Cristobalit; die $\alpha \rightleftharpoons \beta$-Umwandlungstemperatur hängt von der Reinheit der Probe ab).

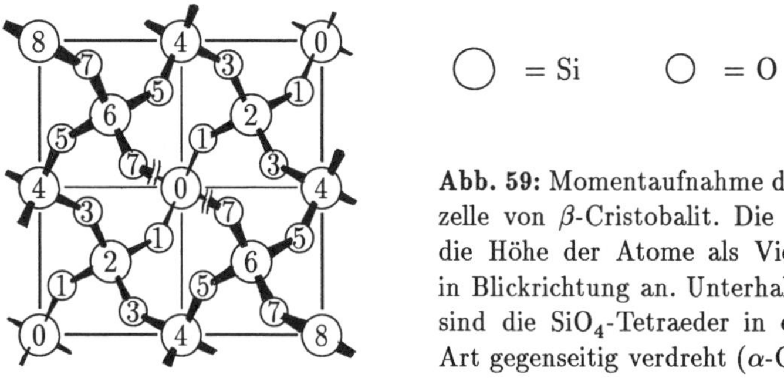

Abb. 59: Momentaufnahme der Elementarzelle von β-Cristobalit. Die Zahlen geben die Höhe der Atome als Vielfache von $\frac{1}{8}$ in Blickrichtung an. Unterhalb von 240 °C sind die SiO_4-Tetraeder in etwas anderer Art gegenseitig verdreht (α-Cristobalit)

Durch die Einschiebung der Sauerstoffatome ist das Siliciumgitter stark aufgeweitet; in jedem der vier unbesetzten Oktanten der Elementarzelle befindet sich ein relativ großer Hohlraum. In natürlichem Cristobalit sind darin meist Fremdionen eingeschlossen (vor allem Alkali- und Erdalkaliionen), die wahrscheinlich die Struktur stabilisieren und die Kristallisation dieser Modifikation bei Temperaturen weit unterhalb des Stabilitätsbereichs von reinem Cristobalit ermöglichen. Um die Elektroneutralität zu wahren, ist wahrscheinlich pro Alkaliatom jeweils ein Si-Atom durch ein Al-Atom substituiert.† Die Substitution von Si- gegen Al-Atome in einem SiO_2-Gerüst bei gleichzeitigem Einbau von Kationen in Hohlräume ist eine weit verbreitete Erscheinung; diese Art von Silicaten nennt man Aluminosilicate. Im Mineral Carnegieit $Na[AlSiO_4]$ liegt eine Cristobalit-Struktur vor, in dem die Hälfte aller Si-Atome durch Al-Atome substituiert ist und alle Hohlräume mit Na^+-Ionen besetzt sind. Für Aluminosilicate gilt die LOEWENSTEIN-Regel: AlO_4-Tetraeder sind nie direkt miteinander verknüpft, die Baugruppe Al–O–Al wird vermieden.

Tridymit ist eine weitere Form von SiO_2, die zwischen 870 und 1470 °C stabil ist, aber ebenfalls bei tieferen Temperaturen metastabil erhalten bleiben kann und als Mineral auftritt. Seine Struktur leitet sich von derjenigen des hexagonalen Diamanten in der gleichen Art ab, wie sich die des Cristobalits vom kubischen Diamant ableitet. Auch hier liegen die Sauerstoffatome neben den Si···Si-Verbindungslinien, und die Si–O–Si-Bindungswinkel betragen etwa 150°. Bei Temperaturen unterhalb von 380°C treten mehrere Varianten auf, die sich in der Art der gegenseitigen Verdrehung der SiO_4-Tetraeder unterscheiden. Auch im Tridymit sind größere Hohlräume vorhanden, in die Alkali- oder Erdalkaliionen

†Bei der Strukturbestimmung mittels Röntgenbeugung sind Al und Si wegen ihrer annähernd übereinstimmenden Elektronenzahlen kaum unterscheidbar

eingelagert sein können. In einer Reihe von Aluminosilicaten entspricht das Anionenteilgitter der Tridymit-Struktur, zum Beispiel im Nephelin, $Na_3K[AlSiO_4]_4$.

Quarz ist die bis 870 °C stabile Form von SiO_2, wobei bis 573 °C α- und darüber β-Quarz auftritt. Diese beiden Modifikationen unterscheiden sich nur geringfügig, bei der Umwandlung werden lediglich die SiO_4-Tetraeder etwas gegenseitig verdreht. Wir besprechen die Quarz-Struktur an dieser Stelle, obwohl sie sich nicht von einer der Formen des Diamants ableiten läßt. Auch Quarz besteht aus einem Netzwerk von eckenverknüpften SiO_4-Tetraedern, jedoch mit kleineren Hohlräumen als im Cristobalit oder Tridymit (erkennbar an den Dichten: Quarz 2,66, Cristobalit 2,32, Tridymit 2,26 $g\,cm^{-3}$). Wie in Abb. 60 gezeigt, bilden die Tetraeder Spiralen, die in einem Kristall entweder alle rechts- oder alle linkshändig gewunden sind, weshalb man zwischen Rechts- und Linksquarz unterscheidet. Rechts- und Linksquarz können auch in gesetzmäßiger Weise zu Zwillingskristallen miteinander verwachsen sein („Brasilianer Zwillinge"). Wegen ihrer Händigkeit sind Quarzkristalle optisch aktiv; auch die piezoelektrischen Eigenschaften (Abschnitt 17.2) hängen damit zusammen. Quarzkristalle werden industriell durch Hydrothermalsynthese hergestellt. Dazu befindet sich Quarzpulver im Ende einer geschlossenen Ampulle bei 400 °C, am gegenüberliegenden

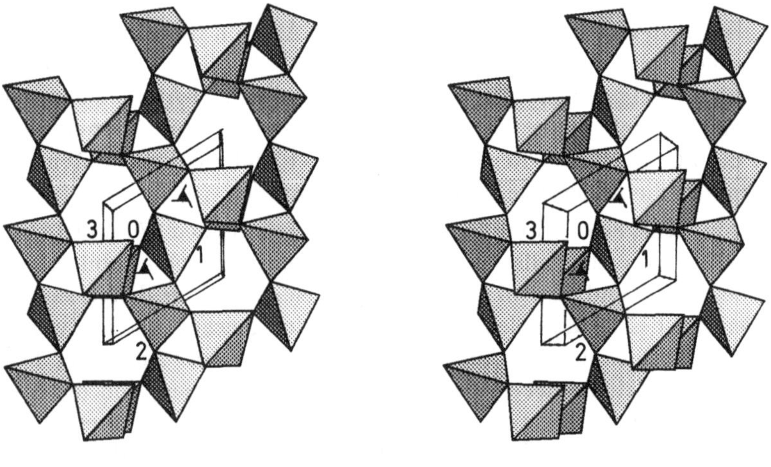

Abb. 60: Die Struktur von α-Quarz. Es sind nur die SiO_4-Tetraeder gezeigt. Zahlen bezeichnen die Höhe der Si-Atome in den Tetraedermitten als Vielfache von $\frac{1}{3}$ der Höhe der Elementarzelle. Die Symbole ▲ deuten die Achsen von zwei Spiralketten an (Stereobild)

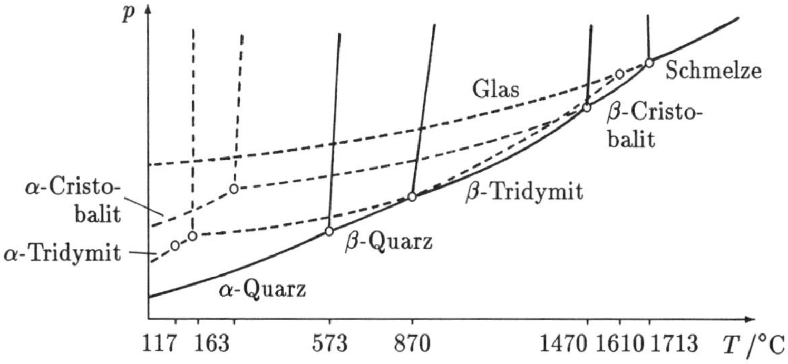

Abb. 61: Phasendiagramm für SiO_2. Alle gestrichelten Linien gehören zu metastabilen Formen

Ende befindet sich ein Impfkristall bei 380 °C; die Ampulle ist mit einer alkalischen wässrigen Lösung gefüllt, die durch einen Druck von 100 MPa flüssig gehalten wird. Das Quarzpulver geht langsam in Lösung während der Impfkristall wächst.

Abb. 61 zeigt das Phasendiagramm für SiO_2. Die Umwandlungen zwischen den α- und β-Formen erfordert nur ein leichtes Verdrehen der SiO_4-Tetraeder bei gleichbleibendem Verknüpfungsmuster; diese Umwandlungen erfolgen rasch. Die anderen Umwandlungen erfordern dagegen eine Rekonstruktion der Struktur unter Lösen und Neuknüpfen von Si–O-Bindungen; sie verlaufen langsam und ermöglichen die Existenz der metastabilen Modifikationen. Außer den angegebenen Modifikationen kennt man noch einige Formen, die unter hohem Druck enstehen, nämlich Coesit, Keatit und Stishovit. Auch Coesit und Keatit bestehen aus Raumnetzen von eckenverknüpften SiO_4-Tetraedern. Stishovit hat degegen Rutil-Struktur, d.h. Siliciumatome mit Koordinationszahl 6.

Weitere Verbindungen, bei denen die Strukturtypen des SiO_2 vorkommen, sind H_2O und BeF_2. Eis kristallisiert normalerweise hexagonal im Tridymit-Typ (Eis I_h), wobei die Sauerstoffatome die Si-Lagen des Tridymits einnehmen, während sich die Wasserstoffatome zwischen je zwei Sauerstoffatomen befinden. Ein H-Atom ist jeweils etwas auf eines der O-Atome zugerückt, d.h. es gehört zu einem H_2O-Molekül und ist an einer H-Brücke zu einem anderen H_2O-Molekül beteiligt. Wenn Eis unterhalb von −140°C aus der Gasphase kristallisiert, bildet sich Eis I_c, das kubisch ist und dem Cristobalit entspricht. Unter Druck können weitere neun Modifikationen erhalten werden, von denen einige anderen SiO_2-Modifikationen entsprechen (z.B. Keatit; s. auch Phasendiagramm von H_2O, Abb. 8, S. 27).

So wie sich die Sphalerit-Struktur vom Diamant durch abwechselnden Ersatz von C- gegen Zn- und S-Atome ableiten läßt, können auch in den SiO_2-Strukturen die Si-Atome abwechselnd durch verschiedene Atome ersetzt sein. Beispiele: $AlPO_4$, $MnPO_4$, $ZnSO_4$. Auch die Cristobalit- oder Tridymit-Struktur mit aufgefüllten Hohlräumen kommt öfters vor. Außer den oben schon erwähnten Aluminosilicaten $Na[AlSiO_4]$ und $Na_3K[AlSiO_4]_4$ sind zum Beispiel $K[FeO_2]$ und die MILLONsche Base $[NHg_2]^+OH^-\cdot H_2O$ zu nennen.

Die großen Hohlräume im Cristobalitnetzwerk können auch noch auf eine andere Art gefüllt werden, nämlich durch ein zweites, gleichartiges Netzwerk, welches das erste Netzwerk durchdringt. Die Struktur des Cuprits, Cu_2O, hat diesen Aufbau. Man denke sich eine Cristobalit-Struktur, in der die Si-Lagen von O-Atomen eingenommen werden, die über Cu-Atome der Koordinationszahl 2 miteinander verbunden sind. Da der Bindungswinkel an einem Cu-Atom 180° beträgt, ist die Packungsdichte noch geringer als im Cristobalit selbst. In dem cristobalitartigen Gitter befindet sich ein zweites, genau gleiches Gitter, das gegen das erste Gitter versetzt ist (Abb. 62). Die beiden Gitter „schweben" ineinander, zwischen den beiden Teilstrukturen sind keine direkten Bindungen vorhanden. Dieser Aufbau wird ermöglicht, wenn die tetraedrisch umgebenen Atome über lineare Zwischengruppen wie –Cu– oder –Ag– (im isotypen Ag_2O) auf Distanz gehalten werden. Cyanidgruppen zwischen tetraedrisch koordinierten Zinkatomen Zn–C≡N–Zn wirken in der gleichen Art als Abstandhalter im $Zn(CN)_2$, das die gleiche Struktur hat.

11.6 Übungsaufgaben

11.1 Die Bindungslänge in β-SiC beträgt 188 pm. Für welche der folgenden Verbindungen sind längere, kürzere oder gleich lange Bindungen zu erwarten? BeO, BeS, BN, BP, AlN, AlP.

11.2 Stishovit ist eine Hochdruckmodifikation von SiO_2 mit Rutilstruktur. Sollten darin die Si–O-Bindungen länger oder kürzer als in Quarz sein?

11.3 AgCl hat NaCl-Struktur, AgI hat Sphalerit-Struktur. Könnte es Bedingungen geben, unter denen beide Verbindungen die gleiche Struktur haben?

11.4 Welche Koordinationszahl haben die Iodatome in β-Cu_2HgI_4?

11.5 Wenn gut kristallisiertes Hg_2C hergestellt werden könnte, welche Struktur sollte es dann haben?

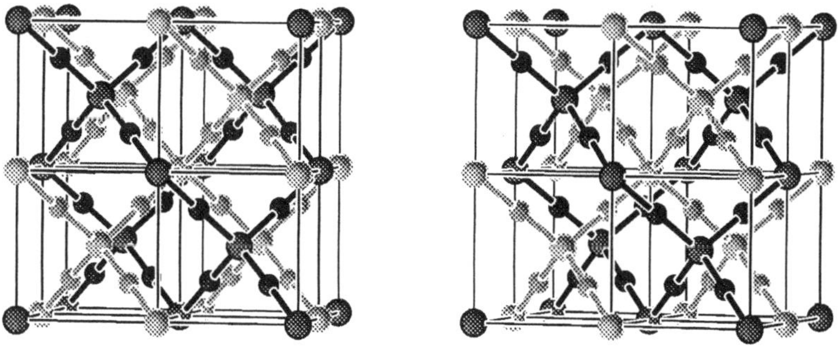

Abb. 62: Die Struktur von Cu_2O (Cuprit).Es sind acht Elementarzellen gezeigt, sie entsprechen einer Elementarzelle des Cristobalits. Das graue Netzwerk hat keine direkten Bindungen zum schwarzen Netzwerk (Stereobild)

12 Polyanionische und polykationische Verbindungen. Zintl-Phasen

Die in diesem Kapitel zunächst behandelten Verbindungen gehören zu den *normalen Valenzverbindungen*; das sind Verbindungen, welche die klassische Valenzvorstellung der stabilen Achterschalen erfüllen. Zu ihnen gehören nicht nur zahlreiche aus Nichtmetallen aufgebaute Molekülverbindungen, sondern auch Verbindungen aus Elementen, die im Periodensystem links von der ZINTL-Linie stehen, mit Elementen, die rechts davon stehen. Die ZINTL-Linie ist eine Grenzlinie, die im Periodensystem der Elemente zwischen der dritten und vierten Hauptgruppe verläuft. Solche Verbindungen sind nach klassischen Vorstellungen aus Ionen aufgebaut, zum Beispiel NaCl, K_2S, Mg_2Sn, Ba_3Bi_2. Der Zusammensetzung nach zu schließen, scheint das Konzept der Achterschalen aber häufig verletzt zu sein, zum Beispiel bei $CaSi_2$ oder NaP. Der Eindruck täuscht: auch hier gilt die Oktettregel noch, was durch die Ausbildung kovalenter Bindungen ermöglicht wird. Beim $CaSi_2$ sind die Si-Atome zu Schichten wie im grauen Arsen verknüpft (Si^- und As sind isoelektronisch), beim NaP bilden die Phosphoratome Spiralketten analog zum polymeren Schwefel (P^- und S sind isoelektronisch), die Anionen sind polymer. Ob bei einer Verbindung die Oktettregel erfüllt ist, kann nur entschieden werden, wenn ihre Struktur bekannt ist.

12.1 Die verallgemeinerte $(8-N)$-Regel

Das Oktettprinzip kann durch *die verallgemeinerte* $(8-N)$*-Regel* als Formel ausgedrückt werden (E. MOOSER & W.B. PEARSON [110]). Wir beschränken unsere Betrachtung hier auf binäre Verbindungen und setzen voraus:

1. X sei ein Element der vierten bis siebten Hauptgruppe des Periodensystems, d. h. ein Element, das bestrebt ist, durch Elektronenaufnahme die Elektronenkonfiguration des folgenden Edelgases zu erreichen (auch die schweren Elemente der dritten Hauptgruppe können dazu gehören). Ein X-Atom habe $e(\mathrm{X})$ Valenzelektronen.

2. Die zum Aufbau der Achterschale bei X erforderlichen Elektronen stellt das elektropositivere Element M zur Verfügung. Ein M-Atom habe $e(\mathrm{M})$ Valenzelektronen.

Um bei der Zusammensetzung M_mX_x die Achterschale bei den x X-Atomen zu erreichen, sind $8x$ Elektronen erforderlich:

$$m \cdot e(\mathrm{M}) + x \cdot e(\mathrm{X}) = 8x \tag{13}$$

Bilden sich kovalente Bindungen zwischen M-Atomen aus, so können nicht alle $e(\mathrm{M})$ Elektronen von M an X abgegeben werden, die Zahl $e(\mathrm{M})$ in Gleichung (13) muß um die Zahl $b(\mathrm{MM})$ der kovalenten Bindungen pro M-Atom verringert werden; verbleiben nichtbindende Elektronen (einsame Elektronenpaare) am M-Atom (wie z. B. bei Tl^+), dann muß $e(\mathrm{M})$ auch noch um die Anzahl E dieser Elektronen verringert werden. Andererseits benötigen die X-Atome weniger Elektronen, wenn sie sich kovalent miteinander verbinden; die Zahl $e(\mathrm{X})$ kann um die Zahl $b(\mathrm{XX})$ der kovalenten Bindungen pro X-Atom erhöht werden:

$$m[e(\mathrm{M}) - b(\mathrm{MM}) - E] + x[e(\mathrm{X}) + b(\mathrm{XX})] = 8x \tag{14}$$

Umformung dieser Gleichung ergibt:

$$\frac{m \cdot e(\mathrm{M}) + x \cdot e(\mathrm{X})}{x} = 8 + \frac{m[b(\mathrm{MM}) + E] - x \cdot b(\mathrm{XX})}{x} \tag{15}$$

Die *Valenzelektronenkonzentration pro Anion*, VEK(X), definieren wir als die Gesamtzahl *aller* vorhandenen Valenzelektronen bezogen auf die Zahl der Anionenatome:

$$\mathrm{VEK(X)} = \frac{m \cdot e(\mathrm{M}) + x \cdot e(\mathrm{X})}{x} \tag{16}$$

Durch Substitution von Gleichung (15) in Gleichung (16) und Auflösung nach $b(\mathrm{XX})$ erhalten wir:

$$b(\mathrm{XX}) = 8 - \mathrm{VEK(X)} + \frac{m}{x}[b(\mathrm{MM}) + E] \tag{17}$$

Gleichung (17) stellt die verallgemeinerte $(8-N)$-Regel dar. Gegenüber der einfachen $(8-N)$-Regel (S. 66) ist sie um das Glied $\frac{m}{x}[b(\mathrm{MM}) + E]$ erweitert, außerdem ist VEK(X) an Stelle der Hauptgruppennummer N getreten. Von Bedeutung sind folgende Sonderfälle:

1. Elemente. Für reine Elemente, die rechts von der ZINTL-Linie stehen, ist $m = 0$, VEK(X)$= e(\mathrm{X}) = N$, aus Gleichung (17) wird:

$$b(\mathrm{XX}) = 8 - \mathrm{VEK(X)} = 8 - N \tag{18}$$

Das ist nichts anderes als die einfache $(8-N)$-Regel. Beispiel: Im Schwefel $(N = 6)$ ist die Anzahl der kovalenten Bindungen pro S-Atom $b(\mathrm{SS}) = 8 - N = 2$.

2. Polyanionische Verbindungen. Häufig geben die M-Atome alle ihre Valenzelektronen an die X-Atome ab, d. h. es treten keine kovalenten Kation-Kation-Bindungen und keine nichtbindenden Elektronen an den Kationen auf, b(MM)=0 und $E = 0$. Aus Gleichung (17) wird dann:

$$b(\mathrm{XX}) = 8 - \mathrm{VEK(X)} \tag{19}$$

Das ist wieder die $(8 - N)$-Regel, jedoch nur für den Anionenteil der Verbindung. Beispiel: Na_2O_2; VEK(O) = 7; b(OO) = 8 − 7 = 1, es ist eine kovalente Bindung pro O-Atom vorhanden.

Die Analogie der Gleichungen (18) und (19) läßt uns erkennen:

Die geometrische Anordnung der Atome in einer polyanionischen Verbindung entspricht der Anordnung in den Strukturen der Elemente der vierten bis siebten Hauptgruppe, wenn die Zahl der kovalent gebundenen Nachbaratome b(XX) übereinstimmt. Nach dieser, von E. ZINTL vorgestellten und von W. KLEMM und E. BUSMANN weiterentwickelten Anschauung, wird der elektronegativere Partner einer Verbindung so behandelt, wie dasjenige Element, das über die gleiche Anzahl Elektronen verfügt. Die Aussage ist nichts anderes als ein Sonderfall der allgemeinen Regel, wonach isoelektronische Atomgruppierungen gleichartige Strukturen annehmen.

3. Polykationische Verbindungen. Vorausgesetzt, es treten keine kovalenten Bindungen zwischen den Anionenatomen auf, b(XX)=0, wird aus Gleichung (17):

$$b(\mathrm{MM}) + E = \frac{x}{m}[\mathrm{VEK(X)} - 8] \tag{20}$$

Bei Anwendung dieser Gleichung ist zu beachten, daß nach Gleichung (16) zur Berechnung von VEK(X) *alle* Valenzelektronen zu berücksichtigen sind, auch diejenigen, die an den M–M-Bindungen beteiligt sind.

Beispiel: Hg_2Cl_2; e(Hg) = 2; VEK(Cl) = 9; b(HgHg) = 1 (Rechnet man die 10 d-Elektronen am Hg-Atom als Valenzelektronen mit, dann ist VEK(Cl) = 19, $E = 10$, b(HgHg) = 1).

4. Einfache Ionenverbindungen, d. h. Verbindungen ohne kovalente Bindungen, b(MM)= b(XX) = $E = 0$. Aus Gleichung (17) wird:

$$\mathrm{VEK(X)} = 8$$

Das ist nichts anderes als das Konzept der Oktettregel.

Die Verbindungen lassen sich nun nach dem Zahlenwert von VEK(X) klassifizieren. Da b(MM), E und b(XX) keine negativen Zahlenwerte annehmen können, muß in Gleichung (19) VEK(X) kleiner als 8, in Gleichung (20) größer als 8 sein. Daraus folgt das Kriterium:

VEK(X)<8	polyanionisch
VEK(X)=8	einfach
VEK(X)>8	polykationisch

Da VEK(X) nach Gleichung (16) sehr leicht zu berechnen ist, können wir uns schnell einen Überblick über den Verbindungstyp machen, zum Beispiel:

polykationisch	VEK(X)	polyanionisch	VEK(X)	einfach ionisch	VEK(X)
Ti_2S	14	Ca_5Si_3	$7\frac{1}{3}$	Mg_2Sn	8
$MoCl_2$	10	Sr_2Sb_3	$6\frac{1}{3}$	Na_3P	8
$Cs_{11}O_3$	$9\frac{2}{3}$	CaSi	6	falsch:	
GaSe	9	KGe	5	InBi	8

Wie das letzte Beispiel zeigt, haben wir nur eine *Regel* abgeleitet. Im InBi liegen Bi–Bi-Kontakte und metallische Eigenschaften vor. Weitere Beispiele, bei denen die Regel nicht eingehalten wird, sind LiPb (Pb-Atome nur von Li umgeben) und K_8Ge_{46}. In letzterem sind alle Ge-Atome vierbindig, sie bilden ein weitmaschiges Gerüst, in dessen Hohlräume sich die K^+-Ionen befinden (Abb. 112, S. 230); die von den Kaliumatomen abgegebenen Elektronen werden nicht vom Germanium übernommen, sondern bilden ein Band. Es handelt sich gewissermaßen um eine feste Lösung, in der Germanium als „Lösungsmittel“ für K^+ und „solvatisierte“ Elektronen wirkt, ähnlich wie bei den Lösungen von Kalium in flüssigem Ammoniak. K_8Ge_{46} hat metallische Eigenschaften. Man kann im Sinne der $(8-N)$-Regel die metallischen Elektronen „einfangen“: im $K_8Ga_8Ge_{38}$, das die gleiche Struktur hat, werden die Elektronen des Kaliums für das Gerüst benötigt, es ist ein Halbleiter. Trotz der Ausnahmen hat sich das Konzept als sehr fruchtbar erwiesen, insbesondere zum Verständnis der ZINTL-Phasen.

12.2 Polyanionische Verbindungen, Zintl-Phasen

Tabelle 16 gibt eine Übersicht über einige binäre polyanionische Verbindungen in Abhängigkeit der Valenzelektronenkonzentration pro Anionenatom. Es sind nur Verbindungen mit ganzzahligen Werten für VEK(X) aufgeführt. Im Sinne der obengenannten Regel findet man für den anionischen Teil der Strukturen tatsächlich Bauprinzipien wie bei den Elementstrukturen mit entsprechender Zahl von Valenzelektronen. Die Vielfalt ist allerdings erheblich größer als bei den reinen Elementen, indem zum Beispiel bei dreibindigen Atomen nicht nur die Schichtenstrukturen wie bei Phosphor und Arsen vorkommen, sondern noch allerlei andere Verknüpfungsmuster

Tabelle 16: Beispiele für polyanionische Verbindungen mit ganzzahliger Valenzelektronenkonzentration pro Anionenatom

Beispiel	VEK(X)	*b*(XX)	Struktur des Anionenteils
Li_2S_2	7	1	S_2^{2-}-Paare wie bei Cl_2
FeS_2 $FeAsS$	7	1	S_2^{2-}- bzw. AsS^{3-}-Paare
NiP	7	1	P_2^{4-}-Paare
CaSi	6	2	Zickzackketten
LiAs	6	2	Spiralketten
$CoAs_3$	6	2	Vierringe As_4^{4-}
InP_3	6	2	Sechsringe P_6^{6-} (Sessel) wie im S_6
$CaSi_2$	5	3	gewellte Schichten wie im α-As
HD-$SrSi_2$	5	3	vernetzte Zickzackketten
K_4Ge_4	5	3	Tetraeder Ge_4^{4-} wie im P_4
CaC_2	5	3	C_2^{2-}-Paare wie im N_2
NaTl	4	4	diamantartig
$SrGa_2$	4	4	graphitartig

(Abb. 63). Dies erscheint verständlich, denn das Anionenteilgitter muß dem Platzbedarf der Kationen gerecht werden. So treten im $CaSi_2$ Schichten $(Si^-)_\infty$ wie im Arsen auf; $SrSi_2$ hat dagegen eine komplizierte Netzwerkstruktur mit dreibindigen Si-Atomen. Sowohl $CaSi_2$ wie auch $SrSi_2$ wandeln sich bei hohem Druck in den α-$ThSi_2$-Typ um, mit einem nochmals anderen Netzwerk aus dreibindigen Si-Atomen. Im Gegensatz zu den Erwartungen nach der $(8-N)$-Regel sind die Si-Atome im $SrSi_2$ und α-$ThSi_2$-Typ nicht pyramidal, sondern planar umgeben.

Bei zahlreichen Verbindungen ergeben sich Zahlenwerte für VEK(X), die nicht ganzzahlig sind; nach Gleichung (19) errechnen sich dann auch Bruchzahlen für die Anzahl *b*(XX) der kovalenten Bindungen. Dies kommt dann vor, wenn es im Anion strukturell ungleiche Atome gibt. Dies sei an folgenden Beispielen erläutert:

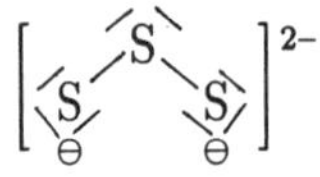

Na_2S_3: mit $\text{VEK(X)}=\frac{20}{3}$ ergibt sich $b\text{(XX)}=\frac{4}{3}$. Dies wird durch die Kettenstruktur des S_3^{2-}-Ions bedingt. Für die beiden endständigen Atome gilt b(XX)=1, für das mittlere b(XX)=2, im Mittel sind das $(2\cdot 1+2)/3=\frac{4}{3}$. Bei unverzweigten Ketten mit definierter Länge, z. B. bei Polysulfiden S_n^{2-}, ist 6 <VEK(X)< 7, sofern keine Mehrfachbindungen vorkommen (wenn Mehrfachbindungen auftreten, kann VEK(X)< 6 sein, z. B. beim Azid-Ion $\langle N{=}N{=}N\rangle^-$, VEK(N) = 5,33).

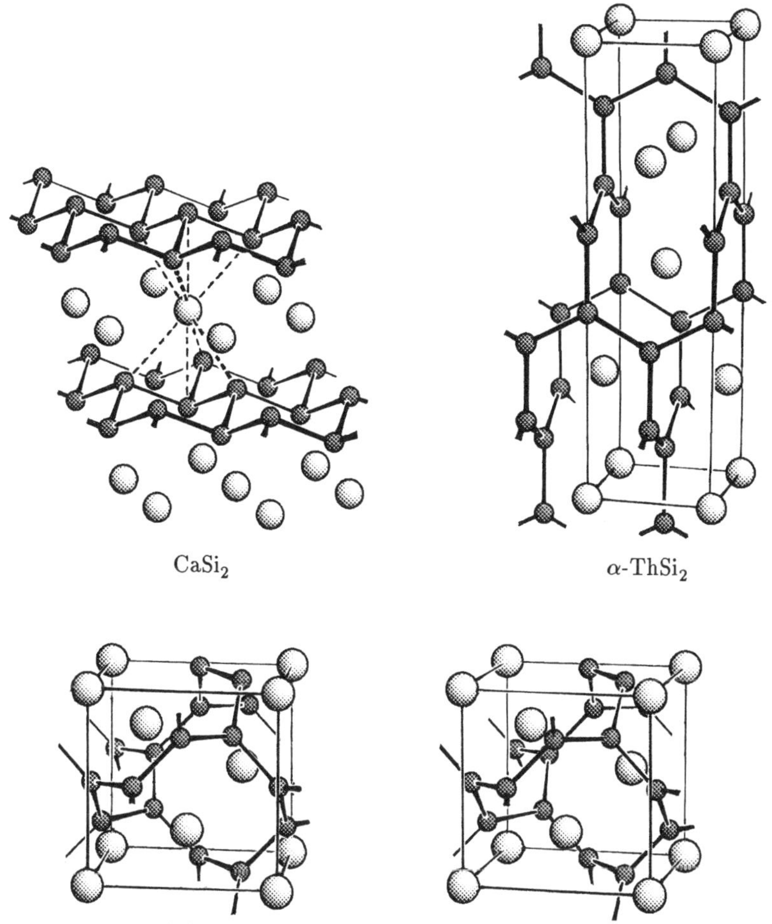

Abb. 63: Ausschnitte aus den Strukturen einiger Polysilicide mit dreibindigen Si-Atomen (Stereobild für $SrSi_2$)

Ba_3Si_4: VEK(X) $= \frac{11}{2}$, b(XX) $= \frac{5}{2}$. Ein Mittelwert von $2\frac{1}{2}$ kovalenten Bindungen pro Si-Atom wird erreicht, wenn die Hälfte der Si-Atome an zwei, die andere Hälfte an drei kovalenten Bindungen beteiligt ist. Dies entspricht der tatsächlichen Struktur.

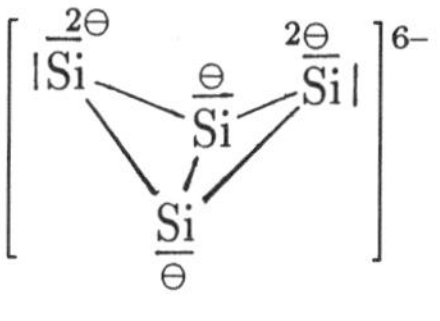

Die Anzahl der negativen Ladungen des Anions läßt sich auch folgendermaßen abzählen: Jedes Atom der N-ten Hauptgruppe, das an genau $8 - N$ kovalenten Bindungen beteiligt ist, erhält die Formalladung Null; für jede Bindung, die es weniger als $8 - N$ hat, erhält es eine negative Formalladung. Einem vierbindigen Siliciumatom wird also die Formalladung 0, einem dreibindigem $1\ominus$ und einem zweibindigen $2\ominus$ zugesprochen. Die Summe aller Formalladungen ergibt die Ionenladung.

Mitunter treten recht komplizierte Strukturen in der Anionenteilstruktur auf. So kennt man etwa 50 verschiedene binäre Polyphosphide nur von den Alkali- und Erdalkalimetallen, die zum Teil auch noch in verschiedenen Modifikationen auftreten, dazu kommen über 120 binäre Polyphosphide anderer Metalle [112]. Abb. 64 vermittelt einen Eindruck von der Strukturvielfalt. Neben einfachen Ketten und Ringen kommen Käfige vor, die zum Beispiel den Strukturen von Sulfiden wie As_4S_4 oder P_4S_3 entsprechen (jedes P-Atom, das an die Stelle eines S-Atoms tritt, ist als $P^{\ominus}$ zu rechnen). Schichtstrukturen können als Ausschnitte der Struktur des schwarzen Phosphors angesehen werden; wieder andere Strukturen entsprechen Bruchstücken aus der Struktur des HITTORFschen Phosphors. Nicht minder kompliziert ist die Vielfalt bei Polyarseniden, -antimoniden und -siliciden.

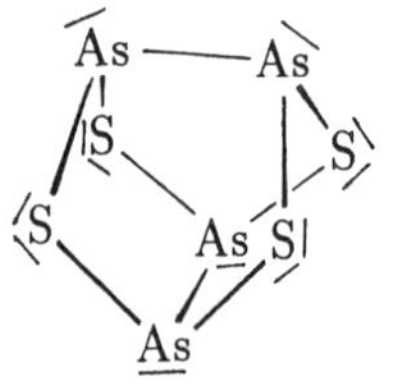

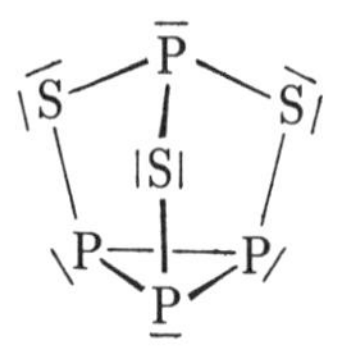

Binäre polyanionische Verbindungen lassen sich vielfach direkt aus den Elementen synthetisieren. Aus den Feststoffen können käfigförmige Anionen mitunter unzerstört herausgelöst werden, wenn ein Komplexligand für das Kation angeboten wird. Zum Beispiel können die Na^+-Ionen des Na_2Sn_5 in Kryptandenmoleküle eingefangen werden, $\rightarrow$ $[NaKrypt^+]_2Sn_5^{2-}$. Kryptanden wie $N(C_2H_4OC_2H_4OC_2H_4)_3N$ schließen das Alkaliion in ihrem Inneren ein. Während bei einigen der Käfig-Anionen die Bindungsverhältnisse im Sinne der vorstehenden Ausführungen klar sind, scheinen sie bei anderen nicht anwendbar zu sein. So entspricht die Ionenladung von P_7^{3-} oder As_{11}^{3-} genau der Anzahl der zweibindigen $P^{\ominus}$- bzw. $As^{\ominus}$-Atome (Abb. 64). Bei Sn_5^{2-} oder Sn_9^{4-} erscheint dies nicht so klar. So wurden für Sn_5^{2-} verschiedene Modelle entworfen; die 22 Valenzelektronen lassen sich genau unterbringen, wenn man Mehrzentrenbindungen wie bei Boranen annimmt, d.h. 6 ($= n + 1$, vgl. S. 172) Bindungen im Cluster sowie je ein einsames Elektronenpaar an jedem Zinnatom; sie lassen sich auch

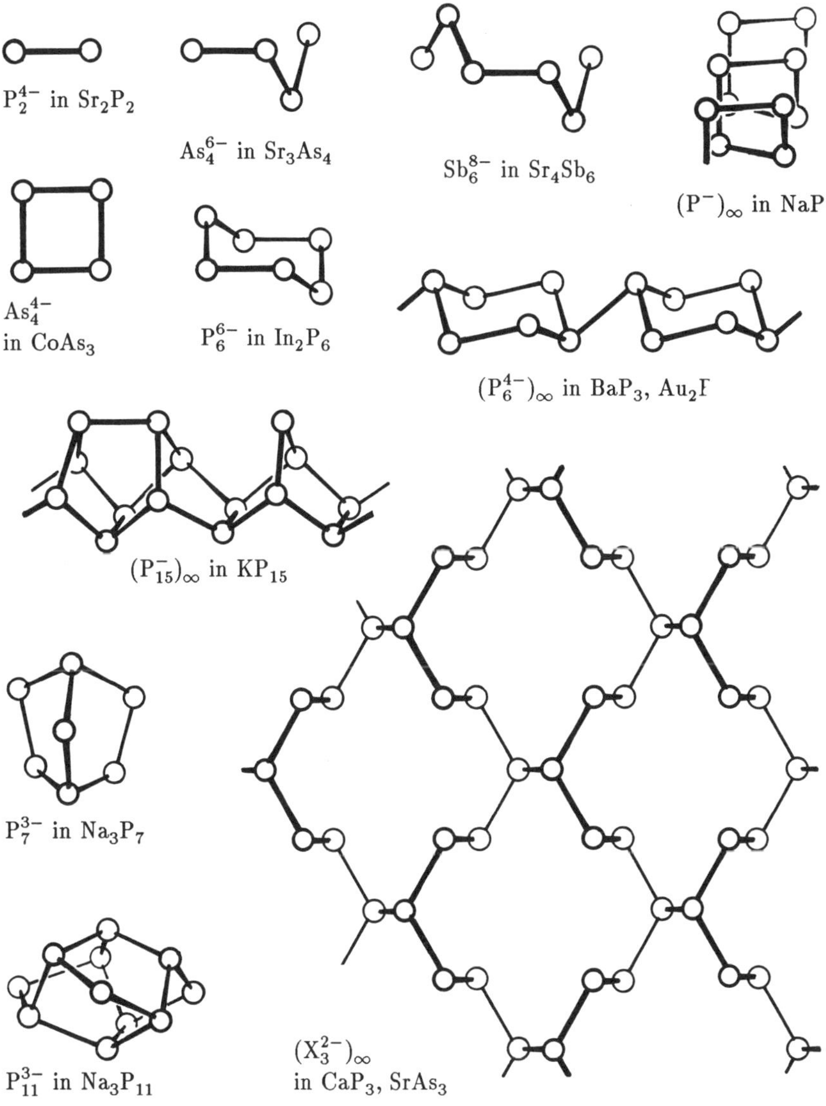

Abb. 64: Beispiele für Anionenteilstrukturen in Polyphosphiden, -arseniden und -antimoniden. Vergleiche dazu auch die Strukturen des HITTORFschen und des schwarzen Phosphors (S. 128)

unterbringen, wenn neben den einsamen Elektronenpaaren auf jeder der sechs Flächen der trigonalen Bipyramide eine *2e3c*-Bindung angenommen wird. Andererseits erscheint es widersprüchlich, die sonst nur für Elektronenmangelverbindungen erforderlichen Mehrzentrenbindungen bei einer Spezies anzunehmen, die gar keinen gravierenden Elektronenmangel hat (einsame Elektronenpaare!). Macht man sich von dem (berechtigten?) Vorurteil frei, alle pyramidal umgebenen Sn-Atome müßten ein nach außen weisendes einsames Elektronenpaar haben, so passen sich Sn_5^{2-} und Sn_9^{4-} zwanglos in die einfachen Valenzregeln ein: ein vierbindiges Sn-Atom ist ungeladen, ein dreibindiges mit einem einsamen Elektronenpaar hat eine negative Formalladung, ein fünfbindiges ohne einsames Elektronenpaar hat ebenfalls eine negative Formalladung (wobei das fünfbindige die Oktettregel verletzt):

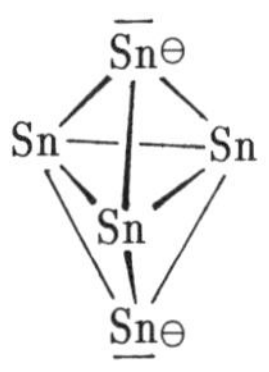

Sn_5^{2-}
trigonale
Bipyramide

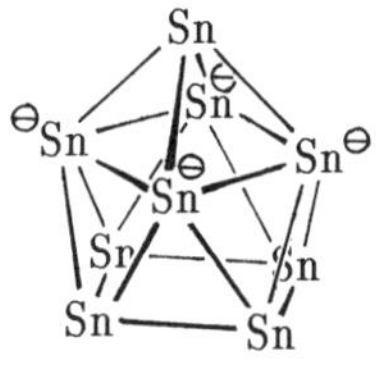

Sn_9^{4-}
überkapptes
quadratisches Antiprisma

Der Zusammenhang zwischen Struktur, Stabilität, Bindung und Zahl der Elektronen ist bei Polyanionen dieser Art keineswegs klar [113]. So hat das Ion Sn_9^{3-} die Struktur eines dreifach überkappten trigonalen Prismas, ebenso wie das Ion Bi_9^{5+}, das isoelektronisch zum Sn_9^{4-} ist [122]. Auch ein Ge_9^{2-} mit ähnlicher Struktur ist bekannt.

Zintl-Phasen

Viele der vorstehend erwähnten Verbindungen sind Vertreter der **Zintl-Phasen**. Darunter versteht man Verbindungen mit einer elektropositiven, kationischen Komponente (Alkalimetall, Erdalkalimetall, Lanthanoid) und einer anionischen Komponente aus Hauptgruppenelementen mit mäßig großer Elektronegativität. Die anionische Teilstruktur erfüllt das einfache Konzept der normalen Valenzverbindungen, trotzdem sind die Verbindungen aber nicht salzartig, sondern haben metallische Eigenschaften, insbesondere metallischen Glanz. „Vollwertige“ Metalle sind sie allerdings meist nicht, denn statt metallisch duktil zu sein, sind viele von ihnen spröde.

Soweit die elektrischen Eigenschaften untersucht wurden, fand man vielfach Halbleitereigenschaften. Hier zeigt sich eine Analogie zu den halbmetallischen Elementen: in den Strukturen von Germanium, α-Zinn, Arsen, Antimon, Bismut, Selen und Tellur erkennt man die $(8 - N)$-Regel; obwohl diese Elemente somit als „normale Valenzverbindungen" angesprochen werden können, zeigen sie metallischen Glanz, sie sind jedoch spröde und elektrische Halbleiter bzw. mäßig gute metallische Leiter.

Klassisches Beispiel einer ZINTL-Phase ist die Verbindung NaTl, die als Na^+Tl^- aufgefaßt werden kann und bei der das Thallium-Teilgitter Diamant-Struktur hat (Abb. 65). Im NaTl sind die Tl–Tl-Bindungen bedeutend kürzer als die Kontaktabstände im metallischen Thallium (324 statt 343 pm, allerdings bei kleinerer Koordinationszahl). Trotz gleicher Valenzelektronenkonzentration bilden die Ga^--Teilchen im $SrGa_2$ keine diamantartige Struktur, sondern Schichten wie im Graphit (AlB_2-Typ; AlB_2 selbst erfüllt die Oktettregel nicht). Alle in Tab. 16 aufgeführten Verbindungen mit Ausnahme von Li_2S_2 und CaC_2 sind ZINTL-Phasen (man denke an den goldglänzenden Pyrit, FeS_2). Die Zahl der bekannten ZINTL-Phasen ist sehr groß; viele von ihnen wurden von HERBERT SCHÄFER, H.G.V. SCHNERING und J.D. CORBETT untersucht [113, 118, 119, 120, 121, 122].

Auch in manchen ternären ZINTL-Phasen lassen sich die Bauprinzipien der Elementstrukturen wiederfinden. Zum Beispiel liegen im KSnSb $(SnSb^-)_\infty$-Schichten vor wie im α-Arsen. In anderen ternären ZINTL-Phasen sind die anionischen Teilstrukturen so aufgebaut wie Halogeno- oder Oxo-Anionen oder wie die Moleküle in Halogenverbindungen [119].

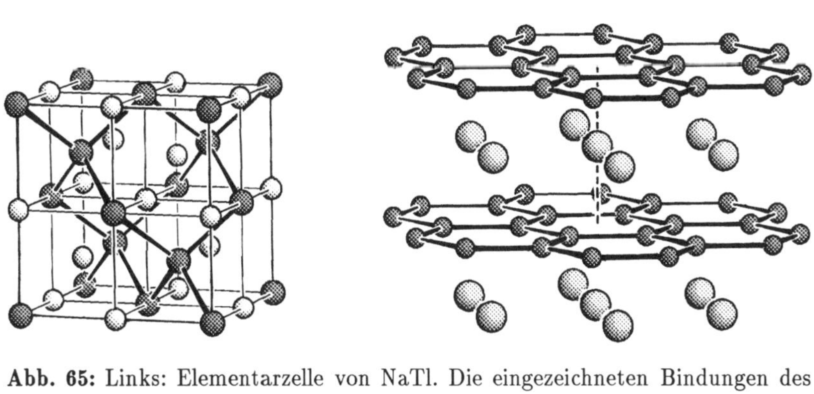

Abb. 65: Links: Elementarzelle von NaTl. Die eingezeichneten Bindungen des Thallium-Teilgitters entsprechen den C–C-Bindungen im Diamant. Rechts: Ausschnitt aus der Struktur von $SrGa_2$ (AlB_2-Typ)

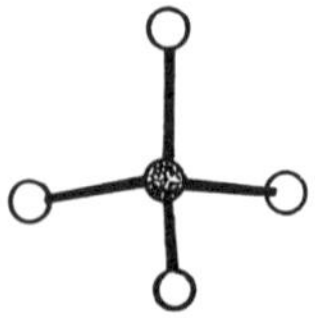

$SiAs_4^{8-}$ in Ba_4SiAs_4

$Al_2Sb_6^{12-}$ in $Ba_6Al_2Sb_6$

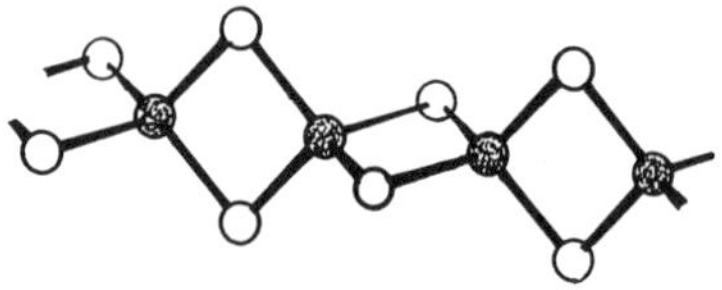

$(SiP_2^{2-})_\infty$ in K_2SiP_2

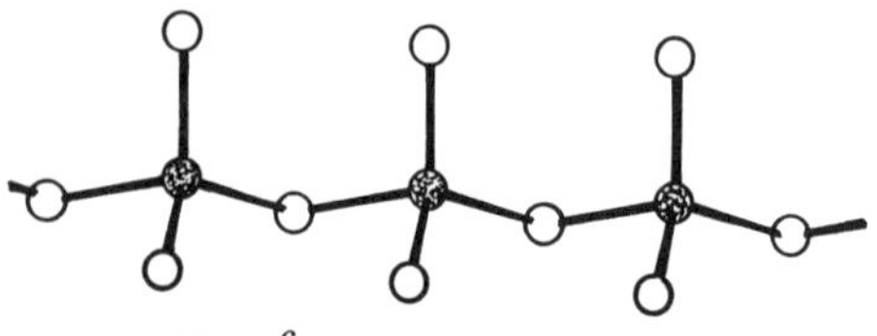

$(AlAs_3^{6-})_\infty$ in Ca_3AlAs_3

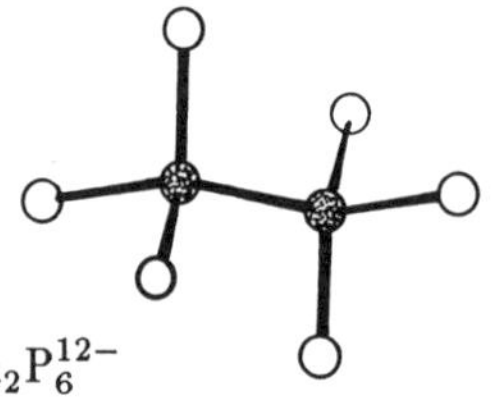

$Sn_2P_6^{12-}$ in $Ba_6Sn_2P_6$

Abb. 66: Beispiele für Anionenteilstrukturen in ternären ZINTL-Phasen

Im Ba_4SiAs_4 sind zum Beispiel tetraedrische $SiAs_4^{8-}$-Teilchen vorhanden, die isoster zu $SiBr_4$-Molekülen sind. Im Ba_3AlSb_3 liegen dimere Gruppen $Al_2Sb_6^{12-}$ vor, mit einer Struktur wie im Al_2Cl_6-Molekül (Abb. 66). Ca_3AlAs_3 enthält polymere Ketten von verknüpften Tetraedern $(AlAs_3^{6-})_\infty$ wie in Kettensilicaten $(SiO_3^{2-})_\infty$. Statt polymerer Ketten wie im $(SiO_3^{2-})_\infty$ können auch monomere Ionen vorkommen, die dem Carbonat-Ion CO_3^{2-} entsprechen, z.B. SiP_3^{5-}-Ionen im $Na_3K_2SiP_3$. Die Verbindung $Ca_{14}AlSb_{11}$ $= [Ca^{2+}]_{14}[Sb^{3-}]_4[Sb_3^{7-}][AlSb_4^{9-}]$ enthält dreierlei Anionen, nämlich Einzelionen Sb^{3-}, Ionen Sb_3^{7-}, die isoster zum I_3^- sind, und tetraedrische $AlSb_4^{9-}$-Ionen. $Ba_6Sn_2P_6$ enthält $Sn_2P_6^{12-}$-Teilchen mit Sn–Sn-Bindung, ihre Struktur entspricht der von Ethan. Auch komplizierte Kettenstrukturen und dreidimensionale Netzwerke sind bekannt und erinnern an die Vielfalt der Strukturen bei den Silicaten; die Variationsmöglichkeiten sind aber weit größer als bei den Silicaten, weil der anionische Teil nicht nur auf die Verknüpfung von SiO_4-Tetraedern beschränkt ist.

Das fast primitiv anmutende Oktett-Prinzip, das sich mit großem Erfolg auf die halbmetallischen ZINTL-Phasen anwenden läßt, kann theoretisch (mit viel Rechenaufwand) untermauert werden. Das Ausweichen von einem metallischen Zustand mit delokalisierten Elektronen auf stärker lokalisierte Elektronen in der anionischen Teilstruktur ist als PEIERLS-Verzerrung aufzufassen (vgl. Abschnitt 9.4).

Nicht der Oktettregel gehorchende Polyanionen

Die verallgemeinerte $(8-N)$-Regel kann nur solange gelten, wie die Atome des elektronegativeren Elements das Oktettprinzip einhalten. Vor allem von den schwereren Nichtmetallen ist uns die Mißachtung dieses Prinzips geläufig. Ein Beispiel bieten die Polyhalogenide. Von diesen zeigen die Polyiodide die größte Vielfalt. Sie können als Assoziate von I_2-Molekülen mit I^--Ionen aufgefaßt werden, mit geschwächter Bindung im I_2 und relativ schwacher Bindung zwischen I_2 und I^- (Abb. 67). Die Strukturen gehorchen den GILLESPIE-NYHOLM-Regeln. Dies gilt auch für Polytelluride, bei denen man die Assoziation zu größeren Baueinheiten findet [117]; das Te_5^{6-}-Ion ist zum Beispiel quadratisch wie das BrF_4^--Ion (Abb. 68).

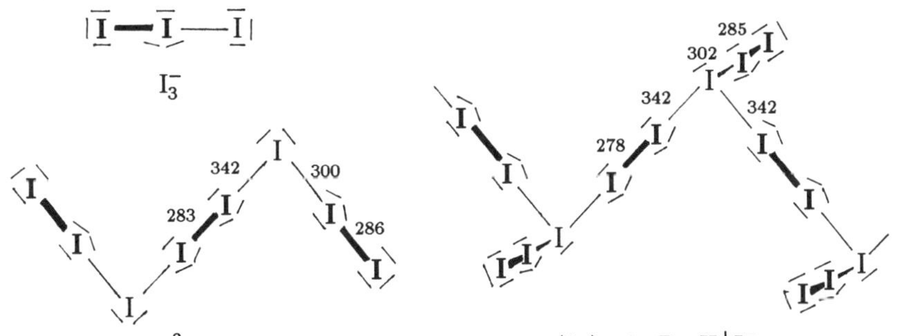

I_8^{2-} in Cs_2I_8 $(I_5^-)_\infty$ in $PyrH^+I_5^-$

Abb. 67: Strukturen einiger Polyiodide. Die I_2-Baueinheiten sind fett gedruckt. Abstandsangaben in pm. Vergleichswerte: Molekül I—I 268 pm, VAN-DER-WAALS-Abstand I···I 396 pm

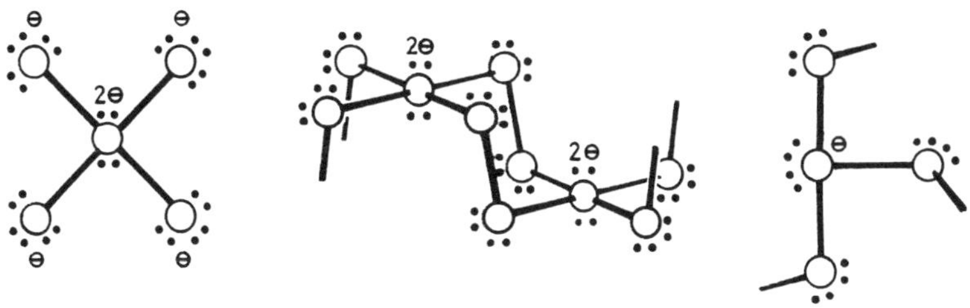

Te_5^{6-} in Ga_2Te_5 $(Te_5^{2-})_\infty$ in Cs_2Te_5 $(Te_4^-)_\infty$ in $CsTe_4$

Abb. 68: Strukturen einiger Polytelluride. Einsame Elektronenpaare sind als Doppelpunkte angedeutet. Vom Te_5^{2-} kennt man auch einfache Kettenstrukturen wie im S_5^{2-}

12.3 Polykationische Verbindungen

Die Zahl der bekannten polykationischen Verbindungen von Hauptgruppenelementen ist weit geringer als die der polyanionischen Verbindungen. Beispiele sind die Kationen der Chalkogene wie S_4^{2+}, S_8^{2+}, Se_{10}^{2+} oder Te_6^{4+}, die dann entstehen, wenn die Elemente unter oxidierenden Bedingungen mit Lewis-Säuren reagieren [111]. Die Ionen S_4^{2+}, Se_4^{2+} und Te_4^{2+} haben eine quadratische Struktur, die sich unter Annahme eines 6π-Elektronensystems verstehen lassen.

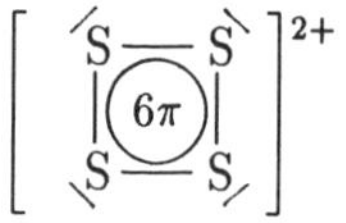

Die Strukturen von S_8^{2+} und Se_8^{2+} lassen sich im Sinne der $(8-N)$-Regel interpretieren: quer durch einen S_8-Ring wird eine Bindung geknüpft, womit zwei der Atome dreibindig werden und je eine positive Formalladung erhalten (Abb. 69). Die neue Bindung ist allerdings auffällig lang (283 pm im Vergleich zu 205 pm für die übrigen Bindungen), doch ist das Auftreten von abnorm langen S–S-Bindungen auch bei einigen anderen Schwefelverbindungen bekannt. Ganz im Sinne der $(8-N)$-Regel ist auch die Struktur des $Te_3S_3^{2+}$-Ions zu verstehen, während die trigonal-prismatische Struktur des Te_6^{4+}-Ions nicht in das Konzept paßt (seine Struktur würde zu einem Te_6^{6+} passen). Beim Te_6^{4+} fallen die unterschiedlich langen Bindungen auf (Abb. 69); da eine Bindung weniger vorhanden sein sollte, wird der Eindruck erweckt, als könne sich das Ion nicht „entscheiden", welche der drei langen Bindungen zu lösen ist, im Sinne einer Mesomerie von zwei Bindungen, die sich auf die drei Prismenkanten verteilen. Es gibt noch weitere Polykationen, deren Bindungsverhältnisse nicht völlig klar sind, wie zum Beispiel das zum Sn_9^{4-} isoelektronische Bi_9^{5+} (vgl. S. 158).

Im weiteren Sinn kann man auch viele Clusterverbindungen zu den polykationischen Verbindungen zählen, die wegen ihrer Vielfalt im nächsten Abschnitt gesondert behandelt werden.

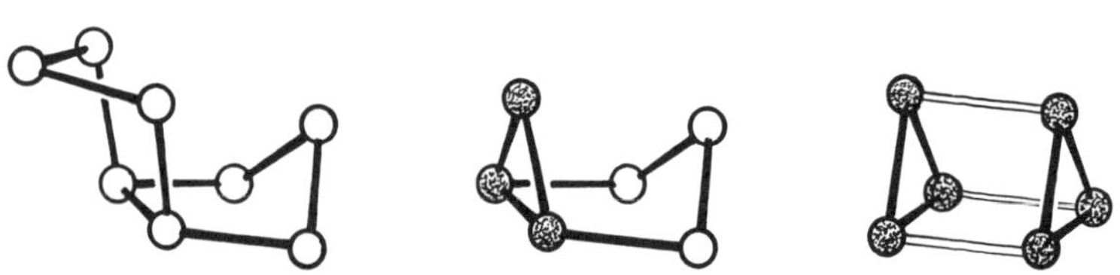

Abb. 69: Strukturen der Ionen S_8^{2+}, $Te_3S_3^{2+}$ und Te_6^{4+}

12.4 Clusterverbindungen

Wenn sich Atome über kovalente Bindungen miteinander verbinden, so dient dies zum Ausgleich für die Elektronen, die zum Erreichen der Elektronenkonfiguration des im Periodensystems folgenden Edelgases fehlen. Durch das gemeinsame Elektronenpaar zwischen zwei Atomen gewinnt jedes der beteiligten Atome ein Elektron in seiner Valenzschale. Da zwei Elektronen die beiden „Zentren" (Atome) verbinden, spricht man von einer Zwei-Elektronen-zwei-Zentren- oder kurz $2e2c$-Bindung. Wenn für ein Element nicht genügend Partneratome eines anderen Elements verfügbar sind, um zur Elektronenbilanz beizutragen, so verbinden sich Atome des gleichen Elements miteinander, so wie dies bei den polyanionischen Verbindungen oder bei den zahllosen organischen Verbindungen der Fall ist. Bei den meisten polyanionischen Verbindungen stehen genügend Elektronen zur Verfügung, um den Elektronenbedarf der Atome über $2e2c$-Bindungen abzudecken. Dementsprechend ist die erweiterte $(8 - N)$-Regel bei polyanionischen Verbindungen weitgehend erfüllt.

Für elektropositivere Elemente, die von vornherein über eine geringere Zahl von Valenzelektronen verfügen, und die außerdem noch Elektronen an einen elektronegativeren Partner abgeben mußten, ist die Zahl der verfügbaren Elektronen dagegen knapp bemessen. Auf zwei Wegen können sie zu mehr Elektronen kommen: soweit es geht, durch Komplexbildung, d.h. durch Anlagerung von Liganden, oder durch Zusammenschluß miteinander. Dabei kann es zur Bildung von Clustern kommen. Unter einem Cluster versteht man eine Anhäufung von drei oder mehr direkt miteinander verbundenen Atomen des gleichen Elements oder einander ähnlicher Elemente. Wenn durch die Atomanhäufung genügend viele Elektronen verfügbar sind, um jeder Verbindungslinie zwischen zwei benachbarten Atomen ein Elektronenpaar zuzuweisen, so kann jede dieser Linien im Sinne der Valenzstrichformeln als $2e2c$-Bindung aufgefaßt werden. Solche Cluster werden zuweilen als „elektronenpräzise" bezeichnet.

Wenn die Valenzelektronenkonzentration zu klein ist (bei Hauptgruppenelementen VEK< 4), reichen kovalente $2e2c$-Bindungen nicht aus, um den Elektronenmangel zu überwinden; man spricht dann von Elektronenmangelverbindungen. In diesem Fall bieten *Mehrzentrenbindungen* Abhilfe; bei einer Zwei-Elektronen-drei-Zentren-Bindung ($2e3c$) teilen sich drei Atome ein Elektronenpaar. Auch eine noch größere Anzahl von Atomen kann sich ein Elektronenpaar teilen. Je mehr Atome an einer solchen Bindung beteiligt sind, desto schwächer ist das einzelne Atom gebunden. In einer $2e3c$-

Bindung hält sich das Elektronenpaar in der Mitte des Dreiecks auf, das von den drei Atomen aufgespannt wird:

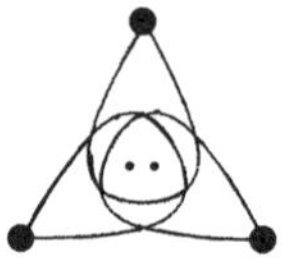

Der Aufenthaltsort von Elektronen, die mehr als drei Zentren verbinden, läßt sich nicht mehr so einfach beschreiben. Die einfachen, anschaulichen Modelle müssen hier der theoretischeren Behandlung durch die Molekülorbital-Theorie weichen. Für Clusterverbindungen können mit ihrer Hilfe jedoch bestimmte Elektronen-Abzählregeln abgeleitet werden, die, mit Einschränkungen, eine Beziehung zwischen Struktur und Anzahl der Elektronen herstellen.

Geschlossene, „einschalige“, konvexe Cluster werden *closo*-Cluster genannt; ihre Atome bilden ein Polyeder. Sofern das Polyeder nur dreieckige Flächen hat, nennt man es auch ein „Deltaeder“. Je nach der Anzahl der verfügbaren Elektronen können wir vier Bindungsmuster für *closo*-Cluster unterscheiden:

1. Elektronenpräzise Cluster mit einem Elektronenpaar pro Polyederkante;
2. Cluster mit je einer 2*e*3*c*-Bindung pro dreieckiger Fläche;
3. Cluster, die den auf Seite 171 erläuterten WADE-Regeln gehorchen;
4. Cluster, auf die keines der genannten Muster paßt.

Elektronenpräzise Cluster

Außer dem Molekül P_4 und polyanionischen Clustern wie Si_4^{4-} oder As_7^{3-}, die wir im Abschnitt 12.2 besprochen haben, gehören organische Käfigmoleküle zu den elektronenpräzisen Clustern, zum Beispiel Tetraedran (C_4R_4), Prisman (C_6H_6), Cuban (C_8H_8), Dodecaedran ($C_{20}H_{20}$).

Es gibt auch bei den elektronenreicheren Nebengruppenelementen (ab der sechsten Nebengruppe) zahlreiche Cluster mit Elektronenzahlen, die genau ein Elektronenpaar pro Polyederkante ergeben. Jedes Clusteratom erhält außerdem Elektronen von koordinierten Liganden, wobei die Tendenz besteht, auf 18 Elektronen pro Atom zu kommen. Zum Abzählen der

Elektronen ist es am einfachsten, von ungeladenen Metallatomen und ungeladenen Liganden auszugehen. Liganden wie NH_3, PR_3, CO stellen zwei Elektronen zur Verfügung. Nicht verbrückende Halogenatome, H-Atome und Reste wie SiR_3 stellen ein Elektron zur Verfügung (bei Halogenatomen läuft dies auf das gleiche hinaus, wie einen Hal^--Liganden anzunehmen, der zwei Elektronen zur Verfügung stellt, zuvor aber ein Elektron von einem Metallatom erhalten hat). Ein μ_2-verbrückendes Halogenatom stellt drei Elektronen zur Verfügung (eines wie zuvor plus eines seiner einsamen Elektronenpaare), bei einem μ_3-verbrückenden Halogenatom sind es fünf Elektronen. In Tab. 17 ist für einige Liganden aufgezählt, mit wie vielen Elektronen sie zu berücksichtigen sind.

Zählt man die von den Liganden stammenden Elektronen und die Valenzelektronen der n Metallatome des M_n-Clusters zur Gesamtelektronenzahl g zusammen, dann errechnet sich die Anzahl der M–M-Bindungen (Polyederkanten) zu:

$$\text{Hauptgruppenelement-Cluster:} \quad b = \frac{1}{2}(8n - g) \qquad (21)$$

$$\text{Nebengruppenelement-Cluster:} \quad b = \frac{1}{2}(18n - g) \qquad (22)$$

Tabelle 17: Anzahl der Elektronen, die von Liganden in Komplexen zur Verfügung gestellt werden, wenn die Metallatome als Neutralatome gezählt werden. μ_1 = terminaler Ligand, μ_2 = zweifach, μ_3 = dreifach verbrückender Ligand; *int* = eingelagertes (interstitielles) Atom im Inneren des Clusters

Ligand		Elektronen	Ligand		Elektronen
H	μ_1	1	NR_3	μ_1	2
H	μ_2	1	NCR	μ_1	2
H	μ_3	1	NO	μ_1	3
CO	μ_1	2	PR_3	μ_1	2
CO	μ_2	2	OR	μ_1	1
CS	μ_1	2	OR	μ_2	3
CR_2	μ_1	2	OR_2	μ_1	2
η^2-C_2R_4	μ_1	2	O, S, Se, Te	μ_1	0
η^2-C_2R_2	μ_1	2	O, S, Se, Te	μ_2	2
η^5-C_5R_5	μ_1	5	O, S, Se, Te	μ_3	4
η^6-C_6R_6	μ_1	6	O, S	*int*	6
C	*int*	4	F, Cl, Br, I	μ_1	1
SiR_3	μ_1	1	F, Cl, Br, I	μ_2	3
N, P	*int*	5	Cl, Br, I	μ_3	5

Dieses Berechnungsmuster wird auch „EAN-Regel“ genannt (effective atomic number rule [108]). Es gilt für beliebige Metallcluster (*closo* und andere), wenn die Anzahl der Elektronen ausreicht, um jeder M–M-Verbindungslinie ein Elektronenpaar zuzuweisen und wenn die Oktettregel bzw. die 18-Elektronen-Regel für die Metallatome erfüllt ist. Die so berechnete Zahl b der Bindungen ist ein Grenzwert: die Zahl der Polyederkanten des Clusters kann größer oder gleich b sein, aber nie kleiner. Wenn sie gleich ist, ist der Cluster „elektronenpräzise“.

Da ein M-Atom pro M–M-Bindung ein Elektron gewinnt, kann man auch so rechnen: für die Gesamtzahl g der Valenzelektronen des Clusters muß gelten:

$$\text{Hauptgruppenelement-Cluster:} \quad g = 7n_1 + 6n_2 + 5n_3 + 4n_4 \qquad (23)$$

$$\text{Nebengruppenelement-Cluster:} \quad g = 17n_1 + 16n_2 + 15n_3 + 14n_4 \qquad (24)$$

Dabei ist n_1, n_2, n_3 und n_4 die Anzahl der Polyederecken, an denen 1, 2, 3 bzw. 4 Polyederkanten (M–M-Bindungen) zusammentreffen. Polyeder mit fünf oder mehr Kanten pro Ecke sind im allgemeinen nicht elektronenpräzise (daher kommen keine Zahlen $n_5, n_6, \ldots$ in den Gleichungen vor). Für einige einfache Polyeder erwartet man somit folgende Elektronenzahlen:

	H.G.-Elemente	N.G.-Elemente
Dreieck	18	48
Tetraeder	20	60
Oktaeder	–	84
Trigonales Prisma	30	90
Würfel	40	120

Zur Übung sei empfohlen, die Zahlen für einige der polyanionischen Verbindungen aus dem Abschnitt 12.2 nachzurechnen. Weitere Beispiele:

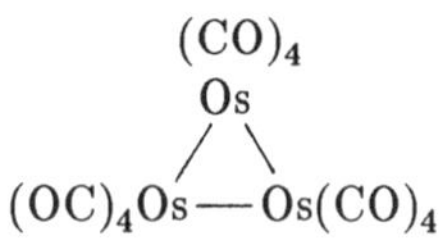

$Os_3(CO)_{12}$ 3 Os $3 \cdot 8 = 24$
12 CO $12 \cdot 2 = 24$
$g = 48 = 16n_2$

$b = \frac{1}{2}(18 \cdot 3 - 48) = 3$

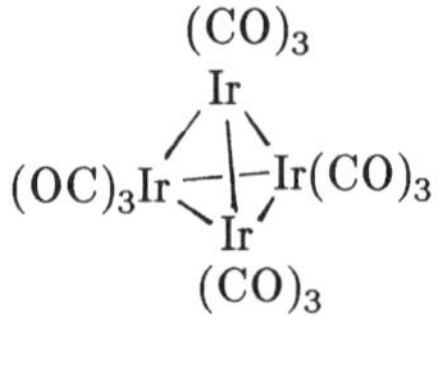

$Ir_4(CO)_{12}$ 4 Ir $4 \cdot 9 = 36$
12 CO $12 \cdot 2 = 24$
$g = 60 = 15n_3$

$b = \frac{1}{2}(18 \cdot 4 - 60) = 6$

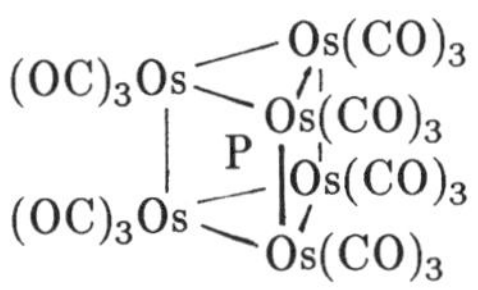

$[Os_6(CO)_{18}P]^-$	6 Os	$6 \cdot 8 = 48$	
	18 CO	$18 \cdot 2 = 36$	
	P	5	
	Ladung	1	
	$g =$	90	$= 15n_3$

$b = \frac{1}{2}(18 \cdot 6 - 90) = 9$

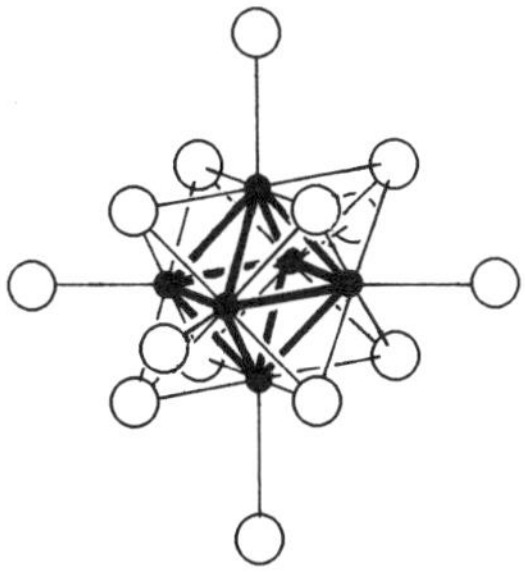

$[Mo_6Cl_{14}]^{2-}$	6 Mo	$6 \cdot 6 = 36$	
	8 μ_3-Cl	$8 \cdot 5 = 40$	
	6 μ_1-Cl	$6 \cdot 1 = 6$	
	Ladung	2	
	$g =$	84	$= 14n_4$

$b = \frac{1}{2}(18 \cdot 6 - 84) = 12$

Der letztgenannte Cluster, $[Mo_6Cl_{14}]^{2-}$, kommt auch im $MoCl_2$ vor. In ihm befindet sich ein Mo_6-Oktaeder in einem Cl_8-Würfel, jedes der acht Cl-Atome des Würfels befindet sich über einer Oktaederfläche und ist an drei Molybdänatome koordiniert (Abb. 70). Diese Einheit ist als $[Mo_6Cl_8]^{4+}$ zu formulieren, in ihr fehlen jedem Mo-Atom noch zwei Elektronen, um auf 18 zu kommen. Sie werden von den sechs Cl^- zur Verfügung gestellt, die an die Oktaederecken gebunden sind. Im $MoCl_2$ ist dies auch so, aber pro Cluster sind nur vier Cl^- vorhanden, von denen jedoch zwei verbrückend wirken und gleichzeitig an zwei Cluster koordiniert sind, entsprechend der Schreibweise $[Mo_6Cl_8]Cl_{2/1}Cl_{4/2}$ (Abb. 70).

Ganz ähnlich ist die Situation in den CHEVREL-Phasen [123, 124, 125]. Bei diesen handelt es sich um ternäre Molybdänchalkogenide $A_x[Mo_6X_8]$ (A = Metall, X = S, Se), die wegen ihrer physikalischen Eigenschaften, insbesondere als Supraleiter, viel Aufmerksamkeit gefunden haben. Die „Urphase" ist das $PbMo_6S_8$, bei dem Mo_6S_8-Cluster assoziiert sind, so daß Schwefelatome benachbarter Cluster die noch freien Koordinationsstellen des Clusters einnehmen (Abb. 71). Die elektrischen Eigenschaften der CHEVREL-Phasen hängen von der Anzahl der Valenzelektronen ab. Mit 24 Elektronen pro Cluster (je ein Elektronenpaar pro Kante des Mo_6-Oktaeders) ist das Valenzband vollständig gefüllt, die Verbindungen sind Halbleiter, wie zum Beispiel das $(Mo_4Ru_2)Se_8$ (bei dem im Cluster zwei der Molybdänatome durch Rutheniumatome substituiert sind). Im $PbMo_6S_8$ sind nur 22 Elektronen pro Cluster vorhanden, die „Elektronenlöcher"

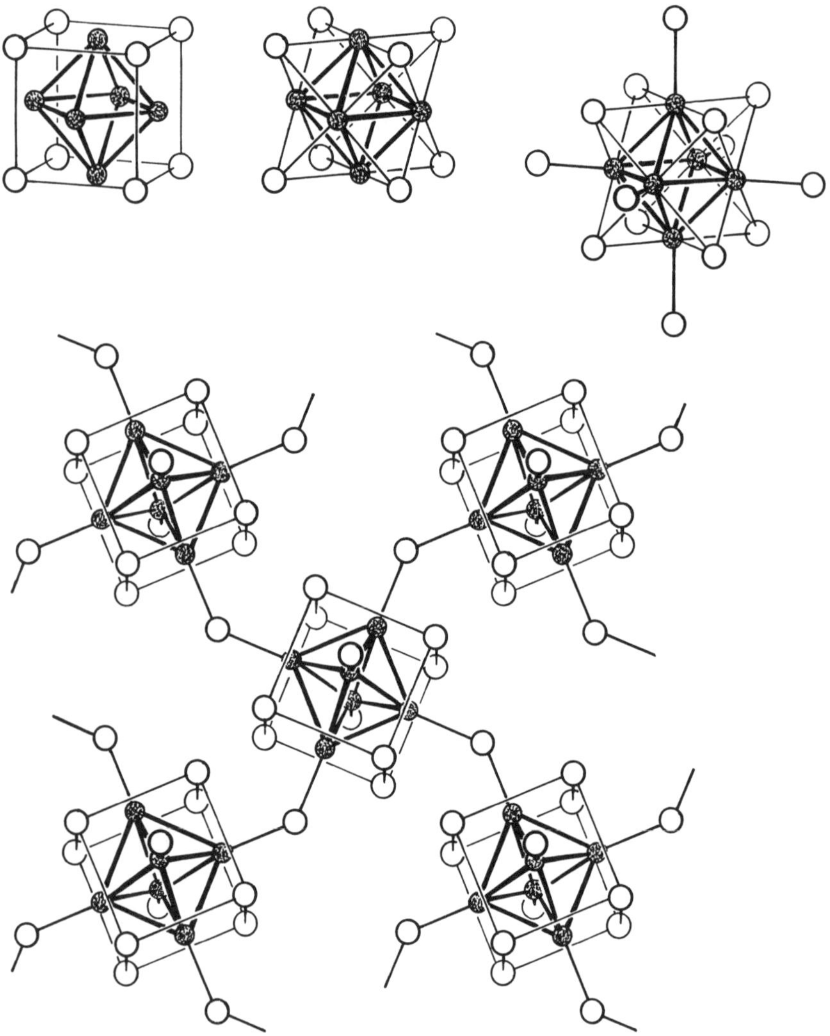

Abb. 70: Oben: Zwei Darstellungen des $[Mo_6Cl_8]^{4+}$-Clusters und die Struktur des $[Mo_6Cl_{14}]^{2-}$-Ions. Unten: Verknüpfung von Mo_6Cl_8-Clustern über Chloratome zu einer Schicht im Mo_6Cl_{12}

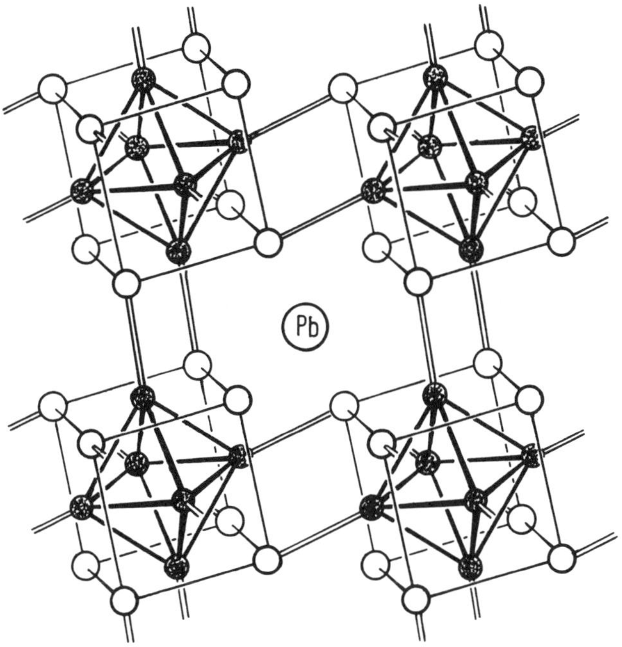

Abb. 71: Assoziation der Mo_6S_8-Cluster in der CHEVREL-Phase $PbMo_6S_8$

ermöglichen eine größere elektrische Leitfähigkeit; es wird unterhalb von 14 K supraleitend. Durch den Einbau von anderen Elementen in den Cluster und durch die Wahl des als Elektronendonor wirkenden Elements A läßt sich die Zahl der Elektronen im Cluster innerhalb gewisser Grenzen (20 bis 24 Gerüstelektronen) variieren. Bei den kleineren Elektronenzahlen spiegeln sich die geschwächten Bindungen in trigonal gedehnten Oktaedern wider.

Werden einem elektronenpräzisen Cluster Elektronen hinzugefügt, so ist gemäß Gleichung (21) bzw. (22) der Bruch von Bindungen zu erwarten: für jedes zusätzliche Elektronenpaar erhöht sich g um 2 und b verringert sich um 1. Ein Beispiel haben wir bereits im Ion Si_4^{6-} kennengelernt (S. 155); man kann es sich aus dem tetraedrischen Si_4^{4-} durch Hinzufügen von zwei Elektronen entstanden denken. Ein weiteres Beispiel ist $Os_3(CO)_{12}(SiCl_3)_2$ mit einer linearen Os–Os–Os-Gruppe; geht man vom dreieckigen $Os_3(CO)_{12}$ aus, so werden durch die Anbindung der $SiCl_3$-Reste zwei Elektronen eingebracht, eine Os–Os-Bindung muß gelöst werden.

Bei bestimmten Polyedern kann jedoch ein weiteres Elektronenpaar eingefügt werden, ohne daß es zum Bruch von Bindungen kommt. Dies gilt insbesondere für oktaedrische Cluster, die nach Gleichung (24) 84 Valenzelektronen haben sollten, häufig aber über 86 Elektronen verfügen. Das zusätzliche Elektronenpaar übernimmt eine bindende Funktion als Sechs-Zentren-Bindung im Inneren des Oktaeders [111]. Ein oktaedrischer Cluster mit 86 Valenzelektronen erfüllt die untengenannte WADE-Regel.

Cluster mit 2*e*3*c*-Bindungen

Sind nicht genügend Elektronen für alle Polyederkanten vorhanden, so können 2*e*3*c*-Bindungen auf dreieckigen Polyederflächen die nächstbeste Lösung zum Ausgleich des Elektronenmangels sein. Diese Lösung kommt nur für Deltaeder in Betracht, an deren Ecken nicht mehr als vier Kanten (und Flächen) zusammentreffen; das sind insbesondere Tetraeder, trigonale Bipyramide und Oktaeder. Analog zu den Gleichungen (21) und (22) kann man in diesem Fall folgende Beziehungen angeben:

$$\text{Hauptgruppenelement-Cluster:} \quad d = \frac{1}{4}(8n - g) \qquad (25)$$

$$\text{Nebengruppenelement-Cluster:} \quad d = \frac{1}{4}(18n - g) \qquad (26)$$

Hier ist n wieder die Anzahl der Clusteratome und g die Gesamtzahl der Valenzelektronen des Clusters. d entspricht der Anzahl der dreieckigen Polyederflächen mit 2*e*3*c*-Bindungen. Die Gleichung gilt nur, wenn ausschließlich 2*e*3*c*-Bindungen im Cluster anzunehmen sind.

Zum Beispiel lassen sich die Verhältnisse im B_4Cl_4 so deuten: jedes Boratom ist an vier Bindungen beteiligt, an einer 2*e*2*c*-B–Cl-Bindung und an drei 2*e*3*c*-Bindungen auf den Flächen des B_4-Tetraeders. Jedes Boratom kommt so zu einem Elektronenoktett. Die Zahl der Valenzelektronen beträgt $g = 4 \cdot 3 + 4 = 16$, die Zahl der 2*e*3*c*-Bindungen errechnet sich zu $d = \frac{1}{4} \cdot 16 = 4$.

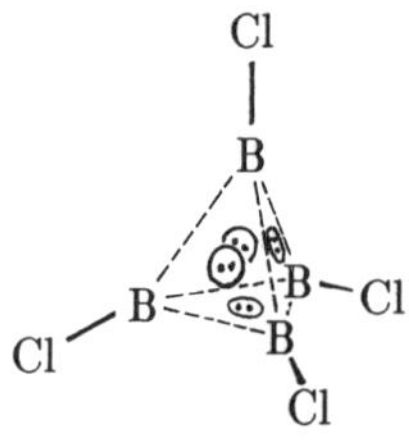

Ein oktaedrischer Cluster, bei dem acht 2*e*3*c*-Bindungen auf den acht Oktaederflächen angenommen werden können, kommt im $Nb_6Cl_{18}^{4-}$-Ion vor. In diesem wird jede Oktaederkante von einem Cl-Atom überspannt, das an jeweils zwei Nb-Atome gebunden ist; diese Einheit kann als $Nb_6Cl_{12}^{2+}$ angesehen werden. Die übrigen sechs Cl-Atome sitzen terminal an den Oktaederecken (Abb. 72). Die Zahl der Valenzelektronen beträgt:

6 Nb	$6 \cdot 5 =$	30
12 μ_2-Cl	$12 \cdot 3 =$	36
6 μ_1-Cl	$6 \cdot 1 =$	6
Ladung		4
		76

$$d = \tfrac{1}{4}(18 \cdot 6 - 76) = 8$$

Aus der Sicht eines Nb-Atoms sind die Verhältnisse wie im $Mo_6Cl_{14}^{2-}$-Ion: Das Metallatom ist von fünf Cl-Atomen umgeben und ist an vier Metall-Metall-Bindungen im Cluster beteiligt. Die MCl_5-Einheit ist jedoch gegenüber dem Oktaeder verdreht: aus Cl-Atomen über den Oktaederflächen beim Molybdän werden Cl-Atome über den Kanten beim Niob, die Bindungselektronen wechseln von den Kanten auf die Flächen. In beiden Fällen kommt ein Metallatom auf 18 Valenzelektronen. Im Nb_6Cl_{14} sind $Nb_6Cl_{12}^{2+}$-Cluster über Chloratome miteinander assoziiert, ähnlich wie beim Mo_6Cl_{12}.

So wie die Mo_6X_8-Einheiten in den CHEVREL-Phasen einen gewissen Mangel an Elektronen (z.B. 20 statt 24 Gerüstelektronen) dulden, sind auch Cluster mit M_6X_{12}-Einheiten mit weniger als 16 Gerüstelektronen möglich. Im Zr_6I_{12} sind es zum Beispiel nur 12 Gerüstelektronen, im Sc_7Cl_{12} $= Sc^{3+}[Sc_6Cl_{12}]^{3-}$ sogar nur neun.

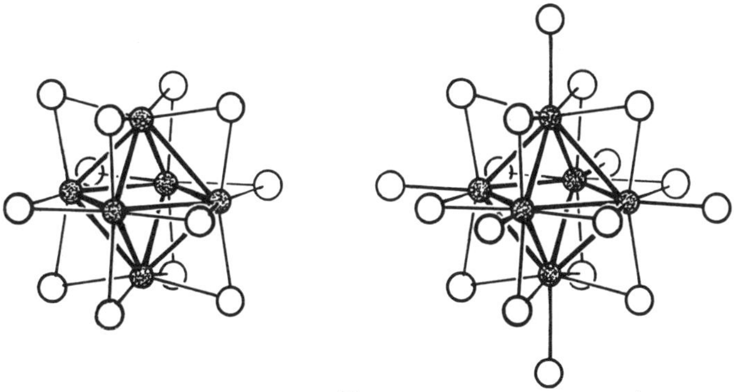

Abb. 72: Struktur des $Nb_6Cl_{12}^{2+}$-Clusters und des $Nb_6Cl_{18}^{4-}$-Ions

Wade-Cluster

Von K. WADE wurden Regeln hergeleitet, die für Cluster einen Zusammenhang zwischen der Zahl der Valenzelektronen und der Struktur erkennen lassen [106]. Diese Regeln gelten in erster Linie für die Borane, für die sie zunächst hergeleitet wurden, also für Verbindungen mit einem ausgeprägten Elektronenmangel. Zur Berechnung der Wellenfunktionen eines

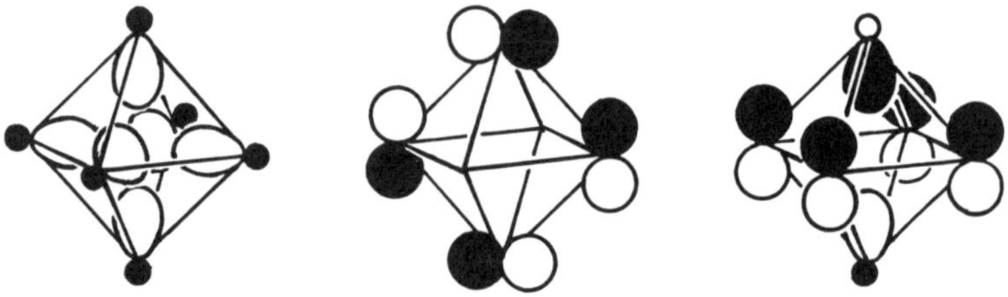

Abb. 73: Kombination der Atomorbitale, die bindende Molekülorbitale in einem oktaedrischen Cluster wie $B_6H_6^{2-}$ ergeben. Zu jedem der Orbitale t_{2g} und t_{1u} gibt es noch zwei weitere, gleichartige Orbitale mit zwei anderen Orientierungen

n-atomigen *closo*-Clusters werden die Koordinatensysteme aller n Atome mit ihren z-Achsen radial zur Mitte des Polyeders ausgerichtet. Um den Anteil der s-Orbitale besser zu übersehen, kombiniert man sie mit den p_z-Orbitalen zu *sp*-Hybridorbitalen. Von den beiden *sp*-Orbitalen eines Atoms ist eines in das Innere des Clusters, das andere radial nach außen gerichtet. Mit dem letzteren werden Bindungen zu anderen, außenstehenden Atomen geknüpft (z.B. mit den H-Atomen des $B_6H_6^{2-}$-Ions). Die n in das Innere gerichteten *sp*-Orbitale ergeben ein bindendes und $n-1$ nichtbindende oder antibindende Orbitale. Die Orbitale p_x und p_y jedes Atoms sind tangential zum Cluster orientiert und kombinieren sich zu n bindenden und n antibindenden Orbitalen (Abb. 73). Insgesamt ergeben sich $n+1$ bindende Orbitale für das Cluster-Gerüst. Daraus folgt die WADE-Regel: *Ein stabiler closo-Cluster benötigt* $2n+2$ *Gerüstelektronen.* Das sind weniger Elektronen, als für Cluster, die elektronenpräzise sind oder die mit $2e3c$-Bindungen beschrieben werden können, ausgenommen ein Polyeder: ein tetraedrischer Cluster mit $2e3c$-Bindungen auf seinen vier Flächen benötigt nur 8 Elektronen, während er nach der WADE-Regel 10 Elektronen haben müßte; für Tetraeder gilt die WADE-Regel nicht. Tatsächlich kennt man *closo*-Borane der Zusammensetzung $B_nH_n^{2-}$ nur für $n \geq 5$.

Die *closo*-Borane $B_nH_n^{2-}$ $(5 \leq n \leq 12)$ und die Carborane $B_nC_2H_{n+2}$ sind Paradebeispiele für die genannte WADEsche Regel. Auch die B_{12}-Ikosaeder im elementaren Bor gehören dazu (Abb. 54). Weitere Beispiele sind bestimmte Boride wie CaB_6. In diesem sind B_6-Oktaeder vorhanden, die über $2e2c$-Bindungen miteinander verknüpft sind (Abb. 74). Für diese

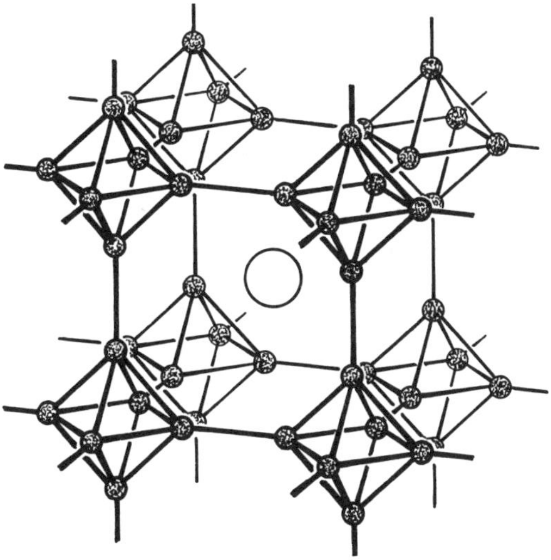

Abb. 74: Die Struktur von CaB_6

Bindungen werden pro Oktaeder sechs Elektronen benötigt, für das Oktaedergerüst sind $2n+2 = 14$ Elektronen erforderlich, das sind zusammen 20 Elektronen; $3 \cdot 6 = 18$ werden von den Boratomen, die übrigen zwei vom Calcium beigesteuert.

WADE hat noch einige weitere Regeln für offene Cluster formuliert, die als Polyeder mit fehlenden Ecken interpretiert werden und die als Strukturelemente bei den Boranen von Bedeutung sind. Wir gehen hier nicht näher darauf ein, da sie in Lehrbüchern zur Chemie der Elemente behandelt werden.* Auf WADE geht auch die Anwendung seiner Regeln auf Übergangsmetallcluster zurück; die Weiterentwicklung von D.M.P. MINGOS unter dem Namen *Polyederskelett-Elektronenpaar-Theorie* (PSEPT) [45, 107, 108] dient vorwiegend zur Erfassung der Bindungsverhältnisse in Metallcarbonyl- und -phosphin-Clustern, also in organometallischen Verbindungen, deren Behandlung den Rahmen dieses Buches sprengen würde.

Cluster mit eingelagerten Atomen

Für Cluster von besonders elektronenarmen Metallen bietet die Einlagerung von Atomen im Inneren des Clusters die Möglichkeit, den Elektronenmangel zu vermindern. Besonders bei oktaedrischen Clustern, die oh-

---

* *nido*-Cluster: eine fehlende Polyederecke, $n+2$ bindende Gerüstorbitale; *arachno*-Cluster: zwei fehlende Ecken, $n+3$ bindende Gerüstorbitale

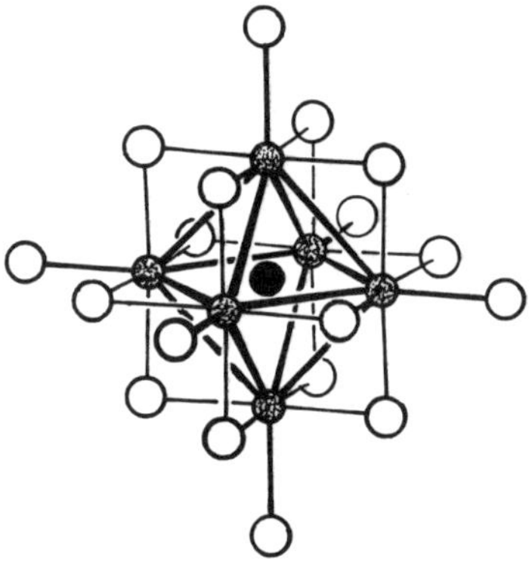

Abb. 75: Cluster-Einheit mit eingelagertem Atom in Verbindungen wie Zr_6CCl_{14} und Th_6FeBr_{15}

nedies ein bindendes Elektronenpaar in ihrer Mitte haben können, bietet sich diese Möglichkeit an. Zur Elektronenbilanz trägt das eingelagerte Atom meist mit allen seinen Valenzelektronen bei. Sowohl Nichtmetallatome wie H, B, C, N, Si als auch Metallatome wie Be, Al, Mn, Fe, Co, Ir sind als interstitielle Atome bekannt.

Die Elemente der dritten und vierten Nebengruppe bilden viele Verbindungen mit oktaedrischen Clustern, die isostrukturell mit denen der elektronenreicheren Nachbarelemente sind, sich jedoch durch zusätzliche Atome in den Zentren der Oktaeder unterscheiden (Abb. 75). Gehen wir etwa vom oben beschriebenen Nb_6Cl_{14} aus (mit dem $Nb_6Cl_{12}^{2+}$-Cluster, Abb. 72) und ersetzen die Niob- durch Zirconiumatome, so stehen sechs Elektronen weniger zur Verfügung. Der Einbau eines C-Atoms in das Zr_6-Oktaeder gleicht den Verlust teilweise aus. Trotz der etwas geringeren Zahl von Elektronen ist der Cluster im Zr_6CCl_{14} stabil, bedingt durch eine gewisse Änderung in den Bindungsverhältnissen. Das elektronegativere Atom in der Clustermitte zieht Elektronendichte an sich, wodurch die Zr–Zr-Bindungen geschwächt werden, aber stärkere bindende Wechselwirkungen mit dem C-Atom ermöglicht werden.

Umgekehrt werden die Metall-Metall-Bindungen gestärkt, wenn das eingelagerte Atom ein Metallatom ist. Nb_6F_{15} besteht zum Beispiel aus Nb_6F_{12}-Clustern von der gleichen Art wie in der $Nb_6Cl_{12}^{2+}$-Einheit, sie sind über alle sechs Ecken über zweibindige Fluoratome zu einem Netzwerk verbunden. Das gleiche Bauprinzip findet sich im Th_6FeBr_{15}, jedoch mit einem zusätzlichen Fe-Atom in der Oktaedermitte (Abb. 75). Im Nb_6F_{15} ist ein Elektron weniger vorhanden, als für die acht $2e3c$-Bindungen notwendig, im Th_6Br_{15} fehlen weitere sechs Elektronen. Das eingebaute Fe-Atom (d^8)

steuert diese sieben Elektronen bei, das achte Elektron verbleibt in der Clustermitte am Fe-Atom.

Sogar die extrem elektronenarmen Alkalimetalle können Cluster bilden, wenn eingelagerte Atome zur Stabilisierung beitragen. Verbindungen dieser Art sind die Alkalisuboxide wie Rb_9O_2, bei dem zwei flächenverknüpfte Oktaeder mit je einem O-Atom besetzt sind. Der Elektronenmangel ist hier aber so gravierend, daß metallische Bindungen zwischen den Clustern notwendig sind. Diese Verbindungen sind sozusagen als Metalle aufzufassen, jedoch nicht mit einzelnen Metallionen wie im reinen Metall Rb^+e^-, sondern mit einem Aufbau $[Rb_9O_2]^{5+}(e^-)_5$, mit weitgehend ionischer Bindung im Cluster.

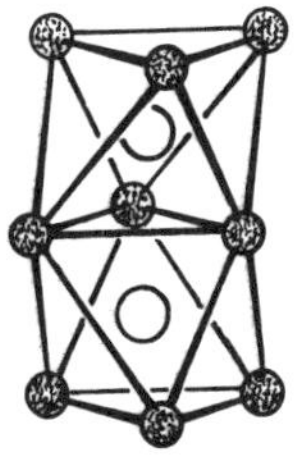

Cluster im Rb_9O_2

Kondensierte Cluster

Eine andere Möglichkeit, den Elektronenmangel zu überwinden, besteht darin, Cluster der bisher geschilderten Art zu größeren Verbänden zusammenzuschließen. Solche Verbindungen sind in den letzten Jahren intensiv von A. SIMON [127, 128] und von J.D. CORBETT [129, 130] untersucht worden. Bei den bekannten kondensierten Clustern überwiegen diejenigen, die aus miteinander verknüpften M_6-Oktaedern bestehen. Verknüpft man M_6X_8- oder M_6X_{12}-Einheiten miteinander, indem man Metallatome miteinander „verschmilzt", dann müssen auch bestimmte X-Atome miteinander „verschmolzen" werden.

Abb. 76 zeigt eine Möglichkeiten zur Kondensation von M_6X_8-Clustern. Bei der Verknüpfung über *trans*-ständige Oktaederecken zu einem linearen Strang müssen auch gegenüberliegende Flächen der X_8-Würfel verknüpft werden, wodurch jedes X-Atom zwei Würfeln angehört. Die sich ergebende Zusammensetzung ist M_5X_4. Die relative Anordnung der parallel gebündelten Stränge ermöglicht die Koordination von X-Atomen eines Stranges an die Oktaederspitzen von vier benachbarten Strängen, ähnlich wie bei den CHEVREL-Phasen. Verbindungen mit dieser Struktur sind mit M = Ti, V, Nb, Ta, Mo und X = S, Se, Te, As, Sb bekannt, z.B. Ti_5Te_4. Sie haben 12 (Ti_5Te_4) bis 18 (Mo_5As_4) Gerüstelektronen pro Oktaeder. Acht davon bilden vier 2e2c-Bindungen längs der vier equatorialen Kanten des Oktaeders; die übrigen sind entlang der restlichen Oktaederkanten orientiert, die Wechselwirkung zwischen ihnen ergibt metallische Energiebänder.

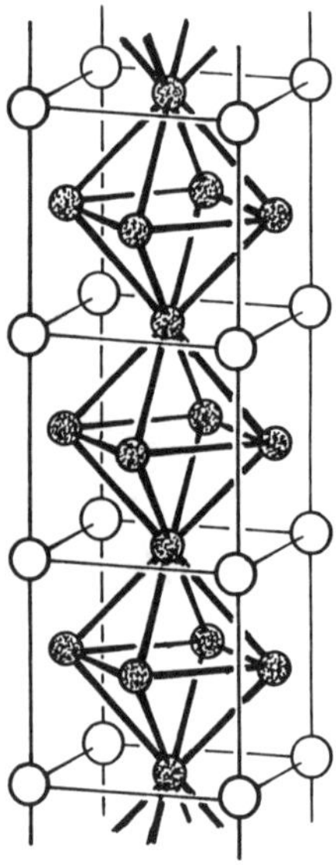

Abb. 76: Kondensierte M_6X_8-Cluster im Ti_5Te_4

Die analoge Kondensation von M_6X_{12}-Clustern zu Ketten und ihre parallele Bündelung wie in Abb. 77 ergibt die TiO-Struktur. Innerhalb einer Kette sind die Oktaeder eckenverknüpft. Von den zwölf X-Atomen vor den Oktaederkanten sind jeweils acht mit solchen der nächsten Cluster in der Kette verschmolzen, außerdem gehört die Hälfte von ihnen gleichzeitig einem Cluster von je einer Nachbarkette an; diese acht Atome zählen also pro Cluster zu 4/2 + 4/3. Von den übrigen vier X-Atomen sind zwei gleichzeitig Bestandteile von je einem und zwei von je zwei weiteren Clustern in Nachbarketten, sie zählen zu 2/2 und 2/3. Damit ergibt sich die Zusammensetzung $M_4M_{2/2}X_{4/2}X_{4/3}X_{2/2}X_{2/3}$ oder M_5X_5. Die Struktur kann auch als NaCl-Struktur mit Fehlstellen beschrieben werden. Läßt man im NaCl in einem Strang der sich abwechselnden Na^+- und Cl^--Ionen alle Cl^--Ionen weg, so verbleiben leere Na^+-Oktaeder, die zu einer Kette von eckenverknüpften Oktaedern verbunden sind. Zum Ladungsausgleich werden in einem parallelen Strang alle Na^+-Ionen weggelassen. Insgesamt bleibt $\frac{1}{6}$ aller Na^+- und Cl^--Lagen unbesetzt. Ein ähnliches Bauprinzip, jedoch mit dreidimensional verknüpften Oktaedern, findet sich im NbO ($\frac{1}{4}$ der NaCl-Lagen unbesetzt).

Die Verknüpfung von M_6X_8-Clustern über gegenüberliegende Oktaederkanten ergibt Ketten der Zusammensetzung $M_2M_{4/2}X_{8/2} = M_4X_4$. Man kennt sie bei Lanthanoidhalogeniden wie Gd_2Cl_3, bei denen sich noch

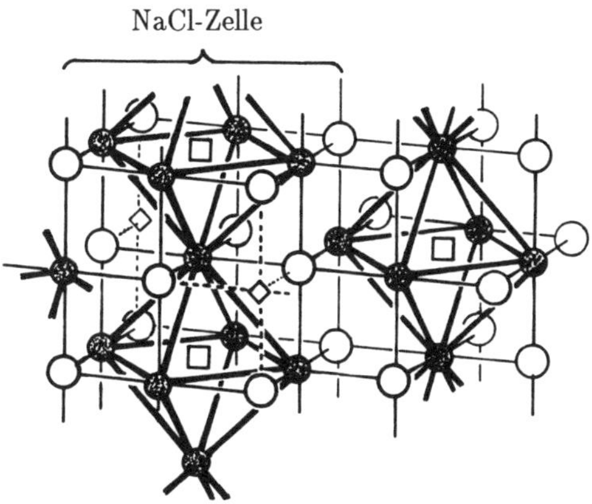

Abb. 77: Verknüpfung von M_6X_{12}-Clustern zu Ketten im TiO und die Deutung als NaCl-Struktur mit Fehlstellen. ◇ = fehlendes Kation, □ = fehlendes Anion

zusätzliche Halogenatome zwischen den Ketten befinden (Abb. 78). Die Clusterkondensation kann noch weiter getrieben werden: die Stränge von kantenverknüpften Metallatom-Oktaedern können zu Doppelsträngen zusammengefügt werden und schließlich zu Schichten aus zusammenhängenden Oktaedern (Abb. 78). Jede Schicht besteht aus zwei Lagen von Metallatomen, die so angeordnet sind, wie zwei aufeinanderfolgende Lagen von Atomen in einer dichtesten Kugelpackung. Es handelt sich um einen

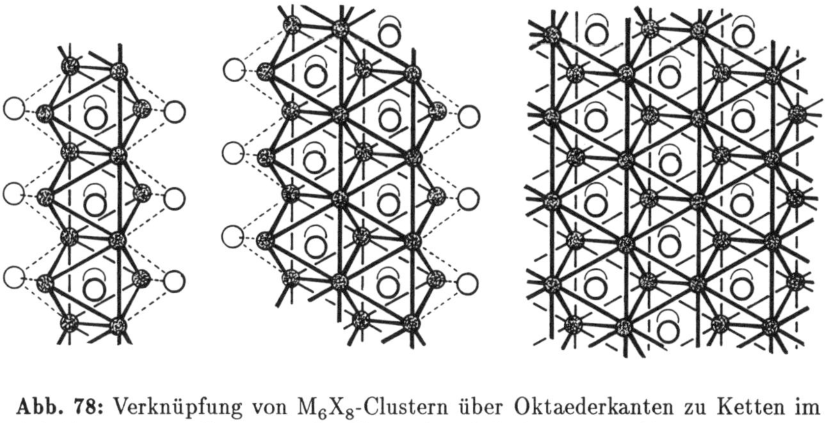

Abb. 78: Verknüpfung von M_6X_8-Clustern über Oktaederkanten zu Ketten im Gd_2Cl_3, zu Doppelketten im Sc_7Cl_{10} und zu Schichten im ZrCl

zweidimensionalen Ausschnitt aus einer Metallstruktur. Zwischen den Metallschichten befinden sich die X-Atome als „Isolierschichten". Substanzen wie ZrCl, die diese Struktur haben, verhalten sich physikalisch wie zweidimensionale Metalle.

12.5 Übungsaufgaben

12.1 Entscheiden Sie mit Hilfe der erweiterten $8-N$-Regel, ob die folgenden Verbindungen polyanionisch, polykationisch oder einfach ionisch sind.
(a) Be_2C; (b) Mg_2C_3; (c) ThC_2; (d) Li_2Si; (e) In_4Se_3; (f) KSb; (g) Nb_3Cl_8; (h) TiS_2.

12.2 Welche der folgenden Verbindungen sollten ZINTL-Phasen sein?
(a) Y_5Si_3; (b) CaSi; (c) CaO; (d) K_3As_7; (e) NbF_4; (f) $LaNi_5$.

12.3 Zeichnen Sie Valenzstrichformeln für die folgenden ZINTL-Anionen.
(a) $Al_2Te_6^{6-}$; (b) $[SnSb_3^{5-}]_\infty$; (c) $[SnSb^-]_\infty$; (d) $[Si^{2-}]_\infty$; (e) P_2^{4-}.

12.4 Geben Sie an, welcher der folgenden Cluster elektronenpräzise ist, 2*e*3*c*-Bindungen haben könnte oder die WADE-Regel für *closo*-Cluster erfüllt.
(a) $B_{10}C_2H_{12}$ (Ikosaeder); (b) $Re_6(\mu_3\text{-S})_4(\mu_3\text{-Cl})_4\mu_1\text{-Cl}_6$ (Oktaeder);
(c) $Pt_4(\mu_3\text{-H})_4(\mu_1\text{-H})_4(PR_3)_4$ (Tetraeder); (d) $Os_5(CO)_{16}$ (trigonale Bipyramide); (e) $Rh_6(CO)_{16}$ (Oktaeder).

13 Kugelpackungen. Metallstrukturen

Metalle sind zu den Elektronenmangelverbindungen zu rechnen, deren Atome durch Mehrzentrenbindungen zusammengehalten werden. An den Mehrzentrenbindungen sind sämtliche Atome eines Kristalls beteiligt, die Valenzelektronen sind über den ganzen Kristall „delokalisiert"; näheres dazu wurde in Kapitel 9 ausgeführt. Die anziehenden Kräfte wirken weitgehend gleichmäßig auf alle Atome, es gibt keine lokal vorherrschenden Kräfte, die wie bei einem Molekül eine bestimmte Koordinationsgeometrie um ein Atom verursachen. Wie sich die Atome in einem metallischen Kristall anordnen, hängt in erster Linie davon ab, wie eine möglichst dichte Packung geometrisch erreicht werden kann. In zweiter Linie haben die Elektronenkonfiguration und die Valenzelektronenkonzentration doch einen Einfluß; von ihnen hängen die feineren Unterschiede ab, welche von mehreren in Betracht kommenden Packungsvarianten tatsächlich auftritt. Im Prinzip sollten Bandstrukturberechnungen die feineren Unterschiede erklären können. Weil jedoch die Energieunterschiede zwischen verschiedenen Packungen geringer sein können, als die Genauigkeit der (Näherungs-) Rechnungen, sind vorerst keine zuverlässigen Voraussagen möglich.

Faßt man die Atome als harte Kugeln auf, so läßt sich die Packungsdichte durch die Raumerfüllung RE der Kugeln ausdrücken. Sie beträgt:

$$\mathrm{RE} = \frac{4\pi}{3V} \sum_i Z_i r_i^3 \qquad (27)$$

V = Volumen der Elementarzelle
r_i = Radius der i-ten Kugelsorte
Z_i = Anzahl der Kugeln der i-ten Sorte in der Elementarzelle

Wenn nur eine Sorte von Kugeln vorhanden ist und wir alle Maße auf den Durchmesser einer Kugel beziehen, d.h. für den Durchmesser den Wert 1 setzen ($r = \frac{1}{2}$), erhalten wir:

$$\mathrm{RE} = \frac{\pi}{6} \cdot \frac{Z}{V} = 0,5236 \frac{Z}{V}$$

13.1 Dichteste Kugelpackungen

Um den Raum möglichst platzsparend mit Kugeln gleicher Größe auszufüllen, ordnen wir sie zu einer dichtesten Kugelpackung.* Die dichteste Anordnung von Kugeln in einer Ebene ist eine *hexagonale Schicht* von Kugeln (Abb. 79). In einer solchen Schicht ist jede Kugel von sechs anderen Kugeln umgeben, zwischen der Kugel und den sechs Nachbarkugeln verbleiben sechs Lücken. Der Abstand von einer Lücke zur *übernächsten* Lücke ist genauso groß wie der Abstand von Kugelmitte zu Kugelmitte. Die Lage der Kugelmittelpunkte sei wie in Abb. 79 mit A bezeichnet, die Lage der Lücken mit B und C. Eine möglichst dichte Stapelung der Schichten wird erreicht, wenn auf die Schicht der Lage A eine Schicht folgt, deren Kugeln sich entweder über den Lücken B oder über den Lücken C befinden. Generell gilt: in einem dichtesten Stapel von hexagonalen Schichten gibt es drei mögliche Schichtlagen; auf eine Schicht kann immer nur eine Schicht mit einer anderen Schichtlage folgen (auf A kann nicht A folgen usw.).

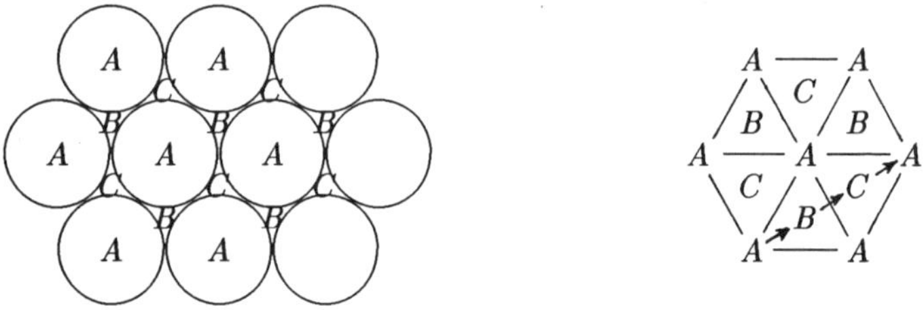

Abb. 79: Anordnung von Kugeln in einer hexagonalen Schicht und die relative Lage der Schichtlagen A, B und C

Die Schichtenabfolge $ABCABC\ldots$ ist in Abb. 79 durch Pfeile markiert. Bei dieser Abfolge weisen die Pfeile immer in die gleiche Richtung. Bei einer Abfolge ABA würde ein Pfeil in eine Richtung, der zweite Pfeil in die Gegenrichtung weisen. Wenn wir die Richtung $A{\to}B = B{\to}C = C{\to}A$ mit + und $A{\leftarrow}B = B{\leftarrow}C = C{\leftarrow}A$ mit − bezeichnen, können wir die Stapelfolge durch eine Abfolge von + und −-Zeichen charakterisieren (HÄGG, 1943). Die Symbolik kann man nach ŽDANOV (1945) weiter kürzen,

*Daß keine Kugelpackung eine höhere Packungsdichte als die hier beschriebenen dichtesten Kugelpackungen haben kann, wurde schon 1603 von J. Kepler behauptet. Ein Beweis dafür wurde erst 1991 von W.Y. Hsiang vorgelegt. Kugeln, die eine zentrale Kugel ikosaedrisch umgeben, berühren einander nicht, d.h. um eine Kugel ist etwas mehr Platz als für zwölf Kugeln. Ikosaeder lassen sich nicht raumerfüllend packen. Es sind nichtperiodische Kugelpackungen beschrieben worden, deren Dichte fast so groß ist wie die der dichtesten Kugelpackungen.

indem man eine Folge von Zahlen angibt, wobei jede Zahl bezeichnet, wie viele gleiche Vorzeichen jeweils zusammenstehen; es werden nur die Zahlen innerhalb einer sich periodisch wiederholenden Einheit angegeben. Noch eine weitere, häufig benutzte Symbolik ist die nach JAGODZINSKI: eine Schicht, deren beiden Nachbarschichten verschiedene Schichtlagen haben (z.B. die Schicht B in der Folge ABC), wird mit c bezeichnet (c steht für kubisch); haben die beiden Nachbarschichten die gleiche Lage (z.B. B in der Folge ABA), dann ist das Symbol h (für hexagonal).

Obwohl die Anzahl möglicher Stapelfolgen beliebig groß ist, finden wir in der Natur überwiegend nur die beiden folgenden:

	kubisch-dichteste Kugelpackung	hexagonal-dichteste Kugelpackung
Stapelfolge	$\ldots ABCABC \ldots$	$\ldots ABABAB \ldots$
HÄGG-Symbol	$\ldots ++++++ \ldots$	$\ldots +-+-+- \ldots$
ŽDANOV-Symbol	∞	11
JAGODZINSKI-Symbol	c	h

Die **ku**bisch-dichteste Kugelpackung wird auch **Ku**pfer-Typ genannt, die hexa**g**onal-dichteste ist der Ma**g**nesium-Typ.* Die Anordnung der Kugeln in der kubisch-dichtesten Kugelpackung ist kubisch flächenzentriert (Abb. 80); die Stapelrichtung der hexagonalen Schichten verläuft in Richtung der Raumdiagonalen des Würfels. Die Koordinationszahl einer Kugel beträgt für beide Kugelpackungen 12. Das Koordinationspolyeder in der kubisch-dichtesten Packung ist ein Kuboktaeder; das ist, je nach Betrachtungsweise, ein Würfel, dessen Ecken abgeschnitten wurden oder ein Oktaeder, dessen Ecken abgeschnitten wurden (vgl. Abb. 2, S. 13). Verdreht man zwei gegenüberliegende Dreiecksflächen eines Kuboktaeders um 30° gegeneinander, dann erhält man das Koordinationspolyeder der hexagonal-dichtesten Kugelpackung, ein Antikuboktaeder.

Kompliziertere Stapelfolgen treten wesentlich seltener auf. Einige kommen bei den Lanthanoiden vor:

	Stapelfolge	JAGODZINSKI	ŽDANOV
La, Pr, Nd, Pm	$\ldots ABAC \ldots$	hc	22
Sm	$\ldots ABACACBCB \ldots$	hhc	21

Gadolinium bis Thulium sowie Lutetium bilden hexagonal-dichteste Kugelpackungen. Je mehr f-Elektronen vorhanden sind, desto größer ist also

*Englische Bezeichnungen: cubic close-packing (c.c.p.) oder face-centered cubic (f.c.c.) bzw. hexagonal close-packing (h.c.p.).

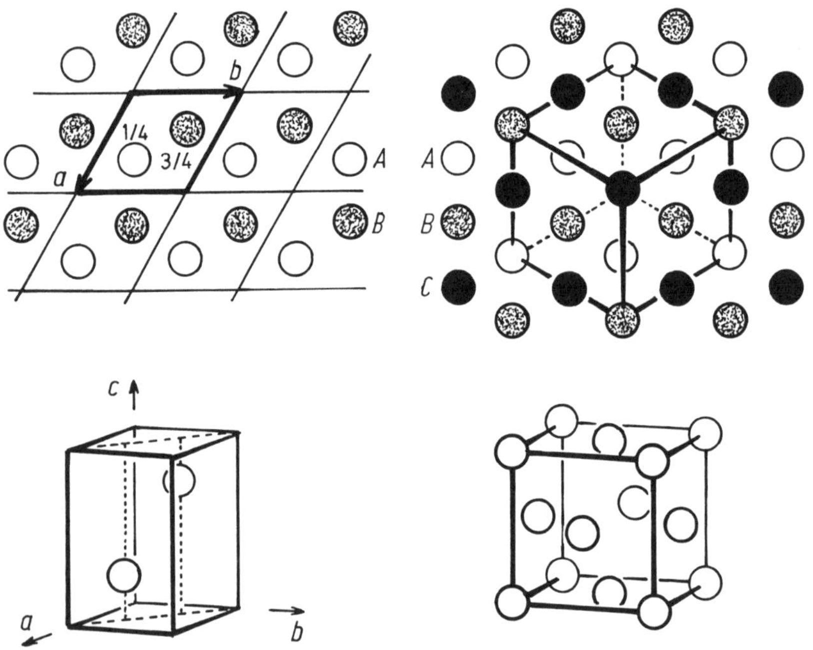

Abb. 80: Elementarzellen der hexagonal- (links) und der kubisch-dichtesten Kugelpackung. Obere Reihe: Projektion in Stapelrichtung. Die Atome sind kleiner gezeichnet, als es ihrer effektiven Größe entspricht. Atome mit gleichem Farbton bilden jeweils eine hexagonale Schicht wie in Abb. 79

der Anteil an *h*-Schichten. Die Elektronenkonfiguration steuert, welche Art Packung wahrgenommen wird, und zwar nimmt der Einfluß der 4*f*-Schale mit zunehmender Ordnungszahl ab; die weiter innen liegende 4*f*-Schale wird nämlich mit zunehmender Kernladung stärker zusammengezogen als die 5*d*- und die 6*s*-Schale, d.h. die Lanthanoidenkontraktion wirkt sich auf das Innere der Atome mehr aus als auf die Atomradien. Der Einfluß der *f*-Elektronen im genannten Sinne äußert sich auch im Verhalten der Lanthanoiden unter Druck; bei Kompression werden die äußeren Schalen mehr „gequetscht" als die inneren, die *f*-Elektronen gewinnen an Einfluß und Strukturen mit einem größeren Anteil von *c*-Schichten treten auf:

	Normaldruck	Hochdruck
Pr, Nd	*hc*	*c*
Sm	*hhc*	*hc*
Gd, Tb, Dy, Ho	*h*	*hhc*

Schließlich zeigt sich der Einfluß der Elektronenkonfiguration auch bei den Ausnahmen: Europium und Ytterbium, deren $4f$-Schale „vorzeitig“ halb- bzw. ganz gefüllt ist, fallen aus der Reihe (Tab. 18, S. 186; Konfiguration bei Eu $4f^7 6s^2$ statt $4f^6 5d^1 6s^2$, bei Yb $4f^{14} 6s^2$ statt $4f^{13} 5d^1 6s^2$. Diese Elemente fallen auch mit ihren Atomradien aus der Reihe, vgl. Tab. 3, S. 47). Auch am Anfang der Reihe gibt es eine „Unregelmäßigkeit“, da Cer eine kubisch-dichteste Kugelpackung bildet.

Je mehr hexagonale Schichten in dem sich periodisch wiederholenden Schichtenpaket enthalten sind, desto größer wird die Anzahl der denkbaren Stapelvarianten:

Anzahl Schichten pro Schichtenpaket:	2	3	4	5	6	7	8	9	10	11	12	20
Anzahl Stapelvarianten:	1	1	1	1	2	3	6	7	16	21	43	4625

Die auffällige Bevorzugung der einfachen Stapelvarianten ist ein Ausdruck für das immer wieder beobachtete *Symmetrieprinzip: von mehreren in Betracht kommenden Strukturtypen sind diejenigen mit der höchstmöglichen Symmetrie in der Regel bevorzugt.* Auf die Ursache und Bedeutung dieses Prinzips gehen wir in Abschnitt 19.2 näher ein. Bemerkenswert ist auch die Bedeutung des *Raumerfüllungsprinzips* und damit rein geometrischer Aspekte: von 94 Elementen, deren Strukturen im festen Zustand bekannt sind, bilden (bei Normalbedingungen) 53 dichteste Kugelpackungen.

Neben den bisher betrachteten, geordneten Stapelvarianten gibt es auch die Möglichkeit einer mehr oder weniger statistischen Abfolge der hexagonalen Schichten. Da einerseits ein Ordnungsprinzip vorhanden ist, andererseits aber die strenge periodische Ordnung bei der Stapelung fehlt, spricht man von *fehlgeordneten Strukturen* (auch Ordnungs-Unordnungs- oder OD- (order-disorder) Strukturen). In diesem Fall handelt es sich um *eindimensional fehlgeordnete* Strukturen, da die Ordnung nur in einer Dimension, nämlich in der Stapelrichtung, gestört ist. Wenn Cobalt von 500 °C abgekühlt wird, weist es diese Art Fehlordnung auf.

Die *Raumerfüllung* ist für alle dichtesten Kugelpackungen gleich groß. Sie beträgt $\pi/(3\sqrt{2}) = 0{,}7405$ oder 74,05 %.

Strukturen, die wie die dichtesten Kugelpackungen als Stapelvarianten von Schichten aufgefaßt werden können, nennt man *Polytypen.*

13.2 Die kubisch-innenzentrierte Kugelpackung

Die Raumerfüllung in der kubisch-innenzentrierten Kugelpackung* ist etwas geringer als in den dichtesten Kugelpackungen, der Unterschied ist aber nicht besonders groß. Sie beträgt $\frac{1}{8}\pi\sqrt{3} = 0{,}6802$ oder 68,02 %. Gravierender erscheint auf den ersten Blick die Verringerung der Koordinationszahl von 12 auf 8 zu sein. Tatsächlich ist der Unterschied aber nicht so erheblich, denn jede Kugel hat außer den 8 nächsten Nachbarn noch 6 weitere Nachbarn, die nur 15,5 % weiter entfernt sind (Abb. 81). Wir können die Koordinationszahl mit 8+6 bezeichnen.

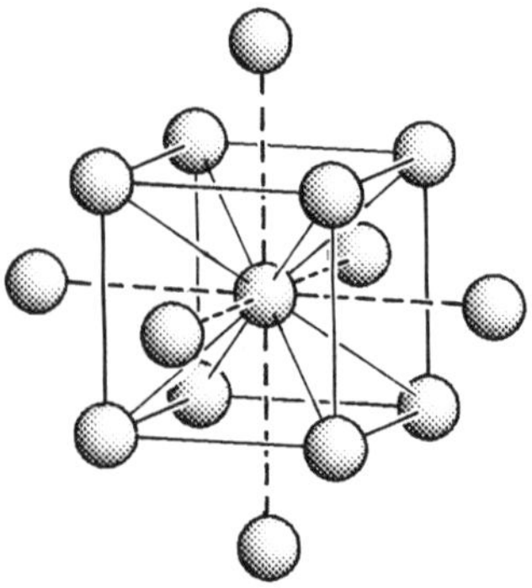

Abb. 81: Elementarzelle der kubisch-innenzentrierten Kugelpackung und die Koordinationsgeometrie um eine Kugel

Ihrer geringeren Raumerfüllung entsprechend, hat die kubisch-innenzentrierte Packung eine geringere Bedeutung bei den Elementstrukturen. Immerhin kristallisieren 15 Elemente mit dieser Struktur. Da auch Wolfram dazu zählt, spricht man gelegentlich vom Wolfram-Typ.

Die bisher angegebene Zahl von Vertretern bezieht sich auf die Elementstrukturen bei Normalbedingungen. Rechnet man noch die Modifikationen hinzu, die bei manchen Elementen bei höheren Temperaturen oder Drücken auftreten, so kommt man zu folgender Statistik:

Von 94 Elementen mit bekannter Struktur kristallisieren 68 mit einer der bis jetzt genannten Kugelpackungen (vgl. Tab. 18). Von diesen 68 Elementen kennt man etwa 115 Modifikationen; sie teilen sich wie folgt auf:

*Englische Bezeichnung: body-centered cubic (b.c.c.)

	normale Struktur	insgesamt
Dichteste Kugelpackungen	53	80
Kubisch-innenzentriert	15	31
Sonstige Strukturen		4
	68	115

Die meisten der hinzugekommenen Modifikationen sind Hochtemperatur-Modifikationen. Wie den Zahlen zu entnehmen ist, gewinnt die kubisch-innenzentrierte Packung bei höheren Temperaturen an Bedeutung. Dies ist im Sinne der GOLDSCHMIDT-Regel:

Erhöhung der Temperatur begünstigt Strukturen mit erniedrigter Koordinationszahl.

Kubisch-innenzentriert sind auch die Strukturen der Hochtemperatur-Modifikationen von einigen Verbindungen, die aus Molekülen bestehen, die in diesen Strukturen rotieren und somit im Mittel kugelförmig sind, zum Beispiel MoF_6.

13.3 Andere Metallstrukturen

Wie in Tab. 18 ersichtlich, kristallisieren die meisten Metalle im Sinne der vorstehend beschriebenen Kugelpackungen (in einigen Fällen mit gewissen Verzerrungen). Einige Metalle weisen jedoch individuelle Strukturtypen auf: Ga, Sn, Bi, Po, Mn, Pa, U, Np, Pu. Bezüglich Sn, Bi, Po siehe Seite 142, 129 bzw. 126. Gallium hat eine recht ungewöhnliche Struktur, in der jedes Ga-Atom die Koordinationszahl 1+6 hat; eines der sieben Nachbaratome ist bedeutend näher als die anderen (1× 244 pm, 6× 270 bis 279 pm), man kann dies als das Vorliegen von Ga–Ga-Paaren mit kovalenter Bindung deuten. Wie der auffällig niedrige Schmelzpunkt des Galliums zeigt (29,8°C), ist die Struktur nicht besonders stabil, sie scheint nur eine „Notlösung" zu sein. Auch für Mn, U, Np und Pu scheint es keine optimale Struktur zu geben, denn diese Elemente bilden besonders viele polymorphe Formen mit recht eigentümlichen Strukturen. Zum Beispiel enthält die Elementarzelle des bei Raumtemperatur stabilen α-Mn 58 Atome, wobei vier verschiedene Koordinationspolyeder mit Koordinationszahlen von 12, 13 und 16 auftreten.

Tabelle 18: Die Elementstrukturen der Metalle bei normalen Bedingungen
h = hexagonal-dichteste Kugelpackung
c = kubisch-dichteste Kugelpackung
hc, hhc = andere Stapelvarianten dichtester Kugelpackungen
i = kubisch-innenzentrierte Kugelpackung
⋈ = eigener Strukturtyp
* = etwas verzerrt
Dichteste Kugelpackungen nehmen auch die festen Edelgase an: He h, Ne...Xe c

Li i	Be h												
Na i	Mg h											Al c	
K i	Ca c	Sc h	Ti h	V i	Cr i	Mn ⋈	Fe i	Co h	Ni c	Cu c	Zn $h^\star$	Ga ⋈	
Rb i	Sr c	Y h	Zr h	Nb i	Mo i	Tc h	Ru h	Rh c	Pd c	Ag c	Cd $h^\star$	In $c^\star$	Sn ⋈
Cs i	Ba i	La hc	Hf h	Ta i	W i	Re h	Os h	Ir c	Pt c	Au c	Hg $c^\star$	Tl h	Pb c
Fr	Ra i	Ac c											

Ce c	Pr hc	Nd hc	Pm hc	Sm hhc	Eu i	Gd h	Tb h	Dy h	Ho h	Er h	Tm h	Yb c	Lu h
Th c	Pa ⋈	U ⋈	Np ⋈	Pu ⋈	Am hc	Cm hc	Bk c, hc	Cf	Es	Fm	Md	No	Lr

13.4 Übungsaufgaben

13.1 Geben Sie das JAGONDZINSKI- und das ZHDANOV-Symbol für die dichtesten Kugelpackungen mit den folgenden Stapelfolgen an:
(a) $ABABC$; (b) $ABABACAC$.

13.2 Geben Sie die Stapelfolgen (mit A, B und C) für die dichtesten Kugelpackungen mit den folgenden JAGONDZINSKI- bzw. ZHDANOV-Symbolen an:
(a) hcc; (b) $cchh$; (c) 221.

14 Das Prinzip der Kugelpackungen bei Verbindungen

Die geometrischen Prinzipien zur Packung von Kugeln gelten nicht nur für reine Elemente. Wie zu erwarten, finden wir die im vorigen Kapitel beschriebenen Kugelpackungen sehr häufig auch dann, wenn einander ähnliche Atome kombiniert werden, insbesondere bei den zahlreichen Metalllegierungen und intermetallischen Verbindungen. Darüberhinaus gelten die gleichen Prinzipien aber auch für viele Verbindungen aus sehr unterschiedlichen Elementen.

14.1 Geordnete und ungeordnete Legierungen

Sehr häufig lassen sich verschiedene Metalle im geschmolzenen Zustand miteinander vermischen, d.h. sie bilden Lösungen. Beim Abschrecken der Schmelze erhält man eine feste Lösung, in der die Atome statistisch verteilt sind (*ungeordnete Legierung*). Beim langsamen Abkühlen der Schmelze kann sich in manchen Fällen ebenfalls eine feste Lösung bilden; häufiger kommt es aber zu einer Entmischung, bei der folgende Möglichkeiten bestehen:

1. Die Metalle kristallisieren getrennt (vollständige Entmischung).
2. Es kristallisieren zwei Sorten von festen Lösungen, Metall 1 gelöst in Metall 2 und umgekehrt (Mischbarkeit mit Mischungslücke).
3. Es kristallisieren Legierungen mit definierter Zusammensetzung, die von der Zusammensetzung der Schmelze abweichen können (Bildung von intermetallischen Verbindungen); die Zusammensetzung der Schmelze kann sich während des Kristallisationsprozesses ändern, und es können weitere intermetallische Verbindungen mit anderen Zusammensetzungen kristallisieren.

Welcher Fall vorliegt und welche intermetallischen Verbindungen eventuell entstehen, kann man im einzelnen dem Phasendiagramm entnehmen (vgl. Abschnitt 3.2, S. 25).

Die Tendenz zur Bildung fester Lösungen hängt in erster Linie von zwei Faktoren ab, nämlich von der chemischen Verwandtschaft zwischen den beteiligten Metallen und von der relativen Größe ihrer Atome.

Zwei Metalle, die einander chemisch ähnlich sind und deren Atome annähernd gleich groß sind, bilden miteinander ungeordnete Legierungen.

Silber und Gold, die beide mit einer kubisch-dichtesten Kugelpackung kristallisieren, haben Atome, die fast gleich groß sind (Radien 144,4 bzw. 144,2 pm). Sie bilden Mischkristalle beliebiger Zusammensetzung, in denen die Silber- bzw. Goldatome statistisch die Lagen der Kugelpackung einnehmen. Einander ähnliche Metalle, insbesondere solche aus der gleichen Gruppe des Periodensystems, bilden im allgemeinen feste Lösungen mit beliebiger Zusammensetzung, wenn sich ihre Atomradien nicht um mehr als ca. 15% unterscheiden (z.B. Mo/W; K/Rb, K/Cs, aber nicht Na/Cs). Sind die Elemente einander weniger ähnlich, kann es eine begrenzte Mischbarkeit geben, z.B. Zn in Cu (maximaler Molanteil 38,4% Zn) und Cu in Zn (maximal 2,3% Cu); Kupfer und Zink bilden außerdem noch intermetallische Verbindungen (s. Abschnitt 14.4).

Wenn die Atome verschiedene Größe haben oder wenn sie sich chemisch deutlich unterscheiden, sind Strukturen mit einer geordneten Atomverteilung erheblich bevorzugt. Da der Übergang von einer ungeordneten zu einer geordneten Verteilung mit einer Abnahme der Entropie verbunden ist (ΔS negativ) und die freiwillige Umwandlung nur erfolgt, wenn $\Delta G = \Delta H - T\Delta S < 0$ ist, muß die Umwandlungsenthalpie ΔH negativ sein. Die geordnete Struktur ist also energetisch bevorzugt, der Betrag ihrer Gitterenergie ist größer.

Verschieden große Kugeln zu ordnen, erlaubt immer eine bessere Raumerfüllung mit dichter aneinandergerückten Atomen, die anziehenden Bindungskräfte zwischen ihnen kommen mehr zur Geltung. Es gilt das *Prinzip der bestmöglichen Raumerfüllung*, das uns auch bei den Strukturen anderer Verbindungen immer wieder begegnet. Zu einer definierten Ordnung der Atome gehört auch eine definierte Zusammensetzung. Dementsprechend vereinen sich zwei Metalle mit unterschiedlichen Atomradien im festen Zustand vorzugsweise in einem definierten stöchiometrischen Verhältnis, sie bilden eine intermetallische Verbindung.

Selbst dann, wenn vollständige Mischbarkeit im festen Zustand möglich ist, werden bei passender Zusammensetzung geordnete Strukturen bevorzugt, wenn die Atome verschieden groß sind. Beispiel: Kupferatome sind kleiner als Goldatome (Radien 127,8 bzw. 144,2 pm). Kupfer und Gold bilden Mischkristalle beliebiger Zusammensetzung, aber bei den stöchiometrischen Verhältnissen AuCu und $AuCu_3$ erhält man geordnete Legierungen (Abb. 82). Der Ordnungsgrad ist temperaturabhängig, bei Erhöhung der Temperatur nimmt die Unordnung zu. Die Umwandlung von der geordneten zur ungeordneten Legierung erstreckt sich dabei über einen größeren Temperaturbereich, es liegt also kein Phasenübergang mit scharf definierter

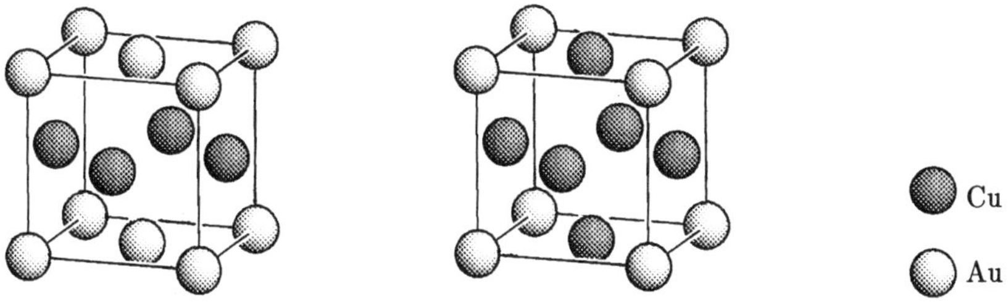

Abb. 82: Die Strukturen der geordneten Legierungen AuCu und $AuCu_3$. Bei höheren Temperaturen gehen sie in ungeordnete Legierungen über, bei denen alle Atomlagen statistisch von den Cu- und Au-Atomen eingenommen werden

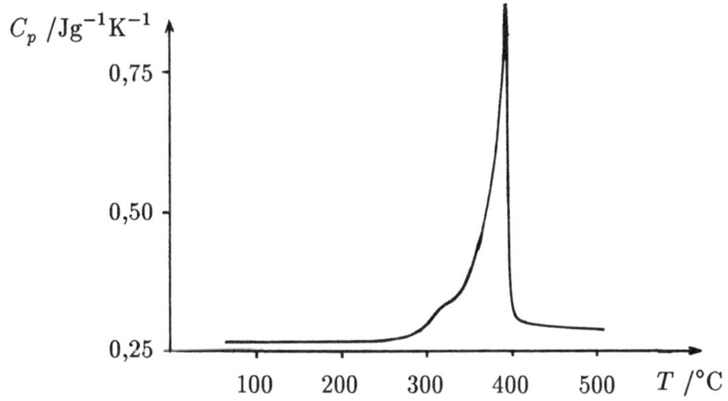

Abb. 83: Abhängigkeit der spezifischen Wärme C_p von der Temperatur für $AuCu_3$ (Λ-Typ-Umwandlung)

Umwandlungstemperatur vor. Dies zeigt sich in der Temperaturabhängigkeit der spezifischen Wärme (Abb. 83). Wegen der Kurvenform spricht man von einer Λ-Typ-Umwandlung, auch Ordnungs-Unordnungs-Umwandlung genannt (OD-Transformation); sie wird bei vielen Festkörperumwandlungen beobachtet.

14.2 Dichteste Kugelpackungen bei Verbindungen

Wie bei Ionenverbindungen besteht auch bei intermetallischen Verbindungen eine, wenn auch weniger stark ausgeprägte Tendenz dazu, Atome der einen Sorte möglichst mit Atomen der anderen Sorte zu umgeben. Bei binären Verbindungen, deren Atome eine dichteste Kugelpackung bilden, ist es jedoch nicht möglich, diese Bedingung für beide Atomsorten gleichzeitig zu erfüllen. Bei Zusammensetzungen MX_n mit $n < 3$ kann sie weder für die M- noch für die X-Atome erfüllt werden, jedes Atom muß in jedem Fall einige Nachbaratome der gleichen Sorte haben. Erst ab der Zusammensetzung MX_3 ($n \geq 3$) sind Packungen möglich, bei denen jedes M-Atom nur von X-Atomen umgeben ist; die X-Atome müssen aber weitere X-Atome als Nachbarn haben.

In den meisten Fällen ist die Zusammensetzung der Verbindung in jeder einzelnen hexagonalen Schicht der Kugelpackung erfüllt. Die schematische Erfassung und Ordnung des umfangreichen Datenmaterials ist dadurch recht einfach: man braucht nur eine Skizze der Atomanordnung in einer Schicht und eine Angabe zur Stapelfolge der Schichten (ŽDANOV- oder JAGODZINSKI-Symbol). Zu den wichtigsten Strukturtypen dieser Art zählen die folgenden:

1. MX_3-Strukturen mit hexagonaler Anordnung der M-Atome in einer Schicht (M-Atome im Bild dunkel, Lage der M-Atome in der folgenden Schicht durch ▼ markiert)

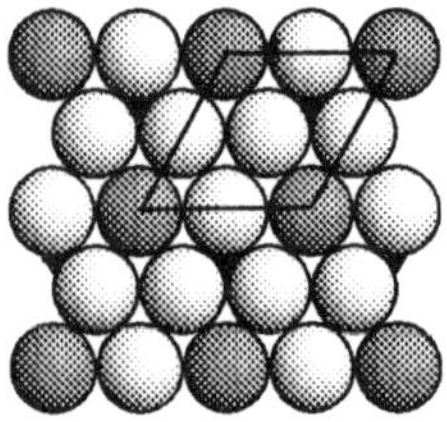

Strukturtyp	ŽDANOV-Symbol	JAGODZINSKI-Symbol
$AuCu_3$	∞	c
$SnNi_3$	11	h

2. MX_3-Strukturen mit rechteckiger Anordnung der M-Atome

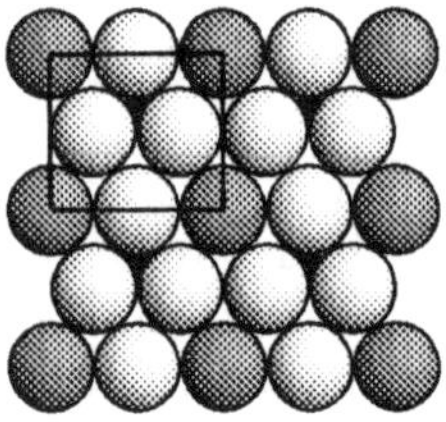

Strukturtyp	ŽDANOV-Symbol	JAGODZINSKI-Symbol
$TiAl_3$	∞	c
$TiCu_3$	11	h

3. MX-Strukturen mit alternierenden Strängen gleicher Atome

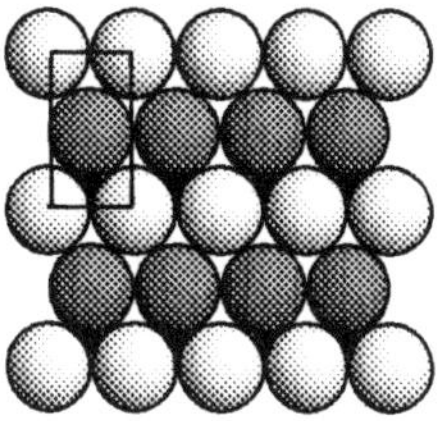

Struktur-typ	ŽDANOV-Symbol	JAGODZINSKI-Symbol
AuCu	∞	*c*
AuCd	11	*h*
TaRh	33	*hcc*

Da beim Stapeln der Schichten Stränge gleicher Atome nebeneinander zu liegen kommen, bilden sich einander abwechselnde Schichten der beiden Atomsorten. Beim AuCu sind diese Schichten planar; sie sind im vorstehenden Bild zur Papierebene geneigt, in der Elementarzelle (Abb. 82) liegen sie parallel zur Basisfläche. Bei den anderen beiden Strukturtypen sind die Schichten gleicher Atome gewellt.

14.3 Das Prinzip der kubisch-innenzentrierten Kugelpackung bei Verbindungen (CsCl-Typ)

Vermischt man zwei Metalle, die beide kubisch-innenzentriert kristallisieren und deren Atomradien sich nicht allzusehr unterscheiden (z.B. K und Rb), so können ungeordnete Legierungen auftreten. Die Bildung geordneter Strukturen ist jedoch bevorzugt, wobei die Tendenz zur ungeordneten Struktur bei höheren Temperaturen zunimmt. Bei passender Stöchiometrie können auch Metalle, die selbst nicht kubisch-innenzentriert kristallisieren, eine entsprechende Anordnung aufweisen. β-Messing (CuZn) ist ein Beispiel; unterhalb von 300 °C hat es CsCl-Struktur, zwischen 300 °C und 500 °C tritt eine Λ-Typ-Umwandlung zu einer ungeordneten Legierung mit kubisch-innenzentrierter Struktur auf.

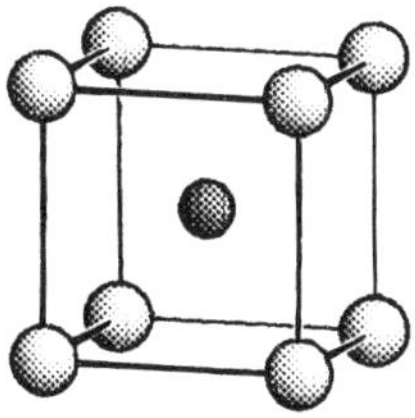

Der **CsCl-Typ** bietet die einfachste Möglichkeit, Atome von zwei verschiedenen Elementen im Sinne der kubisch-innenzentrierten Kugelpackung zu packen: das Atom in der Mitte der Elementarzelle ist von acht Atomen des anderen Elements in den Ecken der Elementarzelle umgeben. Dabei hat jedes Atom immer nur Atome des anderen Elements als Nachbaratome. Dies ist eine Bedingung, die in einer dichtesten Kugelpackung nicht realisiert werden kann (vgl. vorstehenden Abschnitt). Obwohl die Raumerfüllung der kubisch-innenzentrierten Kugelpackung etwas schlechter als die einer dichtesten Kugelpackung ist, erweist sich der CsCl-Typ damit als hervorragend geeignet für Verbindungen der Zusammensetzung 1:1.

Den CsCl-Typ hatten wir in Kapitel 6 als einen wichtigen Strukturtyp für Ionenverbindungen kennengelernt. Seine Bedeutung beschränkt sich jedoch keineswegs auf diese Verbindungsklasse: von über 150 Verbindungen mit dieser Struktur sind nur etwa 12 salzartig (z.B. CsI, TlBr), bei höherer Temperatur oder höherem Druck kommen noch weitere 15 dazu (z.B. NaCl, KCl bei höherem Druck; TlCN bei höherer Temperatur mit rotierenden CN^--Ionen). Über 130 Vertreter sind intermetallische Verbindungen, z.B. MgAg, CaHg, AlFe, CuZn.

Überstrukturen des CsCl-Typs ergeben sich, wenn die Elementarzelle der CsCl-Struktur vervielfacht wird und die Atomlagen von verschiedenerlei Atomen eingenommen werden. Verdoppelt man die Kanten der Elementarzelle in allen drei Richtungen, so kommt man zu einer Zelle, die aus acht Teilwürfeln aufgebaut ist, in deren Mitte sich je ein Atom befindet (Abb. 84). Die 16 Atome in der Zelle können wir in vier Gruppen zu je vier Atomen aufteilen, die jeweils eine flächenzentrierte Anordnung haben. Je nachdem, wie wir die Atome verschiedener Elemente auf diese vier Gruppen aufteilen, kommen wir zu verschiedenen Strukturtypen, die in Abb. 84 zusammengestellt sind. Dabei sind auch Möglichkeiten berücksichtigt, bei denen bestimmte Atomlagen unbesetzt bleiben (in der Tabelle mit dem SCHOTTKY-Symbol □ gekennzeichnet). In diesem Fall verringert sich die Packungsdichte; solange die Lagen a und b von verschiedenen Atomen als die Lagen c und d eingenommen werden, hat aber jedes Atom weiterhin nur Atome einer anderen Sorte als nächste Nachbarn. Die zugehörigen Strukturtypen sind dementsprechend für Ionenverbindungen geeignet, unter Einschluß von ZINTL-Phasen mit einfachen „Anionen" wie As^{3-}, Sb^{3-} oder Ge^{4-}.

Daß die aufgeführten Strukturtypen von rein ionischen bis zu rein metallischen Verbindungen wahrgenommen werden, zeigt die folgende Reihe:

Fluorit-Typ und Varianten					Fe$_3$Al-Typ u. Varianten			W-Typ
F_2Ca	Li_2O	Li_2Te	LiMgAs	Mg_2Sn	Cu_3Sb	Cu_2MnAl	Fe_3Al	Fe

ionisch ⟶ metallisch

Wenn kovalente Bindungen die Nachbarschaft gleicher Atome begünstigen, können in den Lagen c und d auch Atome der gleichen Sorte wie

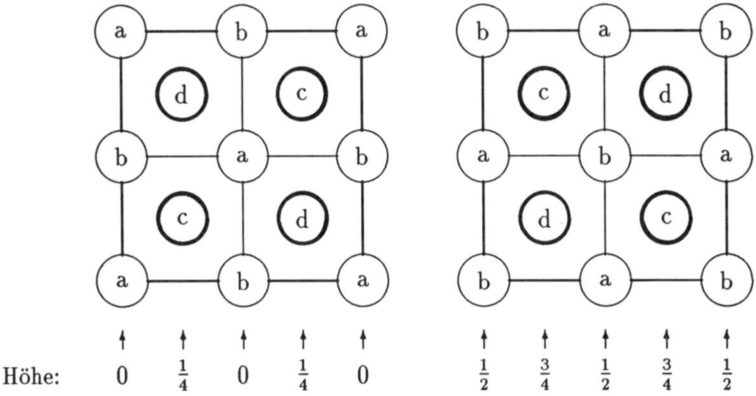

Abb. 84: Überstruktur des CsCl-Typs mit verachtfachter Elementarzelle. Links untere Hälfte, rechts obere Hälfte der Zelle in Projektion auf die Papierebene. a, b, c und d bezeichnen vier verschiede Atomlagen, die wie folgt besetzt sein können:

a	b	c	d	Strukturtyp	Beispiele
Al	Fe	Fe	Fe	Fe_3Al (Li_3Bi)	Fe_3Si
Al	Mn	Cu	Cu	$MnCu_2Al$ (Heusler-Legierung)	
Tl	Na	Tl	Na	NaTl (Zintl-Phase)	LiAl, LiZn
Ag	Li	Sb	Li	Li_2AgSb (Zintl-Phase)	
As	□	Mg	Ag	MgAgAs (Zintl-Phase)	LiMgAs
Ca	□	F	F	CaF_2 (Fluorit)	CuF_2, $BaCl_2$, ThO_2, TiH_2, Li_2O, Be_2C, Mg_2Sn
Zn	□	S	□	ZnS (Sphalerit)	SiC, AlP, GaAs, CuCl
C	□	C	□	Diamant	Si, α-Sn
Na	Cl	□	□	NaCl	LiH, AgF, MgO, TiC

in a oder b vorkommen. Dies gilt für Diamant und für die ZINTL-Phase NaTl, die als Gitter von Tl^--Teilchen mit Diamantstruktur aufgefaßt werden kann, in das Na^+-Ionen eingelagert sind (vgl. Abb. 65, S. 159).

14.4 Hume-Rothery-Phasen

HUME-ROTHERY-Phasen (oder messingartige Phasen) sind bestimmte Legierungen, deren Strukturen den verschiedenen Formen von Messing entsprechen (Messing = Cu–Zn-Legierungen). Sie sind klassische Beispiele für den strukturbestimmenden Einfluß der Valenzelektronenkonzentration

Tabelle 19: Messingartige Legierungen

	Zusammen-setzung	VEK	Struktur-typ	Beispiele
α	$Cu_{1-x}Zn_x$, x=0 bis 0,38	1 bis 1,38	Cu	
β	CuZn	1,50 = 21/14	W	AgZn, Cu_3Al, Cu_5Sn
γ	Cu_5Zn_8	1,62 = 21/13	Cu_5Zn_8	Ag_5Zn_8, Cu_9Al_4, $Na_{31}Pb_8$
ε	$CuZn_3$	1,75 = 21/12	Mg	$AgZn_3$, Cu_3Sn, Ag_5Al_3
η	Cu_xZn_{1-x}, x=0 bis 0,02	1,98 bis 2	Mg	

(VEK) bei Metallen. VEK = (Anzahl Valenzelektronen)/(Anzahl Atome). Tab. 19 gibt einen Überblick.

α-Messing ist eine feste Lösung von Zink in Kupfer mit der Struktur des Kupfers; die Atome sind statistisch auf die Lagen der kubisch-dichtesten Kugelpackung verteilt. Auch in β-Messing, das durch Abschrecken der Schmelze erhalten wird, liegt eine statistische Atomverteilung vor, die Packung ist kubisch-innenzentriert; die Zusammensetzung ist nicht exakt CuZn, stabil ist diese Phase nur, wenn der Anteil der Zinkatome 45 bis 48 % beträgt. Auch die γ-Phase hat eine gewisse Phasenbreite, die von $Cu_5Zn_{6,9}$ bis $Cu_5Zn_{9,7}$ reicht. Die Struktur von γ-Messing läßt sich als Überstruktur der kubisch-innenzentrierten Packung beschreiben, mit verdreifachten Gitterkonstanten und einer Elementarzelle, die somit ein $3^3 = 27$ mal größeres Volumen hat. An Stelle von $2 \cdot 27 = 54$ enthält die Zelle jedoch nur 52 Atome, es sind zwei Leerstellen vorhanden. Die Verteilung der Leerstellen ist geordnet, die Kupfer- und Zinkatome können partiell fehlgeordnet sein. Eine Messingprobe, deren Zusammensetzung nicht innerhalb der angegebenen Grenzen liegt, besteht aus einem Gemisch der beiden angrenzenden Phasen.

Wie die Beispiele in Tab. 19 zeigen, können Legierungen mit recht unterschiedlicher Zusammensetzung die gleichen Strukturen annehmen. Maßgeblich ist jeweils die Valenzelektronenkonzentration, die sich folgendermaßen errechnet:

AgZn	$\frac{1+2}{2} = \frac{3}{2} = \frac{21}{14}$	Ag_5Zn_8	$\frac{5+16}{13} = \frac{21}{13}$	$AgZn_3$	$\frac{1+6}{4} = \frac{7}{4} = \frac{21}{12}$
Cu_3Al	$\frac{3+3}{4} = \frac{6}{4} = \frac{21}{14}$	Cu_9Al_4	$\frac{9+12}{13} = \frac{21}{13}$	Cu_3Sn	$\frac{3+4}{4} = \frac{7}{4} = \frac{21}{12}$
Cu_5Sn	$\frac{5+4}{6} = \frac{9}{6} = \frac{21}{14}$	$Na_{31}Pb_8$	$\frac{31+32}{39} = \frac{21}{13}$	Ag_5Al_3	$\frac{5+9}{8} = \frac{14}{8} = \frac{21}{12}$

Die theoretische Interpretation für den Zusammenhang von Valenzelektronenkonzentration und Struktur wurde von H. JONES [40] gegeben. Geht man von Kupfer aus und legiert immer mehr Zink hinzu, so nimmt die VEK zu. Die hinzukommenden Elektronen müssen immer höhere Energieniveaus einnehmen, d.h. die Energie der FERMI-Grenze steigt an und reicht immer näher an die Begrenzung der 1. BRILLOUIN-Zone. Etwa bei VEK = 1,36 ist diese erreicht; mit höheren Werten für die VEK müßten Zustände in einem energetisch höherliegenden Band besetzt werden; ein anderer Strukturtyp wird günstiger, der eine höhere VEK innerhalb der 1. BRILLOUIN-Zone erlaubt, nämlich das kubisch-innenzentrierte Gitter, das bis etwa VEK = 1,48 stabil ist.

14.5 Laves-Phasen

Unter LAVES-Phasen versteht man bestimmte Legierungen der Zusammensetzung MM'_2, bei denen die M-Atome größer als die M'-Atome sind. Der klassische Vertreter ist $MgCu_2$, dessen Struktur in Abb. 85 gezeigt ist. Im Sinne von Abb. 84 kann sie als Überstruktur des CsCl-Typs aufgefaßt werden, bei der die Lagen a, b, c und d folgendermaßen besetzt sind:

a: Mg b: Cu_4 c: Mg d: (Cu_4)

Auf der Lage b ist also nicht ein Atom, sondern ein Tetraeder von vier Cu-Atomen untergebracht; bei dieser Anordnung ergibt sich auch um die Lage d ein gleichartiges Cu-Tetraeder. Die Magnesiumatome haben für sich alleine die gleiche Anordnung wie im Diamant-Typ.

Neben dieser kubischen LAVES-Phase gibt es im $MgZn_2$-Typ eine Variante mit Magnesiumatomen in der Anordnung des hexagonalen Diamanten, außerdem gibt es noch weitere Stapelvarianten.

Die Kupferatome des $MgCu_2$-Typs sind miteinander zu einem dreidimensionalen Netzwerk von eckenverknüpften Tetraedern verbunden (vgl. Abb. 85), so daß jedes Cu-Atom mit sechs weiteren Cu-Atomen verbunden ist. Nimmt man eine Elektronenverteilung gemäß der Formulierung $Mg^{2+}(Cu^-)_2$ an, so kommt auf die Kupferatome eine Valenzelektronenkonzentration von $\mathrm{VEK(Cu)} = \frac{1}{2}(1 \cdot 2 + 2 \cdot 11) = 12$. Nach Gleichung (19) (S. 152), für Übergangsmetalle abgewandelt zu $b(\mathrm{X}) = 18 - \mathrm{VEK(M)}$, errechnet man damit $b(\mathrm{X}) = 18 - 12 = 6$ Bindungen pro Cu-Atom. $MgCu_2$ erfüllt somit die Regeln für eine ZINTL-Phase. Trotzdem sollte man LAVES-Phasen nicht den ZINTL-Phasen zurechnen; es sind ca. 170 intermetallische Verbindungen mit der $MgCu_2$-Struktur bekannt, von denen die meisten nicht die ZINTLsche Valenzregel erfüllen (z.B. $CaAl_2$, YCo_2, $LiPt_2$).

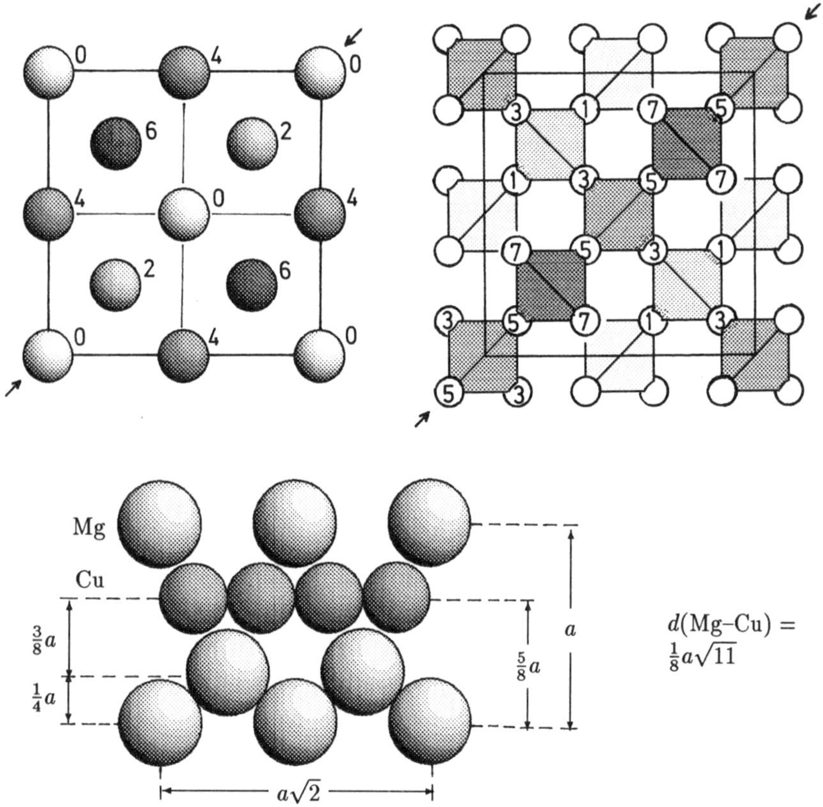

Abb. 85: Struktur der LAVES-Phase $MgCu_2$. Links: Mg-Teilstruktur. Rechts: Cu-Teilstruktur aus eckenverknüpften Tetraedern. Die Zahlen geben die Höhe in der Elementarzelle als Vielfache von $\frac{1}{8}$ an. Unten: Schnitt diagonal durch die Zelle in der Richtung, die oben durch Pfeile markiert ist und mit Atomradien für einander berührende Atome (kleinerer Maßtab als oben)

Die Raumerfüllung im $MgCu_2$-Typ kann mit Hilfe von Gleichung (27) (S. 179) berechnet werden, wobei die geometrischen Gegebenheiten aus dem unteren Bild von Abb. 85 folgen:

Die vier Cu-Kugeln reihen sich längs der Diagonalen der Länge $a\sqrt{2}$, somit ist $r(\text{Cu}) = \frac{1}{8}\sqrt{2}\,a$;

entlang der Raumdiagonalen der Elementarzelle befinden sich zwei Mg-Kugeln im Abstand $\frac{1}{4}\sqrt{3}\,a$, somit ist $r(\text{Mg}) = \frac{1}{8}\sqrt{3}\,a$.

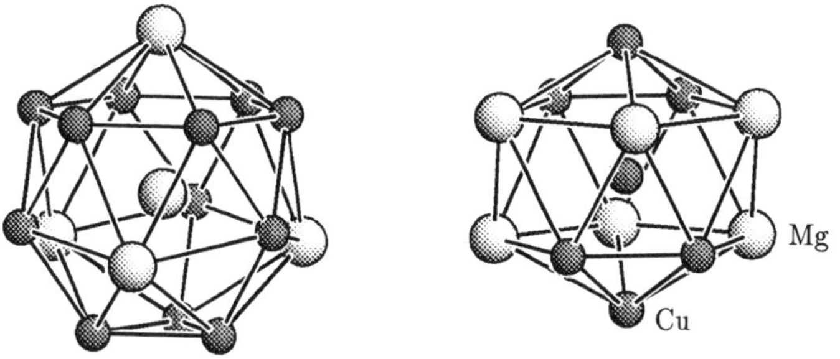

Abb. 86: FRANK-KASPER-Polyeder im $MgCu_2$. Das Polyeder um ein Mg-Atom (K.Z. 16) wird von vier Mg-Atomen, die für sich ein Tetraeder bilden, und von 12 Cu-Atomen aufgespannt; die Cu-Atome bilden vier Dreiecke, die sich gegenüber von den Mg-Atomen befinden. Das Polyeder um ein Cu-Atom (K.Z. 12) ist ein Ikosaeder, bei dem zwei gegenüberliegende Flächen von Cu-Atomen eingenommen werden

Der ideale Radienquotient beträgt danach

$$\frac{r(\mathrm{Mg})}{r(\mathrm{Cu})} = \sqrt{\frac{3}{2}} = 1,225$$

und die Raumerfüllung ist

$$\frac{4}{3}\pi\frac{1}{a^3}[8(\frac{1}{8}\sqrt{3}\,a)^3 + 16(\frac{1}{8}\sqrt{2}\,a)^3] = 0,710$$

(die Elementarzelle enthält 8 Mg- und 16 Cu-Atome). Mit 71,0 % ist die Raumerfüllung also etwas geringer als in einer dichtesten Kugelpackung (74,1 %). Die Koordinationsverhältnisse um die Atome sind die folgenden:

Mg: K.Z. 16, nämlich 4 Mg im Abstand $\frac{1}{8}\sqrt{12}a$ und 12 Cu im Abstand $\frac{1}{8}\sqrt{11}a$;

Cu: K.Z. 12, nämlich 6 Cu im Abstand $\frac{1}{8}\sqrt{8}a$ und 6 Mg im Abstand $\frac{1}{8}\sqrt{11}a$.

Die Koordinationspolyeder sind FRANK-KASPER-Polyeder [81]. Das sind Polyeder mit gleichen oder ungleichen Dreiecksflächen, wobei an jedem Eckpunkt wenigstens fünf Dreiecke angrenzen. Solche Polyeder erlauben die Koordinationszahlen 12, 14, 15 und 16. Abb. 86 zeigt die beiden FRANK-KASPER-Polyeder, die im $MgCu_2$ vorkommen. FRANK-KASPER-Polyeder und die zugehörigen hohen Koordinationszahlen kennt man von zahlreichen intermetallischen Verbindungen.

Das skizzierte Modell unter Annahme harter Kugeln hat einen Schönheitsfehler: Die Summe der Atomradien von Mg und Cu ist kleiner als der kürzeste Abstand zwischen diesen Atomen:

$$r(\mathrm{Mg}) + r(\mathrm{Cu}) = \tfrac{1}{8}(\sqrt{3}+\sqrt{2})a = 0{,}393\,a$$
$$d(\text{Mg–Cu}) = \tfrac{1}{8}\sqrt{11}\,a = 0{,}415\,a$$

Während sich die Mg-Atome untereinander und die Cu-Atome untereinander berühren, „schwebt“ die Cu-Teilstruktur iin der Mg-Teilstruktur. Das Hartkugelmodell erfaßt somit die tatsächlichen Verhältnisse nur sehr unvollkommen, Atome sind keine starre Kugeln. Das Prinzip der bestmöglichen Raumerfüllung ist besser zu formulieren als das *Prinzip, eine möglichst hohe Dichte zu erreichen.* Dies zeigt sich insbesondere in der tatsächlichen Dichte der LAVES-Phasen, sie ist größer als die Dichte der Komponenten (manchmal bis zu 50% mehr); die Dichte von $MgCu_2$ beträgt zum Beispiel 5,75 g cm^{-3}, das sind 7% mehr als die mittlere Dichte von 5,37 g cm^{-3} für 1 mol Mg + 2 mol Cu. Die Atome sind im $MgCu_2$ also dichter gepackt als in den reinen Elementen, die Atome sind effektiv kleiner. Nach dem Hartkugelmodell dürfte sich die LAVES-Phase mit ihrer Raumerfüllung von 71% gar nicht bilden, denn sowohl Magnesium wie Kupfer kristallisieren in dichtesten Kugelpackungen mit 74% Raumerfüllung.

Die Kompression der Atome betrifft vor allem die Magnesiumatome. Im Dichtezuwachs äußert sich ein Gewinn an Gitterenergie, bedingt durch stärkere Bindungskräfte zwischen den ungleichen Atomen. Diese Bindungskräfte haben einen polaren Anteil, denn in LAVES-Phasen dieses Typs ist die Kompression um so größer, je größer die Differenz der Elektronegativitäten der beteiligten Atome ist.

14.6 Übungsaufgaben

14.1 Nehmen Sie Tabelle 18 zu Hilfe, um zu entscheiden, ob die folgenden Paare von Metallen wahrscheinlich ungeordnete Legierungen miteinander bilden.
(a) Mg/Ca; (b) Ca/Sr; (c) Sr/Ba; (d) La/Ac; (e) Ti/Mn; (f) Ru/Os; (g) Pr/Nd; (h) Eu/Gd.

14.2 Zeichnen Sie einen Ausschnitt von jedem der auf S. 190 gezeigten Strukturtypen in Projektion auf auf eine Ebene, die in vertikaler Richtung der Abbildung und senkrecht zur Papierebene verläuft.

14.3 Welche Strukturtypen ergeben sich, wenn die Atomlagen von Abb. 84 in folgender Art besetzt werden (A, B, C und D stehen für chemische Elemente):
(a) a A, b A, c □, d B; (b) a A, b B, c C, d □; (c) a A, b A, c C, d D?

14.4 Wie kann es sein, daß sowohl Ag_5Zn_8 wie auch Cu_9Al_4 die γ-Messingstruktur haben, obwohl ihre Zusammensetzungen verschieden sind?

14.5 Kann man ein Ikosaeder als FRANK–KASPER-Polyeder ansehen?

15 Verknüpfte Polyeder

Mit Hilfe von Koordinationspolyedern kann die unmittelbare Umgebung einzelner Atome gut erfaßt werden, zumindest dann, wenn die Polyeder exakt oder näherungsweise ein gewisses Minimum an Symmetrie aufweisen. Die wichtigsten dieser Polyeder hatten wir in Abb. 2 (S. 13) kennengelernt. Größere Bauverbände lassen sich als Verbund von Polyedern auffassen. Zwei Polyeder lassen sich miteinander über eine gemeinsame Ecke, eine gemeinsame Kante oder eine gemeinsame Fläche verknüpfen, sie haben dann ein, zwei bzw. drei (oder mehr) gemeinsame „Brückenatome“ (Abb. 3, S. 14).

Je nach Polyeder und Art der Verknüpfung ergeben sich an den Brückenatomen Bindungswinkel, die einen definierten Wert haben oder innerhalb bestimmter Grenzen liegen. Bei flächenverknüpften Polyedern ist der Bindungswinkel durch die Geometrie festgelegt. Bei eckenverknüpften und in manchen Fällen bei kantenverknüpften Polyedern kann der Bindungswinkel durch gegenseitiges Verdrehen der Polyeder innerhalb gewisser Grenzen variieren (Abb. 87; s. auch Abb. 104, S. 220). In Tabelle 20 sind die Werte für die Bindungswinkel angegeben; die Zahlen gelten für unverzerrte Tetraeder respektive Oktaeder und unter der Annahme, daß die Atome in den Ecken verschiedener Polyeder einander nicht näher kommen dürfen als innerhalb eines Polyeders. Verzerrungen treten häufig auf und ermöglichen eine gewisse zusätzliche Variationsbreite für die Bindungswinkel der Brückenatome. Außer der Verzerrung durch unterschiedliche Längen von Polyederkanten kann die Verzerrung auch durch ein Herausrücken des Zentralatoms aus der Polyedermitte zustande kommen, unter Änderung von Bindungswinkeln am Zentralatom und an den Brückenatomen; die Poly-

Tabelle 20: Bindungswinkel für die Brückenatome und Abstände zwischen den Zentralatomen M von verknüpften Tetraedern und Oktaedern (ohne Berücksichtigung von eventuellen Verzerrungen). Die Abstände sind als Vielfache der Polyederkantenlänge angegeben

		Verknüpfung über		
		Ecken	Kanten	Flächen
Tetraeder	Bindungswinkel	102,1 bis 180°	66,0 bis 70,5°	38,9°
	M–M-Abstand	0,95 bis 1,22	0,66 bis 0,71	0,41
Oktaeder	Bindungswinkel	131,8 bis 180°	90°	70,5°
	M–M-Abstand	1,29 bis 1,41	1,00	0,82

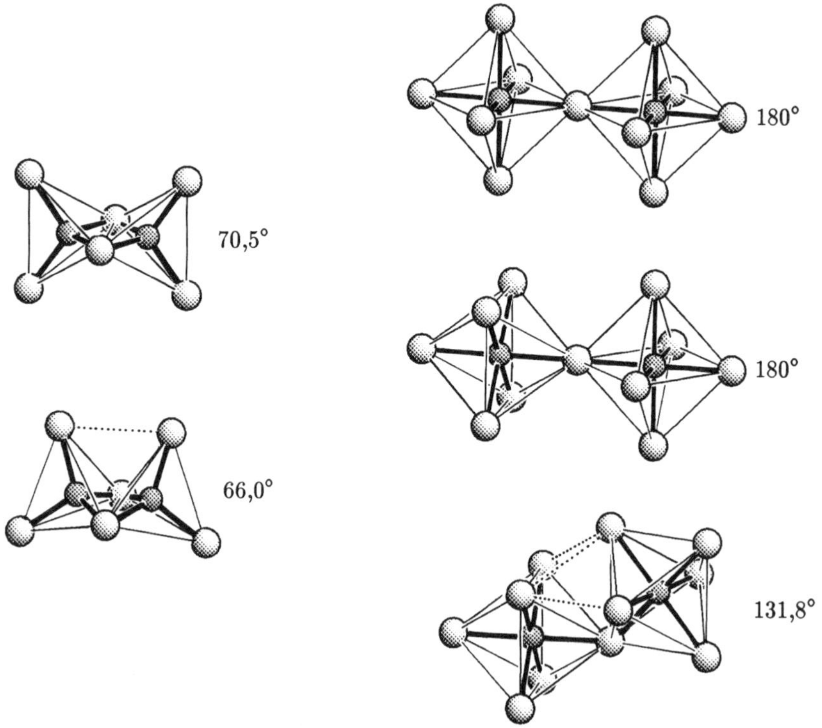

Abb. 87: Grenzen für die gegenseitige Verdrehung von kantenverknüpften Tetraedern und von eckenverknüpften Oktaedern und die sich ergebenden Bindungswinkel an den Brückenatomen. Als Mindestabstand zwischen Eckpunkten verschiedener Polyeder (punktiert) wurde die Kantenlänge im Polyeder angenommen

ederkanten und -flächen können dabei (müssen aber nicht) unverändert bleiben.

Verzerrungen der Koordinationspolyeder können vielfach im Sinne der Regeln von GILLESPIE-NYHOLM und durch Betrachtung der elektrostatischen Kräfte gedeutet werden. So ist zum Beispiel in den beiden kantenverknüpften Tetraedern im $(FeCl_3)_2$ ein gegenseitiges Abrücken der Fe-Atome erkennbar, da ihnen eine positive Partialladung zukommt. Die Fe–Cl-Abstände zu den verbrückenden Atomen sind dadurch länger als die übrigen Fe–Cl-Abstände. Die Cl-Atome passen sich der Verzerrung durch eine leichte Deformation der Tetraeder an (Abb. 88). Wenn die verbrücken-

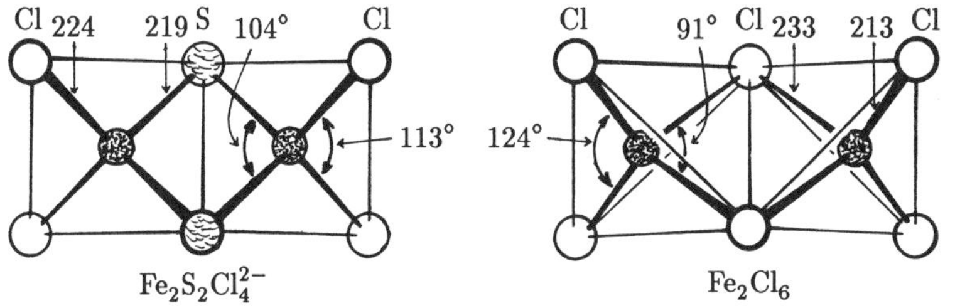

Abb. 88: Zwei nur wenig verzerrte, kantenverknüpfte Tetraeder im $Fe_2S_2Cl_4^{2-}$-Ion und zwei stärker verzerrte Tetraeder im Fe_2Cl_6-Molekül. Die Verzerrung beruht in erster Linie auf einer elektrostatischen Abstoßung zwischen den Fe-Atomen. Abstände in pm

den Atome eine höhere negative Partialladung als die terminalen Atome haben, so wirken sie dieser Art von Verzerrung entgegen, da sie eine stärkere Anziehung auf die Zentralatome ausüben, die dann weniger aus den Polyedermitten herausrücken. Das zum $(FeCl_3)_2$ isostere $(FeSCl_2)_2^{2-}$ bietet ein Beispiel (Abb. 88; um die elektrostatischen Kräfte zu vergleichen, kann man vereinfachend einen Aufbau aus Ionen Fe^{3+}, Cl^- und S^{2-} annehmen).

Welche Art von Polyederverknüpfung realisiert wird, hängt von verschiedenen Faktoren ab. Zu nennen sind:

1. Die chemische Zusammensetzung; sie setzt einen engen Rahmen, da sich nur ganz bestimmte Polyederverknüpfungen mit ihr vereinbaren lassen.

2. Die Natur der Brückenatome; sie streben bestimmte Bindungswinkel an und tolerieren nur Bindungswinkel in einem bestimmten Bereich. Bei verbrückenden Schwefel-, Selen-, Chlor-, Brom- und Iodatomen (mit zwei einsamen Elektronenpaaren) sind Winkel um 100° günstig. Dieser Winkel kann bei eckenverknüpften Tetraedern und bei kantenverknüpften Oktaedern auftreten; es sind jedoch auch Beispiele mit kleineren Winkeln zwischen kantenverknüpften Tetraedern oder flächenverknüpften Oktaedern bekannt. Verbrückende Sauerstoff- und Fluoratome lassen Winkel bis 180° zu, häufig werden Winkel um 130 bis 150° beobachtet.

3. Je polarer die Bindungen sind, desto ungünstiger werden Kanten- und in noch stärkerem Maße Flächenverknüpfung, bedingt durch die zunehmende gegenseitige elektrostatische Abstoßung der Zentralatome (dritte PAULINGsche Regel, S. 62). Zentralatomen in hohen Oxidationszuständen begünstigen deshalb die Verknüpfung über Ecken. Sind zweierlei Zentralatome vorhanden, so vermeiden diejenigen mit der höheren Oxidationszahl die Verknüpfung ihrer Polyeder miteinander (vierte PAULINGsche Regel).

4. Wechselwirkungen zwischen den Zentralatomen der verknüpften Polyeder. Wenn eine direkte Bindung zwischen den Zentralatomen vorteilhaft ist, so sind sie bestrebt, einander näherzurücken. Dies begünstigt Anordnungen mit Kanten- oder Flächenverknüpfung. Zum Beispiel ermöglicht die Flächenverknüpfung zweier Oktaeder beim $[W_2Cl_9]^{3-}$-Ion eine W≡W-Dreifachbindung, mit welcher die Wolframatome von der Elektronenkonfiguration d^3 auf Edelgaskonfiguration (18 Valenzelektronen) kommen.

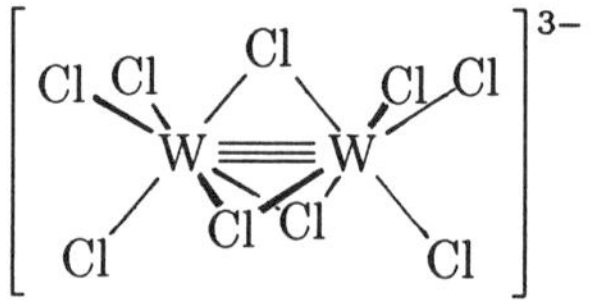

Weitergehende Einzelheiten zur Art der Verknüpfung lassen sich mit unserem heutigen Kenntnisstand oft nicht verstehen und schon gar nicht vorhersehen. Warum bildet BiF_5 lineare, polymere Ketten, SbF_5 tetramere Moleküle und AsF_5 monomere Moleküle? Warum liegen im $(WSCl_4)_2$ Chloro- und nicht Schwefelbrücken vor? Warum gibt es keine Modifikation von TiO_2 mit Quarzstruktur?

Die Zusammensetzung einer Verbindung steht in unmittelbarem Zusammenhang mit der Art, wie die Polyeder verknüpft sind. Ein Atom X mit der Koordinationszahl K.Z.(X), das die gemeinsame Ecke von K.Z.(X) Polyedern bildet, hat am einzelnen Polyeder einen Anteil von 1/K.Z.(X). Hat ein Polyeder n dieser Atome, so kommen n/K.Z.(X) davon auf dieses Polyeder. Die Verhältnisse lassen sich gut mit NIGGLI-Formeln zum Ausdruck bringen, so wie in den folgenden Abschnitten gezeigt. Zur Bezeichnung der Koordinationspolyeder kann man sich der Schreibweise bedienen, die am Ende von Abschnitt 2.1 und in Abb. 2 (S. 13) vorgestellt wurde.

15.1 Eckenverknüpfte Oktaeder

Ein einzelnes oktaedrisches Molekül hat die Zusammensetzung MX_6. Zwei Oktaeder mit einer gemeinsamen Ecke kann man als Anlagerung von einer Einheit MX_5 an eine Einheit MX_6 auffassen, die Zusammensetzung ist M_2X_{11}. Setzt man die Anlagerung von MX_5-Einheiten fort, so kommt man zu ketten- oder zu ringförmigen Molekülen der Zusammensetzung $(MX_5)_n$ (Abb. 89). In diesen hat jedes Oktaeder vier endständige Atome und zwei Atome, die gemeinsame Ecken mit anderen Oktaedern bilden, entsprechend der NIGGLI-Formel $MX_{4/1}X_{2/2}$. Sind die bei-

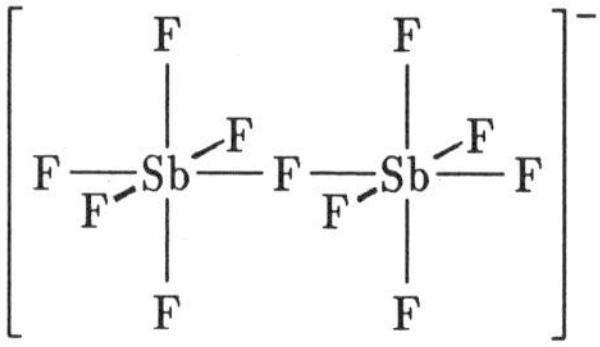

den verbrückenden Ecken eines Oktaeders *trans*-ständig zueinander, dann liegt eine Kette vor; sie kann entweder völlig gestreckt sein wie im BiF_5, mit Bindungswinkeln von 180° an den Brückenatomen, oder sie kann zickzackförmig sein wie im CrF_5^{2-}-Ion, mit Bindungswinkeln zwischen 132° und 180° (bei Fluoriden häufig zwischen 132° und 150°). Stehen die beiden verbrückenden Atome jedes Oktaeders *cis*-ständig zueinander, so ist eine Vielzahl von geometrischen Anordnungen möglich. Von Bedeutung sind Zickzackketten wie im CrF_5 und tetramere Moleküle wie im $(NbF_5)_4$. Auch hier können die Bindungswinkel an den verbrückenden Atomen zwischen 132° und 180° liegen. Das bei Pentafluoriden häufige Auftreten von Winkeln, die entweder 132° oder 180° betragen, hat etwas mit der Packung der Moleküle im Kristall zu tun: diese beiden Werte ergeben sich geometrisch, wenn die Fluoratome für sich gesehen eine hexagonal- bzw. eine kubisch-dichteste Kugelpackung bilden (dies wird in Kapitel 16 näher ausgeführt). Die wichtigsten Verknüpfungsmuster für Pentafluoride, Pentafluoroanionen und Oxotetrahalogenide sind:

	Oktaeder-Konfiguration	Brückenatom-Bindungswinkel ca.	Beispiele
Ringe $(MF_5)_4$	*cis*	180°	$(NbF_5)_4$, $(MoF_5)_4$
Ringe $(MF_5)_4$	*cis*	132°	$(RuF_5)_4$, $(RhF_5)_4$
Lineare Ketten	*trans*	180°	BiF_5, UF_5, $WOCl_4$
Zickzackketten	*trans*	150°	$Ca[CrF_5]$, $Ca[MnF_5]$
Zickzackketten	*cis*	180°	$Rb_2[CrF_5]$
Zickzackketten	*cis*	152°	VF_5, CrF_5, $MoOF_4$

Die wichtigste Möglichkeit, Oktaeder über jeweils vier Ecken miteinander zu verknüpfen, führt zu Schichten der Zusammensetzung $MX_4 = MX_{2/1}X_{4/2}$ oder $M^{[o]}X_2^{[2l]}X_2$ (Abb. 90). Sie wird bei einigen Tetrafluoriden wie SnF_4 und PbF_4 sowie in den Anionen von $Tl[AlF_4]$ und $K_2[NiF_4]$ gefunden. Der K_2NiF_4-Typ tritt bei einer Reihe von Fluoriden und Oxiden auf: K_2MF_4 mit M = Mg, Zn, Co, Ni; Sr_2MO_4 mit M = Sn, Ti, Mo, Mn, Ru, Rh, Ir und noch einige andere. Die Bevorzugung von K^+ bzw. Sr^{2+} hat mit der Größe dieser Kationen zu tun: sie passen gerade in die Lücke zwischen vier F- bzw. O-Atome der nicht verbrückenden Oktaederspitzen (Abb. 90). Größere Kationen wie Cs^+ oder Ba^{2+} haben Platz, wenn die Oktaeder durch Besetzung mit größeren Atomen aufgeweitet sind, zum Beispiel im Cs_2UO_4 oder Ba_2PbO_4. Die Zusammensetzung A_2MX_4 ist erfüllt, wenn alle Lücken zwischen den Oktaederspitzen auf der Unter- und Oberseite der $[MX_4]^{2n-}$-Schicht mit A^{n+}-Ionen besetzt sind. Bei der Stapelung der so aufgebauten Schichten kommen die A^{n+}-Ionen der nächsten Schicht genau

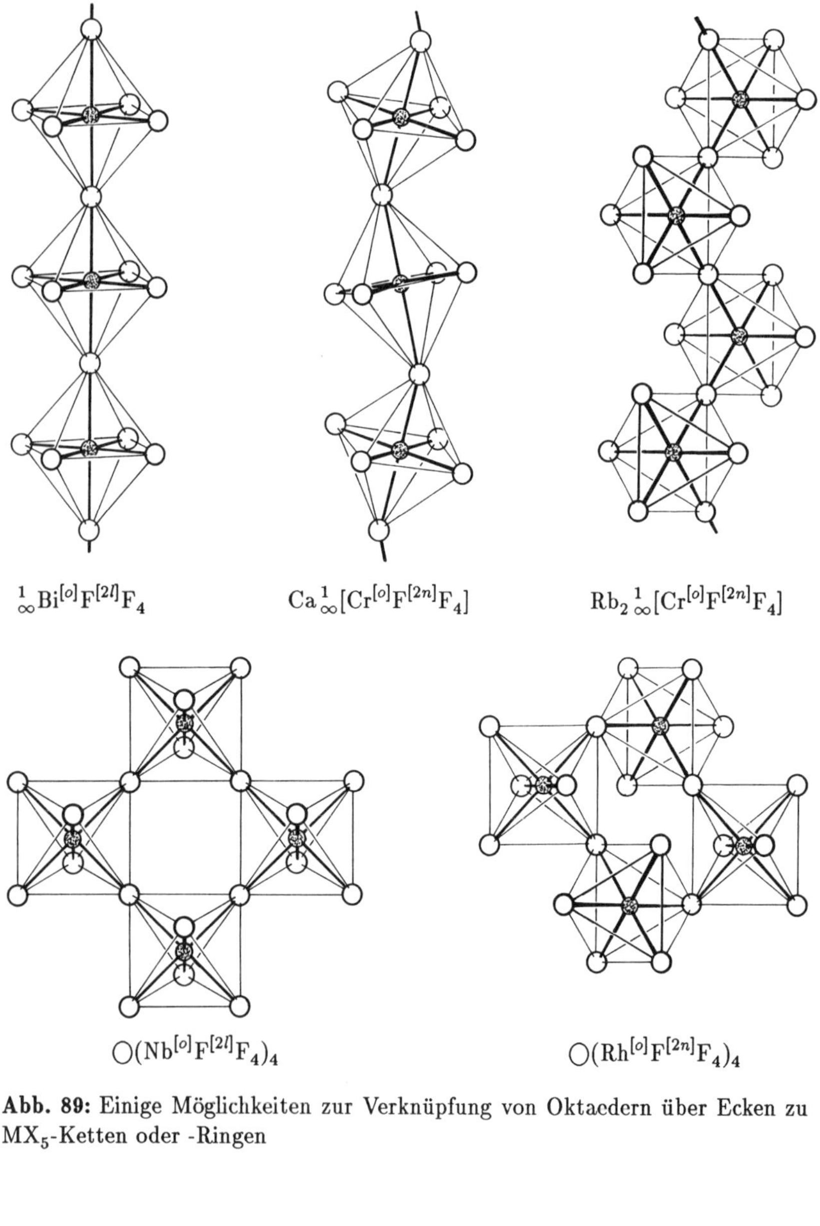

Abb. 89: Einige Möglichkeiten zur Verknüpfung von Oktaedern über Ecken zu MX_5-Ketten oder -Ringen

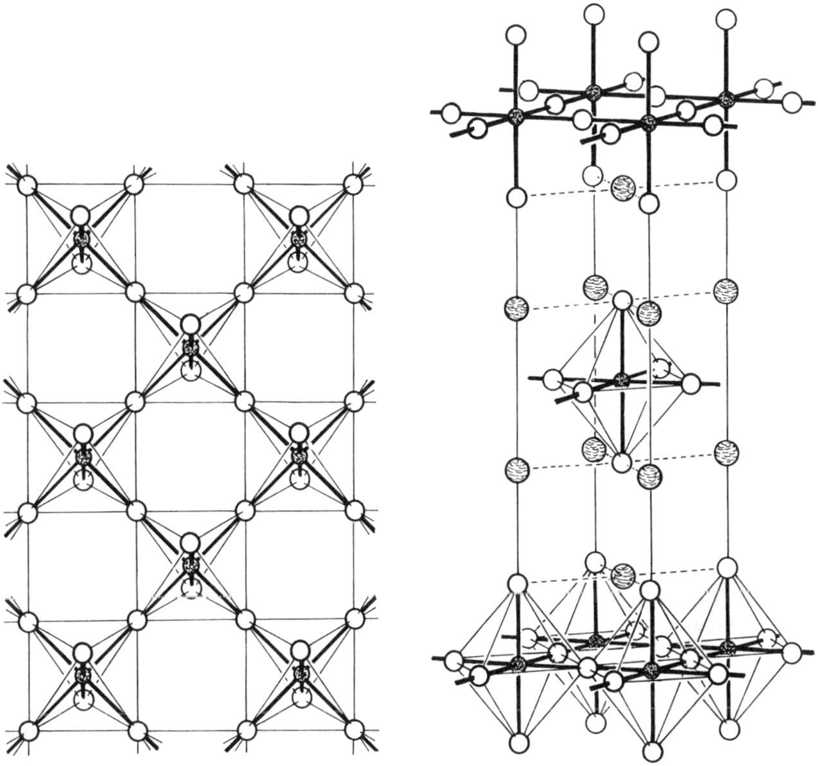

Abb. 90: MX_4-Schicht aus eckenverknüpften Oktaedern und die Packung solcher Schichten im K_2NiF_4-Typ. Läßt man die K^+-Ionen weg und rückt die Schichten aufeinander, so daß die Oktaederspitzen einer Schicht zwischen je vier Spitzen der nächsten Schicht kommen, so kommt man zur Packung im SnF_4

über die X-Atome zu liegen. Jedes A^{n+}-Ion hat dann die Koordinationszahl 9 (4 der verbrückenden X-Atome der Schicht, die vier umgebenden Oktaederspitzen sowie das X-Atom der nächsten Schicht); das Koordinationspolyeder ist ein quadratisches Antiprisma mit aufgesetzter Pyramide.

Stapelt man MX_4-Schichten Oktaederspitze auf Oktaederspitze übereinander und verschmilzt die Oktaederspitzen miteinander, dann resultiert das dreidimensionale Netzwerk der ReO_3-Struktur (Abb. 91). In ihr ist jedes Oktaeder über alle sechs Ecken mit jeweils sechs anderen Oktaedern verknüpft, die Bindungswinkel an den Brückenatomen betragen 180°. Die Mittelpunkte von acht Oktaedern spannen die kubische Elementarzelle auf.

In der Mitte der Elementarzelle befindet sich ein relativ großer Hohlraum. Dieser Hohlraum kann mit einem Kation besetzt sein, es handelt sich dann um den Perowskit-Typ (Perowskit = $CaTiO_3$), der bei einer Vielzahl von Verbindungen der Zusammensetzung AMF_3 und AMO_3 vorkommt und der wegen seiner Bedeutung gesondert behandelt wird (Abschnitt 16.4, S. 250).

Eine bessere Raumerfüllung als im ReO_3-Typ kann erreicht werden, wenn die Oktaeder um die Richtung einer der Raumdiagonalen der Elementarzelle verdreht werden (Abb. 91). Dabei verschwindet der große Hohlraum in der ReO_3-Zelle, die Oktaeder rücken näher aufeinader zu und die Bindungswinkel an den Brückenatomen verkleinern sich von 180° bis auf 132°. Wenn dieser Wert erreicht ist, liegt der RhF_3-Typ vor, in dem die F-Atome eine hexagonal-dichteste Kugelpackung bilden. Etliche Trifluoride kristallisieren mit Strukturen, die zwischen den beiden Extremen liegen, mit Bindungswinkeln von ca. 150° an den F-Atomen: GaF_3, TiF_3, VF_3, CrF_3, FeF_3, CoF_3 u.a. Einige wie ScF_3 sind nahe am ReO_3-Typ, andere wie MoF_3 näher an der hexagonal-dichtesten Struktur. Die Oktaeder können noch weiter zu einer „überdichten" Kugelpackung verdreht sein, wobei Gruppen von je drei zusammengequetschten Atomen vorhanden sind. Dies entspricht der Struktur des Calcits ($CaCO_3$); im Mittelpunkt zwischen drei zusammengequetschten O-Atomen befindet sich das C-Atom des Carbonat-Ions.

Wenn im VF_3-Typ die Metallatomlagen in den Oktaedern abwechselnd von Atomen zweier verschiedener Metalle besetzt sind, liegt der $LiSbF_6$-Typ vor, der bei vielen Verbindungen AMF_6 vorkommt (z.B. $ZnSnF_6$). Auch in der RhF_3-Packung können sich zweierlei Atomsorten abwechseln; dies trifft für PdF_3 (auch PtF_3) zu, das als $Pd^{II}Pd^{IV}F_6$ oder $Pd^{2+}[PdF_6]^{2-}$ zu formulieren ist, wie an den verschiedenen Pd–F-Abständen von 217 pm (Pd^{II}) und 190 pm (Pd^{IV}) zu erkennen ist.*

WO_3 tritt in einer größeren Anzahl von Modifikationen auf, die alle verzerrte Varianten des ReO_3-Typs sind (mit W-Atomen außerhalb der Oktaedermitten und unterschiedlich langen W–O-Bindungen). Darüberhinaus gibt es noch eine Form, die sich durch Entwässern von $WO_3 \cdot \frac{1}{3}H_2O$ erhalten läßt und deren Gerüst in Abb. 92 gezeigt ist. Auch hier sind alle Oktaeder miteinander eckenverknüpft, die W–O–W-Winkel betragen 150°. Diese Struktur ist wegen der in ihr vorhandenen Kanäle bemerkenswert. Die Kanäle lassen sich nämlich kontinuierlich mit Kaliumionen besetzen, wobei die Zusammensetzung K_xWO_3 von $x = 0$ bis $x = 0,33$ gehen kann (auch Rubidium- und Cäsiumionen können eingelagert werden) . Man nennt diese

*Literatur über Fluorid-Strukturen: [140]

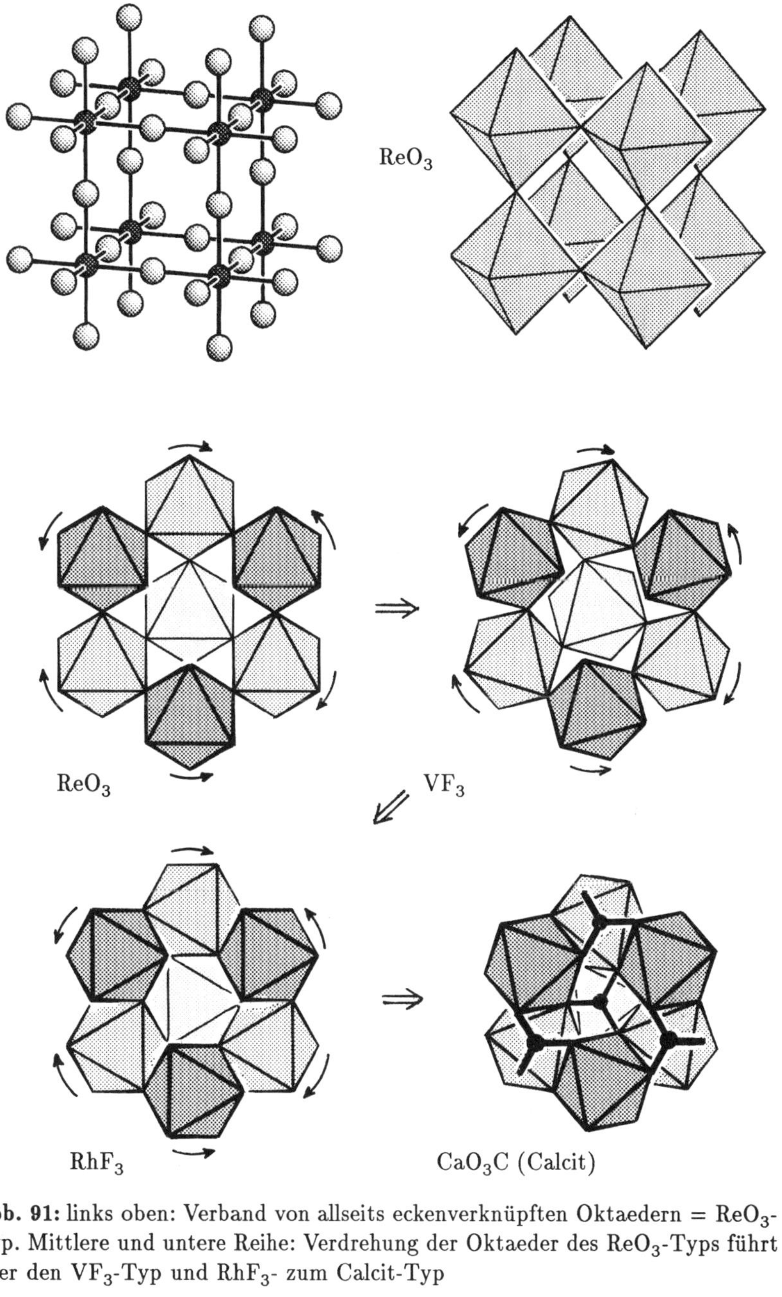

Abb. 91: links oben: Verband von allseits eckenverknüpften Oktaedern = ReO_3-Typ. Mittlere und untere Reihe: Verdrehung der Oktaeder des ReO_3-Typs führt über den VF_3-Typ und RhF_3- zum Calcit-Typ

Abb. 92: Verknüpfung der Oktaeder in hexagonalen und tetragonalen Wolframbronzen M_xWO_3. Die Verknüpfung setzt sich in Blickrichtung mit deckungsgleich angeordneten Oktaedern fort. In den Kanälen in Blickrichtung sind wechselnde Mengen von Alkaliionen eingelagert

Verbindungen hexagonale *Wolframbronzen.* Kubische Wolframbronzen haben die ReO_3-Struktur mit partieller Besetzung des Hohlraums mit Li^+ oder Na^+, d. h. sie sind Zwischenstufen zwischem dem ReO_3-Typ und dem Perowskit-Typ. Tetragonale Wolframbronzen haben Ähnlichkeit zu den hexagonalen Bronzen, haben aber engere (vier- und fünfeckige) Kanäle, die Na^+ oder K^+ aufnehmen können (Abb. 92). Wolframbronzen sind metallische Leiter, haben metallischen Glanz und Farben, die je nach Zusammensetzung von goldgelb bis schwarz reichen. Sie sind chemisch sehr widerstandsfähig und dienen als Pigmente in „Bronzefarben".

15.2 Kantenverknüpfte Oktaeder

Zwei kantenverknüpfte Oktaeder ergeben die Zusammensetzung $(MX_5)_2$ (oder $(MX_{4/1}X_{2/2})_2$). Dieser Aufbau wird von Pentahalogeniden und von Ionen $[MX_5]_2^{n-}$ bevorzugt, wenn X = Cl, Br oder I:

$(NbCl_5)_2$	$(TaCl_5)_2$	$(MoCl_5)_2$	$(WCl_5)_2$	$(ReCl_5)_2$	$(OsCl_5)_2$	$(UCl_5)_2$
$(NbBr_5)_2$	$(TaBr_5)_2$					$(UBr_5)_2$
$(NbI_5)_2$	$(TaI_5)_2$					$(PaI_5)_2$
$[TiCl_5]_2^{2-}$	$[ZrCl_5]_2^{2-}$	$[MoCl_5]_2^{2-}$				

Es gibt auch Ausnahmen mit nicht oktaedrisch koordinierten M-Atomen: $SbCl_5$ (monomer), PCl_5 (ionisch $PCl_4^+PCl_6^-$), PBr_5 (ionisch $PBr_4^+Br^-$). $(MX_5)_2$-Moleküle lassen sich sehr kompakt packen, wobei die X-Atome für sich eine dichteste Kugelpackung bilden.

Setzt man die Kantenverknüpfung zu einem Strang von Oktaedern fort, dann ergibt sich die Zusammensetzung $MX_{2/1}X_{4/2}$, d.h. MX_4. Jedes Oktaeder hat dann zwei gemeinsame Kanten mit anderen Oktaedern, außerdem hat es zwei terminale X-Atome. Wenn die beiden terminalen X-Atome zueinander *trans*-ständig sind, ergibt sich eine lineare Kette (Abb. 93). Diese Art Kette tritt bei Tetrachloriden und Tetraiodiden auf, wenn sich zwischen den M-Atomen benachbarter Oktaeder paarweise Metall–Metall-Bindungen ausbilden; die Metallatome sind dann aus den Oktaedermitten in Richtung auf die betreffenden Oktaederkanten herausgerückt, und die Oktaeder sind entsprechend verzerrt. Vertreter sind $NbCl_4$, NbI_4, WCl_4. Die gleichen Ketten, jedoch mit Metallatomen in den Oktaedermitten, kommen bei $OsCl_4$ vor.

Sind die beiden terminalen X-Atome eines Oktaeders einer MX_4-Kette zueinander *cis*-ständig, so kann die Kette eine Vielzahl von Konfigurationen haben. Am häufigsten ist eine Zickzackkette (Abb. 93), sie kommt zum Beispiel bei $ZrCl_4$, $TcCl_4$, $PtCl_4$, PtI_4, UI_4 vor. Ketten mit anderer Gestalt, zum Beispiel beim ZrI_4, sind seltenerer. Sechs kantenverknüpfte Oktaeder können auch zu einem Ring geschlossen sein (Abb. 93), dieser Aufbau ist bislang nur von einer Modifikation von $MoCl_4$ bekannt.

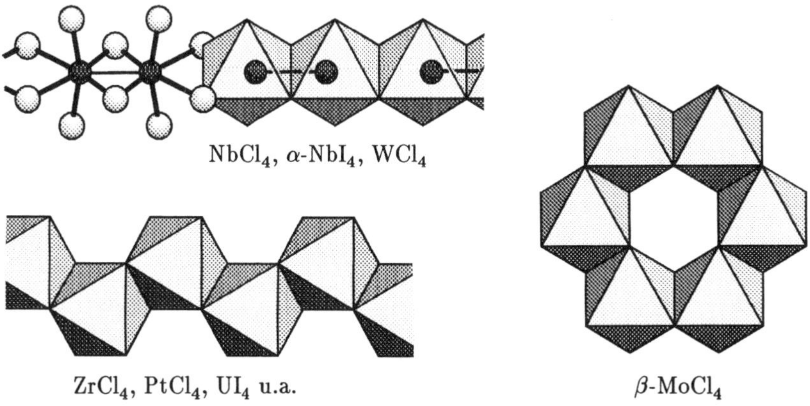

Abb. 93: Einige Konfigurationen für Ketten aus kantenverknüpften Oktaedern der Zusammensetzung MX_4

Bei der Kantenverknüpfung von Oktaedern zu Schichten wie in Abb. 94 sind alle X-Atome an der Verbrückung beteiligt, jedes X-Atom gehört zwei Oktaedern an. In dieser Art Schicht befinden sich Hohlräume, die ebenfalls oktaederförmig sind (siehe auch das Bild auf dem vorderen Buchumschlag). Die Zusammensetzung der Schicht ist MX_3 ($MX_{6/2}$). Zahlreiche Trichloride, Tribromide und Triiodide sowie einige Trihydroxide sind aus Schichten dieser Art aufgebaut. Die Schichten sind so gestapelt, daß die X-Atome für sich betrachtet eine dichteste Kugelpackung bilden, und zwar:

BiI_3-Typ: hexagonal-dichteste Packung von X-Atomen
$FeCl_3$, $CrBr_3$, $Al(OH)_3$ (Bayerit) u.a.

$AlCl_3$-Typ: kubisch-dichteste Packung von X-Atomen
YCl_3, $CrCl_3$ (hochtemp.) u.a.

Gleichartige Schichten finden sich auch in einer zweiten Modifikation des $Al(OH)_3$, dem Hydrargillit (Gibbsit), jedoch mit einer Stapelung, bei der die benachbarten O-Atome zweier Schichten genau übereinander liegen und vermutlich über H-Brücken miteinander verbunden sind.

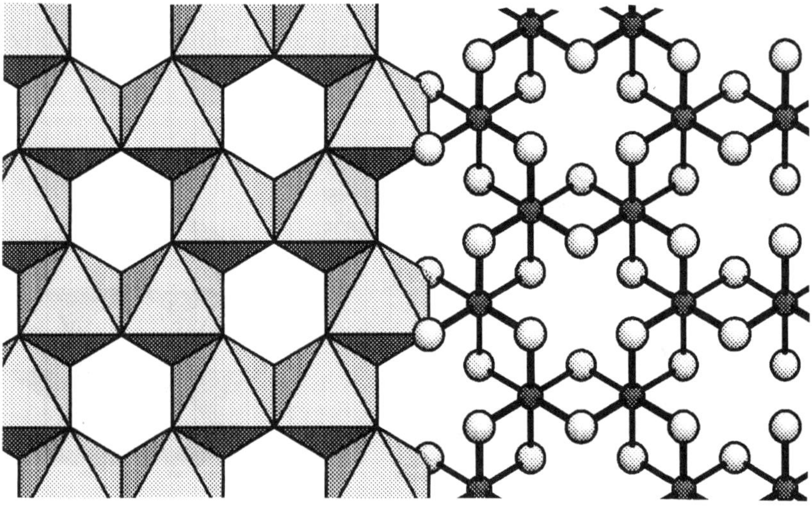

Abb. 94: Über Kanten zu Schichten verbundene Oktaeder im BiI_3- und $AlCl_3$-Typ

Zu den Schichtenstrukturen gehören auch der $CdCl_2$- und der CdI_2-Typ ($Cd(OH)_2$-Typ;* Abb. 95). In der Schicht sind die Oktaeder jeweils über sechs Kanten miteinander verknüpft. Die Schichtstruktur ist die gleiche wie bei einer MX_3-Schicht, wenn in dieser die Hohlräume ebenfalls mit M-Atomen besetzt sind; jedes Halogenatom gehört dann drei Oktaedern gemeinsam an ($MX_{6/3}$). Auch die Stapelung der Schichten ist gleichartig:

CdI_2-Typ ($Cd(OH)_2$-Typ): hexagonal-dichteste Packung von X-Atomen

$MgBr_2$, $TiBr_2$, VBr_2, $CrBr_2$†, $MnBr_2$, $FeBr_2$, $CoBr_2$, $NiBr_2$, $CuBr_2$†
MgI_2, CaI_2, PbI_2, TiI_2, VI_2, CrI_2†, MnI_2, FeI_2, CoI_2
$Mg(OH)_2$, $Ca(OH)_2$, $Mn(OH)_2$, $Fe(OH)_2$, $Co(OH)_2$, $Ni(OH)_2$, $Cd(OH)_2$
SnS_2, TiS_2, ZrS_2, NbS_2, PtS_2
$TiSe_2$, $ZrSe_2$, $PtSe_2$
Ag_2F, Ag_2O (F bzw. O in den Oktaedermitten)

$CdCl_2$-Typ: kubisch-dichteste Packung von X-Atomen

$MgCl_2$, $MnCl_2$, $FeCl_2$, $CoCl_2$, $NiCl_2$
Cs_2O (O in den Oktaedermitten)

*Weil es vom CdI_2 zahlreiche Stapelvarianten gibt, wird von einigen Autoren die Bezeichnung $Cd(OH)_2$-Typ bevorzugt

† verzerrt durch Jahn-Teller-Effekt

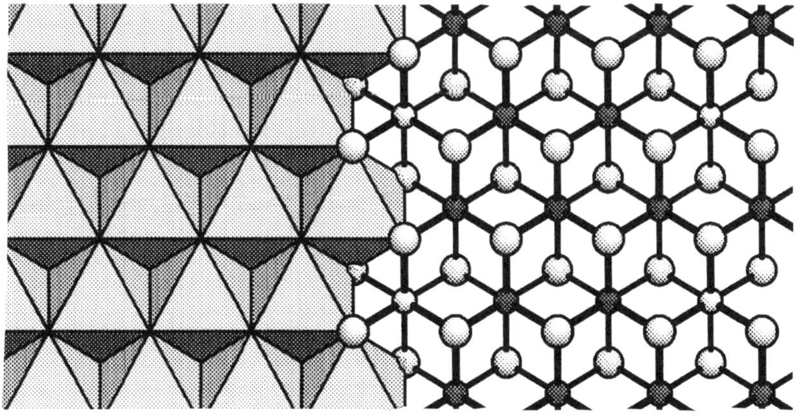

Abb. 95: Über Kanten zu Schichten verbundene Oktaeder im CdI_2- und $CdCl_2$-Typ

Bei den Hydroxiden wie $Mg(OH)_2$ (Brucit) und $Ca(OH)_2$ weicht die Packung der O-Atome insofern von der idealen hexagonal-dichtesten Packung ab, als die Schichten etwas platt gedrückt sind, so daß die Bindungswinkel M–O–M in der Schicht größer als die 90° sind, die bei unverzerrten Oktaedern zu erwarten wären (bei $Ca(OH)_2$ z.B. 98,5°).

15.3 Flächenverknüpfte Oktaeder

Zwei über eine gemeinsame Fläche miteinander verknüpfte Oktaeder ergeben eine Einheit der Zusammensetzung M_2X_9 (Abb. 96). Sie kommt bei einigen Molekülen wie $Fe_2(CO)_9$ und vor allem bei einigen Ionen von dreiwertigen Metallen vor. Als Ursache für eine Flächenverknüpfung kann man in einigen Fällen Metall-Metall-Bindungen ausmachen, zum Beispiel im $[W_2Cl_9]^{3-}$, dessen geringes magnetisches Moment für eine W≡W-Bindung spricht (s. Bild auf S. 202). Das ebenso aufgebaute $[Cr_2Cl_9]^{3-}$-Ion zeigt dagegen den für die Elektronenkonfiguration d^3 zu erwartenden Paramagnetismus, $[Mo_2Cl_9]^{3-}$ nimmt eine Zwischenstellung ein. Auch die Bindungswinkel an den Brückenatomen spiegeln den Unterschied wider: 58° im $[W_2Cl_9]^{3-}$, 77° im $[Cr_2Cl_9]^{3-}$. $[M_2X_9]^{3-}$-Ionen kennt man auch bei weiteren Vertretern ohne Metall-Metall-Bindung, zum Beispiel $[Tl_2Cl_9]^{3-}$ oder $[Bi_2Br_9]^{3-}$. Ob sie auftreten oder nicht, wird oft vom Gegenion, d. h. von der Packung im Kristall gesteuert. Cs^+-Ionen und Cl^--Ionen, die von ähnlicher Größe sind, lassen sich zum Beispiel gemeinsam dicht packen, und ermöglichen das Auftreten dieser Doppeloktaeder. Auch mit großen Kationen wie $P(C_6H_5)_4^+$ treten sie auf.

Setzt man die Verknüpfung über gegenüberliegende Flächen der Oktaeder fort, so kommt man zu einem Strang der Zusammensetzung MX_3 (Abb. 96). Stränge dieser Art treten bei einigen Trihalogeniden auf, wobei paarweise Metall-Metall-Bindungen zwischen je zwei benachbarten Oktaedern vorkommen: β-$TiCl_3$, ZrI_3, $MoBr_3$, $RuBr_3$. Anionische Stränge der gleichen Art sind von Verbindungen wie $Cs[NiCl_3]$ oder $Ba[NiO_3]$ bekannt, wobei hier wieder eine ähnliche Größe der Kationen Cs^+ bzw. Ba^{2+} und der Anione Cl^- bzw. O^{2-} eine dichte Packung ermöglicht.

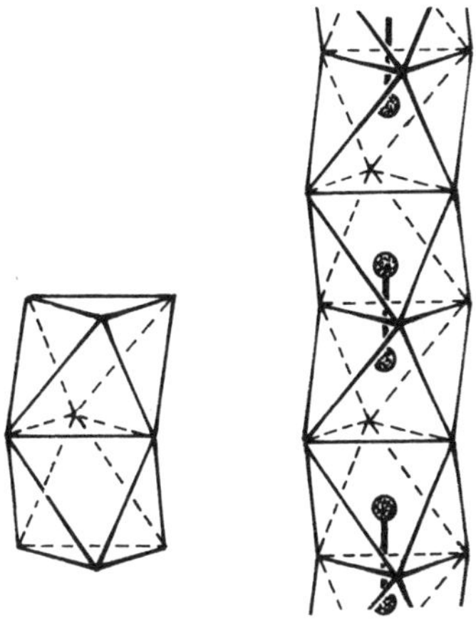

Abb. 96:
Zwei flächenverknüpfte Oktaeder in Ionen $[M_2X_9]^{3-}$ und ein Strang von flächenverknüpften Oktaedern im ZrI_3

15.4 Oktaeder mit gemeinsamen Ecken und Kanten

Einheiten $(MX_5)_2$ können über Ecken zu Strängen wie in Abb. 97 verknüpft werden. Da jedes Oktaeder dann noch über zwei terminale Atome verfügt, ergibt sich die Zusammensetzung $MX_{2/1}X_{2/2}Z_{2/2}$ oder MX_3Z, wobei die eckenverknüpfenden Atome mit Z bezeichnet wurden. Den gleichen Aufbau kann man sich auch aus zwei nebeneinander liegenden linearen Strängen vom BiF_5-Typ entstanden denken, die über gemeinsame Kanten miteinander verbunden sind. Diesen Aufbau haben Verbindungen wie $NbOCl_3$ oder WOI_3, wobei sich Halogenatome auf den verbrückenden Kanten befinden und die O-Atome die verbrückenden Ecken bilden.

Im Rutil gehört jedes O-Atom drei Oktaedern gemeinsam an, entsprechend der Formulierung $TiO_{6/3}$. Wie in Abb. 98 erkennbar, liegen lineare Stränge von kantenverknüpften Oktaedern vor, wie in Verbindungen MX_4.

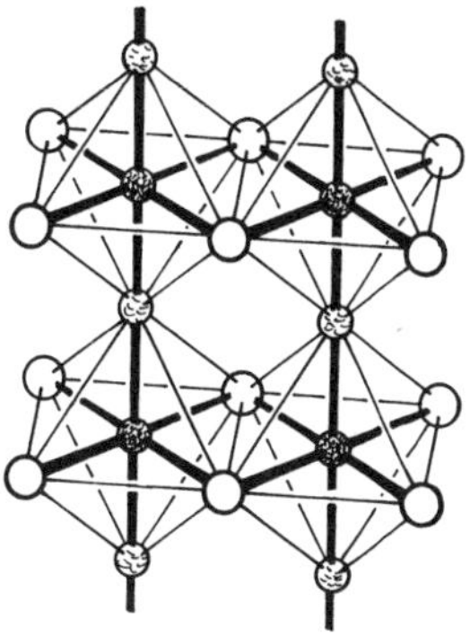

Abb. 97:
Verknüpfung von Oktaedern im $NbOCl_3$

Die Stränge liegen parallel nebeneinander und sind über gemeinsame Oktaederecken verknüpft. Verglichen zu den Schichten des CdI_2-Typs ist die Zahl der gemeinsamen Kanten geringer, nämlich im Mittel eine (statt drei) pro Oktaeder. Im Sinne der dritten PAULINGschen Regel (S. 62) ist der Rutil-Typ damit aus elektrostatischen Gründen günstiger als der $CdCl_2$- oder CdI_2-Typ. Verbindungen MX_2 mit oktaedrisch koordinierten M-Atomen bevorzugen dementsprechend die Rutil-Struktur, wenn sie stark polar sind: bei Dioxiden und Difluoriden ist der Rutil-Typ weit verbreitet, zum Beispiel bei GeO_2, SnO_2, CrO_2, MnO_2, RuO_2 sowie MgF_2, FeF_2, CoF_2, NiF_2, ZnF_2.

Im normalen Rutilgitter sind die Metallatome im Strang der kantenverknüpften Oktaeder äquidistant. Bei manchen Dioxiden treten aber auch abwechselnd kürzere und längere M–M-Abstände auf, d. h. die Metallatome sind aus den Oktaedermitten paarweise aufeinander zugerückt. Diese Erscheinung tritt dann auf (aber nicht immer), wenn die Metallatome noch über *d*-Elektronen verfügen und somit Metall-Metall-Bindungen eingehen können, zum Beispiel bei den Tieftemperatur-Modifikationen von VO_2, NbO_2, MoO_2, WO_2 (die Hochtemperatur-Formen haben die normale Rutil-Struktur).

Auch die zickzackförmigen Ketten aus kantenverknüpften Oktaedern, die bei Verbindungen MX_4 vorkommen, können über gemeinsame Ecken zum α-PbO_2-Typ verbunden werden (Abb. 98), der allerdings weniger verbreitet ist.

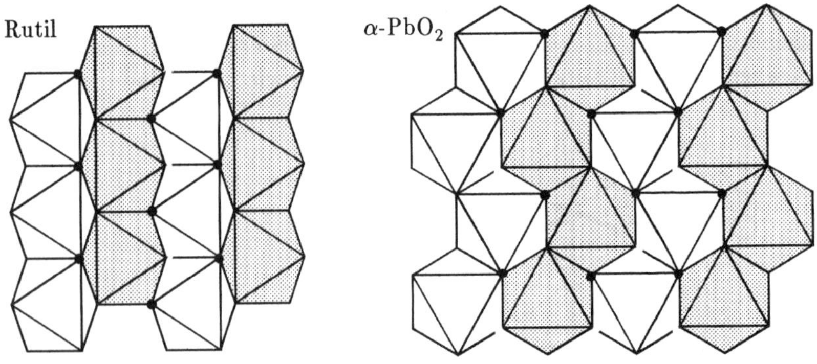

Abb. 98: Stränge von kantenverknüpften Oktaedern sind im Rutil und α-PbO_2 über Ecken (durch Punkte markiert) miteinander vernetzt

Verschiedenartig verknüpfte Oktaeder kommen dann öfters vor, wenn mehrere verschiedene Metallatome vorhanden sind. Li_2ZrF_6 bietet ein Beispiel. Die Li- und F-Atome sind in Schichten von BiI_3-Art angeordnet; die Schichten sind über einzelne ZrF_6-Oktaeder miteinander verknüpft, die sich jeweils über und unter den Löchern der Schicht befinden (Abb. 99). Die Oktaeder der Li_2F_6-Schicht sind miteinander kantenverknüpft und mit den ZrF_6-Oktaedern eckenverknüpft.

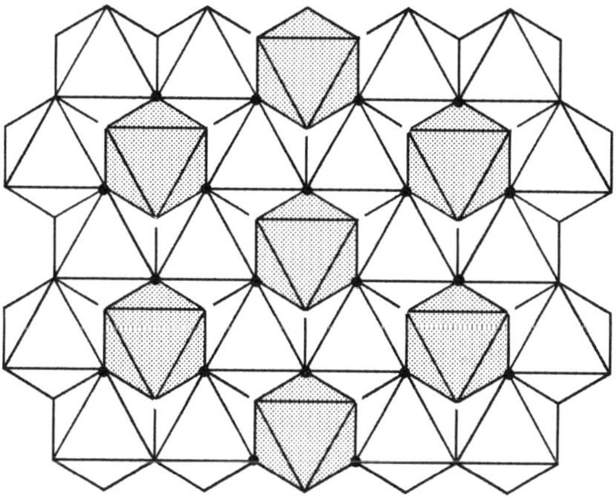

Abb. 99: Oktaederverknüpfung im Li_2ZrF_6 und Sn_2PbO_6

Iso- und Heteropolysäuren

Eine Vielzahl von zum Teil komplizierten Verknüpfungsmustern, in denen vorwiegend Oktaeder über Ecken und Kanten verknüpft sind, kennt man von Polyvanadaten, -niobaten, -tantalaten, -molybdaten und -wolframaten. Sofern nur eines dieser Elemente in den Polyedern vorkommt, spricht man auch von Isopolysäuren; bei Heteropolysäuren sind außerdem noch andere Elemente am Aufbau beteiligt, die tetraedrisch, oktaedrisch, quadratisch-antiprismatisch oder ikosaedrisch koordiniert sein können. Klassisches Beispiel ist das Dodekamolybdatophosphat $[PO_4Mo_{12}O_{36}]^{3-}$, dessen schwerlösliches Ammoniumsalz zum Nachweis von Phosphationen dient. Das Ion hat die KEGGIN-Struktur: zwölf MoO_6-Oktaeder sind zu einem Käfig verknüpft, wobei vier Gruppen von je drei kantenverknüpften Oktaedern miteinander über Ecken verknüpft sind (Abb. 100). Im Inneren des Käfigs befindet sich das tetraedrisch koordinierte Phosphoratom, an

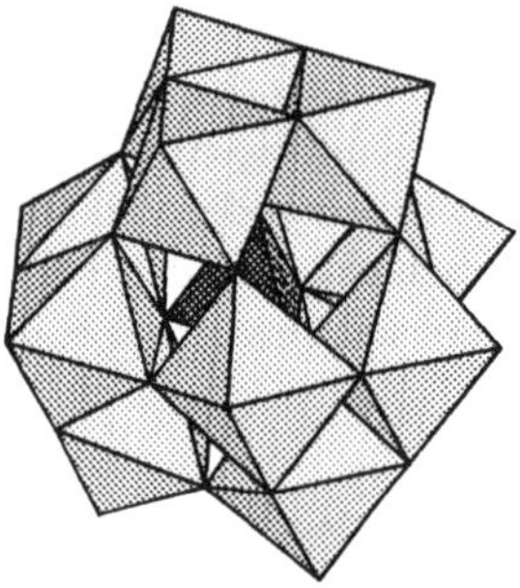

$[PO_4Mo_{12}O_{36}]^{3-}$

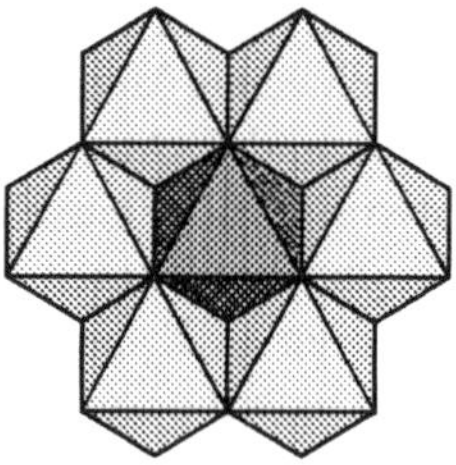

$[TeMo_6O_{24}]^{6-}$

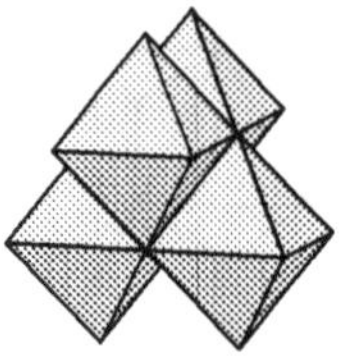

$[W_4O_{16}]^{8-}$

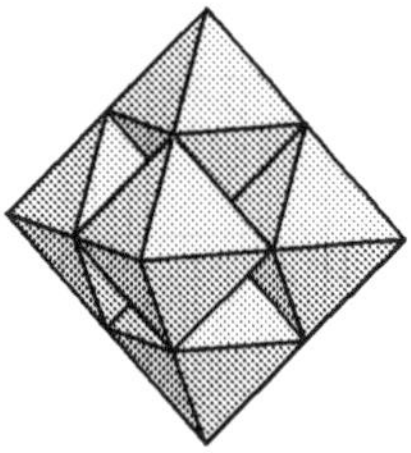

$[Ta_6O_{19}]^{8-}$, $[W_6O_{19}]^{2-}$

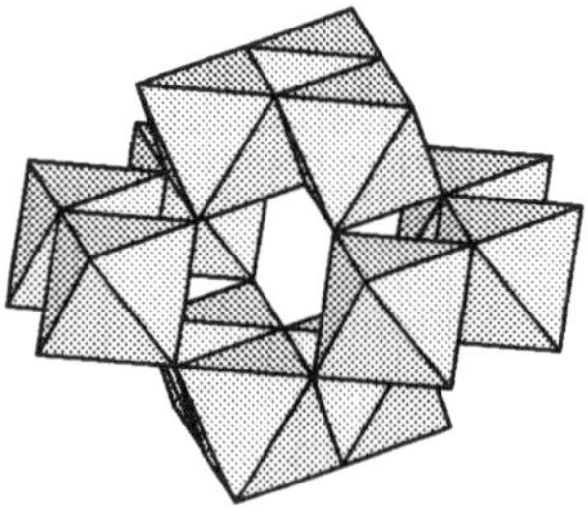

$[W_{12}O_{42}]^{12-}$

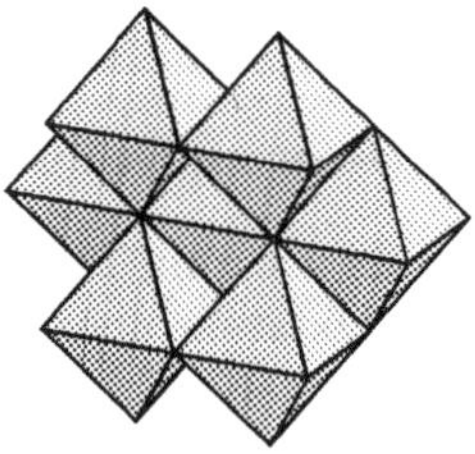

$[Mo_7O_{24}]^{6-}$

Abb. 100: Strukturen einiger Heteropoly- und Isopolyanionen

dessen Stelle auch Al(III), Si(IV), As(V), Fe(III) u.a. treten können. oktaedrisch koordinierte Heteroatome findet man in den Ionen $[EMo_6O_{24}]^{n-}$, z.B. $[TeMo_6O_{24}]^{5-}$ (E = Te(VI), I(VII), Mn(IV) u.a.; Abb. 100).

Einige Isopolyanionen weisen einen kompakten Aufbau aus kantenverknüpften Oktaedern auf, einige Beispiele sind in Abb. 100 gezeigt. Im

Inneren der Baugruppen kommen Sauerstoffatome mit hohen Koordinationszahlen vor, zum Beispiel K.Z. 6 für das O-Atom im Mittelpunkt des $[W_6O_{19}]^{2-}$-Ions. Andere Vertreter, bei denen ein Teil der Oktaeder nur über Ecken verbunden ist, haben mehr oder weniger große Hohlräume in ihrem Inneren, zum Beispiel das $[W_{12}O_{42}]^{2-}$-Ion. Isopolysäuren bilden sich in wäßrigen Lösungen in Abhängigkeit des *p*H-Wertes. Molybdatlösungen enthalten beispielsweise MoO_4^{2-}-Ionen bei hohen *p*H-Werten, $[Mo_7O_{24}]^{6-}$-Ionen bei *p*H ≈ 5 und noch größere Aggregate in stärker sauren Lösungen.

15.5 Oktaeder mit gemeinsamen Kanten und Flächen

Verknüpft man Schichten vom BiI_3-Typ versetzt so wie in Abb. 101 gezeigt, dann kommt man zur Korund-Struktur (α-Al_2O_3), die bei einigen Oxiden M_2O_3 vorkommt (Ti_2O_3, Cr_2O_3, α-Fe_2O_3 u.a.). Es sind Paare von flächenverknüpften Oktaedern vorhanden, außerdem hat jedes Oktaeder drei gemeinsame Kanten (innerhalb der Schicht) sowie drei gemeinsame Ecken mit anderen Oktaedern.

Die Schichten können auch abwechselnd zwei verschiedene Sorten von Metallatomen enthalten, womit sich in jedem Paar von flächenverknüpften Oktaedern zwei verschiedene Metallatome befinden; dies ist der Ilmenit-

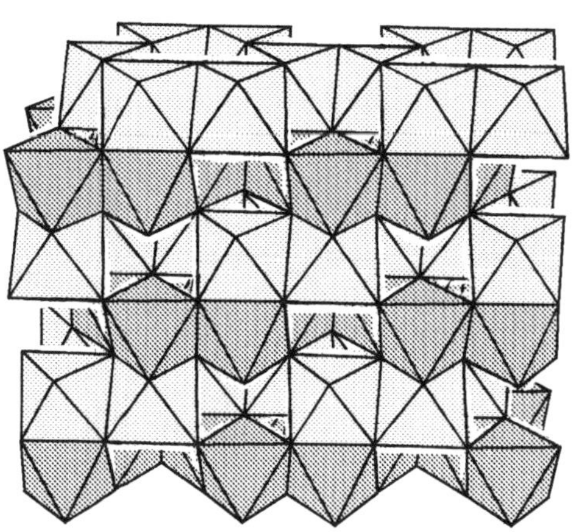

Abb. 101: Verknüpfung von Oktaedern im Korund (α-Al_2O_3) und Ilmenit ($FeTiO_3$; Fe-Oktaeder hell, Ti-Oktaeder dunkel)

Typ ($FeTiO_3$). Ilmenit ist neben Perowskit ein weiterer Strukturtyp für die Zusammensetzung $A^{II}M^{IV}O_3$. Im Perowskit ist der Platz für das A^{2+}-Ion größer. Das Ionenradienverhältnis erlaubt eine Abschätzung, welcher Strukturtyp jeweils bevorzugt wird:

$$r(A^{2+})/r(O^{2-}) < 0,7 \quad \text{Ilmenit}$$

$$r(A^{2+})/r(O^{2-}) > 0,7 \quad \text{Perowskit}$$

Bezüglich einer anderen Art der Abschätzung vgl. S. 252.

Der **Nickelarsenid-Typ** (NiAs) ergibt sich, wenn Schichten von der Art des Cadmiumiodids verknüpft werden. Dabei entstehen durchgehende Stränge von flächenverknüpften Oktaedern senkrecht zu den Schichten. Die gleiche Struktur ergibt sich, wenn man Stränge von ZrI_3-Art allseits miteinander über Kanten verbindet (Abb. 102). Die Nickelatome in den Oktaedermitten bilden für sich ein primitives hexagonales Gitter, jedes Arsenatom ist von einem trigonalen Prisma aus Ni-Atomen umgeben. Da sich die Atome in den flächenverknüpften Oktaedern recht nahe kommen, muß es zwischen ihnen Wechselwirkungen geben. Diese kommen in den elektrischen Eigenschaften zum Ausdruck: Verbindungen des NiAs-Typs sind Halbleiter oder metallische Leiter. Für diesen Strukturtyp gibt es zahlreiche Vertreter, wobei die metallische Komponente aus der Titan- bis Nickelgruppe stammen kann und an Stelle des Arsens auch Ga, Si, P und S sowie deren schwerere Homologe treten können. Beispiele sind TiS, TiP, CoS, CrSb.

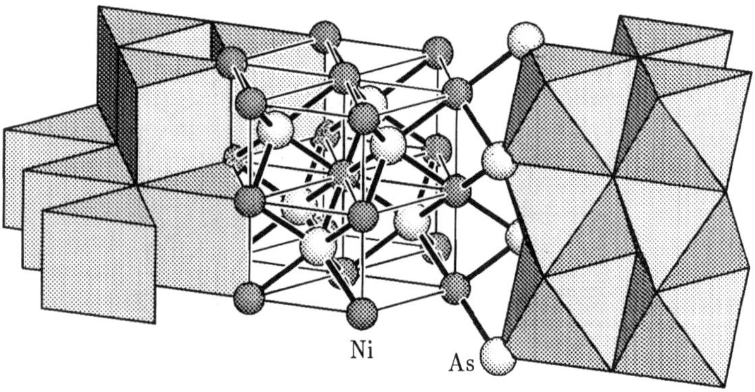

Abb. 102: Oktaeder und trigonale Prismen in der NiAs-Struktur

15.6 Verknüpfte trigonale Prismen

Im NiAs bilden die Ni-Atome ein Netzwerk von trigonalen Prismen, in denen sich die As-Atome befinden, die Ni-Atome selbst sind oktaedrisch koordiniert. Metallatome, die trigonal-prismatisch umgeben sind, findet man im MoS_2. In diesem bilden die S-Atome hexagonale Schichten mit der Stapelfolge *AABBAABB*... oder *AABBCC*... oder anderen Stapelvarianten. In jedem Paar von deckungsgleichen Schichten, z.B. *AA*, liegen kantenverknüpfte trigonale Prismen vor, in denen sich die Mo-Atomen befinden. Zwischen den in Abb. 103 abgebildeten MoS_2-Schichten, d.h. zwischen Schwefelschichten verschiedener Lage, z.B. *AB*, besteht nur ein schwacher Zusammenhalt über VAN-DER-WAALSsche Kräfte. Die MoS_2-Schichten lassen sich wie beim Graphit leicht gegenseitig verschieben, weshalb MoS_2 als Schmiermittel verwendet wird. Weitere Ähnlichkeiten mit Graphit bestehen in der anisotropen elektrischen Leitfähigkeit und in der Möglichkeit, Einlagerungsverbindungen zu bilden, z.B. $K_{0,5}MoS_2$.

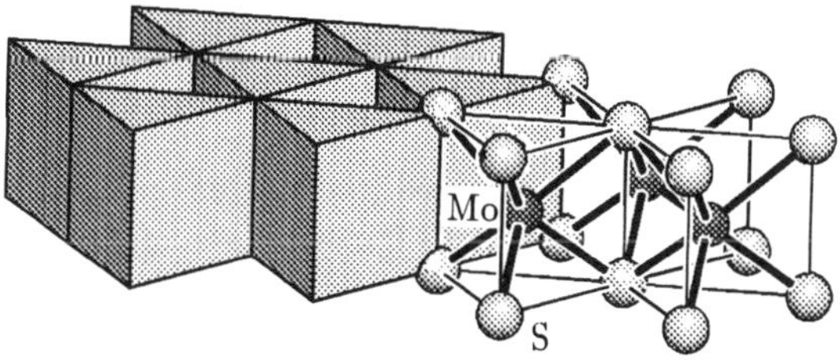

Abb. 103: Schicht aus kantenverknüpften trigonalen Prismen im MoS_2

15.7 Eckenverknüpfte Tetraeder. Silicate

Die Verknüpfung von Tetraedern erfolgt überwiegend über Ecken; Kanten- und erst recht Flächenverknüpfung kommen bedeutend seltener als bei Oktaedern vor.

Zwei eckenverknüpfte Tetraeder ergeben eine Einheit M_2X_7. Sie ist bei den Oxiden Cl_2O_7 und Mn_2O_7 und bei etlichen Anionen bekannt, z.B. $S_2O_7^{2-}$, $Cr_2O_7^{2-}$, $P_2O_7^{4-}$, $Si_2O_7^{6-}$, $Al_2Cl_7^-$. Je nach Konformation der beiden Tetraeder kann der Bindungswinkel am Brückenatom zwischen 102,1° und 180° liegen (Abb. 104).

Eine Kette von eckenverknüpften Tetraedern ergibt sich, wenn zu jedem Tetraeder zwei terminale und zwei verbrückende Atome gehören, die Zusammensetzung ist $MX_{2/1}X_{2/2}$ oder MX_3. Die Kette kann zu einem Ring

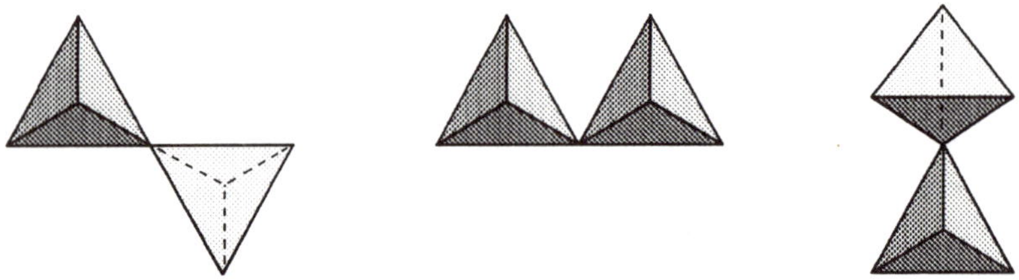

Abb. 104: Verschiedene Konformationen von zwei eckenverknüpften Tetraedern

geschlossen sein wie im $[SO_3]_3$, $[PO_3^-]_3$, $[SiO_3^{2-}]_3$ oder $[SiO_3^{2-}]_6$. Endlose Ketten haben unterschiedliche Gestalt je nach Konformation der Tetraeder zueinander (Abb. 105). Vor allem bei den Silicaten kommen sie vor, wobei die Kettengestalt von der Wechselwirkung mit den Kationen mitbestimmt wird. In Silicaten der Zusammensetzung $MSiO_3$ mit oktaedrisch koordinierten M^{2+}-Ionen ($M^{2+} = Mg^{2+}$, Ca^{2+}, Fe^{2+} und andere, Ionenradien 50 bis 100 pm) sind die Oktaeder um die Metallionen zu Schichten wie im $Mg(OH)_2$ angeordnet, d.h. es liegen kantenverknüpfte Oktaeder vor, deren Ecken gleichzeitig terminale O-Atome der SiO_3^{2-}-Ketten sind; diese O-Atome verknüpfen somit Tetraeder mit Oktaedern. Je nach Kation, d.h. je nach Oktaedergröße, treten unterschiedliche Kettenkonformationen auf (Abb. 105). Solche Verbindungen werden Pyroxene genannt, wenn die Silicatkette wie im Enstatit, $MgSiO_3$, eine „Zweierkette" ist (nach zwei Tetraedern wiederholt sich das Kettenmuster); Pyroxenoide haben kompliziertere Kettenformen, zum Beispiel die „Dreierkette" im Wollastonit, $CaSiO_3$.

Tetraeder, die jeweils über drei Ecken miteinander verbunden sind, ergeben die Zusammensetzung $MX_{1/1}X_{3/2}$ oder $MX_{2,5}$ $= M_2X_5$. Bekannt sind kleine Einheiten aus vier Tetraedern im P_4O_{10}, vor allem aber Schichtstrukturen in den zahlreichen Silicaten und Aluminosilicaten mit Anionen der Zusammensetzung $[Si_2O_5^{2-}]_\infty$ bzw. $[AlSiO_5^{3-}]_\infty$. Weil die freien Spitzen der einzelnen Tetraeder in unterschiedlicher Abfolge nach der einen oder anderen Seite der Schicht weisen können, ergibt sich eine sehr große Vielfalt von strukturellen Varianten; außerdem können die Schichten wellblechartig gefaltet sein (Abb. 106).

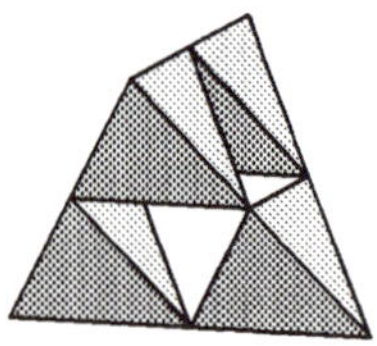

Tetraederverknüpfung im P_4O_{10}

In der Natur kommen Schichtsilicate häufig vor, wobei vor allem die Tonmineralien (Prototyp: Kaolinit), Talk und die Glimmer (Prototyp: Musko-

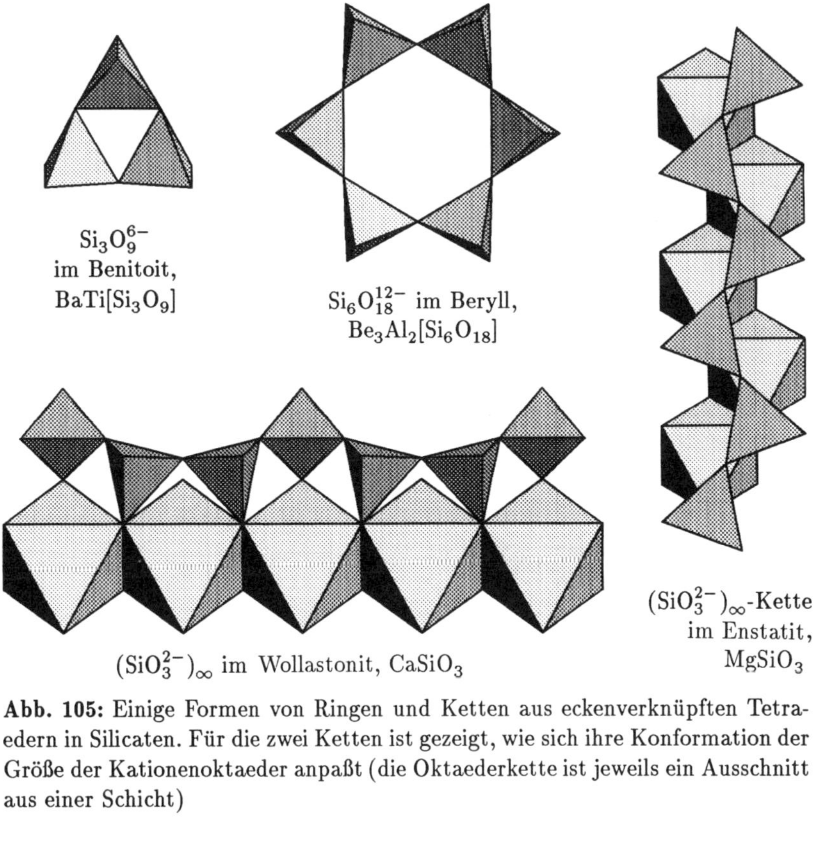

Abb. 105: Einige Formen von Ringen und Ketten aus eckenverknüpften Tetraedern in Silicaten. Für die zwei Ketten ist gezeigt, wie sich ihre Konformation der Größe der Kationenoktaeder anpaßt (die Oktaederkette ist jeweils ein Ausschnitt aus einer Schicht)

vit) zu nennen sind. Bei diesen Mineralien sind die terminalen O-Atome einer Silicatschicht mit Kationen verbunden, die oktaedrisch koordiniert sind; es handelt sich vorwiegend um Mg^{2+}, Ca^{2+}, Al^{3+} oder Fe^{2+}. Die Oktaeder sind miteinander über Kanten zu Schichten von der Art wie im $Mg(OH)_2$ ($\widehat{=}$ CdI_2) oder $Al(OH)_3$ ($\widehat{=}$ BiI_3) verknüpft. Die Zahl der terminalen O-Atome der Silicatschicht reicht nicht für alle O-Atome der Oktaederschicht aus, die übrigen Oktaederecken werden von zusätzlich vorhandenen OH^--Ionen eingenommen. Zwei Arten der Verknüpfung zwischen Silicatschicht und Oktaederschicht sind zu unterscheiden: in den *kationenreichen Schichtsilicaten* ist eine Oktaederschicht nur auf einer Seite mit einer Silicatschicht verknüpft, es ergibt sich ein Oktaeder-Tetraeder-Schichtpaket; in *kationenarmen Schichtsilicaten* sind Tetraeder-Oktaeder-

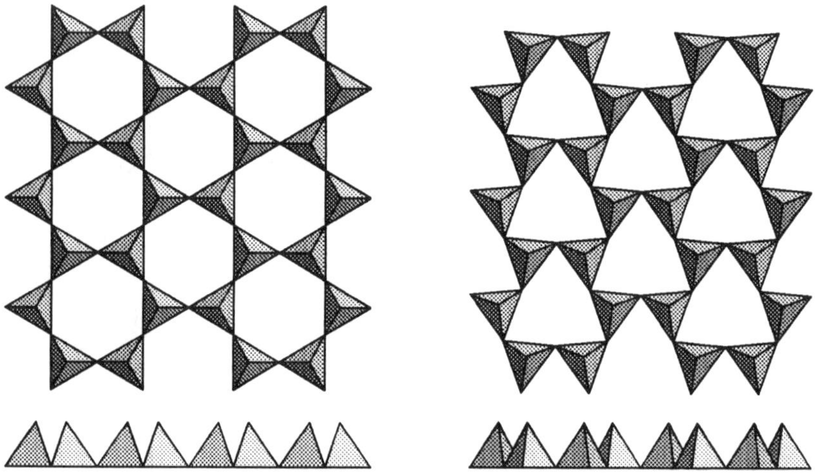

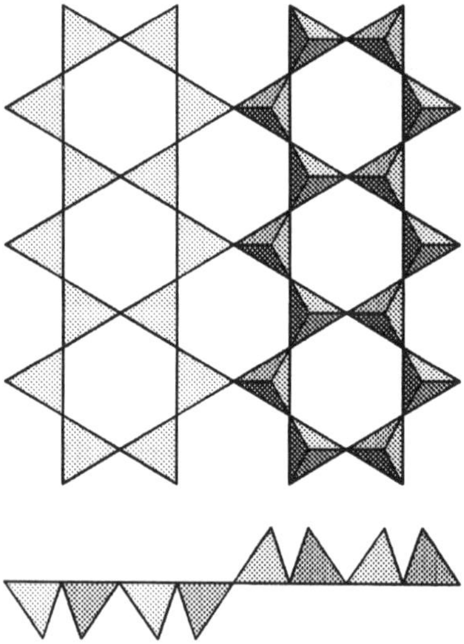

Abb. 106: Einige Tetraederanordnungen in Schichtsilicaten. Das jeweils untere Bild ist eine Seitenansicht der Schicht

Tetraeder-Schichtpakete vorhanden, in denen die Oktaederschicht von beiden Seiten mit Silicatschichten verknüpft ist (Abb. 107). Je nachdem, ob die Kationenschicht vom $Mg(OH)_2$- oder $Al(OH)_3$-Typ ist, ergeben sich bestimmte Zahlenverhältnisse zwischen der Anzahl der Kationen in der Oktaederschicht und der Anzahl der Silicat-Tetraeder; auch die Anzahl der

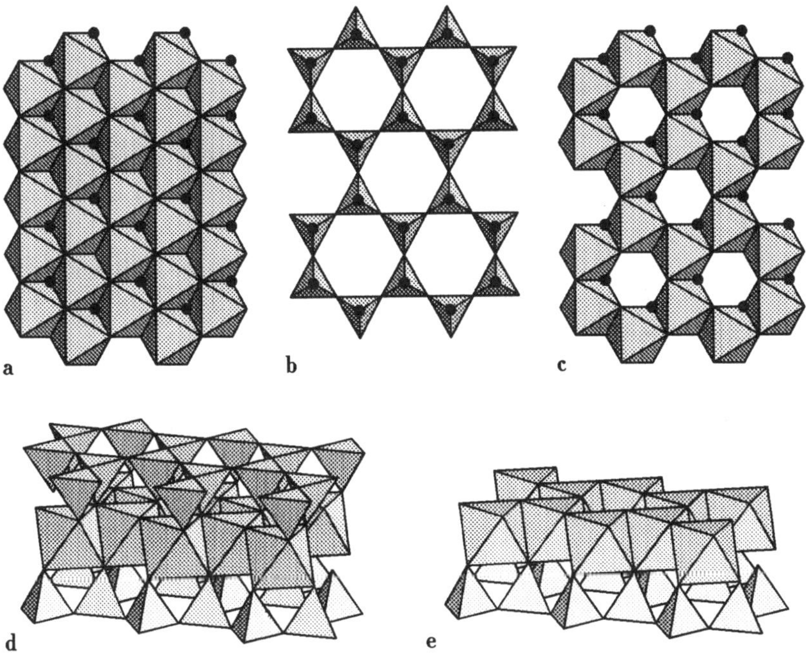

Abb. 107: Aufbau von Schichtsilicaten. **a** Kationen in $Mg(OH)_2$-artiger Schicht. **b** Silicatschicht. **c** Kationen in $Al(OH)_3$-artiger Schicht; schwarz markierte Atome bilden die gemeinsamen Polyederecken bei der Verknüpfung von Oktaeder- und Tetraederschicht. Verknüpfung der Schichten in: **d** kationenarmen Schichtsilicaten, **e** kationenreichen Schichtsilicaten. Oktaederecken, die nicht gemeinsame Ecken mit Tetraedern bilden, werden von OH^--Ionen eingenommen

OH^--Ionen, welche zur Ergänzung der Oktaeder benötigt wird, ist durch die Geometrie festgelegt. Zusätzlich können noch Kationen zwischen den Schichtpaketen eingelagert sein; siehe Tabelle 21.

Die Schichtpakete aus Tetraeder-Oktaeder-Tetraederschicht in den kationenarmen Schichtsilicaten sind wegen der symmetrischen Umgebung der Kationenschicht völlig eben. Wenn die Schichtpakete wie im Talk in sich elektrisch neutral sind, sind die Anziehungskräfte zwischen ihnen gering, was sich in geringer Härte und in der leichten, schichtartigen Spaltbarkeit der Kristalle äußert. Die Verwendung von Talk als Puder, Schmier- und Poliermittel sowie als Füllmaterial für Papier beruht auf dieser Eigenschaft.

Glimmer sind kationenarme Schichtsilicate, deren Schichtpakete negativ

Tabelle 21: Bauprinzipien bei Schichtsilicaten

Kationenschicht	Zusammensetzung	Beispiele
kationenreiche Schichtsilicate		
$Al(OH)_3$-Art	$M_2(OH)_4[T_2O_5]$	Kaolinit, $Al_2(OH)_4[Si_2O_5]$
$Mg(OH)_2$-Art	$M_3(OH)_4[T_2O_5]$	Chrysotil, $Mg_3(OH)_4[Si_2O_5]$
kationenarme Schichtsilicate		
$Al(OH)_3$-Art	$M_2(OH)_2[T_4O_{10}]$	Pyrophyllit, $Al_2(OH)_2[Si_4O_{10}]$
$Mg(OH)_2$-Art	$M_3(OH)_2[T_4O_{10}]$	Talk, $Mg_3(OH)_2[Si_4O_{10}]$
kationenarme Schichtsilicate mit Einlagerungen		
$Al(OH)_3$-Art	$A\{M_2(OH)_2[T_4O_{10}]\}$	Muskovit, $K\{Al_2(OH)_2[AlSi_3O_{10}]\}$
	$A_x\{M_2(OH)_2[T_4O_{10}]\} \cdot nH_2O$	Montmorillonit, $Na_x\{Mg_xAl_{2-x}(OH)_2[Si_4O_{10}]\} \cdot nH_2O$
$Mg(OH)_2$-Art	$M_3(OH)_2[T_4O_{10}] \cdot nH_2O$	Vermiculit, $Mg_3(OH)_2[Si_4O_{10}] \cdot nH_2O$

T = tetraedrisch koordiniertes Al oder Si
M = Mg^{2+}, Ca^{2+}, Al^{3+}, Fe^{2+} u.ä.
A = Na^+, K^+, Ca^{2+} u.ä.

geladen sind und die durch eingelagerte, nicht hydratisierte Kationen zusammengehalten werden. Dadurch lassen sich die Schichtpakete nicht mehr wie im Talk gegenseitig verschieben, trotzdem besteht noch die schichtenweise Spaltbarkeit. Die Kristalle bilden meist dünne, steife Blättchen oder Tafeln. Technische Verwendung finden tafelförmige Kristalle (in Decimeter- bis Metergröße) wegen ihrer Zähigkeit, Transparenz, elektrischen Isolatoreigenschaften und ihrer chemischen und thermischen Widerstandsfähigkeit (Muskovit bis ca. 500°C, Phlogopit, $KMg_3(OH)_2[AlSi_3O_{10}]$, bis ca. 1000°C).

Anders verhalten sich die Tonmineralien, die sowohl zu den kationenarmen wie zu den kationenreichen Schichtsilicaten gehören können. Sie zeichnen sich durch ihre Quellfähigkeit aus, die auf der Aufnahme wechselnder Mengen von Wasser zwischen den Schichtpaketen beruht. Wenn, wie im Montmorillonit, eingelagerte, hydratisierte Kationen vorhanden sind, wirken sie als Kationenaustauscher. Montmorillonit, vor allem wenn Ca^{2+}-Ionen eingelagert sind, hat thixotrope Eigenschaften, weshalb er zur Abdichtung von Bohrlöchern verwendet wird. Der Effekt beruht auf der Ladungsverteilung auf den Kristallblättchen: auf der Oberfläche sind sie negativ geladen, an den Kanten positiv. In Suspension orientieren sie sich deshalb Kante gegen Fläche und ergeben eine gelatineartige Masse. Durch Schütteln wird diese Ausrichtung gestört und die Masse wird dünnflüssig.

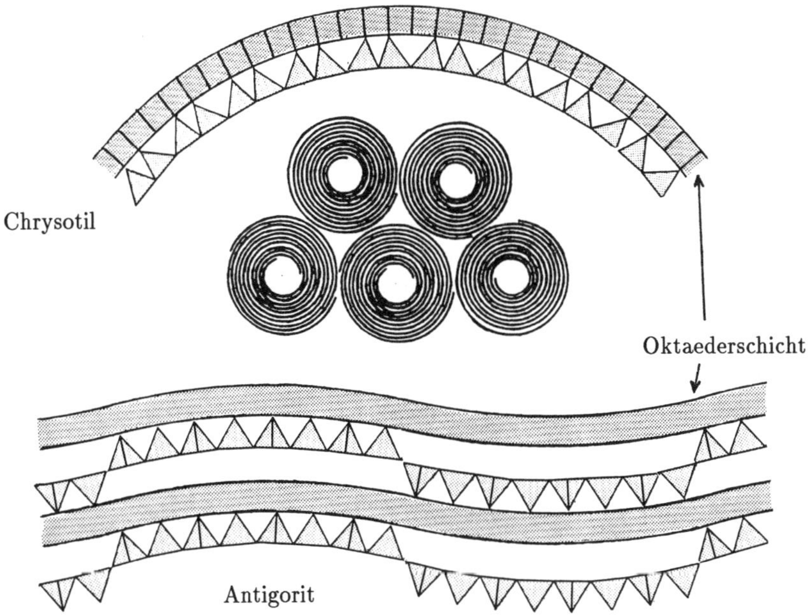

Abb. 108: Verkrümmte Schichtpakete aus verknüpften Oktaeder- und Tetraederschichten im Chrysotil und Antigorit. Mittleres Bild: zu Röhren aufgewickelte Schichtpakete im Chrysotil

Im gequollenen Zustand sind Tonmineralien weich und formbar. Sie dienen zur Herstellung von Tonkeramik. Besonders wertvoll ist dabei Ton mit einem hohen Gehalt an Kaolinit. Beim Brennen des Tons wird zunächst das eingelagerte Wasser entfernt, ab 450 °C werden die OH-Gruppen durch Abspaltung von Wasser in oxidische O-Atome umgewandelt, schließlich entsteht über einige Zwischenstufen bei etwa 950 °C Mullit, ein Aluminiumaluminosilicat $Al_{(4-x)/3}[Al_{2-x}Si_xO_5]$ mit $x \approx 0,6$ bis 0,8.

Weil die Idealmaße von Oktaeder- und Tetraederschicht in der Regel nicht exakt übereinstimmen, führt die einseitige Verknüpfung der Schichten in den kationenreichen Schichtsilicaten zu Verspannungen. Solange die Metrik der Schichten nur wenig voneinander abweicht, erfolgt der Ausgleich durch leichte Verdrehungen der Tetraeder und die Schichtpakete bleiben eben. Dies trifft für Kaolinit zu, bei dem sich in der Kationenschicht nur Al^{3+}-Ionen befinden. Mit den größeren Mg^{2+}-Ionen stimmt die Metrik weniger gut überein; die Spannung führt dann zu einer Verkrümmung der Schichtpakete. Diese kann ausgeglichen werden, wenn die Ausrichtung der

Tetraederspitzen in der Tetraederschicht periodisch nach der einen und der anderen Seite der Schicht abwechselt, wie im Antigorit (Abb. 108). Wenn die Verkrümmung nicht ausgeglichen wird, so kommt es zu dem in Abb. 108 gezeigten Aufwickeln der Schichten zu Röhren, die vom Chrysotil, $Mg_3(OH)_4[Si_2O_5]$, bekannt ist. Weil das Schichtpaket nur Krümmungsradien innerhalb gewisser Toleranzgrenzen zuläßt und die Krümmung im Inneren der Röhre kleiner als außen ist, bleiben die Röhren hohl und können einen bestimmten Außendurchmesser nicht überschreiten. Beim Chrysotil liegt der Innendurchmesser bei ca. 5 nm, der Außendurchmesser bei 20 nm. Der Aufbau aus Röhren erklärt die faserigen Eigenschaften des Chrysotils, welcher das wichtigste Asbestmineral war.

Eine Tetraederschicht kann man sich durch Verknüpfung parallel angeordneter Ketten entstanden denken. Daß diese Vorstellung kein reiner Formalismus ist, zeigt die Existenz von Zwischenstufen: Zwei zusammengelagerte Silicatketten ergeben ein Band der Zusammensetzung $[Si_4O_{11}^{6-}]_n$, in dem es zweierlei Sorten von Tetraedern gibt, nämlich solche, die über drei und solche, die über zwei Ecken verknüpft sind, $[SiO_{1/1}O_{3/2}SiO_{2/1}O_{2/2}]^{3-}$. Silicate dieser Art nennt man Amphibole. Sie haben faserigen Habitus und wurden ebenfalls als Asbest verwendet.

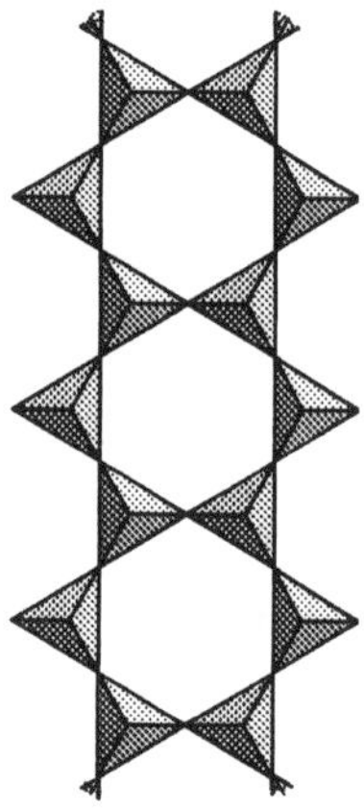

$[Si_4O_{11}^{6-}]_n$-Band

Verknüpfung von Tetraedern über alle vier Ecken. Zeolithe

Quecksilberiodid bietet ein Beispiel einer Schichtenstruktur aus eckenverknüpften Tetraedern (Abb. 109). Weit häufiger sind Raumnetzstrukturen, zu denen insbesondere die verschiedenen Modifikationen des SiO_2 und von Aluminosilicaten zählen, die im Abschnitt 11.5 behandelt wurden. Eine weitere bedeutende Klasse von Aluminosilicaten, die hier zu nennen ist, umfaßt die Zeolithe. Sie kommen als Mineralien vor, werden aber auch industriell hergestellt. Ihnen ist ein Aufbau aus bestimmten, miteinander verknüpften Polyedern gemeinsam, wobei Hohlräume und Kanäle verschiedener Größe und Gestalt auftreten.

Abb. 110 zeigt die Struktur des Methylpolysiloxans $Me_8Si_8O_{12}$, das durch Hydrolyse aus Me_3SiCl zugänglich ist. Das Gerüst ist ein Würfel aus Siliciumatomen, entlang jeder Kante des Würfels befindet sich ein O-Atom. Die O-Atome befinden sich neben den Würfelkanten, wodurch ein spannungsfreies Gerüst mit Bindungswinkeln von 109,5° an den Si-Atomen und von 148,4° an den O-Atomen möglich ist. Das Gerüst wird in den folgenden Bildern schematisch durch einen einfachen Würfel dargestellt. In Zeolithen kommt es als ein mögliches Bauelement vor, wobei an die Stelle der Methylgruppen O-Atome treten, welche die Verbindung zu anderen Si-Atomen herstellen. Außer dem Würfel kommen noch andere Polyeder vor, von denen einige in Abb. 110 gezeigt sind. In den Ecken der Polyeder muß man sich jeweils ein Si- oder Al-Atom vorstellen, jede Kante steht für ein O-Atom, das zwei der Atome in den Ecken miteinander verbindet. In einem Zeolith laufen in jeder Ecke vier Kanten zusammen, der Vierbindigkeit der tetraedrisch koordinierten Atome entsprechend.

Das Verknüpfungsmuster für zwei Zeolithe ist in Abb. 110 gezeigt. Bei ihnen ist der „β-Käfig“ eines der Bauelemente; das ist ein gestutztes Oktaeder, ein 24-eckiges, 14-flächiges Polyeder. Im synthetischen Zeolith A (Linde A) bilden die β-Käfige ein kubisch-primitives Gitter, sie sind über Würfel verbunden. β-Käfige, die so verteilt sind, wie die Atome im Diamant, und die über hexagonale Prismen verbunden sind, treten im Faujasit (Zeolith X) auf.

Der Anteil der Aluminiumatome im Gerüst ist variabel. Auf jedes von ihnen kommt eine negative Ladung. Insgesamt ist das Gerüst somit ein Polyanion, die Kationen befinden sich in seinen Hohlräumen. Dies gilt im Prinzip auch für andere Aluminosilicate, im Unterschied zu diesen ist das Gerüst der Zeolithe jedoch wesentlich offener. Darauf beruht die charakteristische Eigenschaft der Zeolithe, als Kationenaustauscher zu wirken und sehr leicht Wasser aufnehmen und wieder abgeben zu können. Ein Zeolith, der durch Erhitzen im Vakuum entwässert wurde, ist sehr hygroskopisch und eignet sich, um Wasser aus Lösungsmitteln oder Gasen zu entfernen. Außer Wasser können auch andere Moleküle aufgenommen werden, wo-

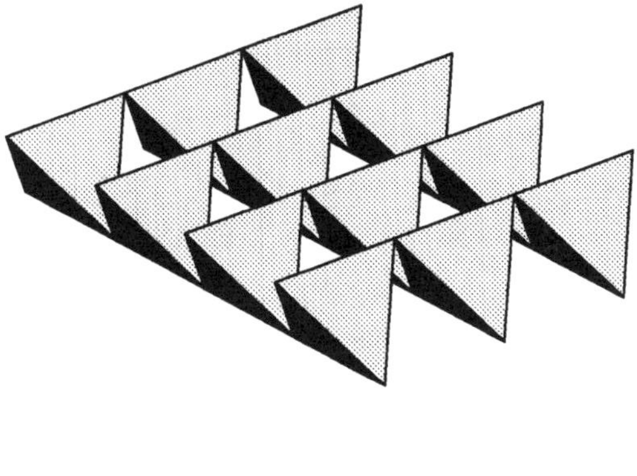

Abb. 109: Ausschnitt aus einer Schicht im HgI_2

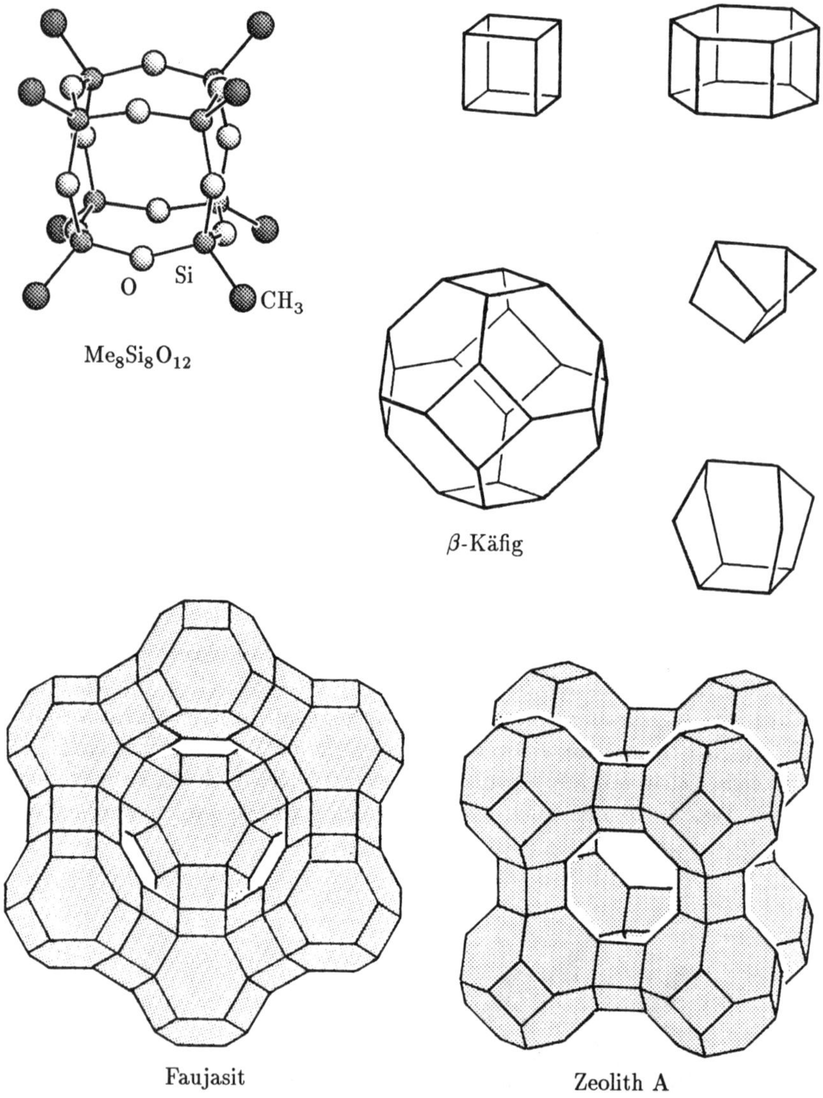

Abb. 110: Struktur von $Me_8Si_8O_{12}$ und schematische Darstellung einiger Si-O-Polyeder. Verknüpfung dieser Polyeder zu den Gerüsten zweier Zeolithe

bei die Größe und Gestalt der Moleküle relativ zur Größe und Gestalt der Hohlräume des Zeoliths maßgeblich dafür ist, wie leicht dies geschieht und wie fest die Gastmoleküle vom Wirtsgitter festgehalten werden. Die verschiedenen Zeolithe unterscheiden sich bezüglich ihrer Hohlräume und Kanäle in weiten Grenzen, so daß sie für die Aufnahme bestimmter Moleküle „maßgeschneidert“ sein können. Man nutzt dies zur selektiven Stofftrennung und spricht deshalb auch von Molekularsieben. Zum Beispiel können unverzweigte von verzweigten Alkanen getrennt werden, was bei der Erdölraffination eine Rolle spielt. Selbst die Trennung von O_2 und N_2 ist möglich. In den Kanälen können auch verschiedene Moleküle anwesend sein, die durch die Gestalt der Kanäle in eine bestimmte Orientierung zueinander gezwungen werden. Hierauf beruht die Wirkung der Zeolithe als selektive Katalysatoren; Der synthetische Zeolith ZSM-5 dient zum Beispiel zur katalytischen Hydrierung von Methanol zu Alkanen.

Strukturell verwandt mit den Zeolithen sind der farblose Sodalith, $Na_4Cl[Al_3Si_3O_{12}]$, und die farbigen Ultramarine. Sie haben Aluminosilicat-Gerüste, in deren Hohlräumen sich Kationen, aber keine Wassermoleküle befinden (Abb. 111). Ihre Besonderheit liegt in der zusätzlichen Anwesenheit von Anionen in den Hohlräumen, z.B. Cl^-, SO_4^{2-}, S_2^-, S_3^-. Die beiden letztgenannten sind farbige Radikalionen (grün bzw. blau), die für brillante Farben sorgen. Am bekanntesten ist das blaue Mineral Lapislazuli, $Na_4S_x[Al_3Si_3O_{12}]$, das auch synthetisch hergestellt und als Farbpigment verwendet wird.

Gerüstsilicate werden auch Tectosilicate genannt, ihr gemeinsames Kennzeichen ist die dreidimensionale Eckenverknüpfung der Tetraeder über alle vier Ecken. Sie werden noch weiter unterschieden in:

1. Pyknolite, in denen relativ kleine Hohlräume des Gerüsts mit Kationen

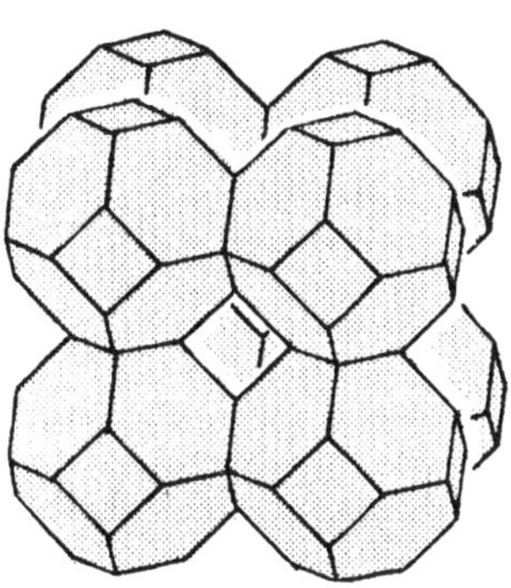

Abb. 111:
Sodalith- und Ultramarin-Gerüst

ausgefüllt sind; Beipiel: Feldspäte $M^+[AlSi_3O_8^-]$ und $M^{2+}[Al_2Si_2O_8^{2-}]$ wie $K[AlSi_3O_8]$ (Kalifeldspat, Sanidin), $Ca[Al_2Si_2O_8]$ (Anorthit) oder Plagioklas, $Ca_{1-x}Na_x[Al_{2-x}Si_{2+x}O_8]$. Feldspäte, insbesondere Plagioklas, sind mit Abstand die häufigsten Mineralien in der Erdkruste.

2. Clathrasile, in denen polyedrische Hohlräume vorhanden sind, deren Fenster jedoch zu klein sind, um andere Moleküle hindurchzulassen, so daß in den Hohlräumen eingeschlossene Ionen oder Fremdmoleküle nicht entweichen können; Beispiele: Ultramarine, Melanophlogit $(SiO_2)_{46} \cdot 8\,(N_2, CO_2, CH_4)$.

3. Zeolithe, deren polyedrische Hohlräume durch weite Fenster oder Tunnel miteinander verbunden sind, durch die Fremdmoleküle oder -ionen diffundieren können.

Die zwischen SiO_2 und H_2O bestehende strukturelle Verwandtschaft (vgl. Abschnitt 11.5) zeigt sich auch bei den Clathraten (Einschlußverbindungen), zu denen die mit Fremdmolekülen belegten Clathrasile gehören. Wasser bildet analoge Clathrat-Hydrate, in denen Fremdmoleküle von einem Gerüst von H_2O-Molekülen umschlossen sind. Wie im Eis ist jedes O-Atom von vier H-Atomen umgeben. Die Strukturen sind nur in Anwesenheit der Fremdmoleküle stabil, ohne sie wäre das hohle Gerüst zu weiträumig und würde zusammenbrechen. Am bekanntesten sind die Gashydrate, in denen Teilchen wie Ar, CH_4, H_2S oder Cl_2 eingeschlossen sind; sie beste-

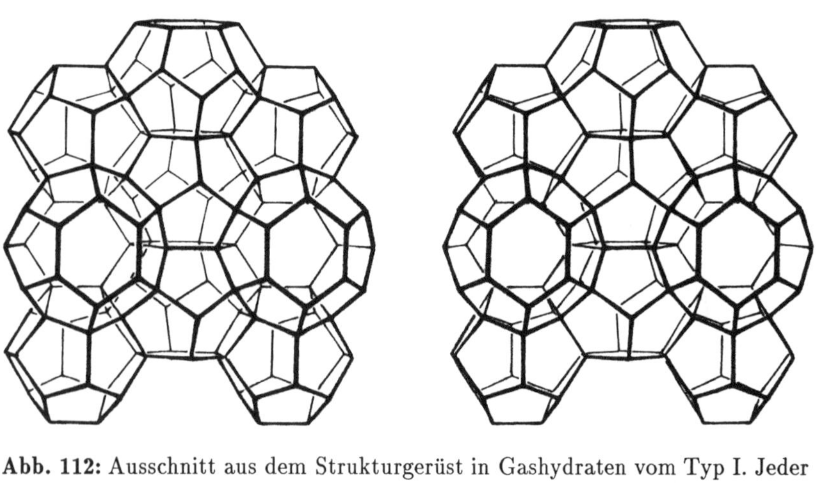

Abb. 112: Ausschnitt aus dem Strukturgerüst in Gashydraten vom Typ I. Jeder Eckpunkt steht für ein O-Atom, entlang jeder Kante befindet sich ein H-Atom (Stereobild)

hen aus einem Gerüst, in dem auf 46 H_2O-Moleküle zwei dodekaedrische und sechs größere tetrakaidecaedrische (14-Flächner) Hohlräume kommen (Abb. 112; die gleiche Struktur hat der oben erwähnte Melanophlogit). Wenn alle Hohlräume gefüllt sind, ist die Zusammensetzung $(H_2O)_{46}X_8$ oder $X{\cdot}5\frac{3}{4}H_2O$; wenn, wie beim Cl_2-Hydrat, nur die größeren Hohlräume gefüllt sind, ist sie $(H_2O)_{46}(Cl_2)_6$ oder $Cl_2 \cdot 7\frac{2}{3}H_2O$. Mit größeren Fremdmolekülen entstehen andere Gerüste mit noch größeren Hohlräumen; Beispiele: $(CH_3)_3CNH_2 \cdot 9\frac{3}{4}H_2O$, $HPF_6 \cdot 6H_2O$, $CHCl_3 \cdot 17H_2O$. Clathrate wie $C_3H_8 \cdot 17H_2O$, das einen Schmelzpunkt von 8,5 °C hat, können bei kaltem Wetter aus feuchtem Erdgas auskristallisieren und Erdgasleitungen verstopfen. Sehr eigenartig ist auch das Auftreten der Clathrat-Struktur bei den Verbindungen Na_8Si_{46}, K_8Si_{46}, K_8Ge_{46}, K_8Sn_{46}, in denen die Si-Atome die Lagen der Wassermoleküle einnehmen und somit alle vierbindig und valenzmäßig abgesättigt sind. Die Alkaliionen befinden sich in den Hohlräumen, ihre Elektronen bilden ein metallisches Elektronengas.

15.8 Kantenverknüpfte Tetraeder

Zwei Tetraeder mit einer gemeinsamen Kante ergeben die Zusammensetzung M_2X_6, wie sie vom Al_2Cl_6 (im Gaszustand oder in Lösung) bekannt ist (Abb. 88, S. 201). Die Fortsetzung der Verknüpfung über gegenüberliegende Kanten führt zu einer linearen Kette, in der alle X-Atome verbrückend wirken. Solche Ketten kennt man vom $BeCl_2$ und SiS_2 sowie von den Anionen im $K[FeS_2]$ (Abb. 113).

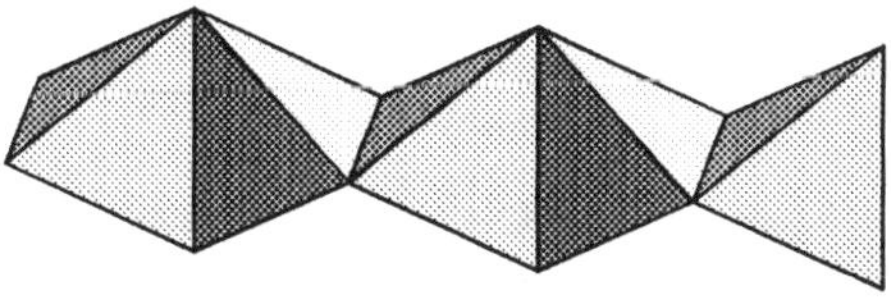

Abb. 113: Tetraederverknüpfung im SiS_2

Wenn Tetraeder über jeweils vier Kanten miteinander verknüpft sind, ergibt sich die Zusammensetzung $MX_{4/4}$ oder MX. Eine Verknüpfung dieser Art zu Schichten entspricht der Struktur der roten Modifikation von PbO, wobei sich die O-Atome in den Tetraedermitten und die Pb-Atome in den Tetraederecken befinden (Abb. 114). Diese recht eigenartige Struktur läßt die sterische Wirkung des einsamen Elektronenpaars am Pb(II)-Atom erkennen; zählt man das Elektronenpaar mit, so ist das Koordinationspolyeder um das Bleiatom eine quadratische Pyramide. Die Schicht kann auch

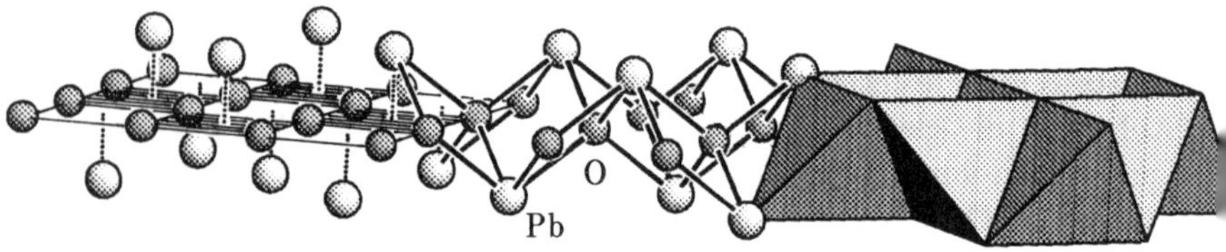

Abb. 114: Ausschnitt aus einer Schicht im roten PbO

als Schachbrettmuster beschrieben werden, das von den O-Atomen aufgespannt wird; die Pb-Atome befinden sich über den schwarzen und unter den weißen Feldern des Schachbretts.

Als ein Netzwerk von dreidimensional kantenverknüpften FCa_4-Tetraedern kann die CaF_2-Struktur aufgefaßt werden (vgl. Abb. 117**b**).

15.9 Übungsaufgaben

15.1 Verknüpfen Sie $W_4O_{16}^{8-}$ Ionen (Abb. 100) zu einer Säule, die aus Paaren von kantenverknüpften Oktaedern besteht, die abwechselnd quer zueinander liegen. Welche ist die Zusammensetzung der Säule?

15.2 Verknüpfen Sie Paare von flächenverknüpften Koordinationsoktaedern über gemeinsame Ecken zu einer Kette, wobei jedes Oktaeder an einer gemeisamen Ecke beteilgt ist, die nicht zur gemeinsamen Fläche gehört. Welche Zusammensetzung hat die Kette?

15.3 Welche Zusammensetzung hat eine Säule aus quadratischen Antiprismen, die über gemeinsame Quadratflächen verknüpft sind?

15.4 Welche der folgenden Verbindungen könnte Säulen aus flächenverknüpften Oktaedern wie in ZrI_3 bilden?
InF_3, $InCl_3$, MoF_3, MoI_3, TaS_3^{2-}

15.5 Greifen Sie aus $MgCu_2$ (Abb. 85) das Netzwerk aus eckenverknüpften Cu-Tetraedern heraus und fügen Sie in die Mitte jedes Tetraeders ein zusätzlches Atom ein. Welcher Strukturtyp ergibt sich?

16 Kugelpackungen mit besetzten Lücken

Im vorigen Kapitel wurde wiederholt die Packung der polyedrischen Bauverbände angesprochen, etwa der Unterschied zwischen $CdCl_2$- und CdI_2-Typ, die beide aus gleichartigen Schichten von kantenverknüpften Oktaedern bestehen; die Schichten sind so gestapelt, daß die Halogenatome für sich betrachtet im $CdCl_2$-Typ eine kubisch-, im CdI_2-Typ eine hexagonal-dichteste Kugelpackung bilden. Die Metallatome befinden sich in oktaedrischen Lücken der Kugelpackungen. Im vorigen Kapitel war die Betrachtung auf die Verknüpfung von Polyedern und die zugehörigen chemischen Zusammensetzungen gerichtet, die Packung der Moleküle oder Ionen im Kristall war ein sekundärer Aspekt. In diesem Kapitel wollen wir die gleichen Sachverhalte aus der Sicht der Gesamtpackung entwickeln, wobei wir uns im wesentlichen auf das wichtigste Packungsprinzip, das der dichtesten Kugelpackungen, beschränken werden.

Was für die Cadmiumhalogenide gilt, gilt auch für zahlreiche andere Verbindungen: ein Teil der Atome bildet für sich gesehen eine dichteste Kugelpackung, die übrigen Atome befinden sich in Lücken dieser Kugelpackung. Die Atome, welche die Kugelpackung bilden, müssen nicht gleich sein, aber sie müssen ähnliche Größe haben, im Sinne der in den Abschnitten 14.1 und 14.2 gemachten Ausführungen über Verbindungen mit dicht gepackten Atomen. Im Perowskit, $CaTiO_3$, bilden zum Beispiel die Calcium- und die Sauerstoffatome zusammen eine dichteste Kugelpackung, die Titanatome befinden sich in bestimmten oktaedrischen Lücken. Wegen des Platzbedarfs der Atome in den Lücken und wegen ihrer Bindungsbeziehungen zu den umgebenden Atomen treten häufig gewisse Verzerrungen der Kugelpackung auf, die aber vielfach erstaunlich gering sind. Auch die Einlagerung von Atomen, die für die Lücken zu groß sind, ist möglich, wenn die Packung insgesamt aufgeweitet wird; es liegt dann strenggenommen keine dichteste Kugelpackung mehr vor (die Kugeln berühren einander nicht mehr), aber die relative Anordnung der Atome ändert sich im Prinzip nicht.

16.1 Die Lücken in dichtesten Kugelpackungen

Oktaederlücken in der hexagonal-dichtesten Kugelpackung

Abb. **115a** zeigt den Ausschnitt zweier übereinanderliegender hexagonaler Schichten aus einer dichtesten Kugelpackung. Das Bild ist insofern unübersichtlich, als die Kugeln der Schicht A von denen der Schicht B

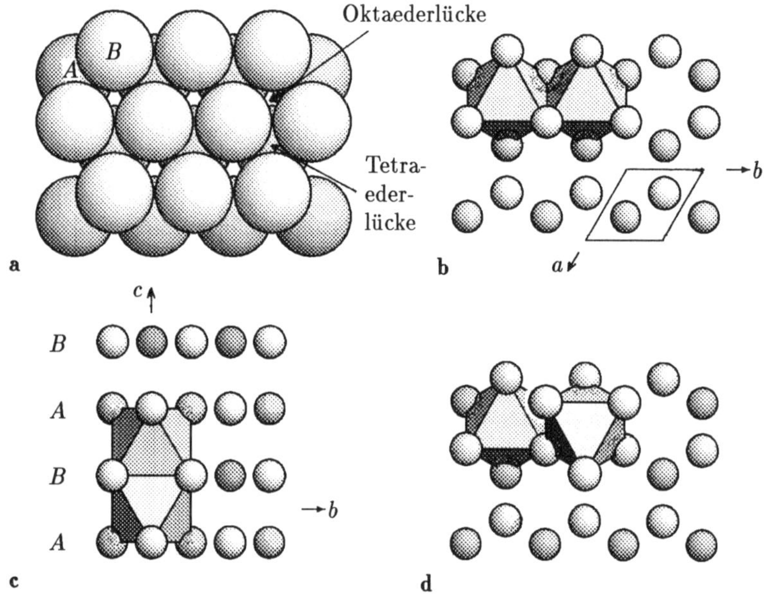

Abb. 115: a Relative Lage zweier hexagonaler Schichten in einer dichtesten Kugelpackung. **b** Die gleichen Schichten mit kleiner gezeichneten Kugeln; zwei kantenverknüpfte Oktaeder und die Elementarzelle für die hexagonal-dichteste Kugelpackung sind eingezeichnet. **c** Seitenansicht auf eine hexagonal-dichteste Kugelpackung; zwei flächenverknüpfte Oktaeder sind eingezeichnet. **d** Zwei eckenverknüpfte Oktaeder in einer hexagonal-dichtesten Kugelpackung

weitgehend verdeckt sind. Für alle folgenden Abbildungen verwenden wir deshalb die Darstellung gemäß Abb. 115**b**, die den gleichen Ausschnitt der Kugelpackung zeigt, jedoch mit kleiner gezeichneten Kugeln. Man sieht zwar nicht mehr, wo die in Wahrheit größeren Kugeln einander berühren, dafür erkennt man um so besser, wo sich die Oktaederlücken der Kugelpackung befinden: es sind die jetzt groß erscheinenden Löcher, die von jeweils sechs Kugeln umgeben sind. Die Kanten zweier Oktaeder sind in Abb. 115**b** eingezeichnet; diese beiden Oktaeder haben eine gemeinsame Kante. Abb. 115**c** stellt eine Seitenansicht auf die hexagonal-dichteste Kugelpackung dar (Blick auf die Schmalseiten der hexagonalen Schichten); die beiden eingezeichneten Oktaeder sind miteinander flächenverknüpft. In Abb. 115**d** sind zwei Oktaeder eingezeichnet, die in verschiedenen Höhen nebeneinanderliegen und die über eine gemeinsame Ecke verknüpft sind.

Wie aus Abb. 115 hervorgeht, entstehen bei der Besetzung von benachbarten Oktaederlücken in einer hexagonal-dichtesten Kugelpackung folgende Oktaederverknüpfungen:

Flächenverknüpfung, wenn die Oktaeder in Richtung c übereinanderliegen;

Kantenverknüpfung, wenn sie in der a-b-Ebene nebeneinanderliegen;

Eckenverknüpfung, wenn sie auf verschiedenen Höhen nebeneinanderliegen.

Die Bindungswinkel an den verbrückenden Atomen in den gemeinsamen Oktederecken sind durch die Geometrie festgelegt (Winkel M–X–M, M jeweils in der Oktaedermitte):

70,5° bei Flächenverknüpfung;
90,0° bei Kantenverknüpfung;
131,8° bei Eckenverknüpfung.

Die Anzahl der Oktaederlücken in der Elementarzelle ist aus Abb. 115**c** ersichtlich: in Richtung c liegen zwei verschieden orientierte Oktaeder übereinander, dann wiederholt sich das Muster. Auf eine Elementarzelle kommen zwei Oktaederlücken. Abb. 115**b** zeigt uns die Anwesenheit von zwei Kugeln in der Elementarzelle, je eine der Schichtlage A und B. Die Anzahl der Kugeln und der Oktaederlücken in der Elementarzelle stimmt also überein, d.h.: *Auf eine Kugel kommt genau eine Oktaederlücke.*

Die Größe der Oktaederlücken ergibt sich aus der Konstruktion von Abb. 15 (S. 53). Dort wurden einander berührende Anionen angenommen, genauso wie bei den Kugeln einer Kugelpackung. In die Lücke zwischen sechs oktaedrisch angeordneten Kugeln mit Radius 1 paßt eine Kugel mit Radius 0,414.

Abb. 115 läßt auch noch folgendes erkennen. Parallel zur a-b-Ebene liegen die Oktaedermitten in Ebenen, die sich auf halben Weg zwischen den Kugelschichten befinden. Die Lage der Oktaedermitten entspricht der Lage C, die in der Stapelfolge $ABAB\ldots$ der Kugeln nicht vorkommt. Zur Bezeichnung von Oktaederlücken in dieser Lage werden wir in den folgenden Abschnitten ein γ verwenden. Analog werden wir α und β verwenden, um Oktaederlücken zu bezeichnen, die den Lagen A bzw. B entsprechen.

Tetraederlücken in der hexagonal-dichtesten Kugelpackung

Abb. 116 zeigt Ausschnitte aus der hexagonal-dichtesten Kugelpackung wie in Abb. 115, hervorgehoben sind jedoch die Tetraeder aus je vier Kugeln. Man erkennt in der a-b-Ebene über Ecken verknüpfte Tetraeder. In Stapelrichtung sind die Tetraeder paarweise flächenverknüpft, die Paare sind

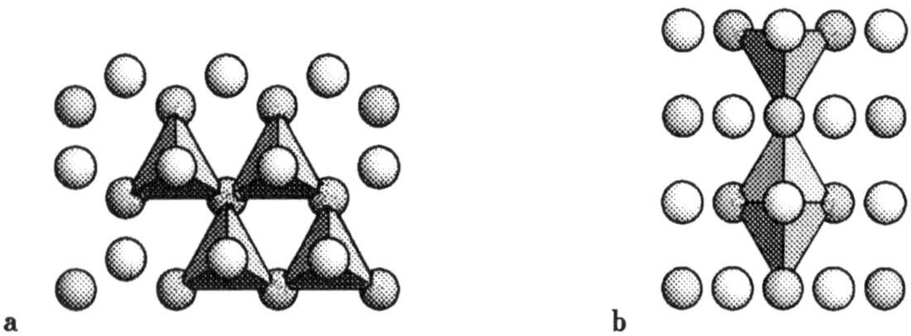

Abb. 116: Tetraeder in einer hexagonal-dichtesten Kugelpackung: **a** Blick auf die hexagonalen Schichten; **b** Blick parallel zu den hexagonalen Schichten (Stapelrichtung nach oben)

miteinander eckenverknüpft. Ein Paar kann man auch als trigonale Bipyramide auffassen. Die Mitte der trigonalen Bipyramide ist identisch mit der Lücke zwischen drei Atomen in der hexagonalen Schicht; die axialen Atome der Bipyramide sind 41 % weiter als die equatorialen von der Mitte entfernt. Zählt man nur die drei equatorialen Atome, so kann man die Lücke als Dreieckslücke auffassen; zählt man die axialen Atome mit, so ist es eine trigonal-bipyramidale Lücke. Die Tetraederlücken befinden sich jeweils über und unter dieser Lücke. Innerhalb eines Schichtenpaares AB ist ein Tetraeder, dessen Spitze nach oben weist, mit drei Tetraedern, deren Spitzen nach unten weisen, kantenverknüpft.

Die Bindungswinkel M–X–M an den Brückenatomen zwischen zwei besetzten Tetraedern betragen:

56,7° bei Flächenverknüpfung;
70,53° bei Kantenverknüpfung;
109,5° bei Eckenverknüpfung.

Wie in Abb. 116**b** erkennbar, befindet sich über und unter jeder Kugel je eine Tetraederlücke, d.h.: *Auf eine Kugel kommen zwei Tetraederlücken.*

Entsprechend der Berechnung in Abb. 15 (S. 53) paßt in eine von vier Kugeln mit Radius 1 gebildete Tetraederlücke eine Kugel mit Radius 0,225.

Oktaeder- und Tetraederlücken in der kubisch-dichtesten Kugelpackung

Eine Übersicht über die Anordnung der Lücken in der kubisch-dichtesten Kugelpackung erhält man am einfachsten durch Betrachtung der flächenzentrierten Elementarzelle. In der Mitte der Elementarzelle sowie in den Mitten aller Kanten der Elementarzelle befinden sich die Oktaederlücken

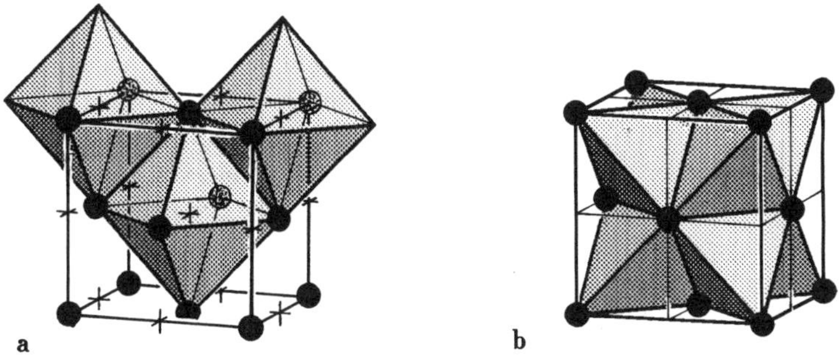
a b

Abb. 117: Flächenzentrierte Elementarzelle der kubisch-dichtesten Kugelpackung, **a** mit Oktaederlücken, **b** mit Tetraederlücken

(Abb. 117**a**). In den drei Richtungen parallel zu den Zellenkanten sind die Oktaeder miteinander eckenverknüpft. In den Richtungen diagonal zu den Seiten der Elementarzelle sind sie kantenverknüpft. Flächenverknüpfte Oktaeder sind nicht vorhanden.

Denkt man sich die Elementarzelle in acht Oktanten (Achtelswürfel) unterteilt, so kann man in der Mitte von jedem Oktanten eine Tetraederlücke erkennen (Abb. 117**b**). Die Tetraeder in zwei Fläche an Fläche aneinandergrenzenden Oktanten sind miteinander kantenverknüpft. Eckenverknüpft sind Tetraeder, deren Oktanten nur eine gemeinsame Kante oder eine gemeinsame Ecke haben. Flächenverknüpfte Tetraeder sind nicht vorhanden.

Auf eine Elementarzelle kommen vier Kugeln, vier Oktaederlücken und acht Tetraederlücken. Die Zahlenrelationen sind damit die gleichen wie bei der hexagonal-dichtesten Kugelpackung und wie auch bei allen anderen Stapelvarianten von dichtesten Kugelpackungen: Auf eine Kugel kommen eine Oktaeder- und zwei Tetraederlücken. Auch die Größe dieser Lücken stimmt bei allen dichtesten Kugelpackungen überein.

Die Bindungswinkel M–X–M an den Brückenatomen zwischen zwei mit Atomen M besetzten Polyedern sind:

kantenverknüpfte Oktaeder	90,0°
eckenverknüpfte Oktaeder	180,0°
kantenverknüpfte Tetraeder	70,5°
eckenverknüpfte Tetraeder in Oktanten mit gemeinsamer Kante	109,5°
eckenverknüpfte Tetraeder in Oktanten mit gemeinsamer Ecke	180,0°

Die hexagonalen Schichten mit Stapelfolge $ABCABC\ldots$ liegen senkrecht zu den Raumdiagonalen der Elementarzelle. Ein Paar solcher Schichten, zum Beispiel AB, ist relativ zueinander genauso angeordnet wie in Abb. 115**b**. Schicht C folgt dann in der Lage genau über den Oktaederlücken zwischen A und B. Das Muster der kantenverknüpften Oktaeder innerhalb *eines Schichtenpaares* ist unabhängig davon, welche Schichtlagen folgen. Während die Abfolge der Lagen der Oktaedermitten in Stapelrichtung in der hexagonal-dichtesten Kugelpackung $\gamma\gamma\ldots$ ist, ist sie in der kubisch-dichtesten Kugelpackung $\gamma\alpha\beta\gamma\alpha\ldots$ (Abb. 118).

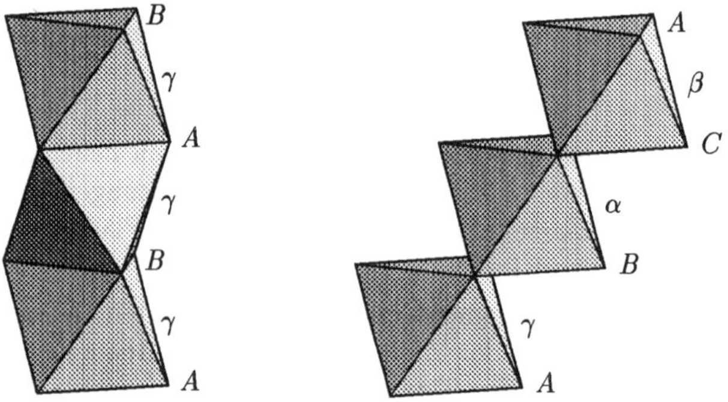

Abb. 118: Relative Anordnung der Oktaeder in der hexagonal- und in der kubisch-dichtesten Kugelpackung in Stapelrichtung der hexagonalen Schichten

16.2 Einlagerungsverbindungen

Die Einlagerung von Atomen in die Lücken einer Kugelpackung ist nicht einfach eine Vorstellung; bei einigen Elementen läßt sie sich tatsächlich kontinuierlich durchführen. In dieser Hinsicht ist die Aufnahme von Wasserstoff durch bestimmte Metalle unter Bildung von Metallhydriden am bekanntesten. Während der Wasserstoffaufnahme ändern sich die Eigenschaften deutlich und meistens kommt es dabei zu Phasenumwandlungen, d.h. die Packung der Metallatome im letztlich erhaltenen Hydrid ist meistens nicht die gleiche wie die des reinen Metalls, aber in der Regel handelt es sich nach wie vor um eine der für Metalle typischen Packungen. Man spricht deshalb von Einlagerungshydriden. Der Wasserstoffgehalt ist variabel, es handelt sich also um nichtstöchiometrische Verbindungen.

Einlagerungshydride kennt man von den Elementen der dritten bis fünften Nebengruppe (einschließlich Lanthanoide und Actinoide), sowie von

Chrom, Nickel und Palladium. Auch Magnesiumhydrid kann man dazu zählen, da es unter Druck Wasserstoff bis zur Zusammensetzung MgH_2 aufzunehmen vermag, den es beim Erwärmen wieder abgibt. Die Grenzzusammensetzungen sind MH_3 bei den meisten Lanthanoiden und Actinoiden, sonst MH_2, ausgenommen bei Ta, Ni und Pd ($TaH_{0,9}$, $NiH_{0,6}$ bzw. $PdH_{0,83}$). In einigen Fällen sind die Verbindungen in bestimmten Zusammensetzungsbereichen instabil (stabil sind z.B. nur kubisches $HoH_{1,95}$ bis $HoH_{2,24}$ und hexagonales $HoH_{2,64}$ bis $HoH_{3,00}$).

Die für die Zusammensetzung MH_2 typische Struktur ist eine kubisch-dichteste Kugelpackung von Metallatomen, bei der alle Tetraederlücken mit H-Atomen besetzt wurden; dies ist nichts anderes als der CaF_2-Typ. Bei den wasserstoffreicheren Lanthanoidhydriden (MH_2 bis MH_3) werden zusätzlich die Oktaederlücken besetzt (Li_3Bi-Typ für LaH_3 bis NdH_3, vgl. Abb. 84, S. 193).

Die Einlagerungshydride der Übergangsmetalle unterscheiden sich von den salzartigen Hydriden der Alkali- und Erdalkalimetalle MH bzw. MH_2, erkennbar an ihren Dichten. Während die letzteren eine höhere Dichte als die Metalle haben, sind in den Übergangsmetallhydriden die Metallgitter aufgeweitet. Sie zeigen außerdem metallischen Glanz und sind Halbleiter. Die Alkalihydride haben NaCl-Struktur, MgH_2 hat Rutilstruktur.

Die Packungsdichte der H-Atome ist in allen wasserstoffreichen Metallhydriden sehr hoch. Im MgH_2 ist sie zum Beipiel 55 % höher als in flüssigem Wasserstoff. Da Magnesium und die Legierung $LaNi_5$ relativ leicht Wasserstoff aufnehmen und wieder abgeben, stehen sie als zukünftige Wasserstoffspeicher zur Diskussion.

Zu den Einlagerungsverbindungen zählt man insbesondere die Carbide und Nitride der Elemente Ti, Zr, Hf, V, Nb, Ta, Cr, Mo, W, Th und U. Ihre Zusammensetzung entspricht in vielen Fällen ungefähr der Formel M_2X oder MX. Es handelt sich in der Regel um nichtstöchiometrische Verbindungen mit einer Zusammensetzung, die innerhalb gewisser Grenzen variieren kann. Dies, sowie weitgehend übereinstimmende Strukturen und Eigenschaften bei gleicher Zusammensetzung zeigen uns den beherrschenden Einfluß der kristallchemischen Gegebenheiten bei dieser Verbindungsklasse.

Die Nitride können durch Erhitzen der Metallpulver in N_2- oder NH_3-Atmosphäre auf über 1100 °C hergestellt werden, die Carbide enstehen beim Erhitzen von Gemischen aus Metallpulver und Kohlenstoff auf Temperaturen um 2200 °C. Auch im Rahmen der chemischen Transportreaktion nach VAN ARKEL-DE BOER sind sie zugänglich, wenn die Metallabscheidung in einer Atmosphäre aus N_2 bzw. eines Kohlenwasserstoffs stattfindet. Ihre bemerkenswerten Eigenschaften sind:

Große Härte mit Werten von 8 bis 10 auf der MOHSschen Skala; sie reicht also in einigen Fällen (z.B. bei W_2C) an die Härte von Diamant.

Extrem hohe Schmelzpunkte, zum Beipiel (Werte in °C):

Ti	1660	TiC	3140	TiN	2950		
Zr	1850	ZrC	3530	ZrN	2980		
Hf	2230	HfC	3890	HfN	3300	TaC	3880

Weitere Vergleichswerte: Schmelzpunkt von W 3420 °C (höchstschmelzendes Metall), Sublimationspunkt von Graphit ca. 3350 °C.

Metallische elektrische Leitfähigkeit, in manchen Fällen auch Supraleitfähigkeit bei tiefen Temperaturen (z.B. NbC, Sprungtemperatur 10,1 K).

Hohe chemische Widerstandsfähigkeit, ausgenommen gegen Oxidationsmittel wie Luftsauerstoff bei Temperaturen über 1000 °C oder konzentrierte HNO_3.

Die Einlagerung von C oder N in das Metallgitter ist also mit einer Zunahme der Festigkeit verbunden unter Erhalt von metallischen Eigenschaften.

Die Strukturen können als Metallatompackungen aufgefaßt werden, in deren Lücken die Nichtmetallatome eingelagert sind. In der Regel sind die Metallatompackungen nicht die gleichen wie diejenigen der entsprechenden reinen Metalle. Folgende Strukturtypen treten auf:

M_2C und M_2N	hexagonal dichteste M-Packung, C- oder N-Atome in der Hälfte der Oktaederlücken
MC und MN	kubisch-dichteste M-Packung, C- oder N-Atome in allen Oktaederlücken = NaCl-Typ (gilt nicht für Mo, W)
MoC, MoN, WC, WN	WC-Typ

Beim WC-Typ bilden die Metallatome keine dichteste, sondern eine hexagonal-primitive Kugelpackung, in der die Metallatome trigonale Prismen bilden, in deren Mitten sich die C-Atome befinden.

Bei den Strukturen für M_2C und M_2N taucht die Frage auf: Ist die Verteilung der besetzten und der unbesetzten Oktaederlücken geordnet? Für geordnete Verteilungen gibt es verschiedene Möglichkeiten, von denen einige tatsächlich auftreten. So wechseln sich im W_2C besetzte und unbesetzte

Oktaederlücken schichtenweise ab; das ist nichts anderes als der CdI_2-Typ. Im β-V_2N wechseln sich Schichten von Oktaederlücken ab, die jeweils zu $\frac{1}{3}$ und $\frac{2}{3}$ besetzt sind. Die Frage der geordneten Verteilung besetzter Lücken wird uns in den nächsten Abschnitten beschäftigen.

16.3 Wichtige Strukturtypen mit besetzten Oktaederlücken in dichtesten Kugelpackungen

Wir betrachten vorwiegend binäre Verbindungen MX_n, deren X-Atome eine dichteste Kugelpackung bilden und deren M-Atome sich in Oktaederlücken befinden. Da die Anzahl der Oktaederlücken mit der Anzahl der X-Atome übereinstimmt, muß genau der Bruchteil $1/n$ der Oktaederlücken besetzt sein, um der Stöchiometrie gerecht zu werden. Wie oben beschrieben, werden im folgenden die Schichtlagen der X-Atome mit A, B und C bezeichnet, die dazwischen befindlichen Schichten von Oktaederlücken mit α (zwischen B und C), β (zwischen C und A) und γ (zwischen A und B). Bruchzahlen als Indices geben an, zu welchem Bruchteil die Oktaederlücken der jeweiligen Zwischenschicht besetzt ist; eine völlig unbesetzte Zwischenschicht wird mit dem SCHOTTKY-Symbol □ angezeigt.

Verbindungen MX

Strukturtyp	Stapelfolge	Beispiele
NaCl	$A\gamma B\alpha C\beta$	LiH, KF, AgCl, MgO, PbS, TiC, CrN
NiAs	$A\gamma B\gamma$	TiS, CoS, CoSb, AuSn

Bei beiden Strukturtypen sind alle Oktaederlücken der kubisch- bzw. hexagonal-dichtesten Kugelpackung besetzt. Die Koordinationszahl ist 6 für alle beteiligten Atome. Beim NaCl-Typ haben alle Atome eine oktaedrische Koordination, und es ist gleichgültig, ob man die Struktur als eine Kugelpackung von Na^+-Ionen mit eingelagerten Cl^--Ionen oder umgekehrt ansieht. Anders verhält es sich beim NiAs-Typ; hier entspricht nur die Anordnung der As-Atome der Kugelpackung, während die Nickelatome in den Oktaederlücken (γ-Lagen) genau übereinander gestapelt sind (Abb. 119). Nur die Nickelatome sind also oktaedrisch koordiniert, die sechs Nickelatome um ein Arsenatom bilden ein trigonales Prisma. Man kann die Struktur auch als ein primitiv-hexagonales Gitter von Ni-Atomen auffassen; in diesem Gitter kommen nur trigonale Prismen als Polyeder vor, und zwar doppelt so viele wie Ni-Atome. Die Hälfte dieser Prismen ist mit As-Atomen besetzt (vgl. auch Abb. 102, S. 218).

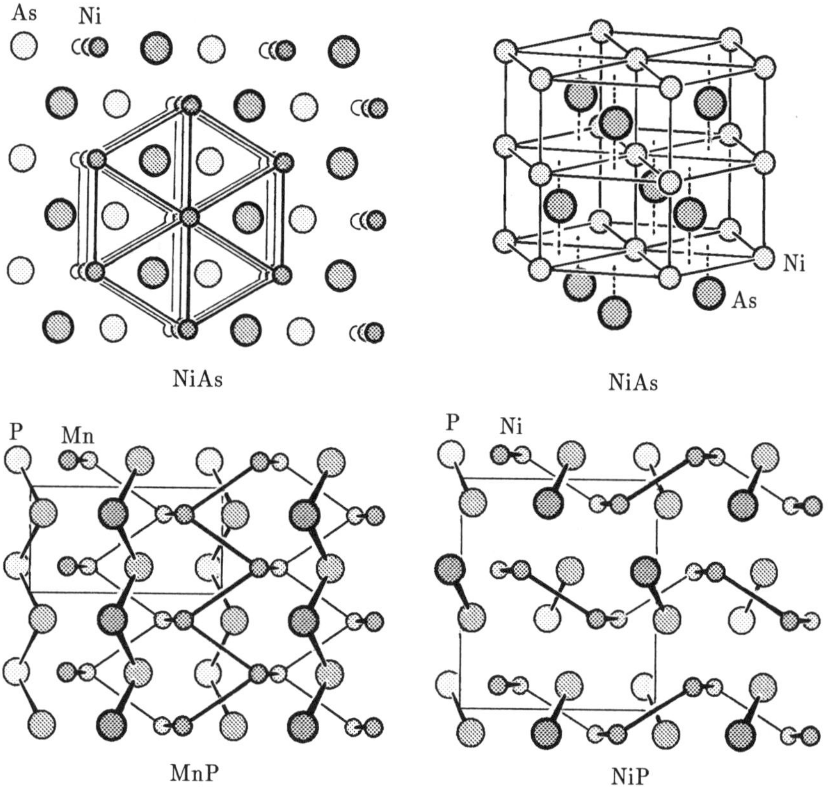

Abb. 119: Die NiAs-Struktur und verzerrte Varianten

Wie die obengenannten Beispiele erkennen lassen, wird der NaCl-Typ vorzugsweise bei salzartigen Verbindungen, einigen Oxiden und Sulfiden und bei den im vorigen Abschnitt besprochenen Einlagerungsverbindungen angetroffen. Der NaCl-Typ ist aus elektrostatischen Gründen günstig für stark polare Verbindungen, da jedes Atom nur Atome des anderen Elements in seiner Nähe hat. Sulfide, Selenide, Telluride sowie Phosphide, Arsenide und Antimonide mit NaCl-Struktur findet man mit Erdalkalimetallen und mit Elementen der dritten Nebengruppe (MgS, CaS, ..., MgSe, ..., BaTe; ScS, YS, LnS, LnSe, LnTe; LnP, LnAs, LnSb mit Ln = Lanthanoid). Mit anderen Nebengruppenelementen bevorzugen sie dagegen den NiAs-Typ und dessen unten genannten Varianten, der elektrostatisch ungünstig ist, da sich die Ni-Atome in miteinander flächenverknüpften Oktaedern befinden und sich somit recht nahe kommen (Ni–Ni-Abstand 252 pm, nur weniger länger als der Ni–As-Abstand von 243 pm). Dies suggeriert die Anwesenheit von bindenden Metall-Metall-Wechselwirkungen, zumal dieser Strukturtyp nur auftritt, wenn die Metallatome noch über *d*-Elektronen verfügen. Für die Metall-Metall-Wechselwirkungen sprechen auch folgende Befunde: metallischer Glanz und elektrische Leitfähigkeit, variable Zusammensetzung sowie die Abhängigkeit der Gitterparameter von der Elektronenkonfiguration, z.B.:

Verhältnis c/a der hexagonalen Elementarzelle

TiSe	VSe	CrSe	$Fe_{1-x}Se$	CoSe	NiSe
1,68	1,67	1,64	1,64	1,46	1,46

Bei den elektronenreicheren Arseniden und Antimoniden sind die c/a-Verhältnisse noch kleiner (z.B. 1,39 für NiAs); da das ideale c/a-Verhältnis für die hexagonal-dichteste Kugelpackung 1,633 beträgt, zeigt sich eine erhebliche Schrumpfung in Richtung c, d.h. in der Richtung, in der die Metallatome einander am nächsten sind.

MnP zeigt eine verzerrte NiAs-Struktur, bei der die Metallatome auch in der a-b-Ebene zusammenrücken und Zickzacklinien bilden, so daß jedes Metallatom nun vier nahegelegene Metallatome um sich hat. Zugleich rücken die P-Atome zu Zickzackketten zusammen, die im Sinne der ZINTL-Phasen als $(P^-)_\infty$-Ketten aufgefaßt werden können. Eine noch weitergehende Verzerrung tritt beim NiP auf, wo P_2-Paare auftreten (P_2^{4-}). Die genannten Verzerrungen lassen sich als PEIERLS-Verzerrung deuten. Berechnungen der elektronischen Bänderstruktur ergeben in kurzgefaßter Form: 9–10 Valenzelektronen pro Metallatom favorisieren die NiAs-, 11–14 die MnP- und mehr als 14 die NiP-Struktur (der Phosphor trägt zu 5 Valenzelektronen pro Metallatom bei); diese Aussagen gelten für Phosphide; bei Arseniden und noch mehr bei Antimoniden wird die NiAs-Struktur auch bei den größeren Elektronenzahlen bevorzugt.

Verbindungen mit NiAs-Struktur zeigen häufig eine gewisse Phasenbreite, indem Metallatome im Gitter fehlen können. Die Zusammensetzung ist dann $M_{1-x}X$. Die Fehlstellen können statistisch oder geordnet verteilt sein. In letzterem Fall handelt es sich um Überstrukturen des NiAs-Typs, die man zum Beispiel bei Eisensulfiden wie Fe_9S_{10}, $Fe_{10}S_{11}$ u.a. kennt. Erfolgt die Herausnahme der Metallatome immer nur aus jeder zweiten Schicht, so hat man in der Reihe $M_{1,0}X$ bis $M_{0,5}X$ (= MX_2) einen kontinuierlichen Übergang vom NiAs- zum CdI_2-Typ; beim $Co_{1-x}Te$ sind solche Phasen bekannt (CoTe: NiAs-Typ; $CoTe_2$: CdI_2-Typ).

Verbindungen MX_2

Die Hälfte der Oktaederlücken ist besetzt. Für die Verteilung auf die Zwischenschichten gibt es mehrere Möglichkeiten:

1. Die Zwischenschichten sind abwechselnd voll besetzt und unbesetzt. In den besetzten Schichten liegen lauter kantenverknüpfte Oktaeder vor (Abb. 95, S. 211).

Strukturtyp	Stapelfolge	Beispiele
$CdCl_2$	$A\gamma B\square C\beta A\square B\alpha C\square$	$MgCl_2$, $FeCl_2$, Cs_2O
CdI_2	$A\gamma B\square$	$MgBr_2$, PbI_2, SnS_2, $Mg(OH)_2$, $Cd(OH)_2$, Ag_2F

Es gibt auch noch weitere Polytypen, d.h. solche mit anderen Stapelfolgen für die Halogenatome. Besonders beim CdI_2 selbst sind inzwischen sehr viele dieser Polytypen bekannt, weshalb die Bezeichnung CdI_2-Typ heute als etwas unglücklich angesehen wird und auch vom $Mg(OH)_2$- (Brucit-) oder $Cd(OH)_2$-Typ gesprochen wird. Die H-Atome der Hydroxide sind in die Tetraederlücken zwischen den Schichten ausgerichtet, sie sind nicht an H-Brücken beteiligt. Botallackit, $Cu_2(OH)_3Cl$, ist wie CdI_2 aufgebaut, wobei jede zweite Schicht der Kugelpackung zur Hälfte aus Cl-Atomen und OH-Gruppen besteht (eine zweite Modifikation der gleichen Zusammensetzung ist der Atacamit, s.u.).

So wie es vom NiAs-Typ verzerrte Varianten mit Metall-Metall-Bindungen gibt, kennt man auch solche Varianten des CdI_2-Typs. Im ZrI_2 ist zum Beispiel die CdI_2-Struktur so verzerrt, daß die Zr-Atome Zickzackketten bilden. Jedes Zr-Atom ist also an zwei Zr–Zr-Bindungen beteiligt, was mit der d^2-Konfiguration des zweiwertigen Zirconiums im Einklamg steht.

2. Die Zwischenschichten sind abwechselnd zu $\frac{2}{3}$ und $\frac{1}{3}$ besetzt.

Strukturtyp	Stapelfolge	Beispiele
ε-Fe_2N	$A\gamma_{2/3}B\gamma'_{1/3}$	β-Nb_2N, Li_2ZrF_6

Die zu $\frac{2}{3}$ besetzten Zwischenschichten bestehen aus kantenverknüpften Oktaedern mit Bienenwabenmuster wie im BiI_3, die Oktaeder in den zu $\frac{1}{3}$ besetzten Schichten sind nicht miteinander verbunden, sie haben aber gemeinsame Ecken mit den Oktaedern der Nachbarschichten. Im Falle des Li_2ZrF_6 sind die Zr-Atome diejenigen in der zu $\frac{1}{3}$ besetzte Schicht (vgl. Abb. 99, S. 215).

3. Die Zwischenschichten sind abwechselnd zu $\frac{1}{4}$ und $\frac{3}{4}$ besetzt. Ein Beispiel ist Atacamit, eine Modifikation von $Cu_2(OH)_3Cl$, mit der Stapelfolge:

$A\gamma_{1/4}B\alpha_{3/4}C\beta_{1/4}A\gamma'_{3/4}B\alpha'_{1/4}C\beta'_{3/4}$.

4. Jede Zwischenschicht ist zur Hälfte besetzt.

Strukturtyp	Stapelfolge	Beispiele
$CaCl_2$	$A\gamma_{1/2}B\gamma'_{1/2}$	$CaBr_2$, ε-FeO(OH), Co_2C
α-PbO_2	$A\gamma_{1/2}B\gamma''_{1/2}$	TiO_2 (Hochdruck)
α-AlO(OH)	$A\gamma_{1/2}B\gamma'''_{1/2}$	α-FeO(OH) (Goethit)

Im $CaCl_2$ liegen lineare Stränge aus kantenverknüpften Oktaedern vor, die Stränge sind über gemeinsame Oktaederecken miteinander verknüpft (Abb. 120). Markasit ist eine Modifikation von FeS_2, mit einer deformierten Abart des $CaCl_2$-Typs, in dem die Schwefelatome unter Ausbildung von S_2-Hanteln aufeinander zugerückt sind. Das Aufeinanderzurücken wird durch eine gegenseitige Verdrehung der Oktaederstränge ermöglicht (Abb. 120).

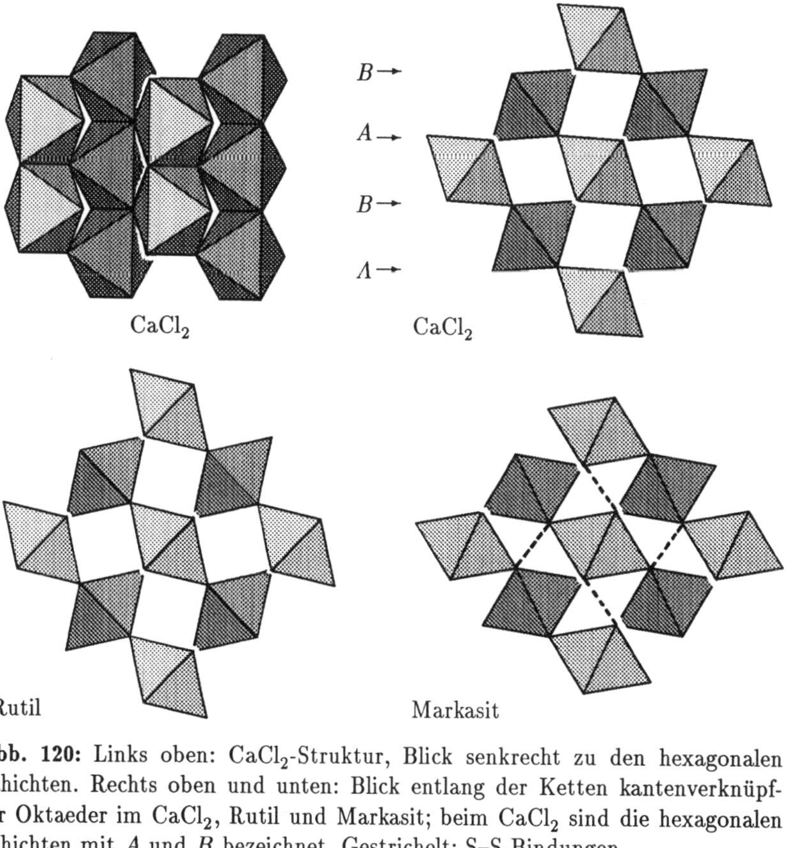

Abb. 120: Links oben: $CaCl_2$-Struktur, Blick senkrecht zu den hexagonalen Schichten. Rechts oben und unten: Blick entlang der Ketten kantenverknüpfter Oktaeder im $CaCl_2$, Rutil und Markasit; beim $CaCl_2$ sind die hexagonalen Schichten mit *A* und *B* bezeichnet. Gestrichelt: S–S-Bindungen

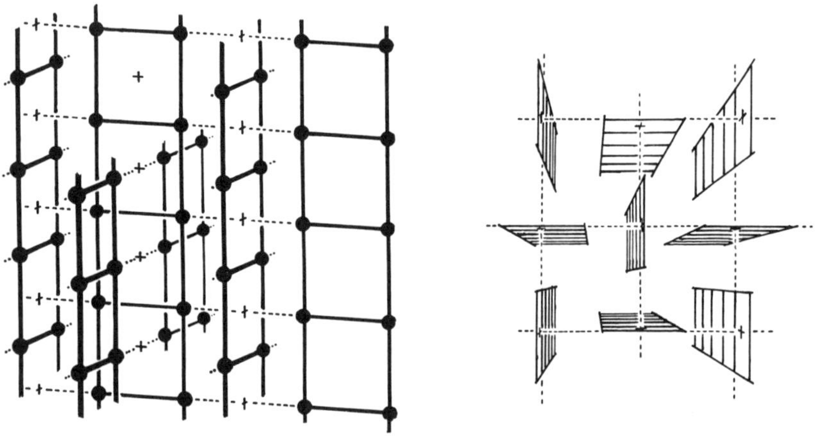

Abb. 121: Tetragonal-dichte Kugelpackung

Für diesen Strukturtyp gibt es einige Vertreter, z.B. $NiAs_2$, $CoTe_2$.

Verdreht man die Oktaederstränge in umgekehrter Richtung, so kommt man zum Rutil-Typ (Abb. 120). Wegen dieser Verwandtschaft zum $CaCl_2$-Typ wird dem Rutil-Typ oft eine hexagonal-dichteste Packung von O-Atomen zugeschrieben. Die Abweichung von dieser Packung ist aber recht erheblich. So ist ein O-Atom nicht mehr mit zwölf anderen O-Atomen in Berührung, sondern nur noch mit elf, und die „hexagonalen" Schichten sind stark gewellt. Auch nach dem Formalismus der Gruppentheorie ist es nicht zulässig, den tetragonalen Rutil als Abkömmling der hexagonal-dichtesten Kugelpackung anzusehen (s. Kapitel 19.3). Tatsächlich entspricht die Anordnung der O-Atome im Rutil der tetragonal-dichten Kugelpackung. Das ist eine Kugelpackung, deren Raumerfüllung von 71,9 % nur wenig geringer ist als die einer dichtesten Kugelpackung. Man stelle sich eine Anordnung von Kugeln in Gestalt einer Leiter vor (Abb. 121). Solche Leitern werden mit gleicher Längsausrichtung gegenseitig querstehend aneinandergereiht, wobei Kugeln einer Leiter neben die Lücken zwischen den Sprossen der nächsten Leiter kommen. In der erhaltenen Kugelpackung hat jede Kugel die Koordinationszahl 11: 2+4+2 Kugeln aus den drei benachbarten Leitern sowie drei Kugeln innerhalb der eigenen Leiter. Die Lücken zwischen den Sprossen ergeben die Oktaederlücken, die im Rutil mit Ti-Atomen besetzt sind, die Leitern ergeben die Stränge von kantenverknüpften Oktaedern. Im Vergleich zu einer dichtesten Kugelpackung (K.Z. 12) ist die Koordinationszahl um 8 %, die Packungsdichte aber nur um 3 % verringert; dies läßt erahnen, warum der Rutil-Typ die günstigere Packung für stark polare Verbindungen bietet (Dioxide, Difluoride).

Auch im α-PbO_2 liegen miteinander verbundene Stränge aus kantenverknüpften Oktaedern vor, die Stränge sind zickzackförmig (Abb. 98, S. 214). Lineare Stänge von kantenverknüpften Oktaedern wie im $CaCl_2$-Typ, die jedoch immer paarweise zu Doppelsträngen zusammengeschlossen sind, liegen im Diaspor, α-AlO(OH), vor (Abb. 122).

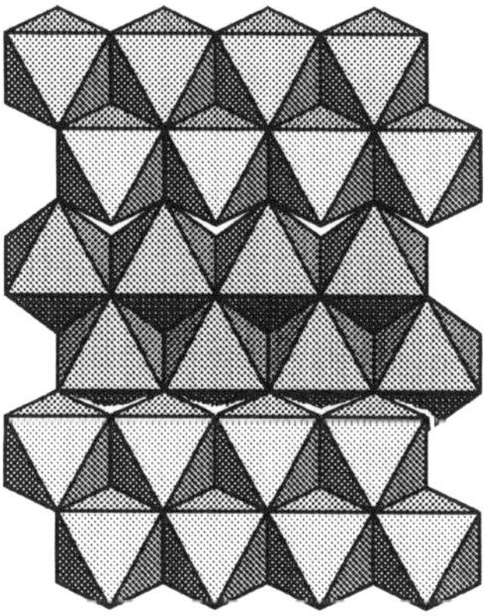

Abb. 122: Doppelstränge von kantenverknüpften Oktaedern im Diaspor, α-AlO(OH)

Verbindungen MX_3

Ein Drittel der Oktaederlücken ist besetzt. Auch hier gibt es mehrere Möglichkeiten für die Verteilung auf die Zwischenschichten:

1. Jede dritte Zwischenschicht ist voll besetzt, die übrigen sind unbesetzt. In den besetzten Schichten liegen wieder lauter kantenverknüpfte Oktaeder wie im CdI_2 vor. Dieser Aufbau tritt im Cr_2AlC auf, die Schichtenfolge ist:

$$A_{\mathrm{Cr}}\gamma B_{\mathrm{Cr}}\square A_{\mathrm{Al}}\square B_{\mathrm{Cr}}\gamma A_{\mathrm{Cr}}\square B_{\mathrm{Cr}}\square$$

Wie zu erkennen, sind die Kohlenstoffatome nur in Oktaeder aus einer Atomsorte, und zwar in derjenigen des Übergangsmetalls, eingelagert.

2. Jede zweite Zwischenschicht ist zu $\frac{2}{3}$ besetzt.

Strukturtyp	Stapelfolge	Beispiele
$AlCl_3$	$A\gamma_{2/3}B\square C\beta_{2/3}A\square B\alpha_{2/3}C\square$	YCl_3, $CrCl_3$ (hochtemp.)
BiI_3	$A\gamma_{2/3}B\square$	$FeCl_3$, $CrCl_3$ (tieftemp.)

Bei beiden Strukturtypen ist die Gestalt der Schichten aus kantenverknüpften Oktaedern die gleiche (Abb. 94; siehe auch Buchumschlag).

Bei den schichtartigen Trihalogeniden ist eine Fehlordnung der Packung der Halogenatome weit verbreitet, d.h. die Stapelfolge der hexagonalen Schichten ist nicht streng *AB* oder *ABC*, sondern es treten häufige Stapelfehler auf. Dies gilt auch für $AlCl_3$ und BiI_3 selbst, wobei die Häufigkeit der Stapelfehler von den Wachstumsbedingungen des einzelnen Kristalls abhängt. An einem durch Sublimation entstandenen BiI_3-Kristall wurde z.B. ein Überwiegen der hexagonalen Stapelfolge *hhh*... gefunden, aber im statistischen Mittel trat alle 16 Schichten ein Stapelfehler mit einer *c*-Schicht auf.

3. Jede Zwischenschicht ist zu $\frac{1}{3}$ besetzt.

Strukturtyp	Stapelfolge	Beispiele
$RuBr_3$	$A\gamma_{1/3}B\gamma_{1/3}$	β-$TiCl_3$, ZrI_3, $MoBr_3$
RhF_3	$A\gamma_{1/3}B\gamma'_{1/3}$	IrF_3, PdF_3

Im $RuBr_3$-Typ sind in *c*-Richtung übereinanderliegende Oktaeder zu Strängen von flächenverknüpften Oktaedern verbunden; zwischen benachbarten Oktaedern sind die Metallatome paarweise aus den Oktaedermitten aufeinander gerückt und bilden Metall-Metall-Bindungen (Abb. 96, S. 213). Dies scheint Voraussetzung für das Auftreten dieses Strukturtyps zu sein, d.h. er kommt nur bei Übergangsmetallen vor, die noch über *d*-Elektronen verfügen.

Im RhF_3-Typ sind alle Oktaeder miteinander eckenverknüpft und der hexagonal-dichtesten Packung der F-Atome entsprechend betragen die Rh–F–Rh-Winkel etwa 132°. Durch Verdrehung der Oktaeder kann der Winkel bis 180° aufgeweitet werden, die Packung ist dann aber weniger dicht. Dies wird beim VF_3-Typ beobachtet (V–F–V-Winkel bei 150°), der bei einer Reihe von Trifluoriden vorkommt (GaF_3, TiF_3, FeF_3 u.a.); vgl. dazu Abb. 91, S. 207. Im PdF_3 sind die Pd–F-Abstände in den Oktaedern abwechselnd größer und kleiner (217 und 190 pm) im Sinne der Formulierung $Pd^{II}Pd^{IV}F_6$.

Verbindungen M_2X_3

Zwei Drittel der Oktaederlücken sind besetzt. Die möglichen Strukturtypen sind gewissermaßen „Inverse" zu den MX_3-Strukturen, denn in diesen sind $\frac{2}{3}$ der Oktaederlücken unbesetzt. Wenn also die bei einem MX_3-Typ besetzten Lücken frei gelassen werden und die freien besetzt werden, kommt man zu einer M_2X_3-Struktur. Die Art der Verknüpfung der besetzten Oktaeder ist dann allerdings anders. So entspricht die Anordnung der freien Oktaederlücken des RhF_3-Typs derjenigen der besetzten Lücken im Korund,

Al_2O_3, dessen besetzte Oktaeder sowohl über Kanten wie über Flächen miteinander verbunden sind (Abb. 101, S. 217). Die Schichtenabfolge ist:

$$A\gamma_{2/3}B\gamma'_{2/3}A\gamma''_{2/3}B\gamma_{2/3}A\gamma'_{2/3}B\gamma''_{2/3}$$

Verbindungen MX_4, MX_5 und MX_6

Es sind $\frac{1}{4}$, $\frac{1}{5}$ bzw. $\frac{1}{6}$ der Oktaederlücken besetzt. Es gibt viele Varianten für die Verteilung der Besetzung, und die Angabe der Besetzungsfolge alleine ist nicht sehr informativ. Abb. 123 zeigt einige Beispiele, die ein wichtiges Prinzip bei der Packung von Molekülen erkennen lassen: Alle

Abb. 123: Einige Beispiele für Packungen von Verbindungen MX_4, MX_5 und MX_6

Oktaederlücken, die das Molekül direkt umgeben, müssen unbesetzt bleiben, daran anschließend müssen wieder besetzte Lücken folgen, damit keine Atome der Kugelpackung übrigbleiben, die zu keinem Molekül gehören. So selbstverständlich diese Feststellung klingen mag, schränkt sie doch die Anzahl möglicher Packungsvarianten für eine bestimmte Molekülsorte sehr ein. Für Tetrahalogenide, die aus Ketten von kantenverknüpften Oktaedern bestehen, hatten wir auf Seite 209 auf die Vielzahl möglicher Kettenkonfigurationen hingewiesen. Manche davon lassen sich wegen der genannten Einschränkungen nicht mit einer dichtesten Kugelpackung vereinbaren; für sie sind weder Beispiele bekannt noch ist je mit ihrem Auffinden zu rechnen.

16.4 Perowskite

Unter den Verbindungen MX_4 ist das γ'-Fe_4N ein besonderer Fall: die Fe-Atome bilden eine kubisch-dichteste Kugelpackung, in ein Viertel der Oktaederlücken sind die N-Atome eingelagert. Die besetzten Oktaeder sind über Ecken zu einem Raumnetz verknüpft, an diesen Oktaedern sind aber nur drei von vier Fe-Atomen beteiligt, das vierte Fe-Atom ist an kein N-Atom gebunden. Setzt man ein Ca^{2+}-Ion an die Stelle dieses vierten Fe-Atoms, Sauerstoffatome an die Stelle der anderen drei Fe-Atome und Ti-Atome an die Stelle der eingelagerten N-Atome, so hat man die Struktur des Perowskits, $CaTiO_3$ (Abb. 124). Die Ca- und O-Teilchen bilden zusammen die kubisch-dichteste Kugelpackung, mit einer Verteilung wie in der geordneten Legierung $AuCu_3$ (Abb. 82, S. 189). Die Kugelpackung besteht aus hexagonalen Schichten gemäß des Bildes auf Seite 190. Als Bestandteil der Kugelpackung hat ein Ca^{2+}-Ion die Koordinationszahl 12.

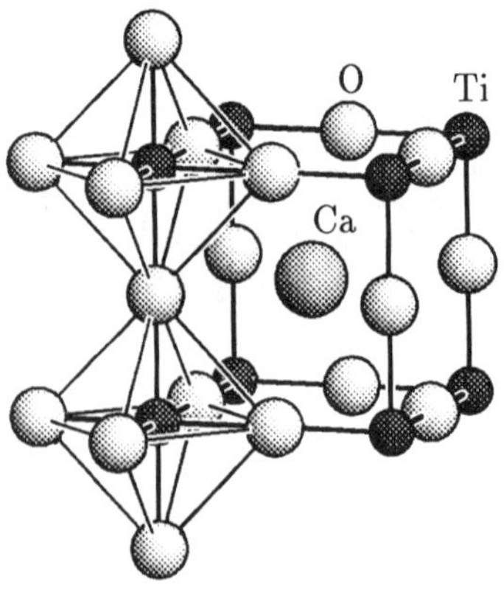

Abb. 124: Die Perowskit-Struktur

Wenn an Stelle des Ca^{2+}-Ions ein Hohlraum vorhanden ist, bleibt das Gerüst des ReO_3-Typs übrig (Abb. 91, S. 207). Die Analogie ReO_3—$CaTiO_3$ ist nicht einfach ein Formalismus, denn die Besetzung der Ca-Lagen mit variablen Mengen von Metallionen läßt sich tatsächlich realisieren, und zwar bei den kubischen Wolframbronzen, A_xWO_3 (A = Alkalimetall, $x = 0,3$ bis 0,93). Bei ihnen hängt die Farbe und der Oxidationszustand des Wolframs vom Wert x ab; sie haben metallischen Glanz, mit $x \approx 1$ sind sie goldgelb, mit $x \approx 0,6$ rot und mit $x \approx 0,3$ tiefviolett.

Im normalen, kubischen Perowskit haben die hexagonalen CaO_3-Schichten die Stapelfolge $ABC\ldots$ oder $c\ldots$ und es kommen nur eckenverknüpfte Oktaeder vor. Zur Strukturfamilie der Perowskite gehören noch zahlreiche weitere Stapelvarianten, mit c- und h-Schichten in verschiedenen Abfolgen. An einer h-Schicht treten flächenverknüpfte Oktaeder auf. In einer Abfolge wie *chhc* ist eine Gruppe von drei an den h-Schichten flächenverknüpften Oktaedern vorhanden, die an den c-Schichten mit anderen Oktaedern eckenverknüpft sind. Wie groß die Gruppen von flächenverknüpften Oktaedern sind, hängt von der Natur der Metallatome in den Oktaedern und vor allem von den Ionenradienverhältnissen ab. Abb. 125 zeigt einige Vertreter.

Die ideale, kubische Perowskit-Struktur wird relativ selten angetroffen, selbst im Mineral Perowskit, $CaTiO_3$, liegt eine leichte Verzerrung vor. Unverzerrt ist $SrTiO_3$. Wie in Abb. 91 (S. 207) gezeigt, kommt man bei Verdrehung der Oktaeder des ReO_3-Typs zu einer dichteren Packung, bis beim RhF_3-Typ eine hexagonal-dichteste Packung der Anionen erreicht ist. Bei dieser Verdrehung wird der Hohlraum des ReO_3-Typs immer kleiner und wird schließlich im RhF_3-Typ zu einer Oktaederlücke der Kugelpackung. Wenn diese Oktaederlücke besetzt ist, so hat man den Ilmenit-Typ ($FeTiO_3$). Durch geeignete Verdrehung der Oktaeder kann eine Anpassung an die Größe des A-Ions im Perowskit erfolgen. Unterschiedliche Verkippungen der Oktaeder ermöglichen außerdem eine Variation von Koordinationszahl und Koordinationspolyeder. Verzerrte Perowskite haben eine geringere Symmetrie, die für die elektrischen und magnetischen Eigenschaften dieser Verbindungen von Bedeutung ist. Wegen dieser Eigenschaften sind Perowskite von großer technischer Bedeutung, insbesondere das ferroelektrische $BaTiO_3$. Näheres hierzu wird in Kapitel 17 ausgeführt.

Der „Toleranzfaktor" t für Perowskite AMX_3 ist eine Zahl, um das Ausmaß der Verzerrung abschätzen zu können. Seine Berechnung erfolgt mit

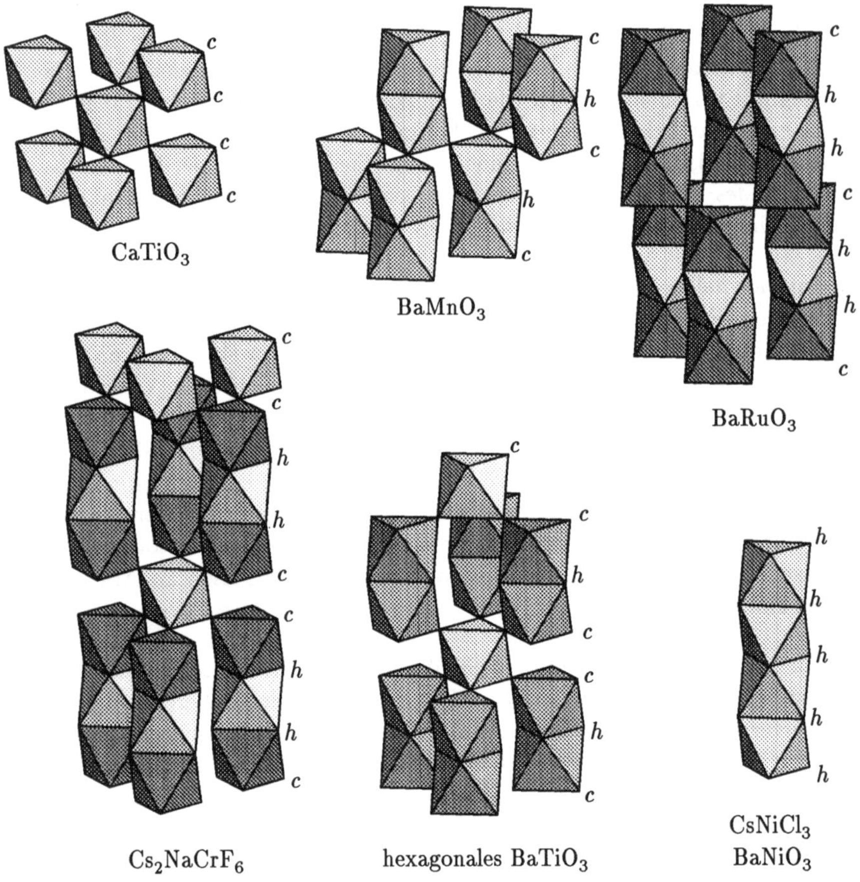

Abb. 125: Verknüpfung der Oktaeder bei einigen Vertretern aus der Strukturfamilie der Perowskite mit verschiedenen Stapelfolgen

Hilfe der Ionenradien, d.h. es wird ein Aufbau aus Ionen zugrundegelegt:

$$t = \frac{r(\mathrm{A}) + r(\mathrm{X})}{\sqrt{2}[r(\mathrm{M}) + r(\mathrm{X})]}$$

Für die ideale kubische Struktur ergibt sich aus der Geometrie ein Wert von $t = 1$. Tatsächlich wird diese Struktur beobachtet, wenn $0{,}89 < t < 1$. Verzerrte Perowskite treten auf, wenn $0{,}8 < t < 0{,}89$. Werte unter 0,8 führen zum Ilmenit-Typ (Abb. 101, S. 217). Bei den hexagonalen Stapelvarianten wie in Abb. 125 ist in der Regel $t > 1$. Da Perowskite keine reinen Ionenverbindungen sind und das Ergebnis auch davon abhängt, welche Werte man für die Ionenradien einsetzt, ist der Toleranzfaktor nur eine grobe Richtzahl.

Überstrukturen des Perowskit-Typs

Verachtfacht man die Elementarzelle des Perowskits durch Verdoppeln aller drei Kanten, so bietet sich die Möglichkeit, Atome verschiedener Elemente auf gleichwertigen Positionen unterzubringen. Abb. 126 zeigt einige Vertreter der Elpasolith-Familie. Im Elpasolith, K_2NaAlF_6, bilden die Kalium- und die Fluoridionen zusammen die kubisch-dichteste Kugelpackung, d.h. K^+ und F^- kommen auf die Ca- bzw. O-Positionen des Perowskits. Man erkennt die 1:1-Beziehung beim Vergleich mit der verdoppelten Formel des

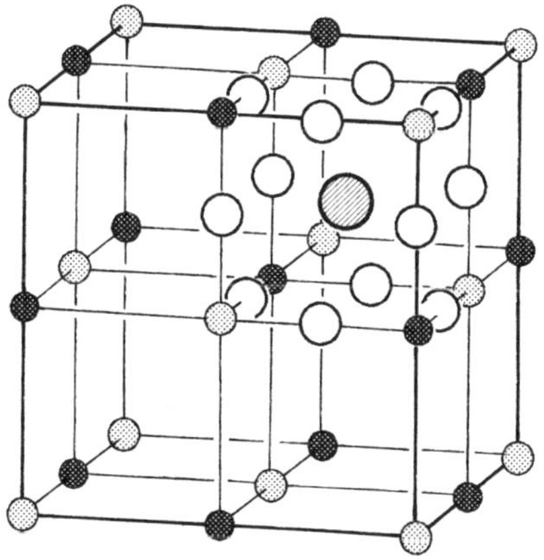

Strukturtyp	Beispiel	Atomlage: große schraffierte Kugel	weiße Kugel	punktierte Kugel	schwarze Kugel
Perowskit	$SrTiO_3$	Sr	O	Ti	Ti
Elpasolith	K_2NaAlF_6	K	F	Na	Al
Kryolith	$(NH_4)_3AlF_6$	NH_4^+	F	NH_4^+	Al
K_2PtCl_6		K	Cl	□	Pt
CaF_2		F	□	□	Ca

Abb. 126: Überstrukturen des Perowskit-Typs. Nur in einem Oktanten sind alle Atome eingezeichnet, die Atome auf den Kanten und in den Mitten aller Oktanten sind gleich

Perowskits, $Ca_2Ti_2O_6$. Der Vergleich zeigt uns auch die Aufteilung der oktaedrischen Ti-Lagen auf zwei verschiedene Elemente, Na und Al. Im Kryolith, Na_3AlF_6, nehmen die Na-Ionen zwei verschiedene Lagen ein, nämlich die Na- und die K-Lagen des Elpasoliths, d.h. Positionen mit Koordinationszahl 6 und 12. Da dies nicht gut zu Ionen gleicher Größe paßt, kommt es zu einer Verzerrung des Gitters.

Perowskite mit Kupferatomen in den oktaedrischen Positionen und mit einem Sauerstoffdefizit, $ACuO_{3-\delta}$, sind in neuerer Zeit Gegenstand intensivster Forschung geworden. Die A-Lagen werden von Erdalkaliionen und von dreiwertigen Kationen (Y^{3+}, Lanthanoide, Bi^{3+}, Tl^{3+}) eingenommen. Typische Zusammensetzung: $YBa_2Cu_3O_{7-x}$ mit $x \approx 0,04$. Diese Verbindungen sind „Hochtemperatur"-Supraleiter, d.h. sie haben supraleitende

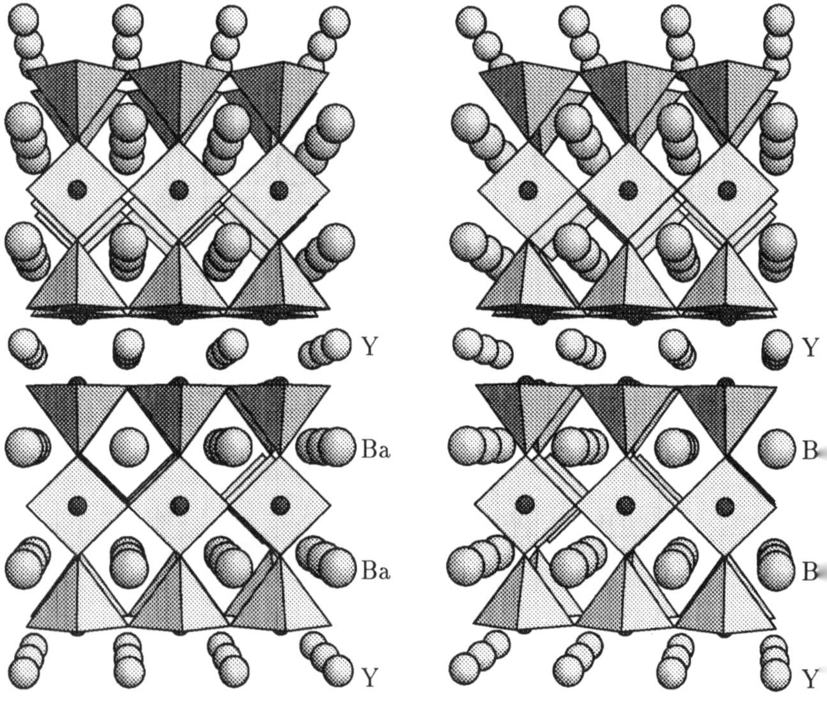

Abb. 127: Struktur von $YBa_2Cu_3O_7$. Zur Perowskit-Struktur kommt man, wenn O-Atome zwischen die Stränge der Y-Atome und zwischen den CuO_4-Quadraten eingefügt werden (Stereobild)

Eigenschaften bei Temperaturen so hoch wie der Siedepunkt von N_2 (77 K) oder darüber. Die Struktur ist eine Überstruktur des Perowskits, bei der etwa $\frac{7}{9}$ der Sauerstoffpositionen unbesetzt sind, so daß $\frac{2}{3}$ der Cu-Atome quadratisch-pyramidal und $\frac{1}{3}$ quadratisch-planar koordiniert sind (Abb. 127). Die Strukturen anderer Vertreter dieser Verbindungsklasse sind zum Teil erheblich komplizierter, mit Fehlordnungserscheinungen und anderen Besonderheiten.

16.5 Besetzung von Tetraederlücken in dichtesten Kugelpackungen

Bei Besetzung aller Tetraederlücken in einer hexagonal-dichtesten Kugelpackung käme es zu flächenverknüpften Koordinationstetraedern und somit zu einer energetisch ungünstigen Anordnung. Ein elektrostatisch günstigerer Strukturtyp ergibt sich dagegen, wenn alle Tetraederlücken der kubisch-dichtesten Kugelpackung besetzt werden: der CaF_2-Typ (F^--Ionen in den Tetraederlücken), der auch beim Li_2O auftritt (Li^+ in den Tetraederlücken). Die Tetrader sind hier sowohl über Kanten wie über Ecken verknüpft.

Entfernt man aus dem CaF_2-Typ die Hälfte der Atome aus den Tetraederlücken, so ergibt sich die Zusammensetzung MX. Je nachdem, welche vier Oktanten der Elementarzelle frei gelassen werden, kommt man zu verschiedenen Strukturtypen, dem Sphalerit-Typ mit einem Raumnetz von eckenverknüpften Tetraedern, dem PbO-Typ mit Schichten von kantenverknüpften Tetraedern und dem PtS-Typ (Abb. 128). Im PbO und PtS bilden die Metallatome die Kugelpackung. Beim PbO sind nur die Tetraeder in Höhe $z = \frac{1}{4}$ mit O-Atomen besetzt, die in $z = \frac{3}{4}$ sind frei; die O-Atome ergeben zusammen mit den Pb-Atomen in $z \approx 0$ und $z \approx \frac{1}{2}$ eine Schicht, in der jedes Pb-Atom quadratisch-pyramidal koordiniert ist (vgl. Abb. 114, S. 232). Die Verteilung der S-Atome im PtS ergibt eine planare Koordination am Pt-Atom. Die Packung ist ein Kompromiß zwischen den Erfordernissen einer tetraedrischen Koordination am Schwefel und einer quadratischen am Platin; mit einem Wert von $c/a = 1,00$ läge eine ideale Kugelpackung mit Tetraderwinkeln am S aber mit rechteckiger Koordination am Pt vor, mit $c/a = 1,41$ wären Bindungswinkel von 90° am Pt aber auch am S erreicht, tatsächlich ist $c/a = 1,24$.

HgI_2 und α-$ZnCl_2$ bieten je ein Beispiel für eine kubisch-dichteste Packung von Halogenatomen, in der $\frac{1}{4}$ der Tetraederlücken besetzt ist.

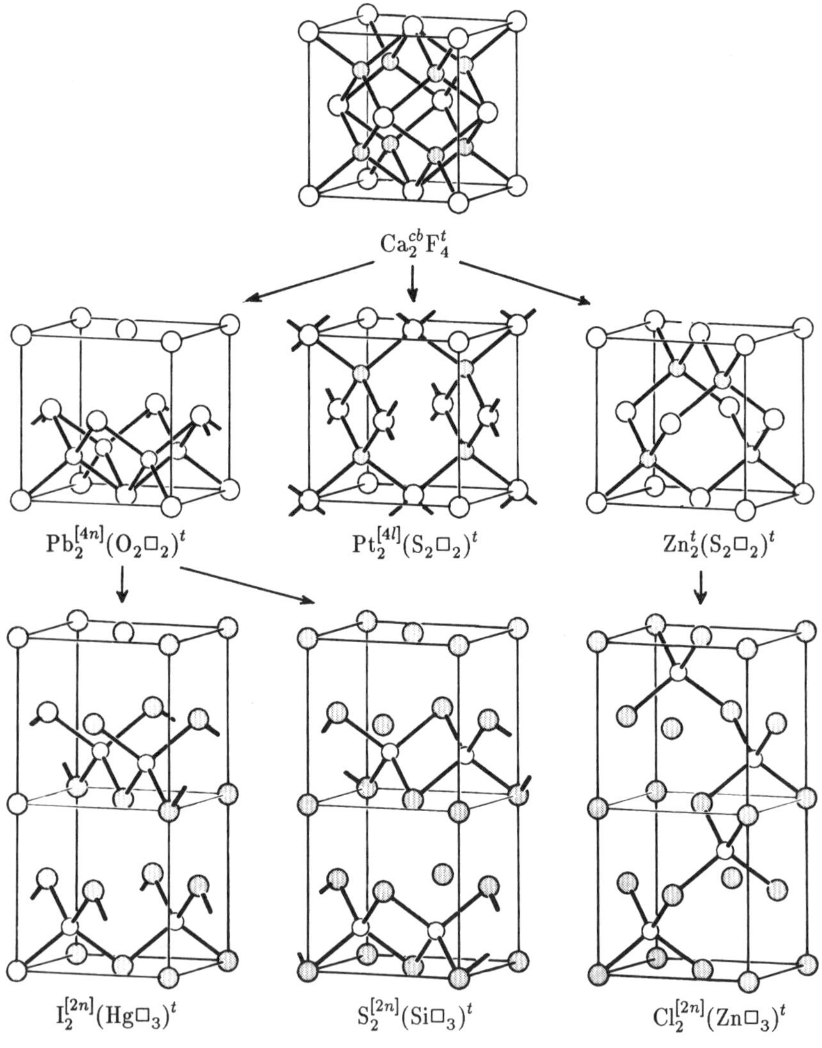

Abb. 128: Verwandtschaft zwischen den Strukturen von CaF_2, PbO, PtS, ZnS, HgI_2, SiS_2 und $ZnCl_2$. In der obersten Reihe sind alle Tetraederlücken (= Mitten der Oktanten des Würfels) besetzt. Jeder Pfeil symbolisiert einen Schritt, bei dem die Anzahl der besetzten Tetraederlücken halbiert wird, wobei die Elementarzellen in der unteren Reihe verdoppelt sind. Metallatome hell, Nichtmetallatome dunkel schattiert. Die in den Formeln erstgenannten Atome bilden die kubisch-dichteste Kugelpackung

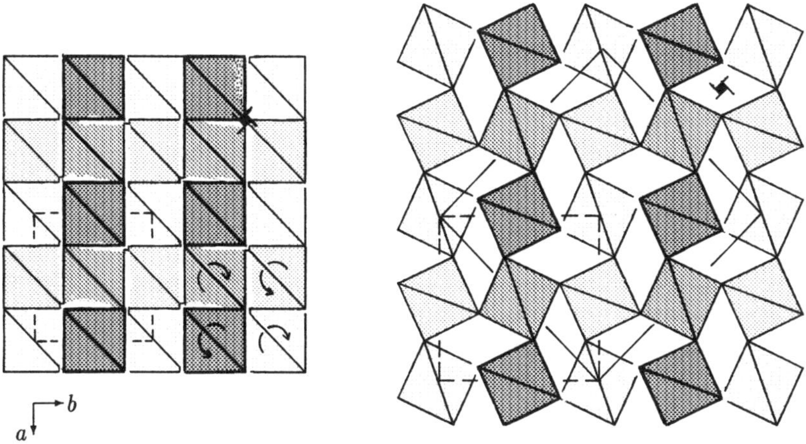

Abb. 129: Durch Verdrehung der Tetraeder kommt man von der α-$ZnCl_2$- zur Cristobalit-Struktur

Die Tetraederlücken sind eckenverknüpft, jede Tetraederecke gehört jeweils zwei Tetraedern an, mit Bindungswinkeln um 109,5° an den Brückenatomen. Die HgI_2-Struktur enstpricht einer PbO-Struktur, aus der die Hälfte der O-Atome entfernt wurde und Kationen mit Anionen vertauscht wurden (Abb. 128). Es liegen Schichten vor, alle Hg-Atome einer Schicht befinden sich in der gleichen Höhe (vgl. auch Abb. 109, S. 227). Entfernt man die Hälfte der Atome aus dem Sphalerit, so wie im rechten Teil von Abb. 128 gezeigt, so kommt man zur α-$ZnCl_2$-Struktur. In ihr ist ein Raumnetz miteinander verknüpfter Spiralen vorhanden. Die c-Achse ist verdoppelt und die Zn-Atome bilden Spiralen in Richtung c. Verdreht man die Tetraeder gegenseitig, so weitet sich das Gitter auf, und die Bindungswinkel an den Brückenatomen werden größer; das Ergebnis ist die Cristobalit-Struktur (Abb. 129; die Spiralenachsen sind durch die Symbole markiert. Vgl. auch Abb. 59, S. 145).

Im SiS_2 liegt eine weitere Variante zur Besetzung von $\frac{1}{4}$ der Tetraederlücken in einer kubisch-dichtesten Kugelpackung von S-Atomen vor. Es sind Ketten von kantenverknüpften Tetradern vorhanden (Abb. 128).

Die Struktur des Wurtzits entspricht einer hexagonal-dichtesten Packung von S-Atomen, in der die Hälfte der Tetraederlücken mit Zn-Atomen besetzt ist. Neben der hexagonalen und der kubischen Kugelpackung der beiden ZnS-Typen können auch beliebige andere Stapelvarianten von dichtesten Kugelpackungen mit besetzten Tetraederlücken auftreten; Polytypen dieser Art sind zum Beispiel vom SiC bekannt.

Tetraedrische Moleküle wie $SnCl_4$, $SnBr_4$, SnI_4, $TiBr_4$ kristallisieren meist mit einer kubisch-, in manchen Fällen auch mit einer hexagonal-dichtesten Packung von Halogenatomen, in der $\frac{1}{8}$ der Tetraederlücken besetzt ist. Vor allem bei leichteren Molekülen wie CCl_4 treten auch Modifikationen auf, bei denen die Moleküle im Kristall rotieren; diese im zeitlichen Mittel kugelförmigen Moleküle bilden eine kubisch-innenzentrierte Packung.

Während $AlCl_3$ und $FeCl_3$ nur in Lösung und in der Gasphase dimere Moleküle bilden (zwei kantenverknüpfte Tetraeder), aber im festen Zustand eine Schichtenstruktur mit oktaedrisch koordinierten Metallatomen aufweisen, sind Al_2Br_6, Al_2I_6 und Ga_2Cl_6 auch im festen Zustand dimer. Die Halogenatome bilden eine hexagonal-dichteste Kugelpackung, in der $\frac{1}{6}$ der Tetraederlücken besetzt ist. Auch sonstige Moleküle, die aus verknüpften Tetraedern aufgebaut sind, packen sich oft nach dem Prinzip der dichtesten Kugelpackung mit besetzten Tetraederlücken, zum Beispiel Cl_2O_7 oder Re_2O_7.

16.6 Spinelle

Kugelpackungen, in denen sowohl Tetraeder- wie auch Oktaederlücken besetzt sind, treten meist dann auf, wenn Atome verschiedener Elemente vorhanden sind, die mit den Atomen der Kugelpackung vorzugsweise eine oktaedrische bzw. eine tetraedrische Koordination eingehen. Häufig sind solche Kombinationen bei den Strukturen der Silicate (vgl. Abschnitt 15.7). Ein weiterer wichtiger Strukturtyp dieser Art ist der Spinell-Typ. Spinell ist die Verbindung $MgAl_2O_4$, und allgemein haben Spinelle die Zusammensetzung AM_2X_4. Es handelt sich überwiegend um Oxide, außerdem gibt es Sulfide, Selenide, Halogenide und Pseudohalogenide dieses Typs.

Im folgenden wollen wir zunächst einmal einen Aufbau aus Ionen annehmen. Im Spinell bilden die Sauerstoffionen eine kubisch-dichteste Kugelpackung. $\frac{2}{3}$ der Metallionen besetzen Oktaederlücken, der Rest Tetraederlücken. In einem „normalen" Spinell befinden sich die A-Ionen in den Tetraeder-, die M-Ionen in den Oktaederlücken, was wir mit den Indices T und O zum Ausdruck bringen, z.B. $Mg_T[Al_2]_OO_4$. Da die Tetraederlücken kleiner als die Oktaederlücken sind, sollten die A-Ionen kleiner als die M-Ionen sein. Auffälligerweise wird diese Bedingung in vielen Spinellen nicht erfüllt, und genauso auffällig ist das Auftreten der „inversen" Spinelle, bei denen die M-Ionen je zur Hälfte Tetraeder- und Oktaederplätze und

Tabelle 22: Übersicht über Spinell-Typen mit Beispielen

Oxidationszahlen-kombination	„normale" Spinelle $A_T[M_2]_OX_4$	„inverse" Spinelle $M_T[AM]_OX_4$		
II, III	$MgAl_2O_4$	$MgIn_2O_4$		
II, III	Co_3O_4	Fe_3O_4		
IV, II	$GeNi_2O_4$	$TiMg_2O_4$		
II, I	$ZnK_2(CN)_4$	$NiLi_2F_4$		
VI, I	WNa_2O_4			
Ionenradien:	Mg^{2+} 72 pm	Fe^{2+} 78 pm	Co^{2+}	75 pm
	Al^{3+} 54 pm	Fe^{3+} 65 pm	Co^{3+}	61 pm

die A-Ionen die restlichen Oktaederplätze einnehmen. Tabelle 22 gibt eine Übersicht, in der auch eine Einteilung nach den Oxidationszahlen der Metallionen erfolgt.

Zwischen normalen und inversen Spinellen gibt es auch beliebige Zwischenstufen, die man durch den *Inversionsgrad* λ kennzeichnen kann:

$$\lambda = 0\text{: normaler Spinell;} \qquad \lambda = 0,5\text{: inverser Spinell}$$

Die Verteilung der Kationen auf Tetraeder- und Oktaederplätze wird dann folgendermaßen zum Ausdruck gebracht: $(Mg_{1-2\lambda}Fe_{2\lambda})_T[Mg_{2\lambda}Fe_{2(1-\lambda)}]_OO_4$. Der Wert von λ ist temperaturabhängig. Zum Beispiel ist $MgFe_2O_4$ bei Raumtemperatur mit $\lambda = 0,45$ weitgehend invers.

Die Schwierigkeiten, die Kationenverteilung und das Auftreten von inversen Spinellen auf der Basis von Ionenradien zu verstehen, zeigt uns, wie unzureichend die Betrachtung nur aufgrund von Ionenradien ist. Etwas aussagekräftiger sind Werte für den elektrostatischen Anteil der Gitterenergie, wobei die berechnete MADELUNG-Konstante als Richtwert dienen kann. Für einen II,III-Spinell mit einer unverzerrten Kugelpackung ist die MADELUNG-Konstante des normalen Spinells 1,6 % kleiner als die des inversen, d.h. die inverse Verteilung ist danach etwas günstiger. Die Verhältnisse drehen sich aber um, wenn kleine Verzerrungen der Kugelpackung berücksichtigt werden, die bei den meisten Spinellen beobachtet werden (Aufweitung der Tetraederlücken). Tatsächlich sind Spinelle keine reinen Ionenverbindungen, und es reicht nicht aus, nur elektrostatische Wechselwirkungen zu beachten. Bei Übergangsmetallverbindungen kommen die Aspekte der Ligandenfeldtheorie hinzu, was am Beispiel der Spinelle Mn_3O_4, Fe_3O_4 und Co_3O_4 erläutert werden möge. Abgesehen von Co_O^{3+}, bei dem die Low-Spin-Konfiguration bevorzugt ist, liegen High-Spin-Komplexe vor. Die relativen Ligandenfeld-Stabilisierungsenergien betragen, als Vielfache von Δ_O ausgedrückt (vgl. Tab. 11, S. 89):

Mn_O^{2+}	0	Fe_O^{2+}	$\frac{2}{5} = 0,4$	Co_O^{2+}	$\frac{4}{5} = 0,8$
Mn_T^{2+}	0	Fe_T^{2+}	$\frac{3}{5} \cdot \frac{4}{9} = 0,27$	Co_T^{2+}	$\frac{6}{5} \cdot \frac{4}{9} = 0,53$
Mn_O^{3+}	$\frac{3}{5} = 0,6$	Fe_O^{3+}	0	Co_O^{3+}	$\frac{12}{5} = 2,4$ (low spin)
Mn_T^{3+}	$\frac{2}{5} \cdot \frac{4}{9} = 0,18$	Fe_T^{3+}	0	Co_T^{3+}	$\frac{3}{5} \cdot \frac{4}{9} = 0,27$

Dabei wurde für tetraedrische Ligandenfelder $\Delta_T = \frac{4}{9}\Delta_O$ gesetzt. Mn_3O_4 ist ein normaler Spinell, $Mn_T^{II}[Mn_2^{III}]_O O_4$. Bei Übergang zum inversen Spinell müßte die Hälfte der Mn^{III}-Atome aus der Oktaeder- in die Tetraederumgebung wechseln, was für diese Atome eine verringerte Ligandenfeld-Stabilisierung bedeuten würde (Tab. 23); für die Mn^{II}-Atome wäre der Wechsel ohne Bedeutung. Fe_3O_4 ist ein inverser Spinell, $Fe_T^{III}[Fe^{II}Fe^{III}]_O O_4$. Für die Fe^{III}-Atome würde der Platzwechsel nichts bringen; für die Fe^{II}-Atome wäre der Wechsel dagegen nachteilig ($0{,}4\Delta_O \rightarrow 0,27\Delta_O$).

Im Falle des Co_3O_4, welcher ein normaler Spinell ist, $Co_T^{II}[Co_2^{III}]_O O_4$, ist die Situation anders, weil oktaedrisch koordiniertes Co^{III} fast nie in High-Spin-Komplexen vorkommt (bei seiner d^6-Konfiguration hat die Ligandenfeld-Stabilisierungsenergie ihr Maximum im Low-Spin-Zustand). Wenn Co_O^{3+} einen High-Spin-Zustand in Co_3O_4 annehmen würde, sollte ein

Tabelle 23: Ligandenfeld-Stabilisierungsenergien für Mn_3O_4, Fe_3O_4 und Co_3O_4. Werte für High-Spin-Komplexe in allen Fällen außer für oktaedrisch koordiniertes Low-Spin-Co^{III}

	normal	invers
	$Mn_T^{II}[Mn_2^{III}]_O O_4$	$Mn_T^{III}[Mn^{II}Mn^{III}]_O O_4$
Mn^{II}	0	0
Mn^{III}	2×0,6=1,2	0,18+0,6=0,78
	1,2 Δ_O	0,78 Δ_O
	$Fe_T^{II}[Fe_2^{III}]_O O_4$	$Fe_T^{III}[Fe^{II}Fe^{III}]_O O_4$
Fe^{II}	0,27	0,40
Fe^{III}	0	0
	0,27 Δ_O	0,40 Δ_O
	$Co_T^{II}[Co_2^{III}]_O O_4$	$Co_T^{III}[Co^{II}Co^{III}]_O O_4$
Co^{II}	0,53	0,80
Co_T^{III}		0,27
Co_O^{III} l.s.	2×2,4=4,80	2,40
	5,33 Δ_O	3,47 Δ_O

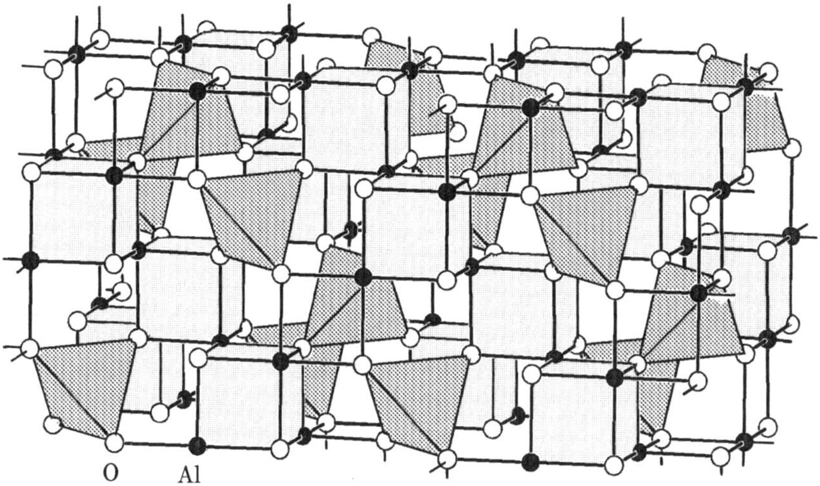

Abb. 130: Die Spinellstruktur (zwei Elementarzellen). Die Mg^{2+}-Ionen befinden sich in den Mitten der dunklen Tetraeder

inverser Spinell begünstigt sein. Im Low-Spin-Zustand ist der normale Spinell bevorzugt (Tabelle 23). Zusätzlich wirkt sich der Ionenradius aus; er nimmt in der Reihe Mn^{2+}–Fe^{2+}–Co^{2+}–Ni^{2+}–Cu^{2+}–Zn^{2+} ab, wodurch die tetraedrische Koordination gegen Ende der Reihe günstiger wird. Bei Co^{2+} macht sich die Tendenz zur tetraedrischen Koordination auch bei seinen sonstigen Verbindungen bemerkbar. In Abb. 26 (S. 90) wurde der Beitrag der Ionengröße berücksichtigt, indem die gestrichelte Kurve für den fiktiven Vergleichszustand (kugelförmige Verteilung der *d*-Elektronen), auf den sich die Ligandenfeld-Stabilisierungsenergie bezieht, für oktaedrische Koordination gekrümmt ist. Nach Abb. 26 ist Co^{2+} in tetraedrischer Umgebung stabiler.

Abb. 130 zeigt die Spinell-Struktur. Je vier Al^{3+}- und vier O^{2-}-Ionen befinden sich in den Ecken eines Al_4O_4-Würfels. Jedes Al^{3+}-Ion gehört zwei solchen Würfeln an, so daß jeder Würfel mit vier weiteren Würfeln verknüpft ist und jedes Al^{3+}-Ion oktaedrisch koordiniert ist. Jedes O^{2-}-Ion gehört außerdem je einem MgO_4-Tetraeder an. Jedes dieser Tetraeder ist mit vier der Würfel eckenverknüpft. Die kubische Elementarzelle enthält acht MgO_4-Tetraeder und acht Al_4O_4-Würfel. Die Metallionen haben für sich die gleiche Anordnung wie in der kubischen LAVES-Phase $MgCu_2$ (vgl. Abb. 85, S. 196).

Die Koordination eines O^{2-}-Ions ist: innerhalb des Al_4O_4-Würfels an drei Al^{3+}-Ionen, außerdem an ein Mg^{2+}-Ion. Damit erfüllt es die elektrostatische Valenzregel (zweite PAULING-Regel, vgl. S. 60), die Summe der elektrostatischen Bindungsstärken der Kationen ergibt genau die Ladung für ein O^{2-}:

$$z(\mathrm{O}) = -(\underbrace{3 \cdot \frac{3}{6}}_{3\,\mathrm{Al}^{3+}} + \underbrace{1 \cdot \frac{2}{4}}_{1\,\mathrm{Mg}^{2+}}) = -2$$

Auch bei inversen Spinellen ist die PAULING-Regel erfüllt. Der in der PAULING-Regel geforderte lokale Ladungsausgleich zwischen Kationen und Anionen bedingt die Auswahl der besetzten Oktaeder- und Tetraederlücken der Kugelpackung.

Der oben erwähnte Einfluß des Ligandenfelds auf die Metallatome ist erkennbar, wenn Metallatome mit JAHN-TELLER-Verzerrung im Spinell vorhanden sind. Das genannte Mn_3O_4 ist ein Beispiel, seine Oktaederlücken sind gedehnt, die Struktur ist nicht mehr kubisch, sondern tetragonal. Weitere Beispiele mit tetragonaler Verzerrung sind die normalen Spinelle $NiCr_2O_4$ und $CuCr_2O_4$ (Ni bzw. Cu in Tetraederlücken); in ersterem sind die Tetraeder gedehnt, in letzterem gestaucht.

Olivin $(Mg,Fe)_2SiO_4$ ist das häufigste Mineral des oberen Erdmantels. Bei ihm bilden die Sauerstoffatome eine hexagonal-dichteste Kugelpackung in der ein Achtel der Tetraederlücken mit Si-Atomen besetzt ist. Die Hälfte der Oktederlücken ist mit Mg- bzw. Fe-Atomen in statistischer Verteilung besetzt. Die Magnesiumatome nehmen also die andere Sorte von Lücken ein als im Spinell. Damit hängt die ca. 6 % geringere Dichte des Olivins zusammen. Unter Druck wandelt Olivin sich in einen Spinell um. Diese Umwandlung findet in 300 bis 400 km Tiefe dort ab, wo sich der Erdmantel in einer Subduktionszone unter eine Kontinentalplatte schiebt. Dabei bilden sich zunächst „Linsen“ aus Spinell mit Grenzflächen zum noch nicht umgewandelten Olivin. An den Grenzflächen können Olivin und Spinell gegenseitig verschoben werden. Die Linsen stellen deshalb eine Schwächezone dar, die sich so ähnlich verhält wie eine Zone mit Rissen (man nennt sie auch „Antirisse“ weil die Dichte in ihnen größer ist als im umgebenden Material). Solche Zonen sind die Herde für tiefliegende Erdbeben.

16.7 Übungsaufgaben

16.1 Nehmen Sie an, die in Abb. 116**a** gezeigte Verknüpfung der Tetraeder werde zu einer Schicht fortgesetzt. Welche Zusammensetzung ergibt sich?

16.2 Warum sind die in Abb. 96 gezeigten MX_3-Stränge nur mit einer hexagonal-dichtesten Packung von X-Atomen vereinbar?

16.3 Welche Strukturtypen sind für TiN, FeP, FeSb, CoS und CoSb zu erwarten?

16.4 Warum kommen bei CdI_2 und bei BiI_3 viel häufiger Stapelfehler vor, als bei $CaBr_2$ oder RhF_3?

16.5 Welcher Bruchteil der Tetraederlücken ist in festem Cl_2O_7 besetzt?

16.6 Welcher der folgenden Spinelle sollte aufgrund der Ligandenfeld-Stabilisierunsenergie normal oder invers sein:
MgV_2O_4, VMg_2O_4, $NiGa_2O_4$, $ZnCr_2S_4$, $NiFe_2O_4$?

17 Physikalische Eigenschaften von Festkörpern

Die Mehrzahl der Stoffe, denen wir im Alltag begegnen und mit denen wir uns beschäftigen, sind fest. Wir machen uns ihre physikalischen Eigenschaften in vielfältiger Weise zunutze. Die Eigenschaften stehen in engem Zusammenhang mit der Struktur.

17.1 Mechanische Eigenschaften

Elastizität, Zug- und Druckfestigkeit, Verformbarkeit, Härte und Kompressibilität, Abriebfestigkeit, Sprödigkeit und Spaltbarkeit sind wesentliche Eigenschaften, von denen die Einsetzbarkeit eines Materials für irgendeine Aufgabe mitbestimmt wird. Noch so gute elektrische, magnetische, chemische oder sonstige Eigenschaften nützen nichts, wenn ein Material den stets auch vorhandenen mechanischen Ansprüchen nicht gerecht wird. Struktur und Art der chemischen Bindungen haben hierauf maßgeblichen Einfluß. Mechanische Eigenschaften sind im allgemeinen anisotrop, d.h. sie hängen von der Richtung der Krafteinwirkung ab.

Ein dreidimensionales Netzwerk von starken kovalenten Bindungen wie im Diamant sorgt für hohe Härte und Druckfestigkeit. Dies gilt auch für die Zugfestigkeit, wobei es hierfür ausreicht, wenn die kovalenten Bindungen in Zugrichtung vorhanden sind. Qualitativ wird die Härte durch Ritzversuche nach MOHS ermittelt, wonach ein Material, mit dem ein anderes geritzt werden kann, eine größere Härte hat. Als untere Grenze (Härte 1) dient Talk, als obere Diamant (Härte 10). Talk ist weich wegen seines Aufbaus aus in sich elektrisch neutralen Schichten, zwischen den Schichten wirken nur VAN-DER-WAALSsche Kräfte (vgl. Abb. 107). Die Schichten lassen sich leicht gegenseitig verschieben; dies gilt auch für Graphit und MoS_2, die als Schmiermittel genutzt werden. Kristalle aus parallel gebündelten Kettenmolekülen haben einen starken Zusammenhalt in Kettenrichtung, aber einen geringen senkrecht dazu. Sie lassen sich zu Faserbüscheln spalten.

Ionenkristalle haben mäßige bis mittlere Härte, wobei solche mit höher geladenen Ionen die härteren sind (z.B. NaCl Härte 2, CaF_2 Härte 4). Quarz mit seinem Netzwerk von polaren kovalenten Bindungen ist härter (Härte 7). Die Oberflächen von Stoffen mit Härte unter 7 werden im Alltag matt, weil sie von Quarzteilchen im Staub allmählich verkratzt werden (Vorteil von Glas gegenüber Plexiglas). Der unterschiedlich starke Zusammenhalt

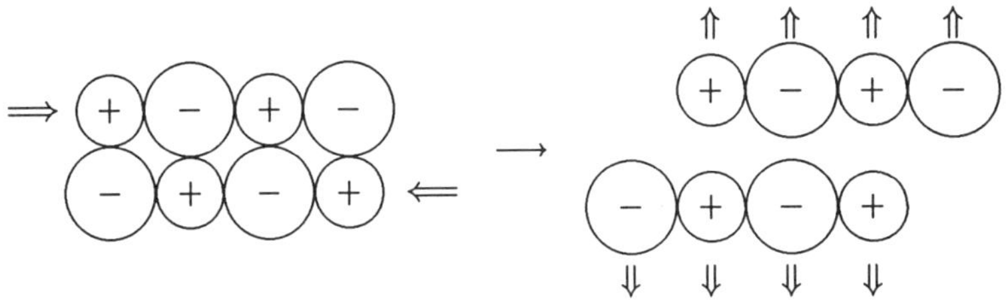

Abb. 131: Scherkräfte auf einen Ionenkristall (links) führen zur Spaltung (rechts)

aufgrund von kovalenten Bindungen bzw. durch Ionenanziehung wird beim Verhalten der Glimmer deutlich. Glimmer bestehen aus anionischen Schichten, die in sich durch (polare) kovalente Bindungen zusammengehalten werden. Zwischen den Schichten befinden sich Kationen. Glimmer lassen sich leicht parallel zu den Schichten spalten, wobei Platten mit Flächen von mehreren Quadratdecimetern und einer Dicke von weniger als 0,01 mm möglich sind.

Ionenkristalle lassen sich in definierten Richtungen spalten. Abb. 131 zeigt, warum es bei einer äußeren Krafteinwirkung zur Spaltung kommt: Wird durch Scherkräfte ein Teil eines Kristalls gegen den anderen verschoben, so kommen Ionen gleicher Ladung nebeneinander zu liegen und stoßen sich ab. Die Verschiebung erfolgt am leichtesten entlang von Ebenen, an denen es die geringste Anzahl von Kation-Anion-Kontakten gibt. Im Kochsalz hat z.B. ein Na^+-Ion einen Cl^--Nachbarn, wenn man sich in Richtung parallel zu einer Elementarzellenkante bewegt, zwei Nachbarn in Richtung diagonal dazu und drei in Richtung der Raumdiagonalen. Ein NaCl-Kristall spaltet sich am leichtesten senkrecht zur Zellenkante.

Metalle verhalten sich anders, weil die Metallatome in ein Elektronengas eingebettet sind. Die anziehenden Bindungskräfte bleiben auch erhalten, wenn es zu einer gegenseitigen Verschiebung von Kristallteilen kommt. Metalle sind deshalb ohne Bruch verformbar.

Keramische Werkstoffe sind überwiegend Oxide (MgO, Al_2O_3, Silicate, ZrO_2), zum Teil auch Nitride (BN, Si_3N_4) oder Carbide (SiC). Wegen der kurzen Reichweite der chemischen Bindungskräfte führt ein eingetretener Bruch zu einer drastischen Verringerung der Festigkeit des Materials. Am Ende eines Haarrisses sind die mechanischen Kräfte am größten, dort reißt das Material weiter ein. In der sich daraus ergebenden Sprödigkeit liegt einer der größten Nachteile von keramischen Werkstoffen. Ein Material, bei dem dieses Problem weitgehend gelöst ist, ist Zirconiumdioxid. ZrO_2 bildet mehrere Modifikationen: bei Temperaturen über 2370 °C hat es die kubische CaF_2-Struktur (Zr-Atome mit K.Z. 8), zwischen 1170 und 2370 °C liegt eine leicht verzerrte, tetragonale CaF_2-Struktur vor (Zr-Koordination 4+4) und unterhalb von 1170 °C ist der Baddeleyit die stabile Form; das ist eine stärker verzerrte Variante des CaF_2-Typs, bei der ein Zr-Atom nur noch die Koordinationszahl 7 hat. Durch Zusatz von wenigen Prozent Y_2O_3 (oder einigen anderen Oxiden) kann die tetragonale Form auch bei Raumtemperatur stabilisiert werden. Die Baddeleyit-Struktur beansprucht ein um 7 % größeres Volumen als die tetragonale Modifikation, und deshalb ist *reines* ZrO_2 ungeeignet für Hochtemperaturkeramik, es springt, wenn es über den Umwandlungspunkt bei 1170 °C erhitzt wird. Gerade den Volumeneffekt macht man sich aber zunutze, um die Sprödigkeit zu verringern, womit ZrO_2 zu einem keramischen Hochleistungsmaterial wird. Solches Material besteht aus „partiell stabilisiertem" tetragonalem ZrO_2, d.h. es wird durch Zusätze in dieser Modifikation metastabil gehalten. Tritt an einem Haarriß eine starke mechanische Beanspruchung auf, dann wandelt sich das ZrO_2 an dieser Stelle in die Baddeleyit-Form um, und durch die Volumenzunahme heilt der Riß aus.

17.2 Piezo- und ferroelektrische Eigenschaften

Piezoelektrischer Effekt

Betrachten wir ein Atom mit positiver Partialladung, das in einem Kristall tetraedrisch von Atomen mit negativer Partialladung umgeben ist. Der Schwerpunkt der negativen Ladungen befindet sich in der Tetraedermitte. Übt man auf den Kristall in einer geeigneten Richtung einen äußeren Druck aus, so wird das Tetraeder deformiert (Abb. 132), und der negative Ladungsschwerpunkt stimmt nicht mehr mit der Lage des positiven Zentralatoms überein; es ist ein elektrischer Dipol entstanden. Sind in der Struktur Symmetriezentren vorhanden, so kommt auf jedes Tetraeder ein zweites Tetraeder, das genau entgegengesetzt orientiert ist, und die elektrischen Felder der Dipole kompensieren sich. Wenn dagegen alle Tetraeder gleich orientiert sind oder sonstige Orientierungen haben, die zu keiner Kompensation führen, dann summiert sich die Wirkung aller Dipole: der Gesamtkristall wird zu einem Dipol. Zwei entgegengesetzte Flächen des Kristalls haben entgegengesetzte elektrische Ladungen. Je nach der Richtung, in welcher der Druck ausgeübt wird, laden sich entweder die Flächen auf, auf die der Druck lastet, oder zwei Flächen senkrecht dazu.

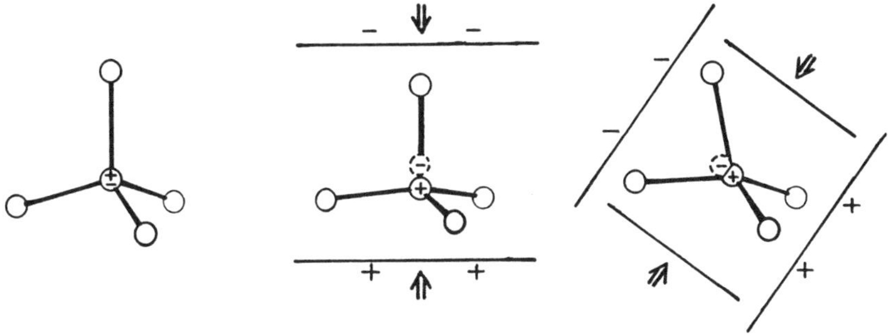

Abb. 132: Zur Deutung des piezoelektrischen Effektes: Durch äußeren Druck verursachte Deformation eines Koordinationstetraeders und die resultierende Verschiebung der Ladungsschwerpunkte

Der beschriebene *piezoelektrische Effekt* ist umkehrbar. Bringt man den Kristall in ein äußeres elektrisches Feld, so deformiert er sich. Kristalle können nur dann piezoelektrisch sein, wenn sie nicht zentrosymmetrisch sind. Sphalerit (ZnS), Turmalin, Ammoniumchlorid und Quarz sind Beispiele. Technisch wird der Effekt bei den Schwingquarzen genutzt, die in jeder elektronischen Uhr und in jedem Rechner als Taktgeber dienen. Der Schwingquarz ist eine Platte, die in der geeigneten Richtung aus einem Quarzkristall geschnitten wurde und auf die zwei Metallbeläge als elektrische Kontakte aufgebracht wurden. Durch elektrische Impulse wird der Quarz zu mechanischen Schwingungen angeregt, die eine genau definierte Frequenz haben und die ein entsprechendes elektrisches Wechselfeld erzeugen. Piezoelektrische Kristalle dienen auch sonst, wo es darauf ankommt, mechanische in elektrische Signale oder umgekehrt umzusetzen, z.B. in Mikrophonen oder zur Erzeugung von Ultraschall.

Ferroelektrizität

Bei manchen kristallinen Substanzen stimmen die Schwerpunkte der positiven und der negativen Ladungen von vornherein nicht überein, d.h. es sind permanente Dipole vorhanden. Bezüglich der elektrischen Eigenschaften sind folgende Fälle zu unterscheiden.

Ist der Kristall zentrosymmetrisch, so kompensieren sich die Dipole in ihrer Wirkung, es liegt kein besonderer Effekt vor.

Eine *paraelektrische* Substanz ist makroskopisch nicht polarisiert, weil die Dipole statistisch orientiert sind. Sie lassen sich aber durch ein äußeres elektrisches Feld mehr oder weniger ausrichten (Orientierungspolarisation). Der Ausrichtung wirkt die Temperaturbewegung entgegen, d.h. je höher die Temperatur, desto geringer ist die Polarisation.

Ein *Elektret* ist ein Kristall, dessen Dipole dauerhaft alle in eine Richtung ausgerichtet sind. Der Kristall ist damit ein makroskopischer Dipol.

In einer *ferroelektrischen* Substanz sind die Dipole ebenfalls gleichmäßig ausgerichtet, aber jeweils immer nur innerhalb einer *Domäne*. Von Domäne zu Domäne unterscheidet sich die Ausrichtung. Insgesamt kompensieren sich die Dipolmomente der einzelnen Domänen in einer „jungfräulichen" Probe. Wirkt ein äußeres elektrisches Feld auf die Probe, dann wachsen die Domänen, deren Polarisation der Richtung des elektrischen Feldes entspricht, auf Kosten der übrigen Domänen, die Gesamtpolarisation des Kristalls nimmt zu (Kurve j in Abb. 133). Schließlich ist im ganzen Kristall nur noch eine große Domäne vorhanden, und die Polarisation vergrößert sich mit zunehmendem elektrischen Feld nur noch wenig (Kurve s; die weitere Zunahme ist durch die normale dielektrische Polarisation bedingt, die bei allen Substanzen durch Polarisation der Elektronen auftritt). Verschwindet das äußere elektrische Feld, dann bleibt eine *remanente Polarisation* P_r, d.h. der Kristall ist nun ein Elektret. Um die remanente Polarisation zu beseitigen, muß ein entgegengesetztes elektrisches Feld mit der Feldstärke E_k angelegt werden, das Koerzitivfeld. Der Wert P_s, die spontane Polarisation, entspricht der Polarisation innerhalb einer Domäne.

Oberhalb einer definierten Temperatur, der CURIE-Temperatur, wird eine ferroelektrische Substanz paraelektrisch, weil die thermische Schwingung der Ausrichtung der Dipole entgegenwirkt. Das bei der ferroelektri-

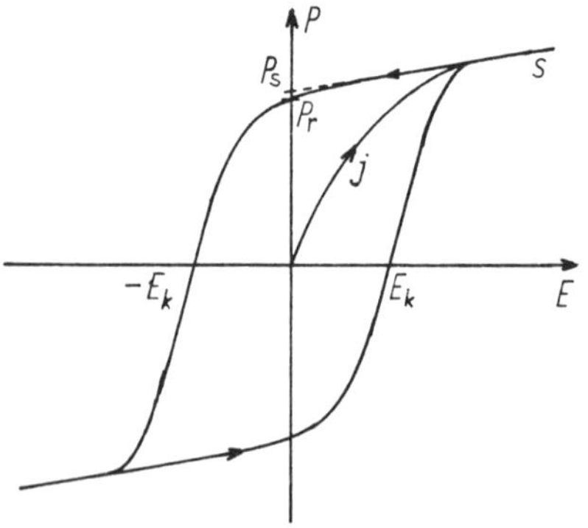

Abb. 133: Hysteresekurve eines ferroelektrischen Kristalls. j = jungfräuliche Kurve, P_r = remanente Polarisation, P_s = spontane Polarisation, E_k = Koerzitivfeld

schen Polarisation auftretende koordinierte Ausrichten der Dipole ist ein *kooperatives Phänomen.* Das beschriebene Verhalten ist demjenigen von ferromagnetischen Substanzen analog, daher die Bezeichnung ferroelektrisch; der Effekt hat nichts mit Eisen zu tun (er wird auch Seignettesalz- oder Rochellesalzelektrizität genannt).

Die durch das elektrische Feld induzierte Polarisation ist erheblich größer als bei nicht-ferroelektrischen Substanzen, und demzufolge sind die Dielektrizitätskonstanten erheblich größer. Vor allem $BaTiO_3$ wird wegen dieser Eigenschaft genutzt, um Kondensatoren mit hoher Kapazität herzustellen. Weitere Beispiele sind SbSI, KH_2PO_4 und $NaNO_2$ sowie bestimmte Substanzen mit verzerrter Perowskitstruktur wie $KNbO_3$. In Abb. 134 ist gezeigt, wie die Nitritionen im Natriumnitrit unterhalb von 164 °C alle in eine Richtung orientiert sind und damit ein makroskopisches Dipolmoment hervorrufen. Es ist auch gezeigt, wie sich die Domänen unterschiedlicher Orientierung abwechseln, solange nicht durch ein elektrisches Feld alle NO_2^--Ionen gleichsinnig ausgerichtet wurden. Oberhalb der CURIE-Temperatur von 164 °C sind die NO_2^--Ionen statistisch orientiert und $NaNO_2$ ist paraelektrisch. Im Natriumnitrit tritt die ferroelektrische Polarisierung nur in einer Richtung auf. Im $BaTiO_3$ ist sie nicht auf eine Richtung beschränkt. $BaTiO_3$ hat zwischen 5 und 120 °C die Struktur eines verzerrten Perow-

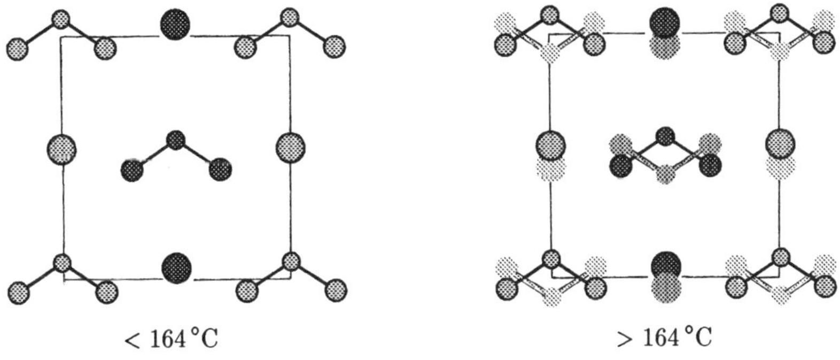

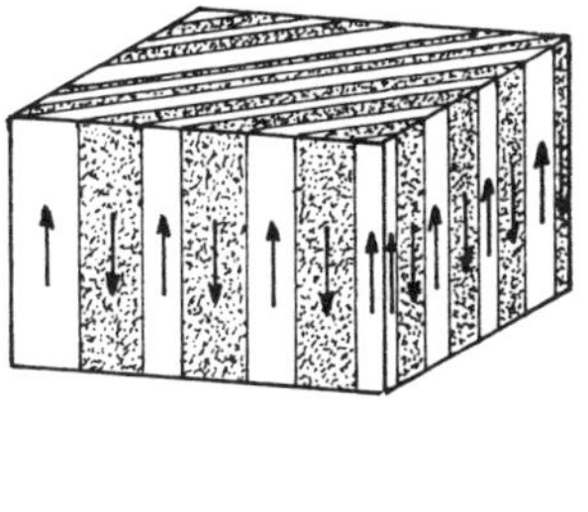

Abb. 134: Struktur von $NaNO_2$ unterhalb und oberhalb des CURIE-Punktes. Unten: Domänen in einem ferroelektrischen $NaNO_2$-Kristall

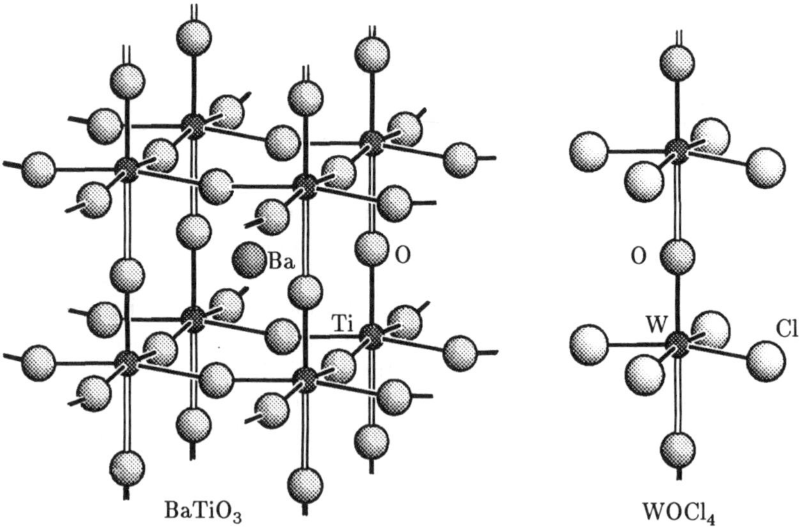

Abb. 135: . Struktur des ferroelektrischen $BaTiO_3$ und der analoge Aufbau im Elektret $WOCl_4$

skits. Bedingt durch die Größe der Ba^{2+}-Ionen, die zusammen mit den Sauerstoffatomen eine dichteste Kugelpackung bilden, sind die oktaedrischen Lücken etwas zu groß für die Titanatome, und diese befinden sich nicht genau in den Oktaedermitten. Das Titanatom ist in einem Oktaeder auf eines der O-Atome zugerückt, und zwar innerhalb einer Domäne in allen Oktaedern nach der gleichen Seite (Abb. 135). Hierdurch kommt es zur Polarisation in der Domäne. Das Herausrücken ist so ähnlich wie bei den W-Atomen im $WOCl_4$, in dem quadratisch-pyramidale Moleküle zu einem Strang mit alternierend langen W–O-Abständen assoziiert sind. Oberhalb der CURIE-Temperatur von 120 °C hat $BaTiO_3$ die kubische Perowskitstruktur, bei der die Titanatome (im zeitlichen Mittel) die Oktaedermitten einnehmen.

17.3 Magnetische Eigenschaften

Ein ungepaartes Elektron, als Partikel aufgefaßt, führt eine Rotationsbewegung um seine eigene Achse aus, es hat einen „Spin". Zu einem mechanischen Drehimpuls gehört ein Impulsvektor, der die Richtung der Drehachse und den Betrag des Impulses erfaßt. Der Impulsvektor **s** eines Elektrons hat einen genau definierten Betrag von

$$|\mathbf{s}| = \frac{h}{2\pi}\sqrt{s(s+1)} = \frac{h}{4\pi}\sqrt{3}$$

Zur Charakterisierung bedient man sich der Zahl s, der Spinquantenzahl, die nur den einen Zahlenwert $s = \frac{1}{2}$ haben kann. $h = 6,6262 \cdot 10^{-34}$ Js = PLANCKsche Konstante.

Mit dem Spin ist ein magnetisches Moment verbunden, d.h. ein Elektron verhält sich wie ein kleiner Stabmagnet. Ein äußeres Magnetfeld übt auf ein Elektron eine Kraftwirkung aus, die wie bei einem Kreisel zu einer Präzessionsbewegung des Elektrons um die Richtung des Magnetfeldes führt, d.h. die Drehachse des Elektrons ist gegen die Richtung des Magnetfeldes geneigt. Die Quantentheorie erlaubt dabei nur zwei Orientierungen, die mit der Magnet-Spinquantenzahl von $m_s = +s = +\frac{1}{2}$ oder $m_s = -s = -\frac{1}{2}$ zum Ausdruck gebracht werden. Die beiden Orientierungen werden auch „parallel" und „antiparallel" genannt, obwohl die Impulsvektoren keineswegs genau parallel oder antiparallel zum Magnetfeld ausgerichtet sind.

Zwei Elektronen in einem Atom beeinflussen sich gegenseitig, ihre Spins sind miteinander gekoppelt. Zwei gepaarte Elektronen sind solche, die in allen ihren Quantenzahlen übereinstimmen, außer in der Magnet-Spinquantenzahl. In solch einem Elektronenpaar kompensieren sich die magnetischen Momente der beiden Elektronen. Ungepaarte Elektronen in verschiedenen Orbitalen tendieren dazu, sich gleichsinnig („parallel") auszurichten und ein entsprechend stärkeres Magnetfeld zu erzeugen (HUNDsche Regel), sie haben die gleiche Magnet-Spinquantenzahl und unterscheiden sich in irgendeiner anderen Quantenzahl.

Substanzen, in denen nur gepaarte Elektronen vorkommen, sind *diamagnetisch*. Bringt man sie in ein äußeres Magnetfeld ein, so werden in den Molekülorbitalen elektrische Ströme induziert, deren Magnetfelder dem äußeren Magnetfeld entgegengesetzt sind (LENZsche Regel). Die Substanz wird dadurch vom Magnetfeld abgestoßen; die zugehörigen Kräfte sind nur gering.

In einer *paramagnetischen* Substanz sind ungepaarte Elektronen vorhanden. Sehr häufig kann man die ungepaarten Elektronen bestimmten Atomen oder Ionen zuordnen.* Wirkt ein äußeres Magnetfeld auf eine paramagnetische Substanz ein, so richten sich die magnetischen Momente der

*Nicht immer ist ein ungepaartes Elektron einem bestimmten Atom zuzuordnen. Im NO_2 besetzt das ungepaarte Elektron z.B. ein „delokalisiertes" Molekülorbital und gehört allen drei Atomen an

Elektronen in die Richtung dieses Feldes aus, die Probe wird magnetisiert, und eine Kraft zieht die Substanz in das Feld. Durch Messung dieser Kraft kann die Magnetisierung quantitativ ermittelt werden. Die thermische Bewegung wirkt der Ausrichtung entgegen, je höher die Temperatur, desto geringer fällt die Magnetisierung der Probe aus.

Als Maß für die Magnetisierung M dient das zusätzliche, durch die Ausrichtung erzeugte Magnetfeld. Es ist proportional zum äußeren Magnetfeld H:

$$M = \chi H$$

Die Proportionalitätskonstante χ ist die *Suszeptibilität.* Die Magnetisierung und damit auch die Suszeptibilität ist von der Anzahl der orientierbaren Teilchen pro Volumeneinheit abhängig. Eine davon unabhängige, stoffbezogene Größe ist die *molare Suszeptibilität* χ_{mol}:

$$\chi_{\text{mol}} = \chi V_{\text{mol}} = \chi_g M_{\text{mol}}$$

Dabei ist V_{mol} das molare Volumen, M_{mol} die Molmasse und χ_g die üblicherweise erfaßte Grammsuszeptibilität (bezogen auf 1 g der Probe).

Mit Hilfe der Suszeptibilität kann man die Stoffe bezüglich ihrer magnetischen Eigenschaften folgendermaßen einteilen:

$\chi_{\text{mol}} < 0$	diamagnetisch
$\chi_{\text{mol}} > 0$	paramagnetisch
$\chi_{\text{mol}} \gg 0$	ferromagnetisch

Paramagnetismus

Die Temperaturabhängigkeit der molaren Suszeptibilität einer paramagnetischen Substanz folgt dem CURIE-WEISSschen Gesetz:

$$\chi_{\text{mol}} = \frac{C}{T - \Theta} \tag{28}$$

T = absolute Temperatur, C = CURIEsche Konstante, Θ = WEISSsche Konstante. Für $\Theta = 0$ vereinfacht sich die Beziehung zum klassischen CURIEschen Gesetz $\chi_{\text{mol}} = C/T$.

Für die weitere Diskussion beschränken wir uns auf den Fall einer Substanz, in der nur eine Sorte von paramagnetischen Atomen (Atome mit ungepaarten Elektronen) vorhanden ist. Mit dem *magnetischen Moment* μ wird erfaßt, wie stark magnetisch ein Atom ist. Je größer das magnetische Moment, desto größer ist die Suszeptibilität; der quantitative Zusammenhang ist über die CURIEsche Konstante gegeben:

$$C = \frac{(N_A \mu)^2}{3R} \tag{29}$$

N_A = AVOGADROsche Zahl, R = Gaskonstante

Das magnetische Moment eines isolierten Elektrons hat einen definierten Wert von

$$\mu_s = \frac{eh}{2\pi m_e}\sqrt{s(s+1)} = 2\mu_B\sqrt{3} \tag{30}$$

$\mu_B = eh/(4\pi m_e) = 9,274 \cdot 10^{-24}\ \mathrm{JT}^{-1}$ wird „BOHRsches Magneton" genannt.*

Die Kopplung der Spins der Elektronen in einem Atom wird rechnerisch durch Addition ihrer Magnet-Spinquantenzahlen erfaßt. Da sie sich in gepaarten Elektronen jeweils auf Null addiert, genügt es, die ungepaarten Elektronen zu betrachten. Die Spins von n ungepaarten Elektronen addieren sich im Sinne der HUNDschen Regel zu einer Gesamtspinquantenzahl $S = \frac{1}{2}n$. Das magnetische Moment dieser n Elektronen ist nicht die skalare Summe der einzelnen magnetischen Momente der Elektronen; die Drehimpulse müssen vektoriell addiert werden, unter Beachtung der speziellen Richtungen, die sie nach der Quantentheorie haben können. Die Addition der Drehimpulsvektoren ergibt einen Gesamtdrehimpulsvektor mit dem Betrag:

$$|S| = \frac{h}{2\pi}\sqrt{S(S+1)}$$

Dazu gehört ein magnetisches Moment von

$$\mu = 2\mu_B\sqrt{S(S+1)} \tag{31}$$

Bei der bisherigen Betrachtung haben wir nur den Magnetismus aufgrund des Elektronenspins betrachtet. Ein auf einer Bahn umlaufendes Elektron stellt einen elektrischen Kreisstrom dar, der ebenfalls von einem Magnetfeld umgeben ist. Für den zugehörigen Bahnmagnetismus gelten ähnliche Überlegungen wie für den Spinmagnetismus, außerdem ergibt sich noch eine Kopplung von Bahn- und Spinmagnetismus, welche die Zusammenhänge weiter kompliziert. Wir werden die sich daraus ergebenden Konsequenzen aber nicht im einzelnen betrachten, weil die magnetischen Eigenschaften eines Festkörpers vorwiegend vom Spinmagnetismus bestimmt werden. Die

*e = Elementarladung, h = Plancksche Konstante, m_e = Masse des Elektrons; 1 Tesla ist die Einheit der magnetischen Flußdichte, 1 T = 1 Vsm^{-2}

Ausrichtung der Elektronenbahnen in einem äußeren Magnetfeld unterbleibt nämlich ganz oder weitgehend, da in einem Festkörper die Atome und die chemischen Bindungen räumlich fixiert sind. Die räumliche Fixierung betrifft die Elektronenbahnen der Valenzelektronen einschließlich der nichtbindenden Elektronen in der Valenzschale, insbesondere auch der *d*-Elektronen bei Übergangsmetallkomplexen. Vor allem bei Verbindungen der 3*d*-Metalle stimmt der gemessenene Magnetismus meist recht gut mit dem berechneten „spin-only"-Wert überein. In diesem Fall ergibt sich aus den Gleichungen (28), (29) und (31):

$$\chi_{\mathrm{mol}} = 4\frac{(N_A\mu_B)^2}{3R(T-\Theta)}S(S+1) \tag{32}$$

und

$$\mu_{\mathrm{eff}} = \frac{\mu}{\mu_B} = \sqrt{0{,}8\frac{\mathrm{T^2mol}}{\mathrm{J\,K}}\,\chi_{\mathrm{mol}}(T-\Theta)} = 2\sqrt{S(S+1)} \tag{33}$$

weil das Produkt der Konstanten zufällig fast genau gleich 0,800 $\mathrm{T^2mol\,J^{-1}K^{-1}}$ ist.

Ergibt die Messung der magnetischen Suszeptibilität in Abhängigkeit von der Temperatur einen Zusammenhang gemäß Gleichung (32) bzw. (33), dann ist die Substanz paramagnetisch und der ermittelte Wert für S gestattet eine Aussage zur Anzahl der ungepaarten Elektronen.

Vor allem bei Verbindungen der schwereren Übergangsmetalle (4*d*- und 5*d*-Metalle) erfaßt der spin-only-Wert den tatsächlichen Magnetismus weniger genau. Zwar ist auch hier das Bahnmoment meist ohne Bedeutung, aber die Kopplung der magnetischen Momente von Spin und Bahn kann oft nicht vernachlässigt werden und im allgemeinen gilt die HUNDsche Regel nicht mehr. Die Spin-Bahn-Kopplung hängt von der Elektronenkonfiguration ab; für d^1 bis d^3 führt sie oft zu einem verringerten, für d^5 bis d^9 zu einem erhöhten magnetischen Moment. Wegen Einzelheiten sei auf die Spezialliteratur verwiesen [54–57].

Die 4*f*-Elektronen von Lanthanoidionen, die durch die vollbesetzten, kugelsymmetrischen Schalen 5*s* und 5*p* abgeschirmt sind, werden vom Feld der Liganden kaum beeinflußt, ihre Bahnen können sich im Magnetfeld ausrichten, so daß in diesem Fall der Bahnmagnetismus berücksichtigt werden muß; wir gehen hier nicht weiter darauf ein.

Ferro-, Ferri- und Antiferromagnetismus

Der Name Ferromagnetismus ist auf die Beobachtung dieses Effekts beim Eisen zurückzuführen, er ist aber keineswegs auf Eisen oder Eisenverbindungen beschränkt. Es handelt sich um ein *kooperatives Phänomen*, d.h. das Verhalten vieler Teilchen in einem Festkörper ist gekoppelt. Paramagnetische Atome oder Ionen beeinflussen sich gegenseitig über größere Bereiche.

In einer ferromagnetischen Substanz stellen sich die magnetischen Momente benachbarter Atome parallel zueinander ein. Eine magnetisch nicht vorbehandelte Probe zeigt trotzdem kein makroskopisches magnetisches Moment. Erst in einem äußeren Magnetfeld werden alle Momente gleich ausgerichtet und bewirken dessen vielfache Verstärkung. Permanentmagneten behalten ihre Magnetisierung auch nach dem Entfernen des äußeren Magnetfeldes. Das Fehlen eines makroskopischen magnetischen Moments in der „jungfräulichen" Probe beruht auf dem Vorliegen zahlreicher Domänen (WEISSsche Bezirke). In jeder Domäne sind die Spins jeweils parallel ausgerichtet, aber von Domäne zu Domäne verschieden. Ein äußeres Magnetfeld bewirkt ein Wachsen der mit dem Magnetfeld ausgerichteten Domänen zu Lasten anderer Domänen. Wenn die Spins aller Teilchen der Probe ausgerichtet sind, ist die Sättigungsmagnetisierung erreicht. Um diesen Zustand zu erreichen, benötigt man ein Magnetfeld mit einer Mindestfeldstärke, die vom Material abhängt.

Die Verhältnisse werden mit der Hysteresekurve verdeutlicht, die der Hysteresekurve von ferroelektrischen Stoffen entspricht (Abb. 136). Aus-

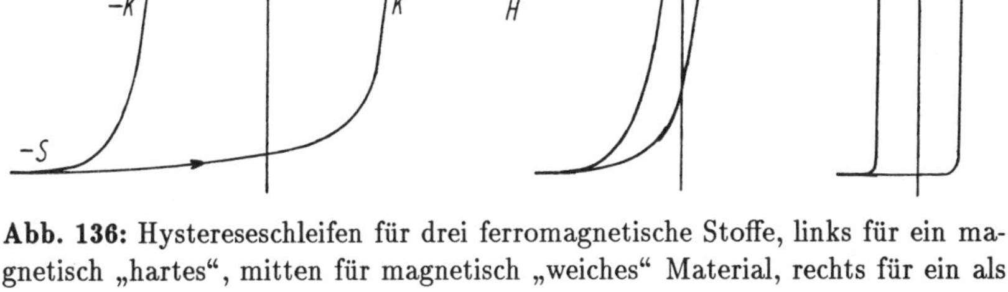

Abb. 136: Hystereseschleifen für drei ferromagnetische Stoffe, links für ein magnetisch „hartes", mitten für magnetisch „weiches" Material, rechts für ein als Datenspeicher geeignetes Material mit „Rechteck-Hysterese". j = jungfräuliche Kurve, S = Sättigungsmagnetisierung, R = Remanenz, K = Koerzitivkraft

gehend von einer unbehandelten Probe, wird mit zunehmendem Magnetfeld eine zunehmende Magnetisierung bewirkt bis die Sättigung erreicht ist. Nach Abschalten des Magnetfeldes fällt die Magnetisierung zwar ab, es verbleibt aber eine remanente Magnetisierung R. Durch Umkehr des Magnetfeldes kommt es zu einer Umkehr der Spinorientierung. Das dafür mindestens benötigte Magnetfeld hat die Koerzitiv-Feldstärke oder Koerzitivkraft K. Je nach Anwendung benötigt man magnetische Materialien mit unterschiedlicher magnetischer „Härte". Ein Permanentmagnet in einem Elektromotor soll zum Beispiel eine hohe Koerzitivkraft aufweisen, damit er seine Magnetisierung nicht verliert. Ein Magnetpigment auf einer Diskette soll dagegen eine mittlere Koerzitivkraft haben, damit es einerseits schnell ummagnetisiert werden kann, andererseits aber die gespeicherte Information nicht allzu leicht verliert. Kleine Koerzitivkräfte werden dort benötigt, wo häufige und schnelle Ummagnetisierungen erfolgen, z.B. in Tonköpfen.

Oberhalb einer kritischen Temperatur T_C, der CURIE-Temperatur, wird ein ferromagnetischer Stoff paramagnetisch, weil die thermische Bewegung die Ausrichtung in den WEISSschen Bezirken verhindert.

Die Kopplung zwischen den magnetischen Momenten verschiedener Teilchen kann auch zu Spins mit entgegengesetzter Ausrichtung führen, die Substanz ist dann *antiferromagnetisch.* Bei sehr tiefen Temperaturen ist dann insgesamt ein magnetisches Moment von Null gegeben. Bei steigender Temperatur verhindert die thermische Bewegung eine antiparallele Ausrichtung aller Teilchen, und die magnetische Suszeptibiltät steigt an; bei weiter steigender Temperatur sorgt die Temperaturbewegung dann zunehmend für eine statistische Gleichverteilung der Spinorientierungen, die magnetische Suszeptibilität nimmt wie bei einer paramagnetischen Substanz wieder ab. Charakteristisch für eine antiferromagnetische Substanz ist somit ein Maximum für die Suszeptibilität bei einer bestimmten Temperatur, der NÉEL-Temperatur.

Bei einer *ferrimagnetischen* Substanz liegt der gleiche Sachverhalt wie bei einer antiferromagnetischen Substanz vor, die Teilchen mit den entgegengesetzten magnetischen Momenten haben aber unterschiedliche Häufigkeit oder/und verschieden große magnetische Momente. Dadurch kompensieren sie sich auch bei sehr tiefen Temperaturen nicht, und im Magnetfeld zeigt sich ein Verhalten wie beim Ferromagnetismus. Die Spins können auch zu mehr als nur zwei entgegengesetzten Richtungen gekoppelt sein (Tab. 24). Die Ordnung, die sich zwischen den Spins der Atome in der Elementarzelle einstellt, kann mit Hilfe der Neutronenbeugung experimentell bestimmt

Tabelle 24: Kopplung der Spinvektoren bei kooperativen magnetischen Effekten

	Spinorientierung innerhalb einer Domäne	Beispiel
Ferromagnetismus	↑↑	EuO (NaCl-Typ)
Antiferromagnetismus	↑↓	MnF_2 (Rutil-Typ)
Ferrimagnetismus		
nach NÉEL	↑↓	$NiFe_2O_4$ (inverser Spinell)
nach YAFET-KITTEL	↑↘↙	$MnCr_2S_4$ (Spinell)
Helix-Struktur	↑↗↗→↘↘↓ ...	$MnCr_2O_4$ (Spinell)

werden. Weil ein Neutron selbst einen Spin und ein magnetisches Moment hat, wird es von einem Atom je nach Orientierung des magnetischen Moments verschieden stark gebeugt.

Wovon hängt es ab, wie die Spins miteinander gekoppelt sind? Parallelstellung tritt stets ein, wenn sich die betreffenden Atome gegenseitig direkt beeinflussen. Dies ist in reinen Metallen wie Eisen oder Nickel der Fall, aber auch beim EuO (NaCl-Typ). Antiparallelstellung tritt meistens ein, wenn zwischen zwei paramagnetischen Teilchen eine indirekte Wechselwirkung über die Elektronen eines zwischen ihnen liegenden, selbst nicht paramagnetischen Teilchens vermittelt wird („Superaustausch“). Dies trifft für die technisch wichtigen Spinelle und Granate zu.

Im $NiFe_2O_4$, einem inversen Spinell $Fe^{3+}_T[Ni^{2+}Fe^{3+}]_O O_4$, sind die Spins auf den Oktaederplätzen untereinander parallel, ebenso die auf den Tetraederplätzen. Die Wechselwirkung zwischen den beiden Platzsorten erfolgt durch Superaustausch über die Sauerstoffatome. Im vorliegenden High-Spin-Zustand hat Fe^{3+} (d^5) 5 ungepaarte Elektronen, Ni^{2+} (d^8) hat 2 ungepaarte Elektronen. Die parallel gekoppelten Teilchen auf den Oktaederplätzen haben zusammen einen Spin von $S = \frac{7}{2}$, dem steht der Spin von $S = \frac{5}{2}$ der Fe^{3+}-Teilchen auf den Tetraederplätzen entgegen. Es verbleibt also ein Gesamtspin von $S = 1$, der zwei ungepaarten Elektronen entspricht.

Technisch wichtige magnetische Materialien

Eisen ist ein Werkstoff, dessen ferromagnetische Eigenschaften schon lange genutzt werden. Beim Erhitzen wird es bei der CURIE-Temperatur von 766 °C paramagnetisch, ohne daß sich dabei die kubisch-innenzentrierte Struktur verändert (eine Phasenumwandlung zur kubisch-dichtesten Kugelpackung erfolgt bei 906°C). Eisen wird in Elektromotoren und in Transformatoren verwendet. Fein verteiltes Eisenpulver („Eisen-Pigment") dient als magnetisches Material zur Datenspeicherung (da es pyrophor ist, wird es durch Aufdampfen einer Co–Cr-Legierung stabilisiert). Ein Nachteil des Eisens ist seine elektrische Leitfähigkeit; ein alternierendes Magnetfeld induziert elektrische Wirbelströme, die eine Erhitzung des Eisens und damit Energieverluste mit sich bringen. Durch Verwendung von Stapeln aus gegenseitig isolierten Blechen lassen sich die Wirbelströme verringern, aber nicht völlig unterdrücken. Wo keine oder nur geringe magnetische Wechselfelder auftreten, stört die metallische Leitfähigkeit nicht, zum Beispiel bei manchen Anwendungen von Dauermagneten. Dauermagneten mit besonders hoher Koerzitivkraft werden aus $SmCo_5$ oder Sm_2Co_{17} hergestellt; sie werden z. B. in kleine Elektromotoren eingebaut. $Nd_2Fe_{14}B$ zeichnet sich durch eine kleine Koerzitivkraft und hohe Energiedichte aus; es wird in Tonköpfen und Lautsprechern eingesetzt.

In magnetischen Materialien, die elektrische Isolatoren sind, kommt es nur zu minimalen Wirbelstromverlusten. Dies ist ein Grund für die Bedeutung von oxidischen Materialien, vor allem von Spinellen und Granaten. Ein weiterer Grund liegt in der Variationsbreite der magnetischen Eigenschaften, die durch verschieden zusammengesetzte Spinelle und Granate erreicht werden kann. Die Toleranz der Spinellstruktur gegen Substitution auf den Metallatomplätzen und das Wechselspiel zwischen normalen und inversen Spinellen ermöglichen es, die Eigenschaften den gegebenen Anforderungen anzupassen.

Spinell-Ferrite sind eisenhaltige Spinelle $M^{II}Fe_2O_4$. Sie sind magnetisch „weich" bis „mittelhart". Die mittelharten dienen in Form von Pigmenten als Trägermaterial zur Datenspeicherung; vor allem γ-Fe_2O_3 ist hier zu nennen (Disketten, Tonbänder) sowie γ-Fe_2O_3 mit Zusätzen von $CoFe_2O_4$ (Videokasetten). γ-Fe_2O_3 ist ein Spinell mit Defektstruktur, $Fe^{III}_T[Fe^{III}_{1,67}\square_{0,33}]_O O_4$. Fe_3O_4 findet Anwendung in „magnetischen Flüssigkeiten", die z.B. zur Abdichtung von Drehlagern gegen Vakuum dienen; es handelt sich um Suspensionen von Magnetpigmenten in Öl; in einem Magnetfeld sammelt sich das Pigment im Bereich der höchsten Feldstärke und erhöht dort die Dichte und Viskosität der Flüssigkeit. In der Hochfrequenztechnik (z.B. für Ablenkmagneten in Fernsehröhren) kommen Mangan-Zink-Ferrite bei Frequenzen bis 500 kHz zum Einsatz, Nickel-Zink-Ferrite bis 200 MHz. Bei noch höheren Frequenzen (Mikrowellen, Radartechnik; 500 MHz bis 300 GHz) werden Granat-Ferrite eingesetzt. Granat ist ein Orthosilicat, $Al_2Mg_3(SiO_4)_3$, mit einer komplizierten kubischen Struktur.

Die Struktur bleibt erhalten, wenn alle Metallatome dreiwertig sind, im Sinne einer Substitution folgender Art:

Oktaederplatz (K.Z. 6)
Dodekaederplatz (K.Z. 8) | Tetraederplatz (K.Z. 4)

$$\mathrm{Mg_3Al_2Si_3O_{12}}$$
$$\downarrow \quad \downarrow \quad \downarrow$$
$$\mathrm{Y_3Fe_2^{III}Fe_3^{III}O_{12}}$$

Im Yttrium-Eisen-Granat $Y_3Fe_5O_{12}$ („YIG“ = yttrium iron garnet) liegt eine ferrimagnetische Kopplung (Superaustausch) zwischen Oktaeder- und Tetraederplätzen vor. Weil letztere im Überschuß sind, kompensieren sich die magnetischen Momente nicht.

Als magnetisch „harte“ Materialien kommen hexagonale Ferrite vom Magnetoplumbit-Typ zum Einsatz. Sie zeichnen sich durch eine hohe Koerzitivkraft aus und dienen als elektrisch nicht leitende Permanentmagnete, zum Beispiel in Elektromotoren, Dynamos, Schrankverschlüssen. Strukturell sind sie mit den Spinellen verwandt, jedoch sind die Sauerstoffatome partiell durch große Kationen wie Ba^{2+} oder Pb^{2+} substitutiert. Die beiden Haupttypen sind: $BaFe_{12}O_{19}$ („*M*-Phase“) und $Ba_2Zn_2Fe_{12}O_{22}$ („*Y*-Phase“). $BaFe_{12}O_{19}$ gewinnt für Disketten mit hoher Speicherkapazität an Bedeutung.

18 Symmetrie

Ein charakteristisches Merkmal für jeden Kristall ist seine Symmetrie. Diese dient uns nicht nur zur Beschreibung der Struktur, sondern mit ihr hängen auch wesentliche Eigenschaften des Feststoffes zusammen. So kann zum Beispiel der piezoelektrische Effekt bei Quarzkristallen nur auftreten, weil Quarz die geeignete Symmetrie dafür hat; dieser Effekt wird dazu genutzt, Quarz als Taktgeber für Uhren und elektronische Geräte einzusetzen. Die Kenntnis der Kristallsymmetrie spielt außerdem bei der Kristallstrukturanalyse eine zentrale Rolle.

Um die Symmetrie in straffer Form zu bezeichnen, verwendet man Symmetriesymbole. Zwei Arten von Symbolen finden Verwendung: die *Schoenflies-Symbole* und die *Hermann-Mauguin-Symbole*, auch *Internationale Symbole* genannt. Die Schoenflies-Symbole sind die historisch älteren; sie werden heute noch zur Bezeichnung der Symmetrie von Molekülen und in der Spektroskopie verwendet. Weil sie sich jedoch weniger gut eignen, um die Symmetrie von Kristallen zu beschreiben, finden sie in der Kristallographie kaum noch Verwendung. Wir werden uns deshalb vor allem mit den Hermann-Mauguin-Symbolen befassen. Daneben gibt es noch Bildsymbole, welche in Abbildungen verwendet werden.

18.1 Symmetrieelemente und Symmetrieoperationen

Durch eine Symmetrieoperation wird ein Körper räumlich in eine neue Lage gebracht, die sich von der Ausgangslage nicht unterscheiden läßt. Die Operation läßt sich beliebig oft wiederholen. Das Symmetrieelement dient uns zur Charakterisierung der Symmetrieoperation. Man unterscheidet folgende Symmetrieoperationen:

1. Translation. Parallele Verschiebung in einer definierten Richtung um einen definierten Betrag. Das zugehörige Symmetrieelement ist der *Translationsvektor*. Beispiel:

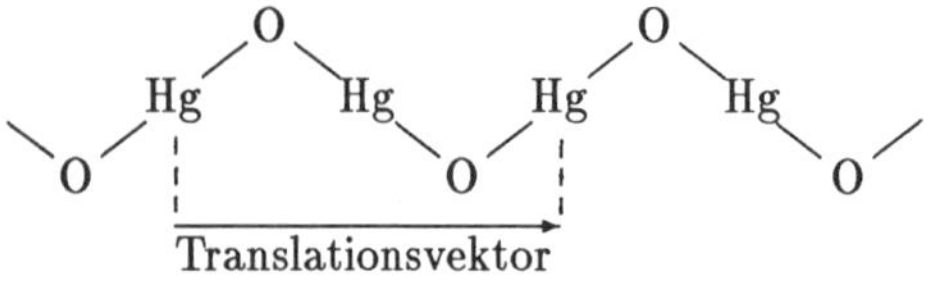

(unendlich lange Kette)

Kristalle besitzen Translationssymmetrie in drei Dimensionen, zu ihrer Erfassung benötigt man drei nicht koplanare Translationsvektoren **a**, **b** und **c**. Es sind die drei Basisvektoren, die wir bereits zur Festlegung der Elementarzelle kennengelernt hatten (Abschnitt 2.2). Jeder beliebige Translationsvektor im Kristall kann als Vektorsumme der drei Basisvektoren dargestellt werden. Die Translationssymmetrie ist die wichtigste Symmetrieeigenschaft eines Kristalls. Im Hermann-Mauguin-Symbol wird die dreidimensionale Translationssymmetrie durch einen Großbuchstaben zum Ausdruck gebracht, der erkennen läßt, ob wir es mit einem primitiven oder zentrierten Kristallgitter zu tun haben (vgl. Abb. 6, S. 18):

P = primitiv
A, B oder C = basiszentriert in der **bc**-, **ac**- bzw. **ab**-Ebene
F = flächenzentriert
I = innenzentriert (=raumzentriert)
R = rhomboedrisch

2. Rotation. Drehung um eine Achse um einen Winkel von $360/N$ Grad. Das Symmetrieelement ist die N-zählige *Drehachse.* N muß ganzzahlig sein, anderenfalls wäre die beliebig häufige Wiederholbarkeit der Symmetrieoperation nicht erfüllt. Jeder Körper verfügt über beliebig viele Achsen mit $N = 1$, da jede beliebige Drehung um 360° den Körper in seine ursprüngliche Lage zurückbringt. Mit dem Symbol für die einzählige Drehachse bezeichnet man Objekte, die abgesehen von Translationssymmetrie keine Symmetrie besitzen. Das Hermann-Mauguin-Symbol für eine N-zählige Achse ist die Zahl N; im Schoenflies-Symbol steht C_N (vgl. Abb. 137):

	Hermann-Mauguin-Symbol	Schoenflies-Symbol	Bildsymbol	
einzählige Drehachse	1	C_1	keines	
zweizählige Drehachse	2	C_2	⬮	Achse senkrecht zur Papierebene
			← →	Achse parallel zur Papierebene
dreizählige Drehachse	3	C_3	▲	
vierzählige Drehachse	4	C_4	◆	
sechszählige Drehachse	6	C_6	⬢	

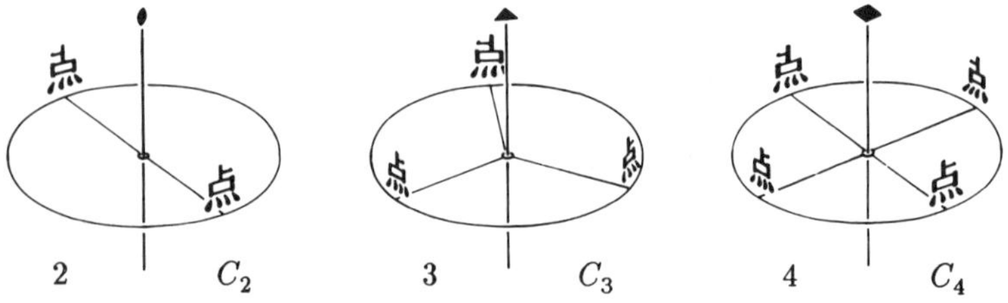

Abb. 137: Beispiele für Drehachsen.* Links steht jeweils das Hermann-Mauguin-, rechts das Schoenflies-Symbol

3. Spiegelung. Symmetrieelement ist eine *Spiegelebene* (Abb. 138).
Hermann-Mauguin-Symbol: m.
Bildsymbole:

Spiegelebene senkrecht zur Papierebene

Spiegelebene parallel zur Papierebene

4. Inversion. „Spiegelung" durch einen Punkt (Abb. 138). Dieser Punkt ist das Symmetrieelement und wird *Inversionszentrum* oder *Symmetriezentrum* genannt.
Hermann-Mauguin-Symbol: $\bar{1}$ („eins quer"). Schoenflies-Symbol: i.
Bildsymbol: o

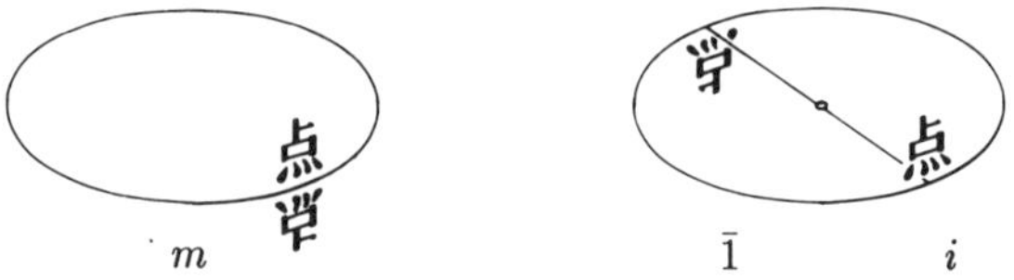

Abb. 138: Beispiele für eine Spiegelebene und für ein Inversionszentrum

5. Drehinversion. Das Symmetrieelement ist die *Inversionsachse.* Es handelt sich um eine *gekoppelte* Symmetrieoperation, bei der zwei Lageveränderungen auszuführen sind: man denke sich die Ausführung einer Rotation

* 点 = chinesisches Zeichen für Punkt. Wiedergabe der Bilder mit Genehmigung des G. Thieme Verlags aus dem Buch „Schwingungsspektroskopie" von J. Weidlein, U. Müller u. K. Dehnicke

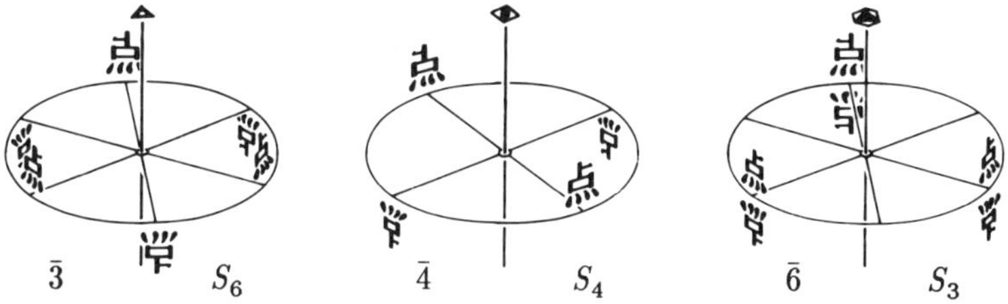

Abb. 139: Beispiele für Inversionsachsen. Als Drehspiegelachsen aufgefaßt, haben sie die Zähligkeiten, die mit den Schoenflies-Symbolen S_N bezeichnet sind

um $360/N$ Grad, unmittelbar gefolgt von einer Inversion an einem Punkt, der auf der Achse liegt (Abb. 139):

Hermann-Mauguin-Symbol	Bildsymbol	
$\bar{1}$	○	identisch mit Inversionspunkt
$\bar{2} = m$		identisch mit Spiegelebene senkrecht zur Achse
$\bar{3}$	▲	
$\bar{4}$	◆	
$\bar{6}$	⬢	

Wenn N geradzahlig ist, beinhaltet die Inversionsachse automatisch eine Drehachse mit der halben Zähligkeit. Wenn N ungerade ist, ist automatisch ein Inversionszentrum vorhanden. Dieser Sachverhalt kommt in den Bildsymbolen zum Ausdruck. Wenn N gerade, aber nicht durch 4 teilbar ist, ist automatisch eine Spiegelebene senkrecht zur Achse vorhanden.

Bei einer **Drehspiegelachse** ist die Rotation mit einer Spiegelung an einer Ebene senkrecht zur Achse gekoppelt. Drehspiegelachsen bezeichnen exakt den gleichen Sachverhalt wie Inversionsachsen, haben aber nicht in allen Fällen die gleiche Zähligkeit (Abb. 139). In der Hermann-Mauguin-Notation werden nur Inversionsachsen, in der Schoenflies-Notation nur Drehspiegelachsen verwendet, letztere mit dem Symbol S_N.

6. Schraubung. Das Symmetrieelement ist die *Schraubenachse*. Sie kann nur auftreten, wenn in Achsrichtung Translationssymmetrie vorhanden ist. Die Schraubenachse entsteht, wenn eine Drehung um $360/N$ Grad mit einer Verschiebung längs der Achse gekoppelt wird. Das Hermann-Mauguin-Symbol ist N_M, wobei N die Drehkomponente bezeichnet und der Bruch M/N die Verschiebungskomponente als Bruchteil des Translationsvektors

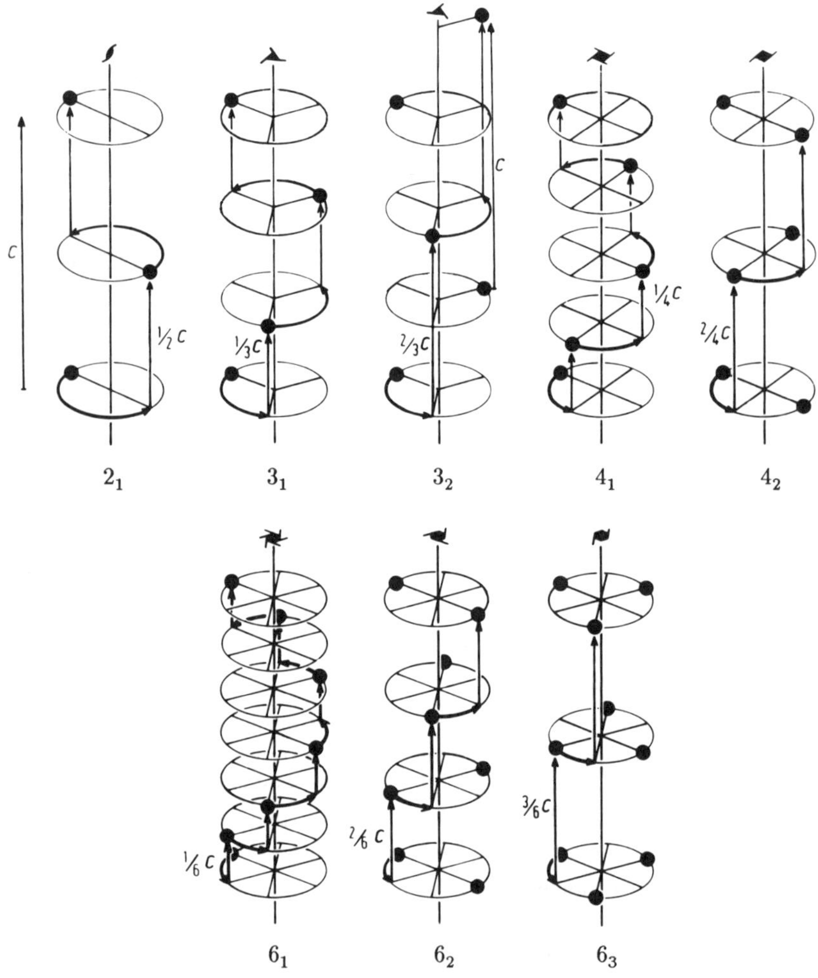

Abb. 140: Schraubenachsen und ihre Bildsymbole. Die Achsen $3_1, 4_1, 6_1$ und 6_2 sind Rechtsschrauben, $3_2, 4_3, 6_5$ und 6_4 sind die entsprechenden Linksschrauben.

angibt. Schraubenachsen können rechts- oder linkshändig sein. In Abb. 140 sind die Schraubenachsen, die in Kristallen auftreten können, dargestellt. Einzelne polymere Moleküle können auch nichtkristallographische Schraubenachsen haben, wie z.B. 10_3 beim polymeren Schwefel.

7. Gleitspiegelung. Das Symmetrieelement ist die *Gleitspiegelebene*, die nur auftreten kann, wenn parallel zur Ebene Translationssymmetrie vorhanden ist. Jedesmal, wenn eine Spiegelung an der Ebene ausgeführt wird, erfolgt sofort anschließend eine Verschiebung parallel zur Ebene. Das Hermann-Mauguin-Symbol ist a, b, c, n oder d, wobei der Buchstabe die Gleitrichtung in bezug auf die Elementarzelle angibt. a, b und c bedeuten Verschiebung in Richtung parallel zum Basisvektor **a**, **b** bzw. **c**, und zwar um den Betrag $\frac{1}{2}a$, $\frac{1}{2}b$ bzw. $\frac{1}{2}c$. Bei den Gleitspiegelebenen n und d erfolgt die Verschiebung in diagonaler Richtung, und zwar um den Betrag $\frac{1}{2}$ bzw. $\frac{1}{4}$ des Translationsvektors in dieser Richtung (Abb. 141).

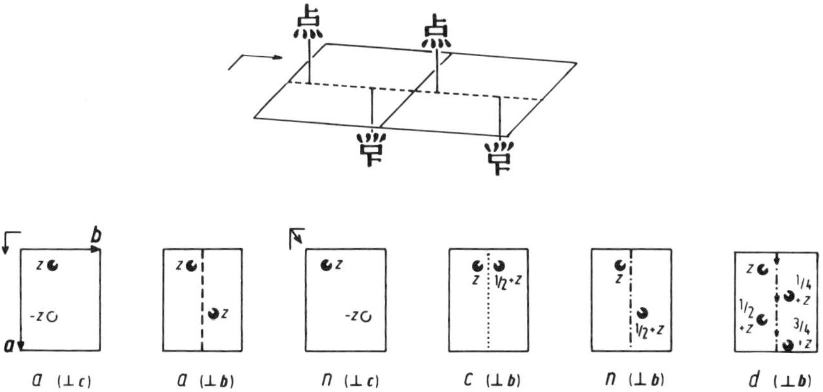

Abb. 141: Oben: Perspektivische Darstellung einer Gleitspiegelebene. Übrige Bilder: Bezeichnung und Bildsymbole für verschiedene Gleitspiegelebenen. z = Höhe des Punkts in der Elementarzelle.

18.2 Die Punktgruppen

Ein Körper kann gleichzeitig über mehrere Symmetrieelemente verfügen. Dabei ist aber nicht jede beliebige Kombination möglich. Wenn zum Beispiel nur eine Spiegelebene vorhanden ist, so kann sie nie schräg zu einer Drehachse orientiert sein (die Achse muß entweder senkrecht zur Ebene oder in ihr liegen). Mögliche Kombinationen *ohne Translationssymmetrie* nennt man *Punktgruppen*. Die Bezeichnung bringt zum Ausdruck, daß nur solche Kombinationen von Symmetrieelementen möglich sind, bei denen es einen ausgezeichneten Punkt oder einen ausgezeichnete Achse gibt, durch welche alle Symmetrieelemente verlaufen.

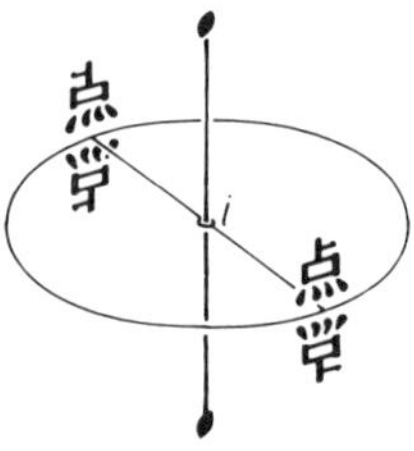

Abb. 142: Aus der Kombination einer zweizähligen Drehachse mit einer dazu senkrechten Spiegelebene resultiert automatisch ein Inversionszentrum

Bei der Kombination von zwei Symmetrieelementen kann sich automatisch die Anwesenheit eines dritten Symmetrieelements ergeben. Zum Beispiel resultiert bei der Kombination einer zweizähligen Drehachse mit einer senkrecht dazu liegenden Spiegelebene automatisch ein Inversionszentrum an der Stelle, an der die Achse die Ebene durchstößt. Es ist gleichgültig, welche zwei dieser drei Symmetrieelemente (2, m oder $\bar{1}$) kombiniert werden, es resultiert immer das Dritte (Abb. 142).

Hermann-Mauguin-Punktgruppensymbole

Im Punktgruppensymbol werden die vorhandenen Symmetrieelemente nach bestimmten Regeln aufgezählt, so daß ihre gegenseitige Orientierung erkennbar ist. Im *vollständigen Hermann-Mauguin-Symbol* werden alle Symmetrieelemente bis auf wenige Ausnahmen aufgezählt. Wegen ihrer strafferen Form werden aber meistens nur die *gekürzten Hermann-Mauguin-Symbole* benutzt, bei welchen Symmetrieachsen, die sich automatisch aus bereits genannten Symmetrieelementen ergeben, ungenannt bleiben; vorhandene Symmetrieebenen werden genannt.

Es gelten folgende **Regeln:**

1. Die Orientierung der vorhandenen Symmetrieelemente wird auf ein Koordinatensystem xyz bezogen. Wenn sich eine Symmetrieachse durch eine höhere Zähligkeit als die übrigen auszeichnet („Hauptachse") oder wenn nur eine Symmetrieachse vorhanden ist, so wird sie in die z-Achse gelegt.

2. Ein Inversionszentrum wird nur angegeben, wenn es das einzige vorhandene Symmetrieelement ist. Das Symbol ist dann $\bar{1}$. In anderen Fällen

erkennt man die An- oder Abwesenheit eines Inversionszentrums folgendermaßen: es ist dann und nur dann anwesend, wenn eine Inversionsachse mit ungerader Zähligkeit ($\bar{N}, N = 2n+1$) oder wenn eine Drehachse mit gerader Zähligkeit und eine dazu senkrechte Spiegelebene ($N/m,\ N = 2n$) vorhanden ist.

3. Ein Symmetrieelement, das mehrfach vorkommt, weil es von einem anderen Symmetrieelement vervielfacht wird, wird nur einmal genannt.

4. Wenn eine Spiegelebene senkrecht zu einer Symmetrieachse vorkommt, so wird dies durch einen Bruchstrich gekennzeichnet, z.B. $\frac{2}{m}$ oder $2/m$ („zwei über m") = Spiegelebene senkrecht zu einer zweizähligen Drehachse. Spiegelebenen senkrecht zu ungeradzahligen Drehachsen werden allerdings meist nicht in der Form $3/m$ bezeichnet, sondern als Inversionsachse wie $\bar{6}$; $3/m$ und $\bar{6}$ bezeichnen identische Sachverhalte.

5. Die gegenseitige Orientierung verschiedener Symmetrieelemente ist aus der Reihenfolge ersichtlich, in der sie genannt werden, unter Bezug auf das Koordinatensystem. Wenn die Symmetrieachsen höchster Zähligkeit zweizählige Achsen sind, gilt die Reihenfolge x–y–z, d.h. es wird zuerst angegeben, welches Symmetrieelement in Richtung x ausgerichtet ist usw. Die Bezugsrichtung für eine Spiegelebene ist dabei die Richtung *senkrecht* zur Ebene. Wenn eine höherzählige Achse vorhanden ist, wird sie zuerst genannt; da diese vereinbarungsgemäß in der z-Achse liegt, gilt eine andere Reihenfolge, nämlich z–x–d. Das in Richtung x ausgerichtete Symmetrieelement kommt auch noch in weiteren Richtungen vor, weil es durch die höherzählige Achse vervielfacht wird; die Richtung zwischen der x-Richtung und der nächsten zu ihr symmetrieäquivalenten Richtung ist die mit d bezeichnete. Siehe Beispiele in Abb. 143.

6. Kubische Punktgruppen haben vier dreizählige Achsen (3 oder $\bar{3}$), die untereinander Winkel von 109,47° bilden. Sie entsprechen den Richtungen der vier Raumdiagonalen eines Würfels (Richtungen **x+y+z, x−y+z, −x+y+z** und **x+y−z**, vektoriell addiert). In Richtung **x**, **y** und **z** verlaufen Achsen 4, $\bar{4}$ oder 2, senkrecht dazu können Spiegelebenen vorhanden sein. In den sechs Richtungen **x+y, x−y, x+z,** ... können zweizählige Achsen und senkrecht dazu Spiegelebenen vorkommen. Die Reihenfolge der Bezugsrichtungen im Hermann-Mauguin-Symbol ist **z, x+y+z, x+y**.

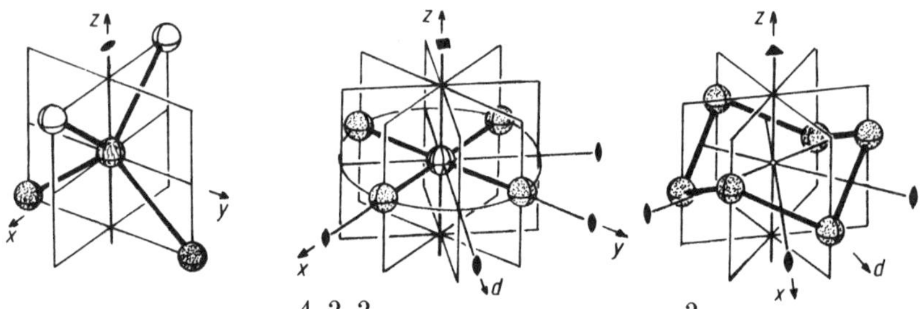

$\underset{x\;\; y\;\; z}{\overset{mm2}{\uparrow\uparrow\uparrow}}$ C_{2v} $\qquad \dfrac{4}{m}\dfrac{2}{m}\dfrac{2}{m}$ ($\uparrow$ z x d) D_{4h} $\qquad \bar{3}\dfrac{2}{m}1$ ($\uparrow$ z x d) D_{3d}

Abb. 143: Beispiele für drei Punktgruppen. Die Buchstaben unter den Hermann-Mauguin-Symbolen geben an, auf welche Richtungen sich die Symmetrieelemente beziehen

Daß eine kubische Punktgruppe vorliegt, erkennt man an der 3 in der *zweiten Position* des Symbols (Richtung **x+y+z**). Siehe Abb. 144.

Abb. 144 und 145 geben eine Übersicht über die Punktgruppensymbole, illustriert an geometrischen Figuren. Neben den kurzen Hermann-Mauguin-Symbolen sind dort auch die Schoenflies-Symbole angegeben. Vollständige Hermann-Mauguin-Symbole zu einigen Punktgruppen sind:

kurz	vollständig	kurz	vollständig
mmm	$2/m\,2/m\,2/m$	$\bar{3}m$	$\bar{3}2/m1$
$4/mmm$	$4/m\,2/m\,2/m$	$m\bar{3}m$	$4/m\,\bar{3}\,2/m$
$6/mmm$	$6/m\,2/m\,2/m$	$m\bar{3}$	$2/m\,\bar{3}$

Schoenflies-Punktgruppensymbole

Das Bezugs-Koordinatensystem wird mit vertikaler Hauptachse (z-Achse) angenommen. Schoenflies-Symbole sind sehr kompakt, sie bezeichnen nur

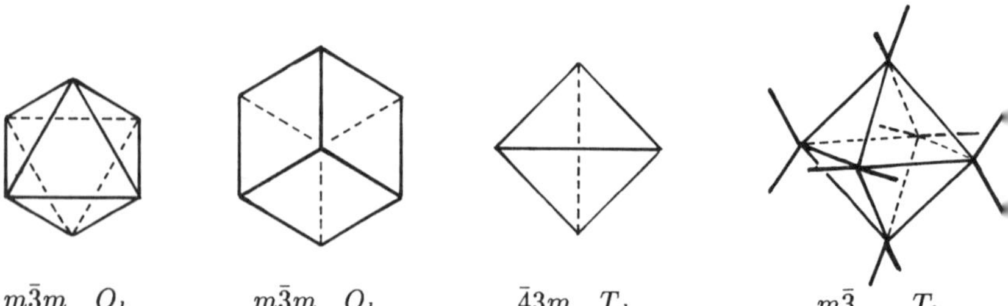

$m\bar{3}m$ O_h $\qquad m\bar{3}m$ O_h $\qquad \bar{4}3m$ T_d $\qquad m\bar{3}$ T_h

Abb. 144: Beispiele für drei kubische Punktgruppen.

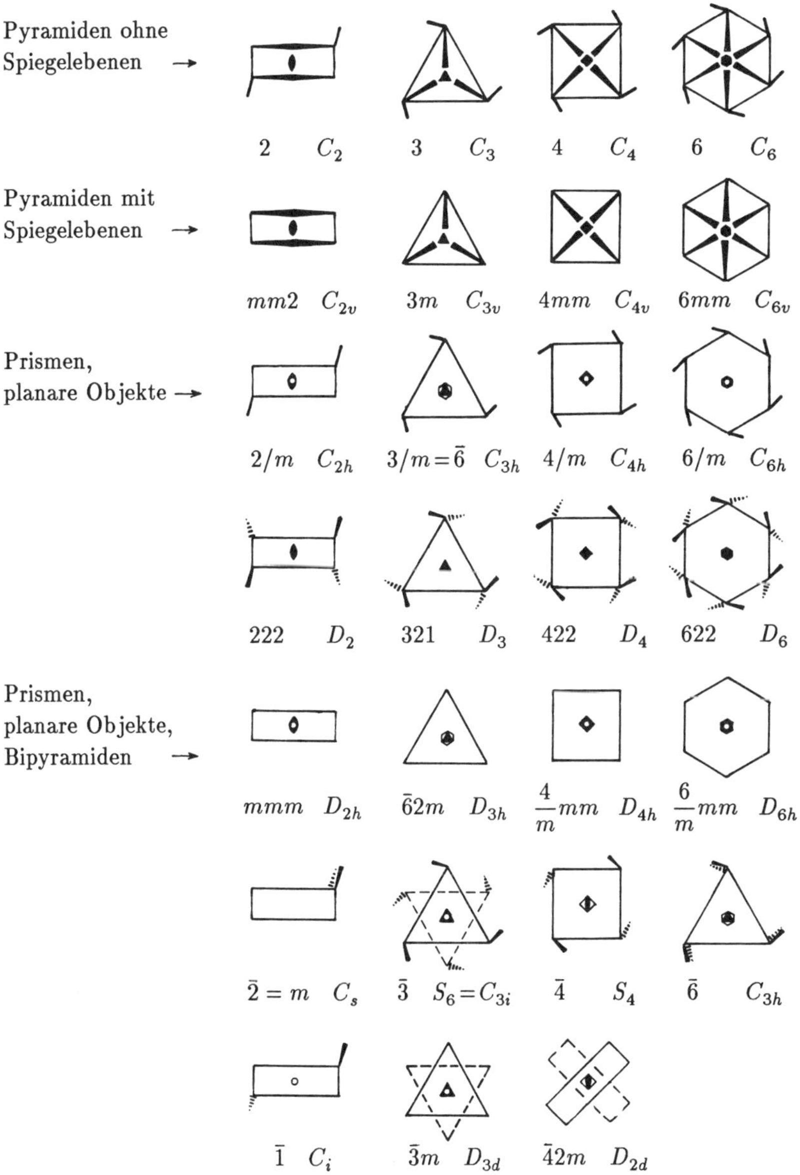

Abb. 145: Symmetrische geometrische Figuren und ihre Punktgruppensymbole; links jeweils das kurze Hermann-Mauguin-Symbol, rechts das Schoenflies-Symbol

ein Minimum der vorhandenen Symmetrieelemente, und zwar auf folgende Art (die entsprechenden Hermann-Mauguin-Symbole sind in Klammern angegeben):

C_i = ein Inversionszentrum ist einziges Symmetrieelement ($\bar{1}$).

C_s = eine Spiegelebene ist einziges Symmetrieelement (m).

C_N = eine N-zählige Drehachse ist einziges Symmetrieelement (N).

C_{Ni} (N ungerade) = es ist eine N-zählige Drehachse und ein Inversionszentrum vorhanden ($\bar{N}$).

D_N = senkrecht zu einer N-zähligen Drehachse sind N zweizählige Drehachsen vorhanden ($N2$ wenn N ungerade; $N22$ wenn N gerade).

C_{Nh} = es ist eine N-zählige (vertikale) Drehachse und eine horizontale Spiegelebene vorhanden (N/m).

C_{Nv} = eine N-zählige (vertikale) Drehachse befindet sich in der Schnittlinie von N vertikalen Spiegelebenen (Nm wenn N ungerade; Nmm wenn N gerade).

D_{Nh} = es ist eine N-zählige (vertikale) Drehachse vorhanden, N horizontale zweizählige Achsen, N vertikale Spiegelebenen und eine horizontale Spiegelebene ($\bar{N}2/m$ wenn N ungerade; $N/m2/m2/m$, kurz N/mmm, wenn N gerade).

D_{Nd} = die N-zählige vertikale Drehachse enthält eine $2N$-zählige Drehspiegelachse, N horizontale zweizählige Achsen liegen winkelhalbierend zwischen N vertikalen Spiegelebenen ($\bar{M}2m$ mit $M = 2 \cdot N$).

S_N = es ist eine N-zählige (vertikale) Drehspiegelachse vorhanden (siehe Abb. 139).

T_d = Tetraedersymmetrie ($\bar{4}3m$).

O_h = Oktaeder- und Würfelsymmetrie ($4/m\bar{3}2/m$, kurz $m\bar{3}m$).

T_h = Symmetrie eines Oktaeders ohne vierzählige Achsen ($2/m\bar{3}$).

I_h = Ikosaeder- und Pentagondodekaedersymmetrie ($\bar{5}\bar{3}2/m$, kurz $\bar{5}\bar{3}m$).

O, T und I = wie O_h, T_h bzw. I_h, jedoch ohne Spiegelebenen (423, 23 bzw. 532).

18.3 Raumgruppen und Raumgruppentypen

Wenn Translationssymmetrie in drei Dimensionen vorhanden ist, können nur Symmetrieachsen mit Zähligkeit 1, 2, 3, 4 oder 6 vorkommen. Wären zum Beispiel fünfzählige Drehachsen in einer Richtung vorhanden, so müßte die Elementarzelle ein Prisma mit fünfeckiger Grundfläche sein; mit Prismen dieser Art läßt sich der Raum jedoch nicht lückenlos ausfüllen. Wegen der Beschränkung auf bestimmte Zähligkeiten gibt es nur eine endliche Anzahl von Möglichkeiten, um Symmetrieelemente zu kombinieren, wenn dreidimensionale Translationssymmetrie vorhanden ist. Die 230 Kombinationsmöglichkeiten nennt man *Raumgruppentypen.*

Das Hermann-Mauguin-Symbol für einen Raumgruppentyp beginnt mit einem Großbuchstaben (*P, A, B, C, F, I* oder *R*), der die Anwesenheit von Translationssymmetrie zum Ausdruck bringt und die Art der Zentrierung anzeigt. Dem Buchstaben folgt die Aufzählung der sonstigen Symmetrieelemente nach den gleichen Regeln wie bei den Punktgruppen, wobei die Basisvektoren **a**, **b** und **c** das Koordinatensystem aufspannen (Abb. 146).

Die 230 Raumgruppentypen sind vollständig in den *International Tables for Crystallography* [64] beschrieben. Immer wenn die Betrachtung der Kristallsymmetrie erforderlich ist, empfiehlt es sich, dieses Tabellenwerk zu Rate zu ziehen. Man findet dort Bilder, welche die relative Lage der verschiedenen Symmetrieelemente zeigen, sowie Angaben zu den verschiedenen Punktlagen.

Wenn sich ein Atom auf einem Symmetriezentrum, auf einer Drehachse oder auf einer Spiegelebene befindet, so nimmt es eine *spezielle Punktlage* ein. Wird die betreffende Symmetrieoperation ausgeführt, so wird das Atom nämlich auf sich selbst abgebildet. Jeder andere Ort ist eine *allgemeine Punktlage.* Einer speziellen Punktlage kommt eine definierte *Punktlagensymmetrie* zu (auch im deutschen Schrifttum gelegentlich mit dem englischen Terminus *site symmetry* bezeichnet). In Kristallen findet man häufig Moleküle oder Ionen auf speziellen Punktlagen; dabei gilt: die Punktlagensymmetrie kann nicht höher sein als die Symmetrie des freien Moleküls oder Ions. Ein oktaedrisches Ion wie $SbCl_6^-$ kann sich zum Beispiel auf einer Punktlage der Symmetrie 4 befinden, wenn sich sein Sb-Atom und zwei *trans*-ständige Cl-Atome auf der vierzähligen Achse befinden; ein Wassermolekül kann dagegen nicht auf einer vierzähligen Achse untergebracht werden.

Für manche Betrachtungen ist es nicht gleichgültig, welche Beträge die Translationsvektoren haben. Das Beispiel der Trirutil-Struktur möge dies illustrieren. Denken wir uns die Elementarzelle des Rutils in Richtung **c** verdreifacht, dann können wir die Metallatomlagen mit zwei verschiedenen Sorten von Metallen im Verhältnis 1:2 besetzen, so wie in Abb. 147 gezeigt. Diesen Strukturtyp kennt man von einer Reihe von Oxiden und Fluoriden, z.B. $ZnSb_2O_6$. Sowohl die Rutil- wie auch die Trirutilstruktur

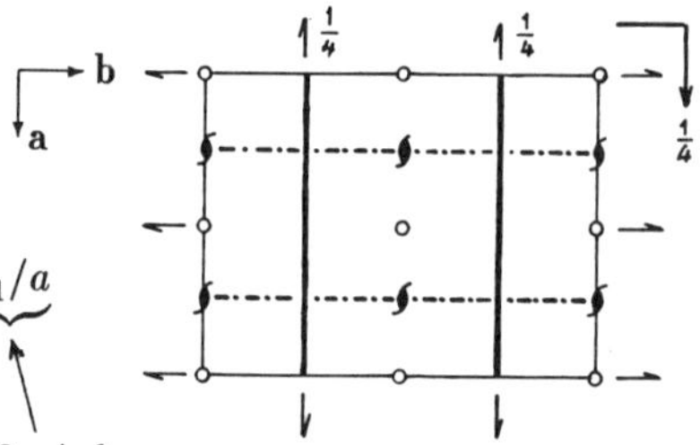

Kurzsymbol: $Pnma$
vollständiges Symbol: $P\,2_1/n\,2_1/m\,2_1/a$

Bedeutung:

- P: primitives Gitter
- $2_1/n$: zweizählige Schraubenachse in Richtung **a**, Gleitspiegelebene senkrecht zu **a** mit diagonaler Gleitrichtung
- $2_1/m$: 2_1-Achse in Richtung **b**, Spiegelebene senkrecht zu **b**
- $2_1/a$: 2_1-Achse in Richtung **c**, Gleitspiegelebene senkrecht zu **c** mit Gleitrichtung **a**

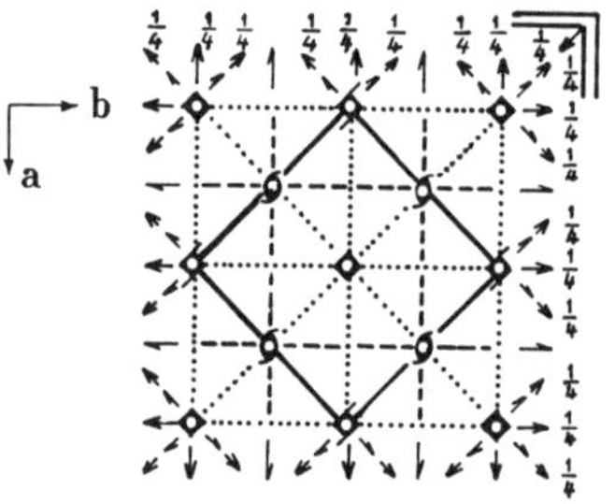

Kurzsymbol: $I4/mcm$
vollständiges Symbol: $I\,4/m\;2/c\;2/m$

Bedeutung:

- I: innenzentriertes Gitter
- $4/m$: vierzählige Drehachse in Richtung **c**, Spiegelebene senkrecht dazu
- $2/c$: zweizählige Drehachse in Richtung **a**, Gleitspiegelebene mit Gleitrichtung **c** senkrecht zu **a**
- $2/m$: zweizählige Drehachse in Richtung **d** = **a**+**b**, Spiegelebene senkrecht dazu

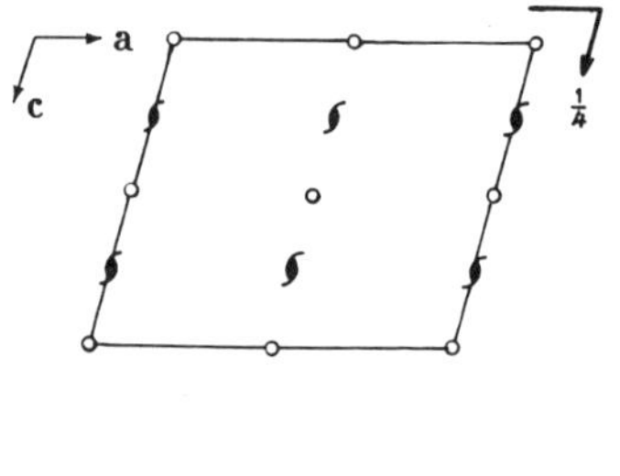

Kurzsymbol: $P2_1/c$
vollständiges Symbol $P\,1\,2_1/c\,1$

Bedeutung:

- P: primitives Gitter
- 1, 1: keine Symmetrieelemente in Richtung **a** und **c**
- $2_1/c$: 2_1-Achse in Richtung **b**, Gleitspiegelebene senkrecht zu **b** mit Gleitrichtung **c**

Abb. 146: Beispiele für Raumgruppensymbole und ihre Bedeutung

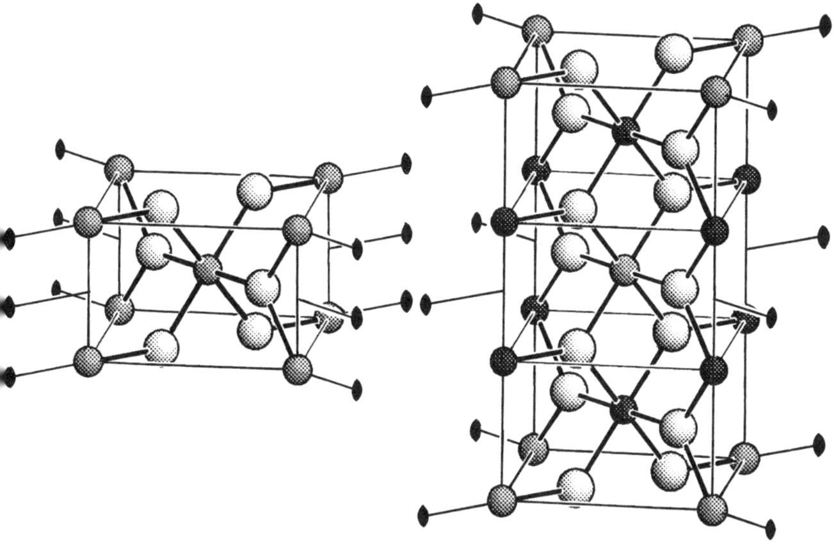

Abb. 147: Elementarzellen der Rutil- und der Trirutilstruktur. Die Lage der zweizähligen Drehachsen ist eingezeichnet

gehören dem gleichen Raumgruppen*typ* $P4_2/mnm$ an. Wegen des dreifach so großen Translationsvektors in Richtung **c** ist die Dichte der Symmetrieelemente im Trirutil aber nur $\frac{1}{3}$ mal so groß wie im Rutil, anders gesagt, Rutil hat eine um den Faktor drei höhere Symmetrie. Eine Struktur mit einer definierten Symmetrie *einschließlich* der Translationssymmetrie hat eine bestimmte *Raumgruppe*; der Raumgruppentyp ist dagegen unabhängig von den speziellen Maßen der Translationsvektoren. Dementsprechend haben Rutil und Trirutil *nicht* die gleiche Raumgruppe. Obwohl Raumgruppe und Raumgruppentyp zu unterscheiden sind, werden für beide die gleichen Symbole verwendet. Dies bereitet jedoch keine Schwierigkeiten, weil die Angabe einer Raumgruppe immer nur zur Bezeichnung der Symmetrie einer speziellen Struktur oder eines speziellen Strukturtyps dient, und dazu gehört immer ein Translationengitter mit festliegenden Maßen.

18.4 Kristallklassen und Kristallsysteme

Ein gut ausgebildeter Kristall läßt äußerlich durch seine Begrenzungsflächen eine bestimmte Symmetrie erkennen, die unmittelbar mit der Symmetrie der zugehörigen Raumgruppe zusammenhängt. Makroskopisch kann ein Kristall wegen seiner endlichen Ausdehnung keine Translationssymmetrie besitzen. Seine äußere Symmetrie entspricht derjenigen Punktgruppe, die sich aus seiner Raumgruppe ergibt, wenn die Translationssymmetrie weggelassen wird, Drehachsen an Stelle von Schraubenachsen und Spiegelebenen an Stelle von Gleitspiegelebenen treten. Die 230 Raumgruppentypen lassen sich so 32 Punktgruppen zuordnen, die wir *Kristallklassen* nennen. Beispiele für die Zugehörigkeit von Raumgruppentypen zu Kristallklassen:

Raumgruppentyp		Kristallklasse	
vollständiges Symbol	Kurzsymbol	vollständiges Symbol	Kurzsymbol
$P\,1\,2_1/c\,1$	$P\,2_1/c$	$1\,2/m\,1$	$2/m$
$C\,2/m\,2/c\,2_1/m$	$C\,m\,c\,m$	$2/m\,2/m\,2/m$	$m\,m\,m$
$P\,6_3/m\,2/m\,2/c$	$P\,6_3/m\,m\,c$	$6/m\,2/m\,2/m$	$6/m\,m\,m$

allgemein: am Raumgruppensymbol entfällt das *P, A, B, C, F, I* oder *R*, die tiefgestellten Zahlen entfallen und statt *a, b, c, n* oder *d* steht *m*

Zu jeder Raumgruppe gehört ein spezielles Koordinatensystem, das von den Basisvektoren **a**, **b** und **c** aufgespannt wird. Je nach Raumgruppe bestehen zwischen den Basisvektoren bestimmte Beziehungen, nach denen eine Einteilung in sieben *Kristallsysteme* möglich ist. Jede Kristallklasse kann gemäß Tab. 25 einem dieser Kristallsysteme zugeordnet werden.‡ Für die Zugehörigkeit eines Kristalls zu einem bestimmten Kristallsystem ist die Existenz der entsprechenden Symmetrieelemente maßgeblich. Die Metrik der Elementarzelle alleine ist nicht hinreichend (z.B. kann ein Kristall monoklin sein, auch wenn $\alpha = \beta = \gamma = 90°$).

‡Die Einteilung der Kristallsysteme wird international nicht einheitlich gehandhabt. In der amerikanischen und russischen Literatur werden meist nur sechs Kristallsysteme gezählt, indem alle in Tab. 25 mit hexagonal und trigonal bezeichneten Kristallklassen als hexagonal bezeichnet werden. In der französischen und zum Teil in der deutschen Literatur wird rhomboedrisch als eigenes Kristallsystem gezählt (Kristallklassen 3, $\bar{3}$, 32, $3m$ und $\bar{3}m$ wenn rhomboedrische Zentrierung vorliegt). Die in Tab. 25 vorgenommene Einteilung entspricht den *International Tables for Crystallography.*

Tabelle 25: Die 32 Kristallklassen und ihre Zugehörigkeit zu den Kristallsystemen

Kristallsystem	Kristallklassen	Metrik der Elementarzelle
triklin	$1; \bar{1}$	$a \neq b \neq c;\ \alpha \neq \beta \neq \gamma \neq 90°$
monoklin	$2; m; 2/m$	$a \neq b \neq c;\ \alpha = \gamma = 90°,\ \beta \neq 90°$ (oder $\alpha = \beta = 90°,\ \gamma \neq 90°$)
(ortho-)rhombisch	$2\,2\,2; m\,m\,2; m\,m\,m$	$a \neq b \neq c;\ \alpha = \beta = \gamma = 90°$
tetragonal	$4; \bar{4}; 4/m; 4\,2\,2; 4\,m\,m; \bar{4}\,2\,m; 4/m\,m\,m$	$a = b \neq c;\ \alpha = \beta = \gamma = 90°$
trigonal	$3; \bar{3}; 3\,2; 3\,m; \bar{3}\,m$	$a = b \neq c;\ \alpha = \beta = 90°,\ \gamma = 120°$
hexagonal	$6; \bar{6}; 6/m; 6\,2\,2; 6\,m\,m; \bar{6}\,2\,m; 6/m\,m\,m$	$a = b \neq c;\ \alpha = \beta = 90°,\ \gamma = 120°$
kubisch	$2\,3; m\,3; 4\,3\,2; \bar{4}\,3\,m; m\,\bar{3}\,m$	$a = b = c;\ \alpha = \beta = \gamma = 90°$

18.5 Übungsaufgaben

18.1 Geben Sie die Hermann-Mauguin-Symbole für die folgenden Moleküle oder Ionen an:
H_2O, $HCCl_3$, BF_3, XeF_4, $ClSF_5$, SF_6, *cis*-$SbF_4Cl_2^-$, *trans*-N_2F_2, $B(OH)_3$ (planar), $Co(NO_2)_6^{3-}$.

18.2 Bilder der folgenden Moleküle oder Ionen finden sich auf S. 155 bis 158. Geben Sie ihre Hermann-Mauguin-Symbole an.
Si_4^{6-}, As_4S_4, P_4S_3, Sn_5^{2-}, Sn_9^{4-}, As_4^{6-}, Sb_6^{8-}, As_4^{4-}, P_6^{6-}, P_7^{3-}, P_{11}^{3-}.

18.3 Welche Hermann-Mauguin-Symbole gehören zu den verknüpften Polyedergruppen, die in Abb. 87 (S. 200) abgebildet sind?

18.4 Welche Symmetrieelemente sind in der HgO-Kette (S. 280) vorhanden?

18.5 Stellen Sie fest, welche Symmetrieelemente in den Strukturen folgender Verbindungen vorhanden sind. Leiten Sie die Hermann-Mauguin-Symbole der zugehörigen Raumgruppen her (es ist zweckmäßig, wenn Sie die *International Tables for Crystallography,* Bd. A zu Hilfe nehmen).
Wolframbronze M_xWO_3 (Abb. 92, S. 208); NiAs (Abb. 119, S. 242); $BaTiO_3$ (Abb. 135, S. 270).

18.6 Nennen Sie die Kristallklassen und -systeme, die zu den folgenden Raumgruppen gehören.
(a) $P2_1/b2_1/c2_1/a$; (b) $I4_1/amd$; (c) $R\bar{3}2/m$; (d) $C2/c$; (e) $P6_3/m$; (f) $P6_322$; (g) $P2_12_12_1$.

19 Symmetrie als Ordnungsprinzip für Kristallstrukturen

19.1 Kristallographische Gruppe-Untergruppe-Beziehungen

Als Kombination bestimmter Symmetrieelemente erfüllt eine Raumgruppe stets die mathematischen Bedingungen, nach denen eine Gruppe definiert ist (siehe z.B. [28, 60, 61, 63]). Die Gruppentheorie bietet ein mathematisch klares und sehr leistungsfähiges Konzept, um die Vielfalt der Kristallstrukturen nach ihren Raumgruppen zu ordnen. Zu diesem Zwecke wollen wir einige Begriffe kennenlernen, ohne auf die Gruppentheorie im einzelnen einzugehen.

Eine Raumgruppe G_1 besteht aus einer Menge von Symmetrieelementen. Wenn eine andere Raumgruppe G_2 aus einer Untermenge von diesen Symmetrieelementen besteht, dann ist sie eine *Untergruppe* von G_1; zugleich ist G_1 eine *Obergruppe* von G_2. Die in der Raumgruppe G_1 vorhandenen Symmetrieelemente vervielfachen ein Atom, das sich in einer allgemeinen Punktlage befindet, um den Faktor n_1. Ein entsprechendes Atom in der Untergruppe G_2 wird analog um den Faktor n_2 vervielfacht. Weil G_2 über weniger Symmetrieelemente als G_1 verfügt, ist $n_1 > n_2$. Der Bruch n_1/n_2 ist der *Index* der Symmetriereduktion von G_1 nach G_2. Er ist immer ganzzahlig und dient uns dazu, die Raumgruppen hierarchisch zu ordnen. Beim Übergang vom Rutil zum Trirutil (vgl. Ende von Abschnitt 18.3) besteht zum Beispiel eine Symmetriereduktion vom Index 3.

G_2 ist eine *maximale Untergruppe* von G_1 wenn es keine Raumgruppe gibt, die als Zwischengruppe zwischen G_1 und G_2 auftreten kann. G_1 ist dann eine *minimale Obergruppe* von G_2. Der Index der Symmetriereduktion von einer Gruppe zu einer maximalen Untergruppe ist immer eine Primzahl oder eine Primzahlpotenz. Nach dem Satz von C. HERMANN ist eine maximale Untergruppe entweder translationengleich oder klassengleich.

Translationengleiche Untergruppen sind solche, deren Translationengitter unverändert bleibt, d.h. die Translationsvektoren und damit auch die Größe der primitiven Elementarzelle von Gruppe und Untergruppe stimmen überein. Der Symmetrieabbau erfolgt in diesem Fall durch Fortfall von anderen Symmetrieelementen oder durch Verringerung der Zähligkeit von Symmetrieachsen. Dies impliziert den Übergang zu einer anderen Kristallklasse. Das Beispiel in Abb. 148 rechts zeigt, wie aus einer vierzähligen

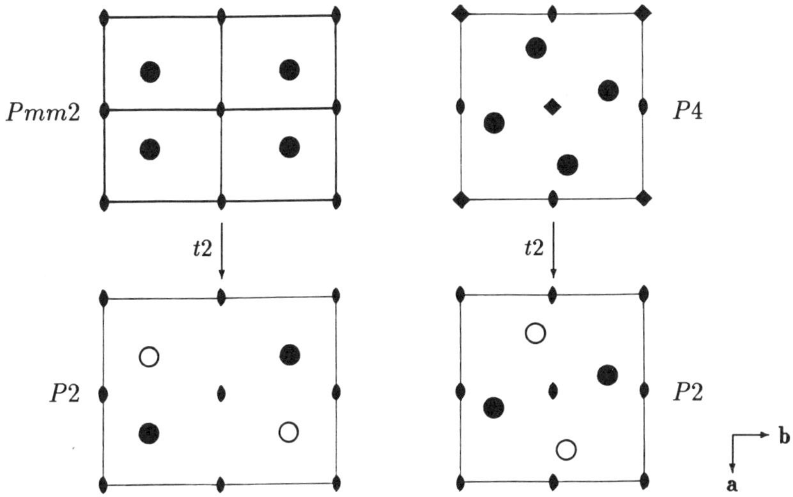

Abb. 148: Beispiele für translationengleiche Gruppe-Untergruppe-Beziehungen: Links: Fortfall von Spiegelebenen; Rechts: Verringerung der Zähligkeit einer Drehachse von 4 auf 2. Die Kreise ○ bzw. ● bezeichnen jeweils symmetrieäquivalente Positionen

eine zweizählige Drehachse wird wenn vier ursprünglich symmetrieäquivalente Atome durch zwei Paare verschiedener Atome ersetzt werden; die Translationsvektoren bleiben unberührt.

Bei *klassengleichen* Untergruppen gehören Gruppe und Untergruppe der gleichen Kristallklasse an. Die Symmetriereduktion erfolgt durch Fortfall von Translationssymmetrie, d.h. durch Vergrößerung der Elementarzelle oder indem aus einer zentrierten Elementarzelle eine primitive Elementarzelle wird. Bei der Vergrößerung der Elementarzelle kann aus einer Spiegelebene eine Gleitspiegelebene, aus einer Drehachse eine Schraubenachse werden. Abb. 149 zeigt zwei Beispiele.

Ein Spezialfall der klassengleichen Untergruppen sind die *isomorphen* Untergruppen. Bei ihnen gehören Gruppe und Untergruppe dem gleichen Raumgruppentyp an, sie haben somit das gleiche Hermann-Mauguin-Symbol (deshalb auch isosymbolische Untergruppen genannt). Die Untergruppe hat eine vergrößerte Elementarzelle. Rutil und Trirutil bieten ein Beispiel (Abb. 147).

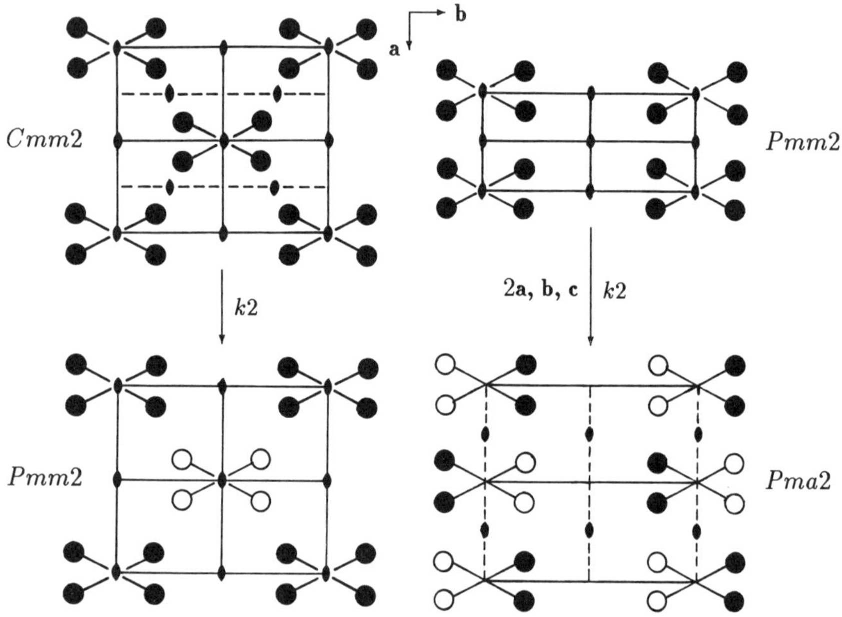

Abb. 149: Beispiele für klassengleiche Gruppe-Untergruppe-Beziehungen: Links: Fortfall einer Zentrierung, gleichzeitig Verlust von Gleitspiegelebenen und zweizähligen Achsen. Rechts: Vergrößerung der Elementarzelle, gleichzeitig mit Umwandlung einer Spiegelebene in eine Gleitspiegelebene. Die Punkte ○ bzw. ● bezeichnen jeweils symmetrieäquivalente Positionen

Gruppe-Untergruppe-Beziehungen werden zweckmäßigerweise in einem Stammbaum dargestellt, in dem durch abwärts verlaufende Pfeile Beziehungen von einer Raumgruppe zu ihren maximalen Untergruppen aufgezeigt werden. Am Pfeil wird vermerkt, welcher Art die Beziehung und wie groß der Index des Symmetrieabbaus ist, z.B.:

$t2$ = translationengleiche Untergruppe vom Index 2

$k2$ = klassengleiche Untergruppe vom Index 2

$i3$ = isomorphe Untergruppe vom Index 3

Außerdem wird gegebenenfalls vermerkt, wie sich die neue Elementarzelle aus der alten ergibt (Basisvektoren der Untergruppe als Vektorsummen der Basisvektoren der Obergruppe). Vgl. Abb. 149.

19.2 Das Symmetrieprinzip in der Kristallchemie

In kristallinen Festkörpern ist eine Tendenz zu beobachten, Anordnungen mit hoher Symmetrie zu bilden. Das von F. LAVES [65, 66] so formulierte *Symmetrieprinzip* wurde von H. BÄRNIGHAUSEN [147] genauer gefaßt:

1. Im festen Zustand zeigt die Anordnung der Atome eine ausgeprägte Tendenz zur höchstmöglichen Symmetrie.

2. Verschiedene Faktoren können das Erreichen der höchstmöglichen Symmetrie verhindern, aber in den meisten Fällen sind die Abweichungen von der Idealsymmetrie nur gering; häufig entspricht die beobachtete Symmetriereduktion nur dem kleinstmöglichen Schritt.

3. Während einer Festkörperreaktion, bei der Produkte mit geringerer Symmetrie entstehen, bleibt die höhere Symmetrie des Ausgangsmaterials sehr häufig indirekt in der Orientierung der Domänen innerhalb der Kristallmatrix bestehen.

Was hinter dem Symmetrieprinzip steckt, kommt in der Formulierung von G. O. BRUNNER [148] zum Ausdruck: *Atome der gleichen Sorte tendieren dazu, äquivalente Lagen einzunehmen.* Unter gegebenen Bedingungen wie Stöchiometrie, Elektronenkonfiguration, Bindungsverhältnisse u.a. gibt es für Atome einer Sorte *eine* energetisch günstigste Umgebung, die von allen dieser Atome angestrebt wird. Am Beispiel der dichtesten Kugelpackungen wird das deutlich: nur in der kubisch- und in der hexagonal-dichtesten Kugelpackung sind alle Atome jeweils symmetrieäquivalent; in anderen Stapelvarianten von dichtesten Kugelpackungen sind mehrere nichtäquivalente Atomlagen vorhanden, diese Packungen kommen relativ selten vor.

Nicht immer lassen die gegebenen Bedingungen für alle Atome äquivalente Lagen zu. Nehmen wir als Beispiel folgende Bedingungen: Zusammensetzung MX_5, kovalente M–X-Bindungen, alle X-Atome an M-Atome gebunden. In diesem Fall können alle X-Atome nur dann äquivalent sein, wenn jeweils fünf davon ein regelmäßiges Fünfeck um ein M-Atom bilden; wenn die Bindungsverhältnisse dies nicht zulassen, so muß es wenigstens zwei nichtäquivalente X-Atomlagen geben. Nach dem Symmetrieprinzip wird die Anzahl dieser nichtäquivalenten Lagen möglichst klein sein. Kovalente Bindungen und nichtbindende Valenzelektronenpaare, die eine bestimmte geometrische Anordnung bedingen, sowie nichtsphärische Elektronenverteilungen von *d*-Elektronen, die eine JAHN-TELLER-Verzerrung mit sich bringen, gehören zu den wichtigsten Faktoren, die ein Erreichen der höchstmöglichen Symmetrie verhindern können.

19.3 Strukturverwandtschaften durch Gruppe-Untergruppe-Beziehungen

Wie in mehreren vorangegangenen Kapiteln gezeigt wurde, kann man sehr viele Festkörperstrukturen als Abkömmlinge einfacher, hochsymmetrischer Strukturtypen auffassen. Es sei an folgende Beispiele erinnert:

Kubisch-innenzentrierte Kugelpackung ⇒ CsCl-Typ ⇒ Überstrukturen des CsCl-Typs (Abschnitt 14.3)

Diamant ⇒ Sphalerit ⇒ Chalkopyrit (Abschnitte 11.2 und 11.4)

Dichteste Kugelpackungen ⇒ Dichteste Kugelpackungen mit besetzten Oktaederlücken (z.B. CdI_2-Typ) (Abschnitt 16.3)

In allen Fällen gehen wir von einer einfachen Struktur mit hoher Symmetrie aus. Jeder der Pfeile (⇒) in den vorstehenden Beispielen markiert eine Verringerung der Symmetrie, d.h. eine Gruppe-Untergruppe-Beziehung. Da diese in ganz klarer und mathematisch scharfer Form definiert sind, stellen sie ein ideales Werkzeug zur systematischen Erfassung von Strukturverwandtschaften dar. Der Symmetrieabbau kann unter anderem durch folgende Veränderungen bedingt sein:

- Atome eines Elements in symmetrieäquivalenten Positionen werden durch Atome mehrerer Elemente substituiert. Beispiel: CC (Diamant) → ZnS (Sphalerit).

- Atome werden durch Lücken ersetzt oder Lücken werden mit Atomen gefüllt. Beispiel: hexagonal-dichteste Kugelpackung → CdI_2-Typ. Wenn man Lücken als „Null-Atome“ ansieht, kann man dies auch als „Substitution“ von Lücken gegen Atome ansehen.

- Atome eines Elements werden durch solche eines anderen Elements substituiert, das eine veränderte Koordinationsgeometrie erfordert. Beispiele: $KMgF_3$ (Perowskit-Typ) → $CsGeCl_3$ (einsames Elektronenpaar am Ge-Atom, Ge-Atom aus Oktaedermitte auf eine Oktaederfläche zugerückt im Sinne von $GeCl_3^-$-Ionen); $CdBr_2$ (CdI_2-Typ) → $CuBr_2$ (durch JAHN-TELLER-Effekt verzerrter CdI_2-Typ).

- Auftreten neuer Wechselwirkungen. Beispiel: Iod (Hochdruck, metallisch, Kugelpackung) → I_2-Moleküle (Normaldruck).

Die Strukturverwandtschaften lassen sich übersichtlich mit Hilfe von Stammbäumen von Gruppe-Untergruppe-Beziehungen nach BÄRNIGHAUSEN [147, 149] aufzeigen. Ihre Erstellung ist mit Hilfe der *International*

Tables for Crystallography [64] möglich, in denen die maximalen Untergruppen zu jeder Raumgruppe aufgelistet sind. An der Spitze des Stammbaums steht der *Aristotyp*, die höchstsymmetrische Struktur, von der alle Strukturtypen einer Strukturfamilie abgeleitet werden. Jede im Stammbaum aufgeführte Raumgruppe steht für einen Strukturtyp. Weil das Raumgruppensymbol alleine nur etwas zur Symmetrie, aber nichts über die Atomlagen aussagt, gehören zu jedem Glied des Stammbaums auch Angaben zu den Atomlagen (Atomkoordinaten, Punktlagensymmetrie, Anzahl der symmetrieäquivalenten Positionen einer Punktlage). In einfacheren Fällen kann man diese Angaben in den Stammbaum mit aufnehmen, in komplizierteren Fällen geschieht es mit Hilfe einer zusätzlichen Tabelle.

An den Atomlagen läßt sich sehr gut verfolgen, wie sich die Symmetrie schrittweise verringert. Im Aristotyp befinden sich die Atome in der Regel auf speziellen Lagen, d.h. sie befinden sich auf bestimmten Symmetrieelementen mit festgelegten Zahlenwerten für die Koordinaten, und ihnen kommt eine definierte Punktlagensymmetrie zu. Von Gruppe zu Untergruppe treten bei den Atomlagen nach und nach folgende Veränderungen auf: 1. Einzelne Werte der Koordinaten x, y, z werden frei, d.h. die Atome können von den festen Werten einer speziellen Punktlage abrücken. 2. Die Punktlagensymmetrie verringert sich. 3. Symmetrieäquivalente Punktlagen teilen sich in mehrere voneinander unabhängige Lagen auf. Zur Bezeichnung einer unabhängigen Lage ist das WYCKOFF-Symbol gebräuchlich, zum Beispiel 4*c*; die 4 zeigt an, daß es zur betreffenden Punktlage vier symmetrieäquivalente Lagen in der Elementarzelle gibt, das *c* ist nur eine alphabetische Nummer (*a*, *b*, *c*,...) gemäß der Aufzählung der Punktlagen in den *International Tables for Crystallography.* Im folgenden Beispiel (Stammbaum 1) ist gezeigt, wie man die Angaben zur Punktlagenbesetzung machen kann; in den übrigen Beispielen (Stammbäume 2 bis 4) wurde auf detailliertere Angaben verzichtet, stattdessen sind die interessierenden Punktlagen durch Kästchen mit unterschiedlicher Schattierung bildlich dargestellt.

Diamant–Sphalerit

Die Gruppe-Untergruppe-Beziehung für den Symmetrieabbau vom Diamant zum Sphalerit ist in Stammbaum 1 gezeigt. Dort finden sich auch einige erläuternde Kommentare zur Terminologie. Bilder der zugehörigen Strukturen finden sich auf S. 139 und 141. In beiden Strukturen haben die Atome identische Koordinaten und Punktlagensymmetrien. Beim Diamant enthält die Elementarzelle acht C-Atome in symmetrieäquivalenten Lagen (Punktlage 8*a*), bei der Symmetrieerniedrigung teilen sich die Atomlagen

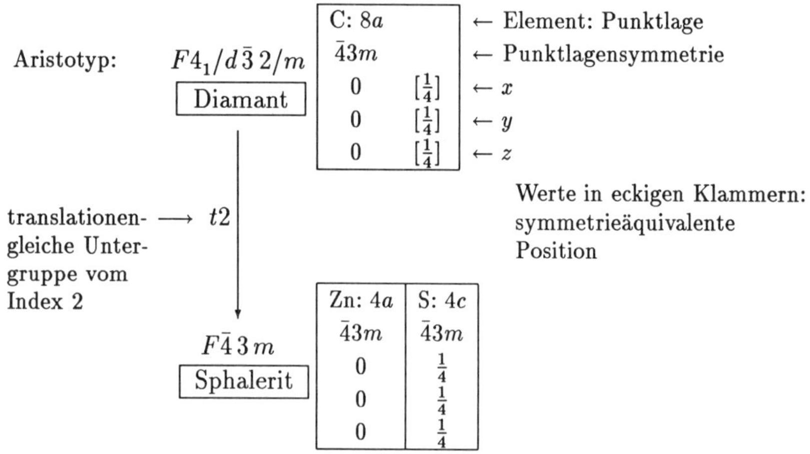

Stammbaum 1: Gruppe-Untergruppe-Beziehung Diamant–Sphalerit. Die Zahlen in den Kästen sind Atomkoordinaten. Die Punktlagen sind mit WYCKOFF-Symbolen bezeichnet, z.B. 8*a*

auf zwei voneinander symmetrieunabhängige Lagen (4*a* und 4*c*) auf, die im Sphalerit von je vier Zink- und vier Schwefelatomen eingenommen werden. Die Raumgruppen sind translationengleich, die Maße der Elementarzellen entsprechen einander. Beim Symmetrieabbau gehen die Inversionszentren verloren, die im Diamant in den Mitten der C–C-Bindungen vorhanden sind.

Besetzung von Oktaederlücken in der hexagonal-dichtesten Kugelpackung

Wie in Abschnitt 16.3 ausgeführt, lassen sich viele Strukturen von der hexagonal-dichtesten Kugelpackung herleiten, wenn darin ein Bruchteil der Oktaederlücken mit anderen Atomen besetzt wird. Bei einer Verbindung MX_n, deren X-Atome die Kugelpackung bilden, muß $1/n$ der Oktaederlücken besetzt werden. Da in der hexagonalen Elementarzelle zwei Oktaederlücken vorhanden sind, muß in der Regel eine Zellenvergrößerung erfolgen; nur für die Zusammensetzungen MX und MX_2 sind Strukturen ohne Zellenvergrößerung möglich. Zellenvergrößerung bedeutet Verlust von Translationssymmetrie, es müssen also klassengleiche Gruppe-Untergruppe-Beziehungen auftreten.

Als Aristotyp kann man entweder die Kugelpackung selbst ansehen, bei der sich aus den anfangs symmetrieäquivalenten Lücken nichtäquivalente

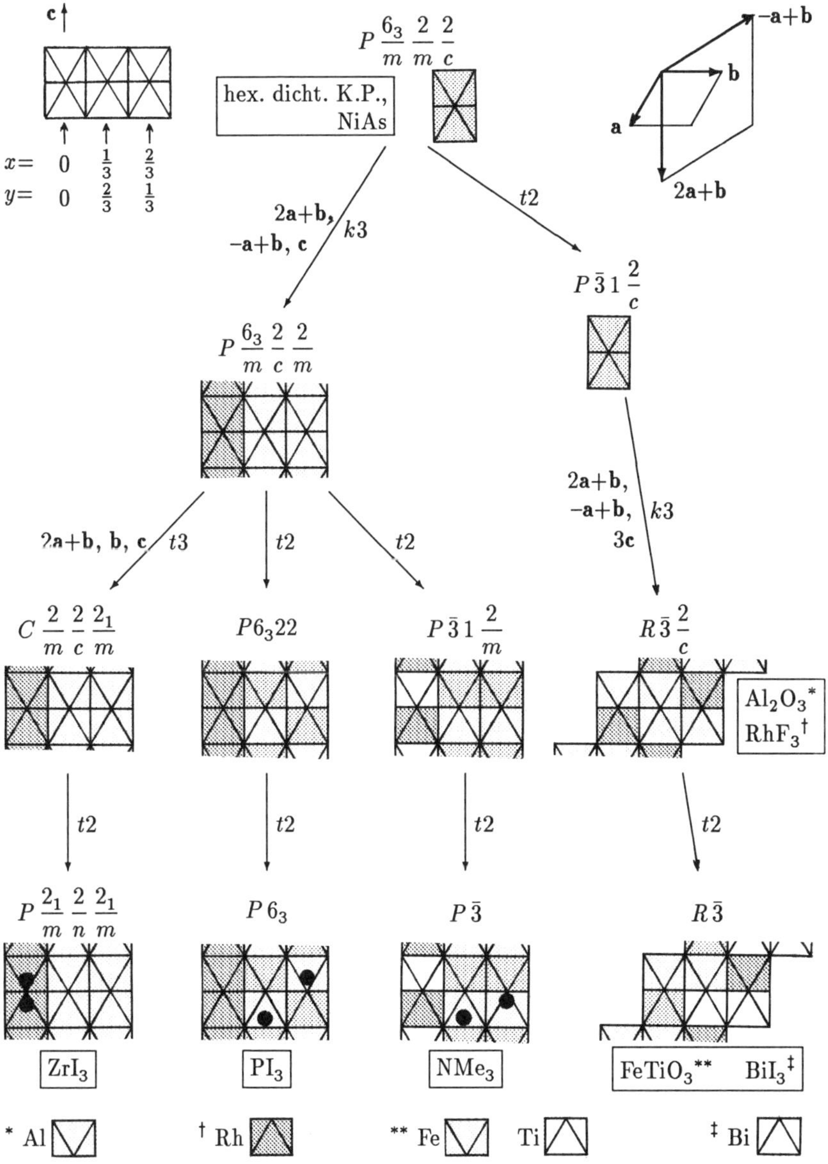

Stammbaum 2: Gruppe-Untergruppe-Beziehungen von der hexagonal-dichtesten Kugelpackung zu einigen MX_3- und M_2X_3-Strukturen

Lagen ergeben, wenn Atome eingefügt werden, oder man kann vom NiAs-Typ ausgehen. Bei diesem sind alle Oktaederlücken besetzt, die Raumgruppe ist die gleiche wie die der Kugelpackung, die Untergruppen ergeben sich durch Herausnahme oder Substitution von Ni-Atomen.

Stammbaum 2 zeigt, wie sich die Strukturen einiger Verbindungen MX_3 und M_2X_3 von der hexagonal-dichtesten Kugelpackung ableiten lassen. Es ist eine Verdreifachung der Elementarzelle notwendig; das Bildchen rechts oben zeigt, wie sich die vergrößerte Zelle aus der ursprünglichen Zelle ergibt. Im Stammbaum sind die Basisvektoren der vergrößerten Zellen als Vektorsummen der ursprünglichen Basisvektoren neben die zugehörigen Pfeile geschrieben. Im rechten Zweig des Stammbaums wird auch noch die Gitterkonstante *c* verdreifacht, wegen der rhomboedrischen Zentrierung ist die primitive Zelle aber auch in diesem Fall nur verdreifacht. An Stelle von numerischen Angaben zu den Punktlagensind zwei bzw. sechs Oktaederbildchen gezeigt, die für die Oktaederlücken in der Elementarzelle stehen. Das Bildchen links oben gibt an, auf welche Koordinaten sich die zugehörigen Oktaederlücken beziehen. Gleiche Schattierung der Oktaederbildchen steht für jeweils symmetrieäquivalente Oktaeder. Der Symmetrieabbau von oben nach unten läßt sich an der Zunahme der Menge verschieden schattierter Oktaeder erkennen. Beim Schritt von Gruppe zu Untergruppe werden aus symmetrieäquivalenten Oktaedern verschiedene nicht mehr äquivalente Oktaeder (bei manchen Schritten vermehrt sich die Menge nichtäquivalenter Lagen nicht, aber die Punktlagensymmetrien verringern sich).

Im linken Zweig des Stammbaums tauchen drei MX_3-Strukturtypen auf, die nicht den jeweils höchstsymmetrischen Raumgruppen entsprechen, die für die betreffende Besetzung der Oktaederlücken denkbar wären ($P6_3/m\,2/c\,2/m$, $P6_322$ bzw. $P\bar{3}12/m$). Die angegebenen Beispiele erfordern einen weiteren Symmetrieabbau, weil die Atome aus den Oktaedermitten herausgerückt sind. Dadurch haben im PI_3 und im NMe_3 die Atome P bzw. N nicht mehr die Koordinationszahl 6, sondern 3+3. Im ZrI_3 ($RuBr_3$-Typ) ermöglicht das Herausrücken die Ausbildung von Zr–Zr-Bindungen zwischen den flächenverknüpften Oktaedern. Das Herausrücken der Atome aus den Oktaedermitten ist in den Oktaederbildchen durch Punkte markiert.

Die Symmetriebeziehungen zwischen der hexagonal-dichtesten Kugelpackung von X-Atomen und einigen Verbindungen MX_2 ist in Stammbaum 3 gezeigt. Die Besetzung einer der beiden Oktaederlücken in der Elementarzelle der Kugelpackung ist ohne Vergrößerung der Zelle möglich, der resultierende CdI_2-Typ gehört also einer translationengleichen Untergruppe von $P6_3/m\,2/m\,2/c$ an. Der Symmetrieabbau umfaßt nur einen Schritt, der CdI_2-Typ erfüllt das Symmetrieprinzip besonders gut. Er ist aber nicht so günstig im Sinne der dritten PAULINGschen Regel (vgl. S. 62), weil nur kantenverknüpfte Oktaeder vorkommen. Stark polare Verbindungen MX_2 (Dioxide, Difluoride, Dichloride von Erdalkalimetallen) bevorzugen Strukturen mit weniger gemeinsamen Oktaederkanten. Der Stammbaum zeigt zwei dafür geeignete Strukturtypen, den α-PbO_2- und den $CaCl_2$-Typ. Sie stehen in der Symmetriehierarchie tiefer als der CdI_2-Typ, da die X-Atome nicht mehr alle symmetrieäquivalent sind. Der $CaCl_2$-Typ kann auch vom Rutil-Typ hergeleitet werden (vg. S. 246), welcher der Aristotyp einer wei-

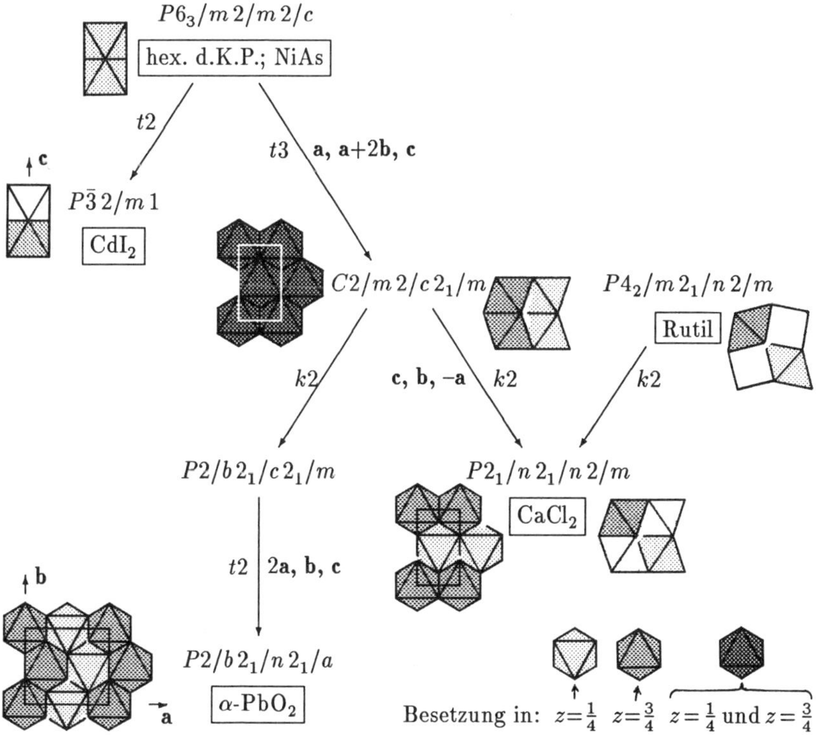

Stammbaum 3: Gruppe-Untergruppe-Beziehungen von der hexagonal-dichtesten Kugelpackung und vom Rutil-Typ zu einigen MX_2-Strukturen. Vgl. auch Abb. 98, S. 214 und 120, S. 245. Schattierte Kästchen stehen für besetzte Oktaederlücken, die (unabhängig vom Grauton) jeweils symmetrieäquivalent sind

teren (nicht aufgeführten) Strukturfamilie ist. (Anders als in Stammbaum 2 kennzeichnet unterschiedliche Schattierung der Kästchen nicht verschiedene symmetrieunabhängige Oktaederlagen, sondern die Höhe der besetzten Oktaedermitte in Blickrichtung).

Besetzung von Tetraederlücken in der kubisch-dichtesten Kugelpackung

Für einige Strukturen, die sich vom CaF_2-Typ (kubisch-dichteste Kugelpackung mit Besetzung aller Tetraederlücken) durch Verringerung der Anzahl der besetzten Tetraederlücken ableiten lassen, zeigt Stammbaum 4 die Beziehungen. Vergleiche dazu auch die zugehörigen Strukturen in Abb. 128 (S. 256). Auch in Stammbaum 4 kommen einige Schritte des Symmetrieabbaus vor, bei denen sich die Verteilung der äquivalenten Positionen nicht verändert, sondern nur eine Verringerung der Punktlagensymmetrie auftritt. Die Angegebenen Raumgruppen entsprechen nicht in allen Fällen den Standard-Aufstellungen gemäß der *International Tables*; dadurch werden Transformationen der Elementarzellen vermieden, welche die Zusammenhänge unübersichtlicher machen würden. Auch die Wahl des Zellenursprungs in Abb. 128 enstpricht nicht in allen Fällen den Konventionen.*

19.4 Zwillingskristalle

Zwillingskristalle sind Kristalle, die symmetrisch miteinander verwachsen sind. Es können zwei makroskopisch erkennbare Individuen sein wie die „Schwalbenschwanz-Zwillinge“ beim Gips, bei denen das eine Individuum spiegelbildlich zum anderen angeordnet ist (Abb. 146). Es können auch zahlreiche einander abwechselnde Individuen vorhanden sein, die sich manchmal durch ein gestreiftes Aussehen der Kristalle zu erkennen geben (polysynthetischer Zwilling). Das eine Zwillingsindividuum wird in das andere durch irgendeine Symmetrieoperation überführt, beim Schwalbenschwanz-Zwilling zum Beispiel durch eine Spiegelebene. Ein anderes Beispiel sind die „Dauphiné-Zwillinge“ beim Quarz, die über eine zweizählige Drehachse ineinander überführt werden (Abb. 146). Auch drei- oder vierzählige Achsen sind als Symmetrieoperationen („Zwillingselemente“) zwischen den Individuen möglich, die Kristalle sind dann Drillinge oder Vierlinge.

*Außer bei CaF_2 wird der Zellenursprung in einem der tetraedrisch koordinierten Atome oder in einem unbesetzten Inversionszentrum gewählt

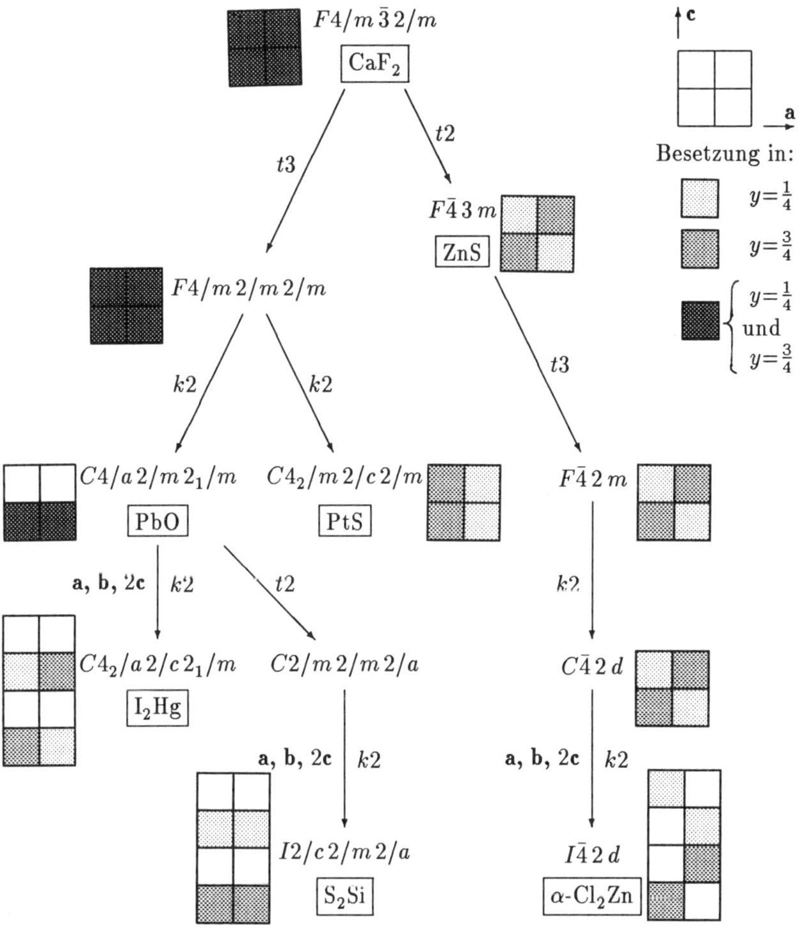

Stammbaum 4: Gruppe-Untergruppe-Beziehungen für einige Strukturen, die sich vom CaF_2-Typ durch sukzessives Entfernen von Atomen aus den Tetraederlücken ableiten lassen. Die Kästchen stehen für die Tetraederlücken, Schattierung kennzeichnet deren Besetzung, so wie rechts oben angegeben (alle besetzten Tetraeder sind jeweils symmetrieäquivalent). Abweichungen von den Standard-Zellenaufstellungen bei tetragonalen Raumgruppen [Standard in Klammern; Basisvektoren $\frac{1}{2}(\mathbf{a}+\mathbf{b})$, $\frac{1}{2}(\mathbf{a}-\mathbf{b})$, $\mathbf{c}$]: $F4/m\,2/m\,2/m$ ($I4/m\,2/m\,2/m$); $C4/a\,2/m\,2_1/m$ ($P4/n\,2_1/m\,2/m$); $C4_2/m\,2/c\,2/m$ ($P4_2/m\,2/m\,2/c$); $C4_2/a\,2/c\,2_1/m$ ($P4_2/n\,2_1/m\,2/c$); $F\bar{4}\,2\,m$ ($I\bar{4}\,m\,2$); $C\bar{4}\,2\,d$ ($P\bar{4}\,n\,2$)

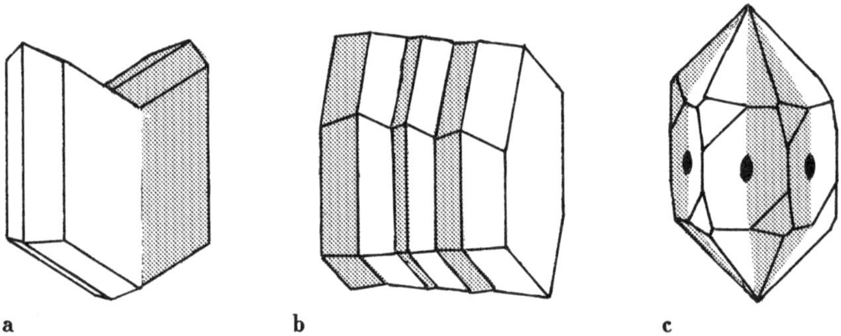

Abb. 146: **a** Schwalbenschwanz-Zwilling (Gips). **b** Polysynthetischer Zwilling (Feldspat). **c** Dauphiné-Zwilling (Quarz)

An der Grenzfläche zwischen den Zwillingsindividuen ist ein Symmetrieelement vorhanden, das nicht Symmetrieelement der Struktur selbst ist, das aber trotzdem mit den strukturellen Gegebenheiten vereinbar sein muß. Beispiel: wenn in einer kubisch-dichtesten Kugelpackung ein Stapelfehler auftritt,

$$\ldots {}^{A}B_{C}{}^{A}B_{C}\,|\,B^{A}{}_{C}B^{A}\ldots$$

kommt es zur Bildung von Zwillingen mit einer Spiegelebene senkrecht zur Stapelrichtung; die kubisch-dichteste Kugelpackung selbst hat keine Spiegelebenen mit der entsprechenden Orientierung, als Zwillingselement ist die Spiegelebene aber mit der Packung vereinbar.

Bei der Phasenumwandlung einer Struktur in eine Struktur mit geringerer Symmetrie kommt es immer zur Bildung von Zwillingen oder Mehrlingen, wenn beim Übergang eine *translationengleiche* Gruppe-Untergruppe-Beziehung vorkommt. Der Index dieser Beziehung gibt an, um was für einen Mehrling es sich handelt. Ein Beispiel sind die Dauphiné-Zwillinge des Quarzes, die entstehen, wenn sich Quarz von seiner Hochtemperaturform (β- oder Hochquarz, stabil oberhalb 573 °C) in die Tieftemperaturform (α- oder Tiefquarz) umwandelt (Abb. 147).

Die Raumgruppe von Tiefquarz ist eine translationengleiche Untergruppe vom Index 2 von derjenigen des Hochquarzes, es bilden sich Zwillinge. Beim Symmetrieabbau entfallen zweizählige Dehachsen (letzte 2 im Raumgruppensymbol $P6_222$). Diese, nur in der höhersymmetrischen Raumgruppe vorhandenen Achsen, ergeben das Zwillingselement. In dieser Art verzwillingte Quarzkristalle sind ungeeignet als piezoelektrische Komponenten für elektronische Bauelemente, die polaren Richtungen der Zwillinge kompen-

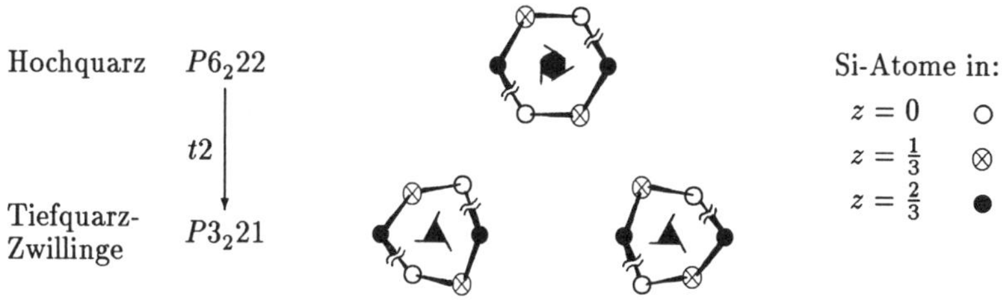

Abb. 147: Gruppe-Untergruppe-Beziehung und Zwillingsbildung bei der Phasenumwandlung β-Quarz $\rightarrow$ α-Quarz. In den Bildchen sind nur die Siliciumatome um eine der Schraubenachsen gezeigt (O-Atome befinden sich auf den Verbindungslinien)

sieren sich gegenseitig. Bei der Herstellung von piezoelektrischem Quarz darf die Temperatur deshalb nicht über 573 °C liegen.

Beim Symmetrieabbau zu der in Stammbaum 2 aufgeführten Raumgruppe von ZrI_3 ($P2_1/m\,2/n\,2_1/m$) kommt ein translationengleicher Schritt vom Index 3 vor. Die Struktur weicht nur wenig von der höhersymmetrischen Raumgruppe $P6_3/m\,2/c\,2/m$ ab (Herausrücken der Zr-Atome aus den Oktaedermitten) und bei höheren Temperaturen trifft die höhere Symmetrie wahrscheinlich zu. ZrI_3-Kristalle treten als Drillinge auf, deren Individuen um 120° gegenseitig verdreht sind, entsprechend dem Wegfall der Dreizähligkeit beim Schritt $P6_3/m\,2/c\,2/m \xrightarrow{t3} C2/m\,2/c\,2_1/m$. Bei Röntgenbeugungsexperimenten überlagern sich die Beugungsdiagramme der Drillinge und täuschen hexagonale Symmetrie sowie Zr-Atome exakt in den Oktaedermitten vor.

19.5 Übungsaufgaben

19.1 Ermitteln Sie, ob die folgenden Gruppe-Untergruppe-Beziehungen translationengleich, klassengleich oder isomorph sind. Wenn die Elementarzelle der Untergruppe vergrößert ist, ist dies über dem Pfeil angegeben.
(a) $Cmcm \rightarrow Pmcm$; (b) $P2_1/c \rightarrow P\bar{1}$; (c) $Pbcm \xrightarrow{2a,b,c} Pbca$; (d) $C12/m1 \xrightarrow{a,3b,c} C12/m1$; (e) $P6_3/mcm \rightarrow P6_322$; (f) $P2_1/m2_1/m2/n \rightarrow Pmm2$; (g) $P2_1/m2_1/m2/n \rightarrow P12_1/m1$.

19.2 Mit der Phasenumwandlung α-Zinn $\rightarrow$ β-Zinn ist ein Wechsel der Raumgruppe $F4_1/d\bar{3}2/m \xrightarrow{t3} I4_1/a2/m2/d$ verbunden. Sollte β-Zinn Zwillinge oder Mehrlinge bilden?

19.3 Die Phasenumwandlung von $NaNO_2$ bei 164 °C von der paraelektrischen zur ferroelektrischen Form ist mit einem Wechsel der Raumgruppe von $I2/m2/m2/m$ nach $Imm2$ verbunden. Wird die ferroelektrische Phase verzwillingt sein?

Literatur

Allgemeine Literatur, Lehrbücher

[1] E. Riedel, Anorganische Chemie. W. de Gruyter, Berlin 1988.

[2] A.F. Hollemann u N. Wiberg, Lehrbuch der Anorganischen Chemie. W. de Gruyter, Berlin 1995.

[3] J.E. Huheey, Anorganische Chemie. W. de Gruyter, Berlin 1988.

[4] N.N. Greenwood u. A. Earnshaw, Chemie der Elemente. VCH Verlagsges., Weinheim 1988.

[5] F.A. Cotton u. G. Wilkinson, Anorganische Chemie. Verlag Chemie, Weinheim 1982.

[6] C. Elschenbroich u. A. Salzer, Organometallchemie, 2. Aufl. Teubner Studienbücher, Stuttgart 1988.

[7] A.F. Wells, Structural Inorganic Chemistry, 5. Aufl. Clarendon Press, Oxford 1984.

[8] H. Krebs, Grundzüge der Anorganischen Kristallchemie. F. Enke, Stuttgart 1968.

[9] R.C. Evans, Einführung in die Kristallchemie. W. de Gruyter, Berlin 1976.

[10] G.M. Clark, The Structures of Non-molecular Solids. Applied Science Publishers, London 1972.

[11] D.M. Adams, Inorganic Solids. J. Wiley, London 1974.

[12] L. Smart and E. Moore, Solid State Chemistry, an Introduction. Chapman & Hall, London 1992.

[13] A.K. Cheetham, Solid State Chemistry and its Applications. J. Wiley, London 1984.

[14] A.K. Cheetham u. P. Day, Solid State Chemistry: Compounds. Clarendon, London 1992.

[15] N.N. Greenwood, Ionenkristalle, Gitterdefekte und nichtstöchiometrische Verbindungen. Verlag Chemie, Weinheim 1973.

[16] B.K. Vainshtein, V.M. Fridkin u. V.L. Indenbom, Modern Crystallography II: Structure of Crystals. Springer, Heidelberg 1982.

[17] K. Schubert, Kristallstrukturen zweikomponentiger Phasen. Springer, Berlin 1964.

[18] B.G. Hyde u.S. Andersson, Inorganic Crystal Structures. J. Wiley, New York 1989.

[19] H.D. Megaw, Crystal Structures, a Working Approach. W.B. Saunders, Philadelphia 1973.

[20] R.J. Gillespie, Molekülgeometrie. Verlag Chemie, Weinheim, 1975.

[21] R.J. Gillespie u. I. Hargittai, VSEPR Model of Molecular Geometry. Allyn & Bacon, 1991.

[22] L. Pauling, Die Natur der Chemischen Bindung. Verlag Chemie, Weinheim, 1968.

[23] D.L. Kepert, Inorganic Stereochemistry. Springer, Berlin 1982.

[24] E. Parthé, Elements of Inorganic Structural Chemistry. Sutter-Parthé, Petit-Lancy (Schweiz) 1990.

[25] A. Weiss u. H. Witte, Kristallstruktur und chemische Bindung. Verlag Chemie, Weinheim 1983.

[26] W. Kleber, H.H. Bautsch und J. Bohm, Einführung in die Kristallographie. 17. Aufl. Verlag Technik, Berlin 1990.

[27] W. Borchardt-Ott, Kristallographie, eine Einführung für Naturwissenschaftler, 3. Aufl. Springer, Berlin 1990.

[28] H. Burzlaff u. H. Zimmermann, Kristallographie. G. Thieme, Stuttgart 1977.

[29] H.L. Monaco, D.Viterbo, F.Sordari, G.Grilli, G. Zanotti and M. Catti, Fundamentals of Crystallography. Oxford University Press, 1992.

Monographien zu einzelnen Themen
(Reihenfolge entsprechend der Reihenfolge in den Kapiteln 8–19)

[30] H.L. Schläfer u. C. Gliemann, Einführung in die Ligandenfeldtheorie. Akad. Verlagsges., Frankfurt 1967.

[31] R. Demuth u. Kober, Grundlagen der Komplexchemie. 2. Aufl. Salle-Sauerländer, Frankfurt 1992.

[32] C.J. Ballhausen, Ligand Field Theory. McGraw-Hill, New York 1962.

[33] B.N. Figgis, Introduction to Ligand Fields. Wiley-Interscience, London–New York 1966.

[34] P. Schuster, Ligandenfeldtheorie. Verlag Chemie, Weinheim 1973.

[35] Y. Saito, Inorganic Molecular Dissymmetry. Springer, Berlin 1979.

[36] A.I. Kitaigorodsky, Molecular Crystals and Molecules. Academic Press, New York, 1973.

[37] R. Hoffmann, Solids and Surfaces. A Chemist's View of Bonding in Extended Structures. VCH Verlagsges., Weinheim, 1988.

[38] J.A. Duffy, Bonding, Energy Levels and Bands in Inorganic Chemistry. Longman Scientific & Technical 1990.

[39] S.L. Altmann, Band Theory of Solids. An Introduction from the Point of View of Symmetry. Clarendon, Oxford 1991.

[40] H. Jones, The Theory of Brillouin Zones and Electronic States in Crystals. North Holland, Amsterdam 1962.

[41] P.A. Cox, The Electronic Structure and Chemistry of Solids. Clarendon Press, Oxford 1987.

[42] J.K. Burdett, Chemical Bonding in Solids. Oxford University Press, Oxford 1993.

[43] H. Zabel u. S.A. Solin, Graphite Intercalation Compounds I; Structure and Dynamics. Springer, Berlin 1990.

[44] W. Hume-Rothery, R. E. Sallmann u. C. W. Haworth, The Structures of Metals and Alloys, 5. Aufl. Institute of Metals, London 1969.

[45] D.M.P. Mingos u. Wales, Introduction to Cluster Chemistry. Prentice-Hall, Englewood Cliffs 1990.

[46] G. González-Moraga, Cluster Chemistry. Springer, Berlin 1993.

[47] W.B. Pearson, The Crystal Chemistry and Physics of Metals and Alloys. J. Wiley, New York 1972.

[48] O. Muller u. R. Roy, The Mayor Ternary Structural Families. Springer, Berlin 1974.

[49] E. Parthé, Crystallochimie des Structures Tétraédriques. Gordon & Breach, Paris 1972.

[50] K. Wold u. K. Dwight, Solid State Chemistry – Synthesis, structure and properties of selected oxides and sulfides. Chapman & Hall, London 1993.

[51] F. Liebau, Structural Chemistry of Silicates. Springer, Berlin 1985.

[52] J. Lima-de-Faria, Structural Mineralogy. Kluwer, Dordrecht 1994.

[53] D.W. Breck, Zeolite Molecular Sieves. J. Wiley, New York, 1974.

[54] A. Weiss u. H. Witte, Magnetochemie. Verlag Chemie, Weinheim 1973.

[55] F.E. Mabbs u. D.J. Machin, Magnetism and Transition Metal Complexes. Chapman & Hall, London 1973.

[56] R.L. Carlin, Magnetochemistry. Springer, Berlin 1986.

[57] H. Lueken, Magnetochemie. Teubner, Stuttgart 1996.

[58] D.W. Bruce u. D. O'Hare, Inorganic Materials. J. Wiley, Chichester 1992.

[59] B. Vainshtein, Modern Crystallography I: Symmetry of Crystals. Springer, Berlin 1981.

[60] W. Ledermann, Einführung in die Gruppentheorie. Vieweg, Braunschweig 1977.

[61] F.A. Cotton, Chemical Applications of Group Theory, 3. Aufl. J. Wiley, New York 1990.

[62] S.F.A. Kettle, Symmetrie und Struktur. Teubner, Stuttgart 1994.

[63] D. Steinborn, Symmetrie und Struktur in der Chemie. VCH Verlagsgs., Weinheim, 1993.

[64] International Tables for Crystallography, Vol. A, 2. Aufl. (T. Hahn, Hrsg.). Kluwer, Dordrecht 1987.

[65] F. Laves, Crystal Structure and Atomic Size. In: Theory of Alloy Phases, S. 124. Amer. Soc. for Metals, Cleveland 1956.

[66] F. Laves, Phase Stability in Metals and Alloys. McGraw-Hill, New York 1967.

Sammlungen von Kristallstrukturdaten

[67] R.W.G. Wyckoff, Crystal Structures, Bd. 1–6. J. Wiley, New York 1962–1971.

[68] J. Donohue, The Structures of the Elements. J. Wiley, New York 1974.

[69] Strukturbericht 1–7. Akad. Verlagsges., Leipzig 1931–1943. Structure Reports 8–58. Kluwer, Dordrecht 1956-1990. Jährlich erschienene Sammlung von Kristallstrukturdaten eines Jahres.

[70] Molecular Structures and Dimensions (O. Kennard u.a., Hrsg.). D. Reidel, Dordrecht 1970ff.

[71] Landolt-Börnstein, Zahlenwerte und Funktionen aus Naturwissenschaft und Technik, Neue Serie (K.H. Hellwege, Hrsg.), III, Bd. 7. Springer, Berlin 1973–1978.

[72] P. Villars and L.D. Calvert, Pearson's Handbook of Crystallographic Data for Intermetallic Phases, 2. Aufl., Bd. 1–4. ASM International, Materials Park, Ohio 1991.

[73] J.L.C. Daams, P. Villars and J.H.N. van Vucht, Atlas of Crystal Structure Types for Intermetallic Phases, Bd. 1–4. ASM International, Materials Park, Ohio 1991.

[74] Molecular Gas Phase Documentation (MOGADOC). Fachinformationszentrum Karlsruhe. Laufend ergänzte elektronische Datenbank über Molekülstrukturen in der Gasphase.

[75] Inorganic Crystal Structure Database (ICSD). Fachinformationszentrum Karlsruhe. Laufend ergänzte elektronische Datenbank über Kristallstrukturen anorganischer Substanzen.

[76] Cambridge Structural Database (CSD). Cambridge Crystallographic Data Centre, University Chemical Laboratory, Cambridge (England). Laufend ergänzte elektronische Datenbank über Kristallstrukturen organischer und metallorganischer Substanzen.

[77] Metals Crystallographic Data File (CRYSTMET). National Research Council of Canada, Ottawa. Laufend ergänzte elektronische Datenbank über Kristallstrukturen von Metallen und intermetallischen Verbindungen einschließlich Metallsulfiden, -phosphiden u.ä.

[78] A. Hölzel, Database for Minerals and Inorganic Phases (MDAT). Systematik in der Mineralogie, Ober-Olm. Jährlich ergänzte elektronische Datenbank über strukturelle und andere Daten von Mineralen. Compuserve 100333,2771.

Ausgewählte Artikel in wissenschaftlichen Zeitschriften

[79] A. Simon, Intermetallische Verbindungen und die Verwendung von Atomradien zu ihrer Beschreibung. Angew. Chem. **95** (1983) 94.

[80] G.O. Brunner u. D. Schwarzenbach, Zur Abgrenzung der Koordinationssphäre und Ermittlung der Koordinationszahl in Kristallstrukturen. Z. Kristallogr. **133** (1971) 127.

[81] F.C. Frank u. J.S. Kasper, Complex Alloy Structures Regarded as Sphere Packings. I: Definitions and Basic Principles, Acta Crystallogr. **11** (1958) 184. II: Analysis and Classification of Representative Structures, Acta Crystallogr. **12** (1959) 483.

[82] R. Hoppe, Die Koordinationszahl – ein anorganisches Chamäleon. Angew. Chem. **82** (1970) 7.

[83] F.L. Carter, Quantifying the Concept of Coordination Number. Acta Crystallogr. **B 34** (1978) 2962.

[84] R. Hoppe, Effective Coordination Numbers and Mean Fictive Ionic Radii. Z. Kristallogr. **150** (1979) 23.

[85] J. Lima-de-Faria, E. Hellner, F. Liebau, E. Makovicky u. E. Parthé, Nomenclature of Inorganic Structure Types. Acta Crystallogr. **A 46** (1990) 1.

[86] E. Parthé u. L.M. Gelato, The Standardization of Inorganic Crystal-Structure Data. Acta Crystallogr. **A 40** (1984) 169.

[87] S.W. Bailey, V.A. Frank-Kamentski, S. Goldsztaub, H. Schulz, H.F.W. Taylor, M. Fleischer u. A.J.C. Wilson, Report of the International Mineralogical Association – International Union of Crystallography Joint Committee on Nomenclature. Acta Crystallogr. **A 33** (1977) 681.

[88] J. Lima-de-Faria, Crystal Chemical Formulae for Inorganic Structure Types. In: Modern Perspectives in Inorganic Crystal Chemistry (E. Parthé, Hrsg.), S. 117. Kluwer, Dordrecht 1992.

[89] S. Andersson, Eine Beschreibung komplexer anorganischer Kristallstrukturen. Angew. Chem. **95** (1983) 67.

[90] A. Bondi, Van der Waals Volumes and Radii. J. Phys. Chem. **68** (1964) 441.

[91] S.C. Nyborg u. C.H. Faerman, A Review of van der Waals Atomic Radii for Molecular Crystals. I: N, O, F, S, Se, Cl, Br and I Bonded to Carbon. Acta Crystallogr. **B 41** (1985) 274. II: Hydrogen Bonded to Carbon. S.C. Nyborg, C.H. Faerman u. L. Prasad, Acta Crystallogr. **B 43** (1987) 106.

[92] J. Krug, H. Witte u. E. Wölfel, Röntgenographische Bestimmung der Elektronenverteilung in Kristallen. Z. Phys. Chem. N.F. **4** (1955) 36.

[93] R.D. Shannon, Revised Effective Ionic Radii and Systematic Studies of Interatomic Distances in Halides and Chalcogenides. Acta Crystallogr. **A 32** (1976) 751.

[94] R.D. Shannon, Bond Distances in Sulfides and a Preliminary Table of Sulfide Crystal Radii. In: Structure and Bonding in Crystals, Bd. II (M. O'Keeffe u. A. Navrotsky, Hrsg.). Academic Press; New York 1981.

[95] W.H. Baur, Bond Length Variation and Distrotred Coordination Polyhedra in Inorganic Crystals. Trans. Amer. Crystallogr. Assoc. **6** (1970) 129. — Interatomic Distance Predictions for Computer Simulation of Crystal Structures, in: Structure and Bonding in Crystals, Bd. II, S. 31 (M. O'Keeffe u. M. Navrotsky, Hrsg.). Academic Press, New York 1981.

[96] T.C. Waddington, Lattice Energies and their Significance in Inorganic Chemistry. Advan. Inorg. Chem. Radiochem. **1** (1959) 157.

[97] M.F.C. Ladd u. W.H. Lee, Lattice Energies and Related Topics, Progr. Solid State Chem. (1964) 37; **2** (1965) 378; **3** (1967) 265.

[98] R. Hoppe, Madelung Constants as a new Guide to the Structural Chemistry of Solids. Adv. Fluor. Chem. **6** (1970) 387.

[99] R.J. Gillespie, The VSEPR Model Revisited. J. Chem. Soc. Rev. **21** (1992) 59.

[100] J.R. Edmundson, On the Distribution of Point Charges on the Surface of a Sphere. Acta Crystallogr. **A 48** (1991) 60.

[101] J. Brickmann, M. Klöffler u. H.U. Raab, Atomorbitale. Chemie in uns. Zeit **12** (1978) 23.

[102] H.W. Kroto, Buckminsterfulleren, die Himmelssphäre, die zur Erde fiel. Angew. Chem. **104** (1992) 113.

[103] H. Selig u. L.B. Ebert, Graphite Intercalation Compounds. Advan. Inorg. Chem. Radiochem. **23** (1980) 281.

[104] J.M. Burdett, Perspectives in Structural Chemistry. Chem Rev. **88** (1988) 3.

[105] J.W. Lauher, The Bonding Capabilites of Transition Metals Clusters. J. Amer. Chem. Soc. **100** (1978) 5305.

[106] K. Wade, Structural and Bonding Patterns in Cluster Chemistry. Advan. Inorg. Chem. Radiochem. **18** (1976) 1.

[107] D.M.P. Mingos, T. Slee u. L. Zhenyang, Bonding Models for Ligated and Bare Clusters. Chem. Rev. **90** (1990) 383.

[108] S. M. Owen, Electron Counting in Clusters: a View of the Concepts. Polyhedron **7** (1988) 253.

[109] B.K. Teo, New Topological Electron-Counting Theory. Inorg. Chem. **23** (1984) 1251.

[110] W.B. Pearson, The Crystal Structures of Semiconductors and a General Valence Rule. Acta Crystallogr. **17** (1964) 1. Siehe auch A. Keskhus u. T. Rakke, Structure and Bonding **9** (1974) 45.

[111] R.J. Gillespie, Ring, Cage, and Cluster Compounds of the Main Group Elements. J. Chem. Soc. Rev. **1979**, 315.

[112] H. G. v. Schnering u. W. Hönle, Bridging Chasms with Polyphosphides. Chem. Rev. **88** (1988) 243.

[113] H.G. v. Schnering, Homonucleare Bindungen bei Hauptgruppenelementen. Angew. Chem. **93** (1981) 44.

[114] Komplexe Übergangsmetallhydride, Angew. Chem. **103** (1991) 776.

[115] B. Krebs, Thio- und Selenoverbindungen von Hauptgruppenelementen – neue anorganische Oligomere und Polymere. Angew. Chem. **95** (1983) 113.

[116] B. Krebs and G. Henkel, Übergangsmetallthiolate — von Molekülfragmenten sulfidischer Festkörper zu Modelllen aktiver Zentren in Biomolekülen. Angew. Chem. **103** (1991) 785.

[117] P. Böttcher, Tellurreiche Telluride. Angew. Chem. **100** (1988) 781.

[118] H. Schäfer, B. Eisenmann u. W. Müller, Zintl-Phasen: Übergangsformen zwischen Metall- und Ionenbindung. Angew. Chem. **85** (1973) 742.

[119] H. Schäfer, Semimetal Clustering in Intermatallic Phases. J. Solid State Chem. **57** (1985) 97.

[120] R. Nesper, Structure and Chemical Bonding in Zintl-Phases containing Lithium. Progr. Solid State Chem. **20** (1990) 1.

[121] R. Nesper, Chemische Bindungen — Intermetallische Verbindungen. Angew. Chem. **103** (1991) 805.

[122] J.D. Corbett, Polyatomic Zintl Anions of the Post-Transition Elements. Chem. Rev. **85** (1985) 383.

[123] R. Chevrel, in: Superconductor Materials Sciences Metallurgy, Fabrication and Applications (S. Foner u. B. B. Schwarz, Hrsg.), Kap. 10. Plenum Press, New York 1981.

[124] R. Chevrel, Chemistry and Structure of Ternary Molybdenum Chalcogenides. Topics in Current Physics **32** (1982) 5.

[125] R. Chevrel, Cluster Solid State Chemistry. In: Modern Perspectives in Inorganic Crystal Chemistry (E. Parthé, Hrsg.), S. 17. Kluwer, Dordrecht 1992.

[126] A. Simon, Strukturchemie metallreicher Verbindungen, Chemie in uns. Zeit **10** (1976) 9.

[127] A. Simon, Kondensierte Metall-Cluster. Angew. Chem. **93** (1981) 23.

[128] A. Simon, Cluster valenzelektronenarmer Metalle – Strukturen, Bindung, Eigenschaften. Angew. Chem. **100** (1988) 164.

[129] J.D. Corbett, Extended Metal-Metal Bonding in Halides of the Early Transition Metals. Acc. Chem. Res. **14** (1981) 239.

[130] J.D. Corbett, Structural and Bonding Principles in Metal Halide Cluster Chemistry. In: Modern Perspectives in Inorganic Crystal Chemistry (E. Parthé, Hrsg.), S. 27. Kluwer, Dordrecht 1992.

[131] T. Hughbanks, Bonding in Clusters and Condesed Cluster Compounds that Extend in One, Two and Three Dimensions. Prog. Solid State Chem. **19** (1990) 329.

[132] R.L. Johnston and R. Hoffmann, Structure Bonding Relationships in the Laves Phases. Z. Anorg. Allg. Chem. **616** (1992) 105.

[133] T. Lundström, Preparation and Crystal Chemistry of some Refractory Borides and Phosphides, Arkiv Kemi **31** (1969) 227.

[134] P. Hagenmuller, Les Bronzes Oxygénés, Progr. Solid State Chem. **5** (1971) 71.

[135] M. Greenblatt, Molybdenum Oxide Bronzes with quasi low-dimensional Properties. Chem. Rev. **88** (1988) 31.

[136] M. Figlharz, New Oxides in the MoO_3–WO_3 System. Progr. Solid State Chem. **19** (1989) 1.

[137] F. Hulliger, Crystal Chemistry of the Chalcogenides and Pnictides of the Transition Metals, Structure and Bonding **4** (1968) 82.

[138] S.C. Lee and R.H. Holm, Nichtmolekulare Metallchalcogenid/Halogenid-Festkörperverbindungen und ihre molekularen Cluster-Analoga. Angew. Chem. **102** (1990) 868.

[139] A. Kjeskhus u. W.B. Pearson, Phases with the Nickel Arsenide and Closely-related Structures, Progr. Solid State Chem. **1** (1964) 83.

[140] D. Babel u. A. Tressaud, Crystal Chemistry of Fluorides. In: Inorganic Solid Fluorides (P. Hagenmuller, Hrsg.). Academic Press, Orlando–London 1985.

[141] G. Meyer, The Syntheses and Structures of Complex Rare-earth Halides, Progr. Solid State Chem. **14** (1982) 141.

[142] M.T. Pope and A. Müller, Chemie der Polyoxometallate: Aktuelle Variationen über eine altes Thema mit interdisziplinaren Bezügen. Angew. Chem. **103** (1991) 56.

[143] H. Müller-Buschbaum, Kristallchemie von Kupferoxometallaten. Angew. Chem. **103** (1991) 741.

[144] W. Bronger, Ternäre Sulfide: Ein Modellfall für die Beziehung zwischen Kristallstruktur und Magnetismus. Angew. Chem. **93** (1981) 12.

[145] J.V. Smith, Topochemistry of Zeolite and Related Materials. Chem. Rev. **88** (1988) 149.

[146] U. Müller, MX_4-Ketten aus kantenverknüpften Oktaedern: mögliche Kettenkonfigurationen und mögliche Kristallstrukturen. Acta Crystallogr. **B 37** (1981) 532.

[147] H. Bärnighausen, Group-Subgroup Relations between Space Groups: a Useful Tool in Crystal Chemistry. MATCH, Communications in Mathematical Chemistry **9** (1980) 139.

[148] G.O. Brunner, An Unconventional View of the Closest Sphere Packings. Acta Crystallogr. **A 27** (1971) 388.

[149] G.C. Chapuis, Symmetry Relationships between Crystal Structures and their Practical Applications. In: Modern Perspectives in Inorganic Crystal Chemistry (E. Parthé, Hrsg.), S. 1. Kluwer, Dordrecht 1992.

[150] A. Meyer, Symmetriebeziehungen zwischen Kristallstrukturen des Formeltyps AX_2, ABX_4 und AB_2X_6 sowie deren Ordnungs- und Leerstellenvarianten. Dissertation, Univ. Karlsruhe 1981.

Lösungen zu den Übungsaufgaben

2.1 (a) 5,18; (b) 5,91; (c) 12,53.

2.2 (a) $Fe^{o}Ti^{o}O_3^{[2n,2n]}$ oder $Fe^{[6o]}Ti^{[6o]}O_3^{[2n,2n]}$;
(b) $Cd^{o}Cl_2^{[3n]}$; (c) $Mo^{[6p]}S_2^{[3n]}$;
(d) $Cu_2^{[2l]}O^{t}$; (e) $Pt^{[4l]}S^{[4t]}$ oder $Pt^{s}S^{t}$;
(f) $Mg^{[16FK]}Cu_2^{i}$;
(g) $Al_2^{o}Mg_3^{do}Si_3^{o}O_{12}$; (h) $U^{[6p3c]}Cl_3^{[3n]}$.

2.3 CsCl, *P*; NaCl, *F*; Sphalerit, *F*; CaF_2, *F*; Rutil, *P*; CaC_2, *I*; NaN_3, *P*; ReO_3, *P*.

2.4 CsCl, 1; ZnS, 4; TiO_2, 2; $ThSi_2$, 4; ReO_3, 1; α-$ZnCl_2$, 4.

2.5 271,4 pm.

2.6 I(1)–I(2) 272,1 pm; I(2)–I(3) 250,0 pm; Winkel 178,4°.

2.7 210,2 und 213,2 pm; Winkel 101,8°.

2.8 W=O 177,5 pm; W···O 216,0 pm; W–Br 244,4 pm; Winkel O=W–Br 97,2°; das Koordinationspolyeder ist ein verzerrtes Oktaeder (vgl. Abb. 135, S. 270).

2.9 Zr–O(1) 205,1, 216,3 und 205,7 pm; Zr–O(2) 218,9, 222,0, 228,5 und 215,1 pm; K.Z. 7.

3.1 Erste Ordnung (Hysterese beobachtet).

3.2 Es wird bei ca. 0,1 GPa schmelzen und bei ca. 0,45 GPa wieder gefrieren, wobei sich Modifikation V bildet.

3.3 Es wird bei ca. 1,3 GPa unter Bildung von Modifikation VI gefrieren .

3.4 $H_2O{\cdot}HF$ wird kristallisieren, dann wird zusätzlich H_2O bei −72 °C gefrieren.

3.5 Ja.

4.1 β-Cristobalit könnte sich in α- und β-Quarz umwandeln.

4.2 Bei 1000 °C verläuft die Rekristallisation schneller.

4.3 BeF_2.

4.4 $-\frac{8}{1}+\frac{6\sqrt{3}}{2}+\frac{12\sqrt{3}}{2\sqrt{2}}-\frac{24\sqrt{3}}{\sqrt{10}}$.

4.5 (a) 687 $kJ\,mol^{-1}$; (b) 2965 $kJ\,mol^{-1}$; (c) 3517 $kJ\,mol^{-1}$.

5.1 F···F in SiF_4 253 pm, van der Waals-Abstand 294 pm; Cl···Cl in $SiCl_4$ 330 pm, van der Waals-Abstand 350 pm; I···I in SiI_4 397 pm, van der Waals-Abstand 396 pm; in SiF_4 und $SiCl_4$ sind die Halogenatome zusammengequetscht.

5.2 WF_6 193, WCl_6 241, PCl_6^- 219, PBr_6^- 234, SbF_6^- 193, MnO_4^{2-} 166 pm; ReO_3 195, TiO_2 201, EuO 257, $CdCl_2$ 276 pm.

6.1 (a) Rutil; (b) Rutil; (c) keine (GeO_2 ist tatsächlich polymorph und nimmt den Rutil- und den Quarztyp an); (d) anti-CaF_2.

6.2 Mg^{2+} K.Z. 8, Al^{3+} K.Z. 6, Si^{4+} K.Z. 4 (Bei Austausch der Koordinationszahlen von Mg^{2+} und Si^{4+} wäre die PAULINGsche Regel ebenfalls erfüllt, aber K.Z. 8 ist recht unwahrscheinlich für Si^{4+}).

6.3 Da alle Kationen die gleiche Ladung (+3) haben, hilft die elektrostatische Valenzregel nicht weiter. Die größeren Y^{3+}-Ionen werden die Lagen mit K.Z. 8 bevorzugen.

6.4 Nein.

6.5 N ist an Ag koordiniert.

6.6 $s(Rb^+) = \frac{1}{10}$; $s(V^{4+}) = \frac{4}{5}$;

$s(V^{5+}) = \frac{5}{4}$;
$p_1 = 1,20$; $p_2 = 2,25$; $p_3 = 2,70$; $p_4 = 1,55$;
$\bar{p}(V^{4+}) = 2{,}04$; $\bar{p}(V^{5+}) = 2{,}19$; zu erwartende Bindunslängen: V^{4+}–O(1) 159 pm, V^{4+}–O(2) 197 pm, V^{5+}–O(2) 173 pm, V^{5+}–O(3) 180 pm, V^{5+}–O(4) 162 pm.

7.1 Linear: $BeCl_2$, Cl_3^-; gewinkelt: O_3^- (Radikal-Ion), S_3^{2-}; trigonal-planar: BF_3; trigonal-pyramidal: PF_3, $TeCl_3^+$; T-förmig: BrF_3, XeF_3^+; tetraedrisch: $GeBr_4$, $AsCl_4^+$, $TiBr_4$, O_3BrF; quadratisch-planar: ICl_4^-; trigonal-bipyramidal mit einer fehlenden äquatorialen Ecke: SbF_4^-, $O_2ClF_2^-$ (F axial); trigonal-bipyramidal: $SbCl_5$, $SnCl_5^-$, O_2ClF_3 und O_3XeF_2 (O äquatorial); quadratisch-pyramidal: TeF_5^-; oktaedrisch: $ClSF_5$.

7.2

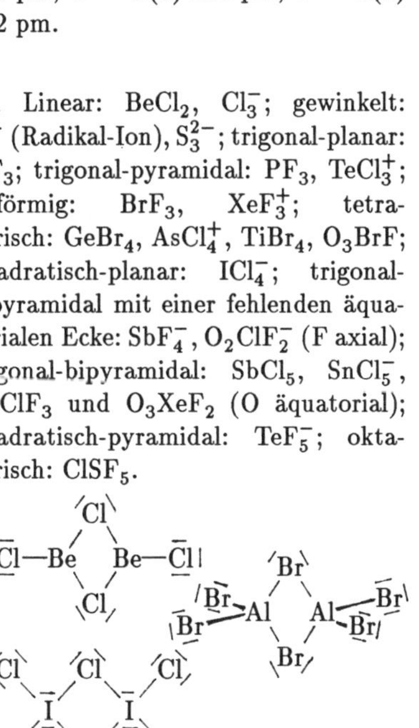

Ta_2I_{10} wie Nb_2Cl_{10} (vgl. S. 72).

7.3 Trigonale Bipyramide, CH_2 Gruppe in äquatorialer Position senkrecht zur Äquatorebene. Leiten Sie die Struktur von einem Oktaeder mit gebogenen S=C-Bindungen ab.

7.4 (a) $SF_2 < SCl_2 < S_3^{2-} < S_3^- \approx OF_2$; (b) $H_3CNH_2 < [(H_3C)_2NH_2]^+$; (c) $PCl_2F_3 < PCl_3F_2$ (=180°).

7.5 Bindungslängen Al–Cl(terminal) < Al–Cl(Brücke);
Winkel Cl(Brücke)–Al–Cl(Brücke) ≈ 95° < Cl(Brücke)–Al–Cl(terminal) ≈ 110° < Cl(term.)–Al–Cl(term.) ≈ 120°.

7.6 $SnCl_3^-$; PF_6^-; $SnCl_6^{2-}$.

7.7 $BiBr_5^{2-}$ und TeI_6^{2-}.

8.1 $[Cr(OH_2)_6]^{2+}$, $[Mn(OH_2)_6]^{3+}$, $[Cu(NH_3)_6]^{2+}$.

8.2 $CrCl_4^-$ und $NiBr_4^{2-}$, gedehnte Tetraeder; $CuBr_4^{2-}$, gestauchtes Tetraeder; $FeCl_4^{2-}$ könnte schwach verzerrt sein.

8.3 Tetraedrisch: $Co(CO)_4^-$, $Ni(PF_3)_4$, $Cu(OH)_4^{2-}$ (verzerrt); quadratisch: $PtCl_2(NH_3)_2$, $Pt(NH_3)_4^{2+}$, Au_2Cl_6.

8.4 (a) 2; (b) 1; (c) 2; (d) 2; (e) 1.

9.1 Das Band wird breiter und die DOS wird geringer.

9.2 Es wird wie der rechte Teil von Abb. 36 aussehen.

9.3 Das *s*-, das p_y- und das p_z-Band rückt zu niedrigeren Energiewerten bei Γ und X', und zu höheren Werten bei X und M; das p_x-Band rückt zu höheren Werten bei Γ und X', und zu niedrigeren Werten bei X und M.

11.1 Kürzer: BeO, BN; gleich: BeS, BP, AlN; länger: AlP.

11.2 Längere Bindungen.

11.3 Unter Druck könnte AgI die NaCl-Struktur annehmen (dies ist tatsächlich der Fall).

11.4 3.

11.5 Hg_2C sollte die Cu_2O-Struktur haben.

12.1 (a) Einfach ionisch; (b) polyanionisch; (c) polyanionisch; (d) polyanionisch; (e) polykationisch; (f) polyanionisch; (g) polykationisch; (h) einfach ionisch.

12.2 (a), (b), (d).

12.3 (a)

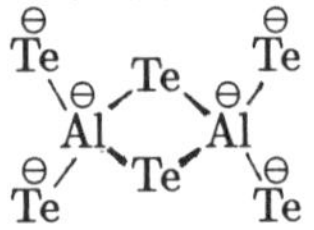

(b)

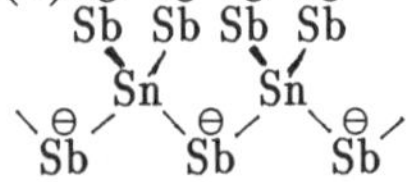

(c) Schichten wie in elementarem Sb;

(d)

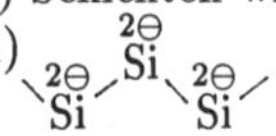

(e)

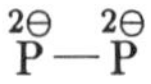

12.4 (a) Wade (26 e^-); (b) elektronenpräzise (84 e^-); (c) $2e3c$ (56 e^-); (d) elektronenpräzise (72 e^-); (e) Wade (86 e^-).

13.1 (a) *hhccc* oder 41; (b) *hhhc* oder 211.

13.2 (a) *ABACBC*;
(b) *ABCACABCBCAB*;
(c) *ABCBABACAB*.

14.1 (a) Nein (wegen unterschiedlicher Strukturen); (b) ja; (c) nein; (d) nein; (e) nein; (f) ja; (g) ja; (h) nein.

14.2

$AuCu_3$

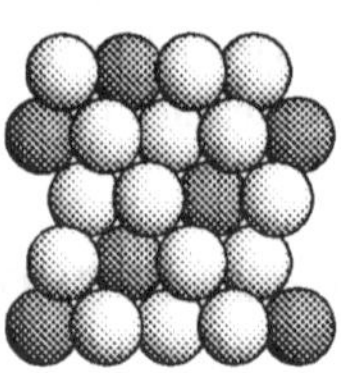

$SnNi_3$

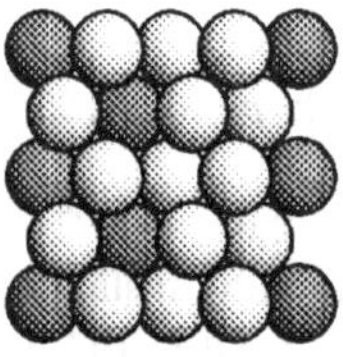

$TiAl_3$

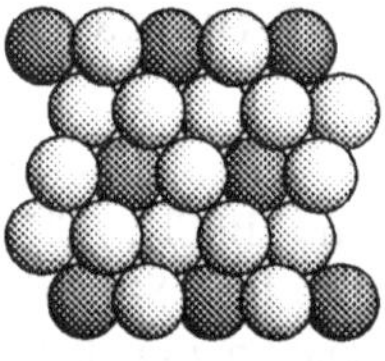

$TiCu_3$

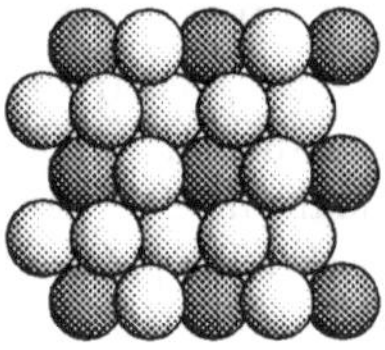

14.3 (a) CaF_2; (b) MgAgAs; (c) $MgCu_2Al$.

14.4 In beiden Verbindungen besetzt jedes der Elemente zwei der vier verschiedenen Positionen, jedoch mit verschiedenen Multiplizitäten:
3Cu:2Cu:2Zn:6Zn und
3Cu:2Al:2Al:6Cu.

14.5 Ja.

15.1 WO_3.

15.2 MX_4; dies ist die Struktur einer Form von $ReCl_4$.

15.3 MX_4.

15.4 MoI_3 und TaS_3^{2-}.

15.5 Cristobalit.

16.1 MX_2.

16.2 Stränge von flächenverknüpften Oktaedern kommen nur in der hexagonal-dichtesten Kugelpackung vor.

16.3 TiN, NaCl-Typ; FeP, MnP-Typ;

FeSb, NiAs-Typ; CoS, NiP-Typ; CoSb, NiAs-Typ.

16.4 In $CaBr_2$ und RhF_3 sind die Oktaeder dreidimensional verknüpft; CdI_2 und BiI_3 bestehen aus Schichten, bei denen Stapelfehler auftreten können.

16.5 $\frac{1}{7}$.

16.6 MgV_2O_4, normal; VMg_2O_4, invers; $NiGa_2O_4$, invers; $ZnCr_2S_4$, normal; $NiFe_2O_4$, invers.

18.1 H_2O, $mm2$; $HCCl_3$, $3m$; BF_3, $\bar{6}2m$; XeF_4, $4/m\,2/m\,2/m$ (kurz $4/mmm$); $ClSF_5$, $4mm$; SF_6, $4/m\,\bar{3}\,2/m$ (kurz $m\bar{3}m$); *cis*-$SbF_4Cl_2^-$, $mm2$; *trans*-N_2F_2, $2/m$; $B(OH)_3$, $\bar{6}$; $Co(NO_2)_6^{3-}$, $2/m\bar{3}$ (kurz $m\bar{3}$).

18.2 Si_4^{6-}, $mm2$; As_4S_4, $\bar{4}2m$; P_4S_3, $3m$; Sn_5^{2-}, $\bar{6}2m$; Sn_9^{4-}, $4mm$; As_4^{6-}, 1; Sb_6^{8-}, 2; As_4^{4-}, $4/m\,2/m\,2/m$ (kurz $4/mmm$); P_6^{6-}, $\bar{3}2/m1$ (kurz $\bar{3}m$); P_7^{3-}, $3m$; P_{11}^{3-}, 3.

18.3 Tetraeder, $2/m\,2/m\,2/m$ (kurz mmm) und $mm2$;
Oktaeder, $4/m\,2/m\,2/m$ (kurz $4/mmm$), $\bar{8}2m$ und m.

18.4 In Richtung der Kette: Translationsvektor, 2_1-Achse und eine Spiegelebene durch jedes O-Atom (die Spiegelebenen verlaufen senkrecht zur Bezugsrichtung); in Richtung senkrecht zur Papierebene: Spiegelebene und eine 2-Achse durch jedes Hg-Atom; vertikal in der Papierebene: Gleitspiegelebene und eine 2-Achse durch jedes O-Atom; ein Inversionszentrum in jedem Hg-Atom. Wenn wir ein Koordinatensystem **a**,**b**,**c** definieren mit **a** senkrecht zur Papierebene und **c** = Translationsvektor, dann ist das Hermann-Mauguin-Symbol $P(2/m\,2/c)2_1/m$; die Klammern beziehen sich auf die Richtungen ohne Translationssymmetrie.

18.5 Hexagonales M_xWO_3, $P\,6/m\,2/m\,2/m$ (dies ist eine idealisierte Symmetrie; tatsächlich sind die Oktaeder leicht verkippt und die wahre Raumgruppe ist $P6_322$); tetragonales M_xWO_3, $P\,4/m\,2_1/b\,2/m$ (kurz $P4/mbm$); NiAs, $P\,6_3/m\,2/m\,2/c$ (kurz $P6_3/mmc$); $BaTiO_3$, $P4mm$.

18.6 (a) $2/m\,2/m\,2/m$ (kurz mmm), orthorhombisch; (b) $4/mmm$, tetragonal; (c) $\bar{3}2/m1$ (kurz $\bar{3}m$), trigonal; (d) $2/m$, monoklin; (e) $6/m$, hexagonal; (f) 622, hexagonal; (g) 222, orthorhombisch.

19.1 (a) klassengleich; (b) translationengleich; (c) klassengleich; (d) isomorph; (e) translationengleich; (f) translationengleich; (g) translationengleich.

19.2 β-Sn bildet Drillinge.

19.3 Ja.

Sachverzeichnis

Abstand, interatomarer 9, **20**, **44**ff., 63f., 74, 77f., 200
Abstoßende Kräfte 37ff., 44, 52, 69, 87
Abstoßung zwischen Valenzelektronenpaaren 67ff., 87
Abstoßungsenergie 38ff., 67, 87
Abzählung des Zellinhalts 19
Achsenverhältnis 21
Acht minus N-Regel 66, 121, 150ff.
Aktivierungsenergie 34
AlB_2-Typ 159
$AlCl_3$-Typ 210, 247f.
Alkalihalogenide 54
Alkalisuboxide 175
Allgemeine Punktlage 291
α-Al_2O_3 (Korund) 217, 248f., 303
Aluminosilicate 145, 148, 224, **226**ff.
Amphibole 226
Anatas 62
Anorthit 230
Antibindende Molekülorbitale 99ff., 106f., 108, 111, 112
Antiferromagnetismus 276f.
Antifluorit-Typ 56
Antigorit 225f.
Antikuboktaeder 13, 181
Antimon 129f.
Antimonide 156f., 242f.
Antiprisma, quadratisches 13, 67
–, überkapptes quadratisches 158
Antityp 22
Anziehende Kräfte 37ff., 44, 52
Apikale Position 78
Arachno-Cluster 173
Aristotyp 301f.
Arrhenius-Gleichung 34
Arsen 129ff.
Arsenide 156f., 242ff.
Asbest 226
Asymmetrisch subst. C-Atom 95f.
Asymmetrische Einheit 20
Atacamit 244
Atomabstand 9, **20**, **44**ff., 140
Atomgröße 9, **44**ff.
Atomkoordinaten **20**ff., 301
Atomradien 44ff.
Atomradien in Metallen 46f., 188
AuCd-Typ 191
AuCu-Typ 188f., 191
$AuCu_3$-Typ 188ff.
Aufenthaltswahrscheinlichkeit, Atom 9
–, Elektron 99
Axiale Position 69, 78
Azide 58f.

Baddeleyit 23, 64, 266
Bahnmagnetismus 273f.
Band 105ff.
Bandbreite 106f., 111
Banddispersion 106
Bandsilicat 226
Bändertheorie 103ff.
Bandstruktur 106ff., 243
Basale Position 78
Basisvektoren **16**ff., 19, 281, 291, 294
Basiszentriert 18, 281
Baufehler 8
Baur-Regeln 63f.
Benitoit 221
Berry-Rotation 78f.
Beryll 221
Beschreibung von Kristallstrukturen 16ff.
Beta-Käfig 227ff.
BiI_3-Typ 210, 247f., 303
Bildliche Darstellung 9
Bildsymbole für Symmetrieelemente 281ff.
Bindende Molekülorbitale 99ff., 106, 108, 111, 112
Bindungsisomere 93f.
Bindungslänge kovalenter Bindungen 36, 46ff., 74, 140
Bindungslänge polarer Bindungen 47, 50, 63f., 74, 200
Bindungsordnung 100
Bindungsstärke, elektrostatische 60f.
Bindungswinkel 20, 36, **69**ff.
– bei verknüpften Polyedern 72, 199ff., 203, 205f., 212, 219, 235ff.

Bipyramide, trigonale 12, 13, 67f., **78**ff., 92, 96, 170, 236
Bismut 129f.
Bloch-Funktion 105
Bohrsches Magneton 273f.
Bor 134f., 172
Borane 171
Borate 58
Bornitrid 141
Bornscher Abstoßungsexponent 38
Botallackit 244
Brasilianer Zwilling 146
Brillouin-Zone 116f., 195
Brookit 62
Brucit 212, 244
Brückenatom 12, 74, 76, 199ff., 219, 235ff.
Buckminsterfulleren 134

CaB_6-Typ 173
CaC_2-Typ 58f.
$CaCl_2$-Typ 245, 305
CaF_2-Typ **56**, 193, 232, 239, 255f., 306
Calcit (Kalkspat) 58f., 61, 206f.
Carbide 239ff., 265
Carborane 172
Carnegieit 145
$CaSi_2$-Typ 154f.
$CdCl_2$-Typ 211, 244
CdI_2-Typ 211, 244, 304f.
Chalkogene 123ff.
Chalkopyrit 143f.
Chelatkomplexe 96
Chevrel-Phasen 167f.
Chiralität 95f.
Chiralitätszentrum 96
Chrysotil 224f.
Cis-Konfiguration 94f.
Cis-trans-Isomere 94f.
Cisoide Konformation 123
Clathrasile 230
Clathrate 230f.
Closo-Cluster 164ff., 172f.
Cluster, kondensierte 175ff.
Clusterverbindungen 163ff.
– mit eingelagerten Atomen 165, 173ff.
Coesit 24, 147
COOP 112ff.
Coulomb-Energie **39**ff., 54f.
Cristobalit 24, 144ff., 257
CsCl-Typ 52ff., 191ff.
–, Überstrukturen 192f., 195
Cuprit 148f.
Curie-Konstante 272
Curie-Temperatur 268, 276
Curie-Weiss-Gesetz 272f.
Cu-Typ 181
Cu_2O-Typ 148f.
Cu_5Zn_8-Typ 194

Dauphiné-Zwilling 306f.
De-Broglie-Beziehung 105, 116
Debyescher Festkörper 38
Defektstruktur 143
Delokalisierte Bindungen 111, 179
Deltaeder 164, 170
Diamagnetismus 271f.
Diamant 22, 33, 121, **138**f., 193, 264, 301f.
Diaspor 247
Diastereomere 94
Dichte 33, 146, 198
Dichteste Kugelpackung 16, 180ff., 189ff., 206, 210, 211, 233ff., 302ff.
Diederwinkel 123
Differenzthermoanalyse 31
Difluoride 56, 214, 247, 305
Dihalogenide 56, 211, 244f., 304ff.
Dihydoxide 211f., 244
Dioxide 62, 214, 245ff., 305
Dipol 38f., 267f.
Dipol-Dipol-Anziehung 35, 38
Dispersionsenergie **38**ff., 54
Dispersionskraft 36, **37**f., 40, 44
Dodekaeder 13
Domäne 268f., 275
Doppelbindung 73, 75
d-Orbitale 67, 81ff.
DOS (Zustandsdichte) 106ff.
Dotierung 110
Drehachse 281f., 290
Drehinversionsachse 282f.
Drehspiegelachse 283, 290
Dreieck (als Koordinationspolyeder) 13, 67, 92
Dreierkette 220

Dreifachbindung 73, 75
Dreizentrenbindung 136, 158, 163, 170f.
Drillingskristall 306, 309
Druck 142f.
- und Bandbreite 111
- und chem. Bindung 108, 111, 122
- und Phasenumwandlung 33, 126, 129f., **142**f., 184
Druck-Abstands-Paradoxon 143
Druckfestigkeit 264
Druck-Koordintions-Regel 143

EAN-Regel 166
Eckenverknüpfte Oktaeder 14, 175f., 198f., **202**ff., 213, 234f., 237, 250
Eckenverknüpfte Tetraeder 14, 144ff., 160, 195, 198, **219**ff., 235ff., 255ff.
Eckenverknüpfung 14, 62f., 198f., **202**ff.
ECoN 11f.
Edelgase 34, 186
Effektive Koordinationszahl 11f.
Eigenschaften, magnetische 270ff.
-, mechanische 264ff.
-, physikalische 34, 264ff.
Eindimensionale Fehlordnung 132, 183
Einfache Ionenverbindungen 52ff., 152
Eingelagerte Atome in Clustern 165, 173f.
Einlagerungscarbide 239ff.
Einlagerungshydride 238f.
Einlagerungsnitride 239ff.
Einlagerungsverbindungen 132f., 219, 238ff.
Einsame Elektronenpaare 15, 48, **69**ff., 151, 158
Einschlußverbindungen 230f.
Eis 26, 38, 147
Elastizität 264
Elektret 258ff.
Elektrische Leitfähigkeit 106f., 159, 239, 243, 266ff.
Elektron, Wellenfunktion 98ff.
Elektron-Phonon-Kopplung 107
Elektronegativität 70, 74, 83
Elektronen-Abzählregeln 164ff.
Elektronenbeugung 9
Elektronendichte 48f.
Elektronenkonfiguration 34f., 81ff., 182f.
Elektronenmangelverbindungen 158, 163ff., 170ff., 179
Elektronenpaare und Struktur 66ff., 81
Elektronenpaarungsenergie 83, 85
Elektronenpräzise 163ff.
Elektrostatische Bindungsstärke 60f.
Elektrostatische Energie 39ff., 54
Elektrostatische Kräfte 38f., 40, 44, 200f.
Elektrostatische Valenzregel 60f., 262
Elementarzelle **16**ff., 281, 295
Elementstrukturen 121ff., 138, 142, 181ff., 185f.
Ellipsoide d. thermischen Schwingung 9f.
Elpasolith 253f.
Enantiomere 95f.
Enantiotrope Phasenumwandlung 25
Energieband 105ff.
Energielücke 109f.
Energieniveaus 99, 106
Energiezustände 35, 99, 106ff.
Enstatit 220f.
Equatoriale Position 69f., 78
Ethylen 73
Eutektikum 29f.

Facial 95
Famatinit 21, 144
Faujasit 227f.
Fe_3Al-Typ 193
Fehlordnung 132, 183, 248, 255
Fehlstellen 243, 255
Feldspat 230
f-Elektronen 181f., 274
Fe_2N-Typ 244
Fermi-Grenze 106ff., 119f.
Fernordnung 35
Ferrimagnetismus 276f.
Ferroelektrische Eigenschaften 267ff.
Ferromagnetismus 272, 275ff.
Feste Lösung 27
Flächenverknüpfte Oktaeder 14, 198, 202, **212**ff., 217, 234f., 242f., 249, 251f.
Flächenverknüpfte Tetraeder 199, 235f.
Flächenverknüpfung 14, 62f., 199, 202, **212**ff., 217, 235f.
Flächenzentriert 18f., 138, 181f., 236f., 281
Fluoridchloride 58

Fluorit-Typ **56**, 193, 232, 239, 255f., 306f.
Formalladung 156, 158
Formeleinheit 19
Frank-Kasper-Polyeder 15, 197
Freie Reaktionsnethalpie 33
Fullerene 134

Gallium 185
Gap 109
Gashydrate 230f.
Gekoppelte Symmetrieoperation 282ff.
Geometrische Isomere 94f.
Geordnete Legierungen 187ff.
Germanium 138, 142
Gerüstsilicate 145f., 229f.
Gewinkelte Anordnung 13
Gibbsit 210
Gibbssches Phasengesetz 25
Gillespie-Nyholm-Theorie 67ff.
Gitterenergie **36**ff., 54, 91
Gitterparameter 17, 19f., 293, 295
Gläser 34
Gleichgewichtsabstand 40, 44
Gleitspiegelebene 285
Glimmer 220, 223f., 265
Goethit 245
Goldschmidt-Regel 185
Granat 63, 278f.
Graphit 15, 33, 121, **131**ff., 143, 264
Graphit-Einlagerungsverbindungen 132f.
Graphitfluorid 138
Grimm-Sommerfeld-Regel 140
Gruppe-Untergruppe-Beziehung 296ff., 300ff.
Gruppentheorie 296

Hägg-Symbol 181
Halbleiter 141, 159, 218, 239
Halogene 121ff.
Härte 240, 264
Härte, magnetische 275f., 278f.
Hermann, Satz von 296
Hermann-Mauguin-Symbole 280ff., 286ff., 291ff.
Heteropolysäuren 215ff.
Heusler-Lagierung 193
Hexafluoride 33
Hexagonal 295
Hexagonal-dichteste Kugelpackung 16, **181**ff.,186,206,210,211,**233**ff.,302ff.
Hexagonale Schicht 16, 180, 219, 233ff.
Hexagonaler Diamant 138
Hexagonales Prisma 15
Hexahalogenide 249
HgI_2-Typ (rot) 226f., 255f., 307
High-Spin-Komplexe 83ff.
Hittorfscher Phosphor 127
Hochquarz 308f.
Holzkohle 133
HOMO 106
Homöotyp 21
Hume-Rothery-Phasen 193ff.
Hundsche Regel 83, 271, 273
Hybridfunktionen 102
Hybridisierung 35, 101ff.
Hydrargillit 210
Hydrate 230f.
Hydratisomere 88
Hydride 238f.
Hydridhalogenide 58
Hydrothermalsynthese 146f.
Hyperoxide 58
Hysterese 24f., 268, 275f.

Ikosaeder 68, 135f., 290
Ilmenit 217f., 251, 303
Index der Symmetriereduktion 296
Inkongruentes Erstarren 30
Innenzentriert 18, 184, 281
Internationale Symmetriesymbole 280ff., 286ff., 291ff.
Intercalationsverb. 132f., 219, 238ff.
Intermetallische Verbindungen 187ff.
Interstitielles Atom 165, 173ff.
Inverse Spinelle 258ff., 277
Inversionsachse 95, 282f., 287
Inversionsgrad bei Spinellen 259
Inversionszentrum 282, 286f., 290
Iod 127f.; metallisch 122
Ion-Dipol-Anziehung 35
Ionen, Packung 36, 52ff.
Ionenaustauscher 224, 227
Ionenbindung 35f.
Ionenradien **52**ff., 60, 88, 91, 93, 252f., 259f.

Ionenradienquotient **52**ff., 60, 218, 235f., 252
Ionenverbindungen **52**ff., 152f., 264f.
–, Gitterenergie 40ff.
Ionisationsisomere 94
Isoelektronische Verbindungen 152
Isomerie 24, **93**ff.
Isomorphe Untergruppe 297f.
Isomorphie 21
Isopolysäuren 215ff.
Isosymbolische Untergruppe 297
Isotypie 21

Jagodzinski-Symbol 181
Jahn-Teller-Effekt 84ff., 93, 211, 262, 299

K_2PtCl_6-Typ 58f., 253
Käfigmolekül, Symbol 15
Kalilfeldspat 230
Kalkspat (Calcit) 58f., 61, 206f.
Kantenverknüpfte Oktaeder 14, 72, 176f., 198, **208**ff., **234**f., **237**, 244ff.
Kantenverknüpfte Tetraeder 14, 160, 198ff., 231f., 236ff., 256ff.
Kantenverknüpfung 14, 62f., 199ff., **208**ff.
Kaolinit 61, 220, 224f.
Kationenarme Schichtsilicate 221ff.
Kationenaustauscher 224, 227
Kationenreiche Schichtsilicate 221ff.
Keatit 24, 147
Keggin-Struktur 215
Keimbildungsarbeit 25
Keramik 225, 265f.
Ketten, Symbol 15
Kettenfragment, Symbol 15
Kettenkonformation 220f.
Kettensilicate 220f.
Kettenstrukturen 36, 203f., 209, 212f., 220f., 231
Kinetische Stabilität 34
Klassengleiche Untergruppe 297ff., 302
K_2NiF_4-Typ 203f.
Knotenebene 100
Koerzitivkraft 268, 275
Kohlenstoffasern 133f.
Komplexe Ionen, Packung 58ff.
Komplexverbindungen, Elektronenabzählung 165
Kondensierte Cluster 175ff.
Konfiguration 94
Konformation 36, 220
Konstitution 66, 93
Konstitutionsisomere 93f.
Konventionen zur Elementarzellenwahl 17f., 295, 307
Kooperatives Phänomen 269, 275
Koordinaten von Atomen **20**ff.
Koordinatensytem, kristallographisches 20, 291
Koordinationsisomere 94
Koordinationspolyeder **11**ff., 54, 56, 60ff., **67**ff., **91**ff., 96, **199**ff.
Koordinationszahl **11**ff., 45, 50, 52ff., 60ff., 66ff., 92f., 241
– und Druck 142f.
– und Temperatur 185
Korund-Typ 217, 248f., 303
Kovalente Bindung 35, 46ff., 66f., 98ff., 151ff., 162ff.
Kovalenzradius 46f.
K_2PtCl_6-Typ 58f., 253
k-Raum 116
Kristall-Überlappungs-Population (COOP) 112ff.
Kristallchemisch isotyp 21
Kristallfeldtheorie 81
Kristallgitter 16, 281
Kristallisationsbedingungen 24
Kristallisationskeim 24f.
Kristallklasse 294
Kristallograph. Gruppe-Untergruppe-Beziehungen 296ff., 300ff.
Kristallstruktur 16ff.
Kristallsystem 294f.
Kryolith 253f.
Kubisch 295
Kubisch-dichteste Kugelpackung 16, **181**ff., 186, 210, 211, **236**ff., 306, 308
Kubisch-flächenzentriert 181, 237
Kubisch-innenzentrierte Kugelpackung 16, 184f., 191ff.
Kubisch-primitiv 16, 17, 117
Kubische Punktgruppen 287f.
Kuboktaeder 13, 181
Kugelpackung 179ff., 233ff.

–, dichteste 16, 180f., 189ff., 206, 210, 211, 233ff., 302ff.
–, kubisch-innenzentrierte 184ff.
–, tetragonal-dichte 246
–, bei Verbindungen 187ff., 223ff., 241ff., 255ff., 302ff.
Kupferkies 144
Kupfer-Typ 181

Lambda-Typ-Umwandlung 189, 191
Lanthanoiden 181ff., 274
Lapislazuli 229
Laves-Phasen 195ff.
Legierungen 179ff.
Leitfähigkeit, elektrische 106f., 159, 239, 243, 266ff.
Li_2AgSb-Typ 193
Li_3Bi-Typ 193
Liganden, Elektronenabzählung 165
–, Größe 70f.
Ligandenfeld, oktaedrisches 82ff., 88ff.
–, quadratisches 86f.
–, tetradrisches 85f., 88ff.
–, Stabilisierungsenergie 87ff., 259f.
Ligandenfeldtheorie 81ff.
Lineare Anordnung 13, 68, 92
Linerakombination von Wellenfunktionen 98ff., 103ff.
Liquiduskurve 27f.
$LiSbF_6$-Typ 206
Loewenstein-Regel 145
Lokalisierte Bindung 35, 102, 111
Londonsche Kraft 37f., 44
Low-Spin-Komplexe 83ff.

Machatschki-Formel 14
Madelung-Konstante 41f., 52, 54, 259
Magnesium-Typ 181
Magnet-Spinquantenzahl 271
Magnetische Flüssigkeit 278
- Härte 275f., 278f.
- Materialien 277ff.
Magnetisches Moment 272f.
Magnetisierung 272, 275
Magnetismus 270ff.
Magnetoplumbit 279
Magnetpigment 276, 278f.
Makromolekulare Verbindungen 36

Markasit 245
Maximale Untergruppe 296, 301
Mechanische Eigenschaften 264ff.
Mehrfachbindungen, Einfluß auf Molekülstruktur 73, 75f.
Mehrzentrenbindung 103, 135f., 156f., **163**f., 179
Melanophlogit 230f.
Meridional 95
Messing 191, 193ff.
Metall-Metall-Bindung 63, 202, 209, 212, 214, 218, 243f., 248
Metalle, Atomradien 46f.
–, Bindungsverhältnisse 119f., 179
–, Schmelzpunkte 120
–, Strukturen 179ff.; Tabelle 186
Metallhydride 238f.
Metastabil 31
MgAgAs-Typ 193
$MgCu_2$-Typ 195ff.
Mikrowellenspektroskopie 9
Millonsche Base 147
Minimale Obergruppe 296
Mischkristall 21, 27f., 188
Mischungslücke 28, 187
$MnCu_2Al$-Typ 193
Modifikationen 24f., 184
Mohs-Skala 240, 264
Molare Suszeptibilität 272ff.
Molekularsiebe 229
Moleküle 35, **66**ff., **81**ff.
Molekülionen 35, 66
Molekülorbital-Theorie 98ff., 164, 172f.
Molekülpackung 36, 125, 249, 258
Molekülstrukturen 36, **66**ff., **81**ff.
–, Gitterenergie 37ff.
Monoklin 295
Monotrope Phasenumwandlung 25
Montmorillonit 224
MoS_2-Typ 219
Mulliken-Überlappungspopulation 100,112
Mullit 225
Multipol 38f.
Muskovit 220, 224

NaCl-Typ 19, **52**ff., 193, 240, **241**f.
Nahordnung 35f.

NaN_3-Typ 58f.
NaTl-Typ 159, 193
$NbOCl_3$-Typ 213
Néel-Temperatur 276
Nephelin 146
Neutronenbeugung 9f.
NiAs-Typ 218, 241ff., 303ff.
Nichtbindende Elektronen 69ff., 81ff.
Nichtbindende Molekülorbitale 100
Nichtmetalle, Strukturen 121ff.
Nichtstöchiometrische Verbindungen 19, 238f., 243
Nido-Cluster 173
Niggli-Formel 16
Nitrate 58
Nitride 239ff., 265
Nomenklatur 9, 94
Normale Valenzverbindung 150
Nullpunktsenergie 38ff.

Oberflächenenergie 25
Obergruppe 296
OD-Strukturen 183
OD-Umwandlung 189
Oktaeder 13, 14, 68, 82ff., 91ff., 96, 166, 172, 288, 290
–, verknüpfte 12, 14, 63, 72, 175ff., 198f., **202**ff., **234**ff., 250ff.
Oktaederlücke 233ff., 236ff., 241ff., 302ff.
Oktaedrisches Ligandenfeld 82ff., 88ff.
Oktettaufweitung 161
Oktettregel 150ff., 166
Olivin 63, 262
Optische Aktivität 95, 146
Optische Isomere 95
Orbital 67, 81f., 98
Ordnung 33, 188
Ordnung einer Phasenumwandlung 24f.
Ordnungs-Unordnungs-Strukturen 183
Ordnungs-Unordnungs-Umwandlung 188
Orientierungspolarisation 268
Orthorhombisch 295
Ostwaldsche Stufenregel 25
Oxide, Bindungslängen in 64
Oxidhalogenide 58, 203, 213

Packung, Metalle 179ff.
–, Ionen 36, 52ff.
–, komplexe Ionen 58ff.
–, Moleküle 36, 125, 249, 258
Packungsdichte 179, 188, 239, 246
Paraelektrisch 267
Parallelepiped 16
Paramagnetismus 271ff.
Partialladung 39f., 74, 201, 266
Pauli-Prinzip 106
Paulingsche Regeln 59ff., 201, 214
PbFCl-Typ 57f.
PbO-Typ (rot) 231f., 255f., 307
α-PbO_2-Typ 214, 245, 247, 305
Peierls-Verzerrung **107**ff., 130f., 160, 243
Pentafluoride 203ff.
Pentagondodekaeder 290
Pentahalogenide 208f., 249
Peritektikum 31
Permanentmagnet 275f., 278f.
Perowskit 15, 206, 218, 233, **250**ff., 269f.
Perowskit-Überstrukturen 253
Phasen 25f.
Phasendiagramm 25ff.
–, Ag/Cu 29
–, Al/Si 29
–, Bi/Sb 27f.
–, Ca/Mg 30
–, Cs/K 28
–, H_2O 27
–, SiO_2 147
Phasengesetz 25
Phasenumwandlung **24**ff., 33f., 142f., 188f., 308f.
Phasenuntersuchung 31
Phlogopit 224
Phosphide 156f., 242f.
Phosphor 127ff.
Physikalische Eigenschaften 264ff.
Piezoelektrischer Effekt 266f., 308
Plagioklas 230
Polarisation 267f.
Polonium 126, 130f.
Polyacetylen 110
Polyanionen 36, 152, **153**ff.
Polyantimonide 156f.
Polyarsenide 156f.
Polyeder **12**ff., **67**ff., 91ff.
–, verknüpfte 12f., 62f., **199**ff., 234ff.

Polyederskelett-Elektronenpaar-Theorie (PSEPT) 173
Polyedersymbole 13, **14**f.
Polyiodide 161
Polykationen 36, 152f., **162**ff.
Polymolybdate 215ff.
Polymorpie 24ff.
Polyniobate 215
Polyphospide 156f., 243
Polysilicate 220ff.
Polysilicide 154f.
Polystannide 156, 158
Polysynthetischer Zwilling 306f.
Polytantalate 215
Polytelluride 161
Polytypen 24, 183, 244, 257
Polyvanadate 215
Polywolframate 215ff.
Potentialfunktion 40, 44
Primitive Elementarzelle 18, 281
Prinzip der dichtesten Packung 125, 180ff., 188, 198, 233ff.
Prinzip der max. Symmetrie 183, **299**
Prinzip der maximalen Vernetzung 121
Prinzip der möglichst hohen Dichte 198
Prisma, hexagonales 15
–, trigonales 13, 166, 218f., 240, 241
–, überkapptes trigonales 13, 68
PSEP-Theorie 173
Pseudorotation (Berry-Rotation) 78f.
PtS-Typ 255f., 307
Punktgruppen 285ff.
Punktgruppensymbole 286ff.
Punktlage 291
Punktlagenbesetzung 301ff.
Punktlagen-(Wyckoff-)Symbol 301f.
Punktlagensymmetrie 291, 301ff.
Pyknolite 229
Pyramide, quadratische (tetragonale) 12, 13, 67f., 78f., 92, 231
Pyrophyllit 224
Pyroxene, Pyroxenoide 220

Quadrat (als Koordinationspolyeder) 13, 86f., 92f.
Quadratische (tetragonale) Pyramide 12, 13, 67f., 78f., 92, 231
Quadratische Schicht 16
Quadratisches Antiprisma 13, 67
Quadratisches Ligandenfeld 86f.
Quarz 24, **146**f., 264, 267, 308f.

Radienquotient 52ff., 60, 218, 235f., 252
Raumerfüllung 36, 179, 183, 184, 196ff., 206, 246
Raumerfüllungsprinzip 125, 183, 188, 233ff.
Raumgruppe 20, **290**ff., 296ff.
Raumgruppentyp 290ff., 297
Raumnetzstrukturen 15, 36, 226ff.
Raumzentriert (innenzentriert) 18, 281
Reaktionsmechanismen 8
Rechteck-Hysterese 275
Remanente Polarisation 268
Remanenz 275f.
ReO_3-Typ 205ff., 251
Reziproker Raum 116
RhF_3-Typ 206f., 248, 303
Rhombisch 295
Rhomboedrisch 18, 281, 294
Richtlinien zur Beschreibung von Kristallstrukturen 18
Ringförmige Moleküle 15, 203f., 209, 219f.
Rochellesalz-Elektrizität 269
Röntgenbeugung 9f., 61, 145
Rotationssymmetrie 281f.
$RuBr_3$-Typ 212f., 303f.
Rutil 42, **56**, 62, **213**, **245**f.
Rutil-Typ 23, **56**, **213**, **245**ff., 291f., 305

Sanidin 230
Sättigungsmagnetisierung 275f.
Schichten, Symbol 15
Schichtenstrukturen 36, 127, 132, 177, 210ff.,219,220ff.,231f.,244,247,255f.
Schichtsilicate 221ff.
Schoenflies-Symbole 280ff., **288**ff.
Schottky-Symbol 192, 241
Schraubenachse 283f.
Schrödinger-Gleichung 35, 98
Schwalbenschwanz-Zwilling 306f.
Schwefel 123ff.
Schwerpunktsatz 88
Schwingquarz 267, 308f.
Schwingung, thermische 9

Schwingungen einer Atomkette 103f.
Schwingungsellipsoid 9f.
Seignettesalz-Elektrizität 269
Selen 125f., 130f.
Selenide 242, 258
Shomaker-Stevenson-Korrektur 47
Silicate 61, 63, **220**ff.
Silicium 138, 142
Siliciumcarbid 141
Siliciumdioxid 144ff.
SiS_2-Typ 231, 256f., 307
Site symmetry 291
SnF_4-Typ 203f.
$SnNi_3$-Typ 190
Sodalith 229
Soliduskurve 27f.
Spaltbarkeit 224, 264
Spektrochemische Serie 83
Spezielle Punktlage 291
Sphalerit 22, 42, **52**ff, **139**ff., 193, 255ff., 267, 301ff.
Spiegelebene 95, 282, 287, 290
Spin-Bahn-Kopplung 273f.
Spinell 258ff., 278
Spinell-Ferrite 278
Spinmagnetismus 273f.
Spinpaarungsenergie 83, 85
Spinquantenzahl 271
Spontane Polarisation 268
Sprödigkeit 265
$SrSi_2$-Typ 154
Stabilität, Ionenverbindunen 52ff., 62
–, kinetische 34
–, thermodynamische 33
Standardabweichung 21
Stannit 144
Stapelfehler 132, 141, 183, 244, 248, 308
Stapelfolge 24
–, intermetallische Verbindungen 190f.
–, dichteste Kugelpackungen 180ff., 238
–, – – mit besetzten Lücken 235, 238ff., 241ff., 251
–, Graphit 132
–, MoS_2 219
–, ZnS-Modifikationen 140f.
Statistik der Elementstrukturen 183ff.
Stereobilder (Betrachtung von) 57
Stereochemie 8
Stereoisomere 94ff.
Sterische Wirkung von *d*-Elektronen 81ff.
– – von Elektronenpaaren 69ff., 77
Stishovit 24, 147
Strukturaufklärung 8
Strukturtypen 9
AlB_2 159
$AlCl_3$ 210, 247f.
α-As 129
AuCd 191
AuCu 188ff.
$AuCu_3$ 188ff.
BiI_3 210, 247f., 303
CaB_6 173
CaC_2 58f.
$CaCl_2$ 245f., 305
Calcit ($CaCO_3$) 58f., 206f.
$CaSi_2$ 154f.
$CdCl_2$ 211, 244
CdI_2 ($Cd(OH)_2$) 211, 244, 304f.
Chalkopyrit ($CuFeS_2$) 143f.
Cristobalit (SiO_2) 144f., 257
CsCl 52ff., 191ff.
Cu 181
Cuprit (Cu_2O) 148f.
Cu_5Zn_8 194
Diamant 138f., 193, 301f.
Diaspor (α-AlOOH) 244, 247
Elpasolith (K_2NaAlF_6) 253
Famatinit (Cu_3SbS_4) 144
Fe_3Al (Li_3Bi) 193
Fluorit (CaF_2) **56**, 193, 232, 239, 255f., 306f.
Graphit 132f.
HgI_2 (rot) 226f., 255f., 307
Ilmenit ($FeTiO_3$) 217f., 251, 303
Iod 121f.
K_2NiF_4 203f.
Korund (α-Al_2O_3) 217, 248f., 303
K_2PtCl_6 58f., 253
Li_2AgSb 191
$LiSbF_6$ 206
Mg 181
MnP 243f.
MoS_2 219
MgAgAs 193

$MgCu_2$ 195ff.
$MgCu_2Al$ 193
NaCl 19, **52**ff., 193, 240, **241**f.
NaN_3 58f.
NaTl 159, 193
$NbOCl_3$ 213
NiAs 218, 241ff., 303ff.
PbFCl 57f.
PbO (rot) 231f., 255f., 307
α-PbO_2 214, 245, 247, 305
Perowskit ($CaTiO_3$) 206, 218, **250**ff.
PtS 255f., 307
Quarz (SiO_2) 146f.
ReO_3 205f., 251
RhF_3 206f., 248, 303
$RuBr_3$-Typ (ZrI_3) 212f., 248, 303f.
Rutil (TiO_2) 23, **56**, **213**f., 245f., 291f., 305
α-Se 125
SiS_2 231, 256f., 307
$SnNi_3$ 190
SnF_4 203f.
Sphalerit (Zinkblende, ZnS) **52**ff., **139**ff., 193, 255f., 301f.
Spinell ($MgAl_2O_4$) 258ff.
$SrSi_2$ 154f.
Stannit (Cu_2FeSnS_4) 144
α-$ThSi_2$ 154f.
Tridymit (SiO_2) 145
Trirutil 291, 293
VF_3 206f.
W 184
WC 240
Wurtzit (ZnS) 139ff., 257
α-$ZnCl_2$ 255ff., 307
Sublimationsenergie 37
Substitutionsderivat 21f.
Superaustausch 277
Supraleiter 134, 167, 240, 254
Suszeptibilität 272ff.
Symbole für Baugruppen 15
- Koordinationspolyeder 13, **14**f., 95f.
- Punktgruppen 286ff.
- Punktlagen 301f.
- Raumgruppentypen 291ff.
- zentrierte Elementarzellen 18
Symmetrie 17, 95, **280**ff.
Symmetrieäquivalente Lagen 297, 299, 301ff.
Symmetrieelement 20, 280ff.
Symmetrieoperation 280ff.
Symmetrieprinzip 183, **299**
Symmetriereduktion 296ff., 300ff.
Symmetriesymbole 280ff., 286ff., 291f.
Symmetriezentrum 18, 95, 282, 286f., 290

Talk 220, 223f., 264
Tectosilicate 229
Tellur 126, 130
Telluride 161, 242
Temperatur und Baufehler 8
- und Koordinationszahl 185
- und Magnetismus 272, 276
- und Ordnungsgrad 158f., 299
- und Phasenumwandlungen 33, 154f., 184
- und Stabilität 33f.
Tetraeder 13, 68, 85ff., 92f., 96, 166, 172, 288, 290
-, verknüpfte 14, 74, 138ff., 160, 195, **199**ff., **219**ff.,**231**ff., **235**ff.,255ff.
Tetraederlücke 235ff., 255ff., 306
Tetraedrisches Ligandenfeld 85ff., 88ff.
Tetrafluoride 203
Tetragonal 295
Tetragonal-dichte Kugelpackung 246
Tetragonale (quadratische) Pyramide 12, 13, 67f., 78f., 92, 231
Tetrahalogenide 209f., 249f., 258
Thermische Schwingung 9, 268
Thermochrom 143
Thermodynamische Stabilität 25, 33
α-$ThSi_2$-Typ 154f.
Thixotrop 224
$TiAl_3$-Typ 190
$TiCu_3$-Typ 190
Tiefquarz 146f., 308f.
Toleranzfaktor 251f.
Tonkeramik 225
Tonmineralien 224f.
Topotaxie 8
Trans-Konfiguration 94f.
Trans-Einfluß 77
Translationengleiche Untergruppe 296ff., 302, 306

Translationssymmetrie 280f., 283, 285, 291f.
Translationsvektor 280, 283
Transoide Konformation 123
Tridymit 24, 145f.
Trifluoride 206, 248
Trigonal 295
Trigonale Bipyramide 12, 13, 67f., **78**f., 92, 96, 170, 236
Trigonales Prisma 13, 166
– –, überkapptes 13, 67
– –, verknüpfte 218f., 240, 241
Trihalogenide 63, 210, 212f., 247f., 258, 303f.
Trihydroxide 210
Triklin 295
Tripelpunkt 26
Trirutil 291, 293
Turmalin 267

Überlappungsintegral 99
Überlappungspopulation 99, 112
Überstruktur 192, 253
Ultramarin 229
Umwandlungsenthalpie 24, 31, 33, 188
Umwandlungsentropie 33, 188
Umwandlungsgeschwindigkeit 24, 34
Ungeordnete Legierung 187ff.
Untergruppe 296ff., 300ff.

Valenzelektronenkonzentration 46, 151ff., 163, 179, 193ff.
Valenzelektronenpaar-Abstoßung **67**ff.,103
Valenzelektronenpaare, Einfluß auf die Struktur 67ff., 81ff.
Valenzstrichformel 9f., 66, 67, 163
Valenzverbindung 150
Van-der-Waals-Anziehung 36
Van-der-Waals-Energie 34
Van-der-Waals-Radius **45**f., 70
Verallgemeinerte 8–N-Regel 150ff.
Verbrückende Atome 74ff., 76, 199ff., 219, 235ff.
Verknüpfte Oktaeder 12f., 175ff, 199ff., **202**ff., 234ff., 250ff.
– Polyeder 12f., 62f., **199**ff.
– Tetraeder 12f., 199ff., **219**ff., 231ff., 235ff., 255ff.
– trigonale Prismen 218f., 240, 241
Vermiculit 224
Versetzungen 8
Vernetzung, maximale 121
Verzerrung von Polyedern 69f., 72f., 84ff., 200f.
VF_3-Typ 206f.
Vierlingskristall 306
Voronoi-Polyeder 11
VSEPR-Theorie 67ff.

Wade-Regeln 170, **171**ff.
Wasser, Phasendiagramm 26f.
Wasserstoff 98ff.
–, metallischer 108, 111, 122
Wasserstoffbrücken 38
Wasserstoffverbindungen 70
Weisssche Bezirke 275
Weisssche Konstante 272
Wellenfunktion 35, **98**ff., 171f.
Wellenvektor 116
Wellenzahl 103f.
Wigner-Seitz-Zelle 11
Winkel, interatomarer 9, 20, 69ff.
Wirkungsbereich 11
Wolfram-Typ 184
Wolframbronzen 208, 251
Wollastonit 220f.
Würfel 13, 166, 287, 290
Wurtzit 42, 52, **139**f., 257
Wyckoff-Symbol 301f.

YIG 279
Ždanov-Symbol 181
Zellinhalt 19
Zentrierte Elementarzelle 18, 281, 291
Zeolithe 226ff.
α-$ZnCl_2$-Typ 255ff., 307
Zinkblende (Sphalerit) 22, 42, **52**ff, **139**f., 193, 267, 301f.
Zinn 138, 142
Zintl-Linie 150
Zintl-Phasen 153, **158**ff., 192f.
Zustandgrößen 26
Zustandsdichte (DOS) 106ff.
Zweierkette 220
Zwillingskristalle 146, 306ff.